KB058277

한 권으로 끝내는

프랑스어 능력시험 대비

DELF

기초부터 실전까지
영역별 맞춤 전략!

A1

시원스쿨닷컴

한 권으로 끝내는

DELF A1

초판 1쇄 발행 2020년 4월 16일
개정 1쇄 발행 2024년 3월 29일

지은이 정일영
펴낸곳 (주)에스제이더블유인터내셔널
펴낸이 양홍걸 이시원

홈페이지 www.siwonschool.com
주소 서울시 영등포구 영신로 166 시원스쿨
교재 구입 문의 02)2014-8151
고객센터 02)6409-0878

ISBN 979-11-6150-829-0
Number 1-521106-25250000-04

한 권으로 끝내는

프랑스어 능력시험 대비

DELF

기초부터 실전까지
영역별 맞춤 전략!

A1

Bonjour tout le monde ! 여러분 안녕하세요!

시원스쿨 델프의 신 정일영입니다.

DELF(Diplôme d'études en langue française) 시험은 듣기, 독해, 작문, 구술 영역을 골고루 평가하는데, 최근 많은 대학교에서는 프랑스어를 전공하는 학생들의 졸업 필수 조건으로 DELF 자격증을 갖출 것을 요구하는 추세입니다. 또한 프랑스어 관련 기업에 취업을 목적으로 하는 경우 대부분 기본적으로 DELF 자격증을 요구하는 경향이 있습니다. 이 밖에도 여러 가지 이유로 프랑스어를 공부하는 많은 분들이 자신의 프랑스어 능력을 평가하거나 실력을 더욱 높이고자 DELF에 응시하고 있습니다.

이 책은 프랑스어 능력 시험인 DELF 중 가장 낮은 단계인 A1을 준비하는 시험생들을 위한 것입니다. 이 책에서 다루는 A1 단계는 DELF의 4가지 단계 중 가장 기초 단계로, 프랑스어 입문 수준입니다. 이는 자주 반복되는 대화 상황에서 사용 가능한 친숙한 표현들을 이해 및 활용하고, 국적이나 나이, 거주지, 학교 등 일상생활과 밀접한 주제에 대해 대화할 수 있는 레벨입니다. A1 단계가 비록 난이도 면에서는 가장 낮지만 응시자의 기초 프랑스어 실력을 전문적으로 평가하기 때문에 영역별로 출제 유형을 정확하게 파악하고 전략적으로 접근할 필요가 있습니다.

특히 新 유형으로 개정되는 DELF 시험에 충분히 대비할 수 있도록, 이 책에서는 개정되는 시험 유형에 맞춘 문제들을 각 영역별로 10세트씩 제공합니다. 특히 듣기 평가와 독해 평가는 새롭게 추가되거나 바뀐 문제 유형에 맞춰 모든 문제를 객관식으로 구성하였습니다. 그리고 작문과 구술 평가는 시험 유형 자체는 기존과 달라진 점은 없지만, 최신 출제 경향에 맞춰 향후 시험에서 출제 가능성이 높은 내용들로 다양하게 수록하였습니다. 무엇보다 응시자 여러분들이 높은 점수로 합격할 수 있도록 문제 적중률을 높이려고 노력했고, 기초 단계라는 점을 감안하여 최대한 자세하고도 상세한 설명과 문제 풀이 요령을 제시하는 데에 초점을 맞추었습니다.

외국어 구사 능력이 장점이 아닌 필수 사항이 되어버린 국제화 시대에서 영어와 더불어 전 세계적으로 공용어 역할을 하고 있는 프랑스어를 공부하는 것은 여러 면에서 장점으로 작용할 수 있을 것입니다. 그래서 저는 10여 년간 DELF 감독관을 역임하면서 얻은 노하우를 토대로 DELF A1 시험을 준비하는 학생들에게 보다 높은 적중률과 합격증 취득의 기쁨을 선사하기 위해 이 책을 집필하였습니다. 비록 미흡한 점이 있다 하더라도 프랑스어를 공부하는 여러분들에게 많은 도움이 되기를 바랍니다. 마지막으로 이 책을 출간하는데 많은 노력을 해 주신 시원스쿨 서이주, 김지언 님께 감사드리며, 부족한 아들을 끝까지 믿어 주시는 95세의 어머님께 깊은 감사와 사랑을 전합니다.

Je vous soutiens de tout mon cœur !

여러분을 진심으로 응원합니다!

DELF A1 목차

IV. Production orale 구술 평가

<무료 학습자료>

- **Compréhension de l'oral 듣기 영역 원어민 MP3 파일**
- **Production orale 구술 영역 모범 답안 원어민 MP3 파일**
- **DELF A1 필수 어휘집** (온라인 PDF 제공)
- **DELF A1 舊 유형 모의테스트 2회분** (온라인 PDF 제공)

DELF란 어떤 시험일까요?

DELF 자격증 소개

DELF(Diplôme d'études en langue française)는 국제적으로 통용되는 프랑스어 공인 인증 자격증으로, 프랑스 교육부가 자격증을 발급하고 있습니다. DELF는 유럽 공용 외국어 등급표에 따라 A1, A2, B1, B2의 단계로 나뉘며 (C1, C2는 DALF), 시험은 각 단계별로 나뉘어 치러집니다.

DELF 시험 시행 기관

DELF와 DALF 시험은 CIEP(Centre international d'études pédagogiques)에서 문제를 출제 및 채점합니다. 우리나라에서는 주한 프랑스 문화원이 시험을 총괄하면서 서울 시험을 진행하고 있으며, 서울 이외의 인천, 대전, 대구, 광주, 부산은 Alliance Française(알리앙스 프랑세즈)가 진행합니다.

DELF 자격증 유효 기간

DELF 자격증은 한 번 취득하면 평생 유효합니다. DELF 시험은 이전 단계 자격증 취득 여부와 상관없이 원하는 단계에 응시할 수 있으며, 동시에 여러 단계에 응시할 수도 있습니다. 한 단계에 합격하기까지 여러 차례 응시할 수 있으며, 합격한 단계에 다시 응시할 수도 있습니다.

DELF 자격증 활용도

DELF 자격증을 취득할 경우, 국내 주요 대학 입학 시 가산점을 받을 수 있으며 대학교 졸업 시 논문을 면제받을 수 있습니다. 또한 프랑스 또는 프랑스어권 국가의 대학 및 대학원은 B2 이상의 성적을 요구하기도 합니다. 국내에서 프랑스 관련 업무를 하는 기업체의 경우 직원 채용 시 DELF 자격증이 있을 경우 가산점을 부여하고 있습니다.

DELF 레벨

DELF, DALF는 유럽 공용 외국어 등급표의 단계에 따라 6단계로 분류되어 있으며, 듣기, 독해, 작문, 구술의 네 가지 영역으로 나누어 평가합니다.

레벨	설명
DELF A1 (최저)	**입문 단계 (약 90시간의 실용 학습)** 국적, 나이, 사는 곳, 학교에 대한 질문을 이해하고 답변할 수 있습니다. 일상적이고 친숙한 표현을 이해하고 사용할 수 있는 수준입니다.
DELF A2	**초보 단계 (약 150~200시간의 실용 학습)** 개인과 가족에 대한 간단한 정보, 주변 환경, 일, 구매 등에 대한 표현을 이해할 수 있습니다. 친숙하고 일상적인 주제에 대해 단순하고 직접적인 정보 교환을 할 수 있는 수준입니다.
DELF B1	**실용 구사 단계 (약 400시간의 실용 학습)** 명확한 표준어를 구사한다면 일, 학교, 취미 등에 대한 내용을 이해합니다. 관심사에 대해 간단하고 논리적인 말을 할 수 있고, 프로젝트나 견해에 대해 간략하게 설명할 수 있는 수준입니다.
DELF B2	**독립 구사 단계 (약 600~650시간의 실용 학습)** 구체적이거나 추상적인 내용을 이해합니다. 시사를 비롯한 다양한 주제에 대해 명확하고 자세하게 자신의 생각을 밝힐 수 있는 수준입니다.
DALF C1	**자율 활용 단계 (약 800~850시간의 실용 학습)** 길고 어려운 텍스트 및 함축적인 표현을 파악합니다. 복잡한 주제에 대해 명확하고 짜임새 있게 자신의 생각을 전달할 수 있는 수준입니다.
DALF C2 (최상)	**완성 단계 (약 900시간 이상의 실용 학습)** 어려움 없이 듣고 읽을 수 있습니다. 즉석에서 자신의 생각을 자연스럽고 명확하게 표현할 수 있고, 복잡한 주제에 대한 미세한 뉘앙스도 파악할 수 있는 수준입니다.

접수부터 성적 확인까지 DELF

시험 일정

시험 일정은 해마다 조금씩 다르므로 매년 알리앙스 프랑세즈 사이트를 참고할 것을 권장합니다.

일정	단계	시험 날짜	접수 기간	시행 지역
3월	DELF B1, B2	3월 2일(토) 3월 3일(일)	2024년 1월 15일 - 1월 31일	서울, 부산, 대전, 광주, 인천, 대구
	DELF A1, A2	3월 16일(토) 3월 17일(일)		서울, 부산, 대전, 광주, 인천, 대구
	DALF C1			서울, 대전, 대구, 광주
	DALF C2			부산
5월	DELF B1, B2	5월 11일(토) 5월 12일(일)	2024년 4월 1일 - 4월 12일	서울, 부산, 대전, 광주, 인천, 대구
	DELF A1, A2	5월 25일(토) 5월 26일(일)		서울, 부산, 대전, 광주, 인천, 대구
	DALF C1			대전, 인천
	DALF C2			서울
9월	DELF B1, B2	9월 7일(토) 9월 8일(일)	2024년 7월 29일 - 8월 9일	서울, 부산, 대전, 광주, 인천, 대구
11월	DELF B1, B2	11월 2일(토) 11월 3일(일)	2024년 9월 23일 - 10월 4일	서울, 부산, 대전, 광주, 인천, 대구
	DELF A1, A2	11월 16일(토) 11월 17일(일)		서울, 부산, 대전, 광주, 인천, 대구
	DALF C1			서울, 부산
	DALF C2			대전

(2024년 기준)

시험 접수

DELF 시험 접수는 알리앙스 프랑세즈 홈페이지(https://www.delf-dalf.co.kr/ko/)에서 온라인으로만 가능하며, 접수 기간은 접수 시작일 17시부터 접수 마감일 17시까지(입금 완료에 한해)입니다.

알리앙스 프랑세즈 사이트 회원가입 / 로그인 ▶ 시험 접수 및 원서 작성 ▶시험 선택(시험 종류, 단계, 응시 지역 선택) ▶ 응시료 결제 ▶ 접수 완료

시험 진행

듣기, 독해, 작문 [토요일 시행]

시험	시간
A1	09:00~10:40
A2	11:20~13:20
B1	13:50~16:10
B2	09:10~12:00

구술 [일요일 시행]

시험	시간	소요 시간
A1	09:00~11:00	준비 시간 약 10분 / 시험 시간 약 5~7분
A2	10:30~13:00	준비 시간 약 10분 / 시험 시간 약 6~8분
B1	09:00~12:00	준비 시간 약 10분 / 시험 시간 약 15분
B2	12:00~19:00	준비 시간 약 30분 / 시험 시간 약 20분

응시료

2024년 기준 응시료는 다음과 같습니다.

레벨	응시료
A1 일반/주니어	₩ 147,000 / 132,000
A2 일반/주니어	₩ 163,000 / 146,000
B1 일반/주니어	₩ 258,000 / 232,000
B2 일반/주니어	₩ 279,000 / 251,000

시험 결과 발표

결과는 보통 시험일로부터 한 달 후에 알리앙스 프랑세즈 홈페이지에서 로그인 후 마이페이지 시험 결과에서 확인할 수 있습니다. 합격 여부에 대한 전화 및 이메일 문의는 불가능합니다.

합격증, 자격증 발급

합격증(Attestations de réussite)은 합격자 발표일로부터 약 2주 후에, 자격증(Diplômes)은 합격자 발표일로부터 약 4개월 후에 발급되며 재발급은 불가능합니다. 합격증 및 자격증은 응시 지역의 알리앙스를 직접 방문하여 수령해야 하며, 수령 시 응시자는 본인의 신분증 원본을 지참하고, 수험 번호도 꼭 알고 있어야 합니다.

DELF A1은 어떻게 준비해야 할까요?

점수 기준

DELF A1 시험은 총 4개 영역(듣기, 독해, 작문, 구술)로 구성되어 있으며, 구술을 제외한 3개 영역 시험은 토요일에, 구술 시험은 일요일에 치러집니다.

* 듣기, 독해, 작문 총 소요 시간: 약 1시간 40분(100분)
* 합격을 위한 최소 점수: 100점 중 **50점**
* 과락을 면하기 위해 영역별로 취득하여야 할 최소 점수 : 25점 중 **5점**

시험 구조

영역	소요 시간 (총 2시간)	만점 (100점)
듣기 · 일상생활에서 접할 수 있는 상황과 관련된 3~4종류의 녹음을 듣고 문제에 답하기 · 녹음 내용은 특정 장소의 안내 방송 및 광고, 음성 메시지, 특정 장소나 주제 등과 관련된 대화로 구성 [청취 횟수 2번, 녹음 분량 최대 3분]	약 20분	25점
독해 · 일상생활 속에서 일어나는 상황과 관련된 4~5 종류의 지문을 읽고 문제에 답하기	30분	25점
작문 · 주어진 상황(어학원 등록, 세관 작성 등)에 대한 서식이나 양식 작성 · 상대의 제안에 수락이나 거절의 답신 또는 초대, 제안, 사과, 축하, 요청 등의 간단한 글 작성	30분	25점
구술 · 자기소개 및 개인적인 사항에 대한 문답을 주고받는 형식 · 20여 개의 쪽지 중 6개 정도를 선택하여, 쪽지에 제시된 주제로 감독관에게 질문하는 형식 · 2개의 쪽지 중 하나를 최종 선택하여, 제시된 상황에 따라 감독관과 역할극을 진행하는 형식	준비 시간 10분 시험 시간 약 5분	25점

시험 당일 주의 사항

꼭 기억해 두세요!

☑ 듣기 평가가 시작되면 고사실에 입실할 수 없으며, 응시료 또한 환불되지 않습니다. 구술 시험의 경우 준비 시간 또한 시험의 일부이므로 준비 시간을 거치지 않으면 시험을 볼 수 없습니다.

☑ 신분증, 수험표, 필기도구를 반드시 준비해야 합니다.

☑ 신분증과 수험표는 토, 일 양일간 반드시 소지하여야 합니다. 수험표에 기재된 수험 번호로 고사장 자리를 확인하며, 구술 시험 시 수험표에 도장도 받아야 합니다.

* 인정되는 신분증: 주민등록증, 유효 기간이 지나지 않은 여권, 운전면허증(델프 주니어 응시자 - 사진 부착, 이름과 생년월일 기재, 델프 프림 응시자 - 기본 증명서 또는 가족 관계 증명서)
* 인정되지 않는 신분증: 도서관증, 사원증, 신용 카드, 교통 카드, 등본, 학생증
* 시험 현장에서 수험표 출력 불가능

☑ 볼펜(검정색이나 파란색 볼펜)을 꼭 챙겨야 합니다. 연필 또는 샤프 사용 시 채점되지 않으므로 유의해야 합니다. 수정액 및 수정 테이프도 사용할 수 있습니다.

☑ 책상에는 신분증, 수험표, 볼펜만 놓아둘 수 있으며 메모지, 책, 사진, 타블렛 PC, 스마트 워치 등 모든 전자 기기의 사용은 금지됩니다.

☑ 화장실은 시험 전에 다녀와야 합니다. 부득이하게 화장실에 가야 하는 경우 감독관이 동행합니다.

☑ 시험지는 감독관의 허락 전까지 열람할 수 없습니다.

☑ 시험지는 반출이 불가능합니다.

이 책의 구성과 특징 

책의 구성

STEP 1. 출제 가이드 및 영역별 유형 파악

* 각 영역에 출제되는 문제 유형들을 전반적으로 안내함으로써 출제 가이드를 제공합니다. 저자가 수년간 감독관 경험에서 습득한 데이터를 토대로 영역별 빈출 유형 주제, 문항 구성, 난이도를 철저하게 분석합니다.

* 영역별 시험 진행 방식 및 고득점 전략, 주의 사항까지 세심하게 담았습니다. 영역별 문제 유형 및 공략법을 전반적으로 이해하고 있어야만 실제 시험에서 불필요한 시간 낭비 없이 침착하게 문제를 풀어 나갈 수 있습니다.

STEP 2. 완전 공략 및 실전 연습문제

* 각 영역의 완전 공략을 위한 파트별 핵심 포인트와 출제 유형, 빈출 주제를 상세히 설명합니다. 여기에 그치지 않고 필수적으로 알아야 하는 표현들 및 지문 파악 요령을 제시하여 고득점 비법을 구체적으로 전수합니다.

* 공략법을 익힌 다음에는, 파트당 10문항의 실전 연습 문제를 통해 문제를 꼼꼼히 공략하면서 실전에 대비합니다. 지문 주제 및 문제 풀이 시 유의 사항을 친절하게 알려드립니다.

* 해설에서는 문제와 지문 분석뿐만 아니라 정답의 키워드가 되는 어휘 및 문장을 제시하여 문제 풀이 요령을 습득하고 문제를 빠르게 공략할 수 있도록 합니다. 충분한 실전 훈련으로 응시자가 문제 유형을 이해하고, 시험 환경에 익숙해질 수 있습니다.

STEP 3. 구술 영역 대비를 위한 원어민 MP3

* 구술 영역 모범 답안을 mp3 파일로 제작하여, 응시자들이 가장 부담스러워하는 구술 영역을 실제 시험장과 같은 분위기에서 연습할 수 있도록 하였습니다. 정확한 발음과 속도로 녹음된 모범 답안을 통해 응시자들은 원어민의 발음, 억양, 속도를 학습하고, 원어민과의 대화를 반복 훈련할 수 있으므로 듣기와 회화 실력까지 고루 상승됩니다.

책의 특징

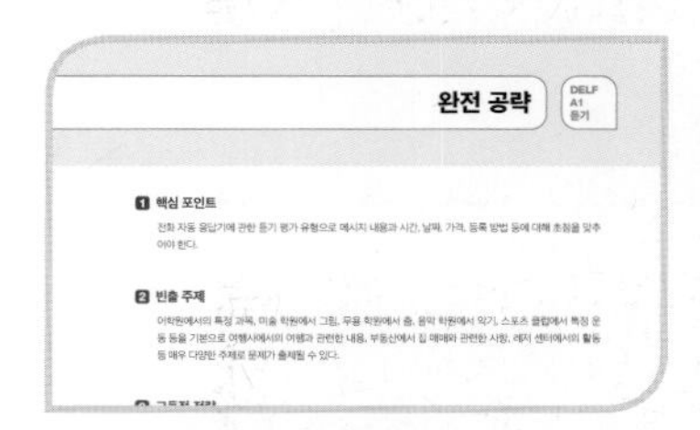

문제 유형별 풀이 전략

문제 유형별로 핵심 포인트, 빈출 주제, 고득점 전략을 제시합니다. 영역별, 문제 유형별 풀이 전략을 통해 실질적인 문제 해결 방법을 익힐 수 있습니다.

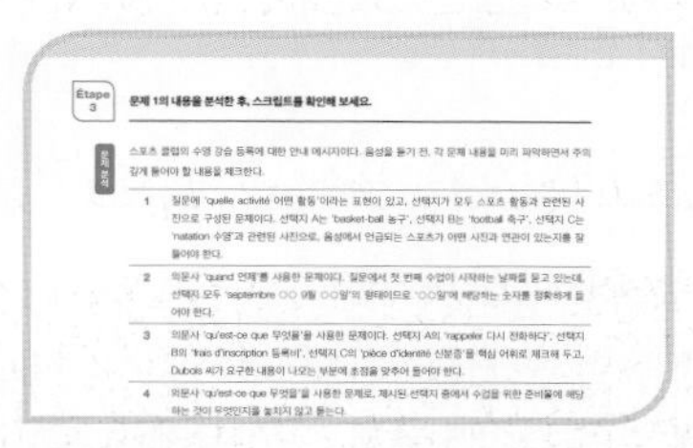

문제 분석

문제에 대한 전반적인 총평을 제시합니다. 문제에서 묻고 있는 것은 무엇인지, 어떤 부분에 초점을 맞추며 문제를 풀어야 하는지 안내합니다.

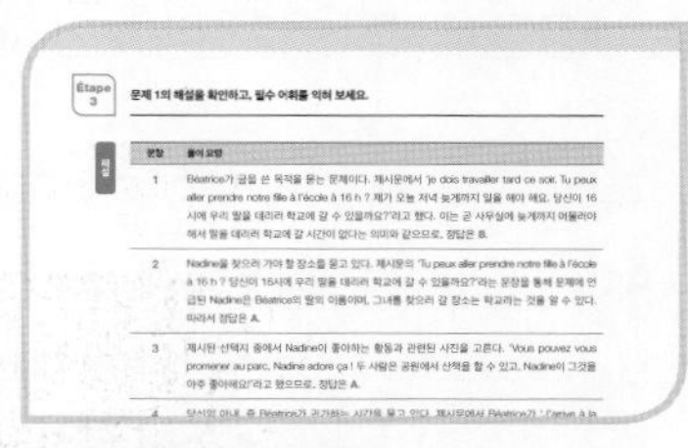

각 문제별 상세한 해설

각 문제별로 해설을 달아 각각이 답이 되는 이유와 답이 되지 않는 이유를 분석합니다. 답이 되는 근거를 찾는 연습을 반복하면서 문제 풀이 전략을 학습합니다.

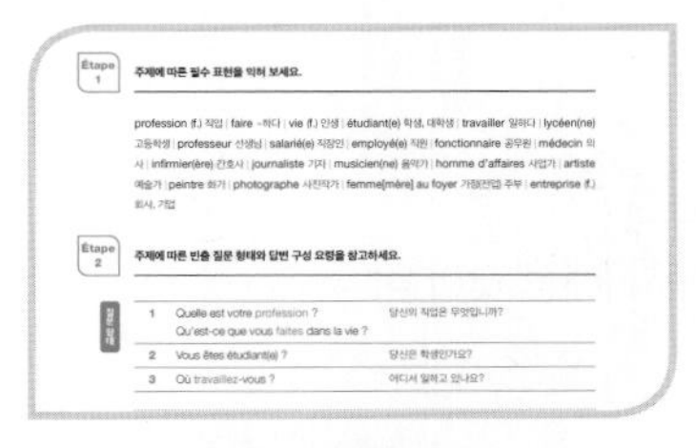

필수 어휘 및 숙어 표현

외국어 실력의 기본은 탄탄한 어휘와 숙어 표현력입니다. DELF A1 시험에서 자주 접할 수 있는 어휘 및 표현을 익히며 프랑스어 이해력과 구사력을 키울 수 있습니다.

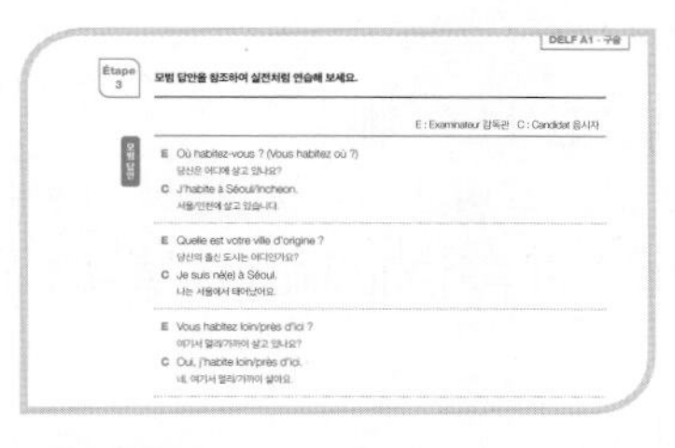

모범 답안

작문과 구술 영역의 모범 답안을 제시하여 실전에 대비 및 활용할 수 있도록 했습니다.

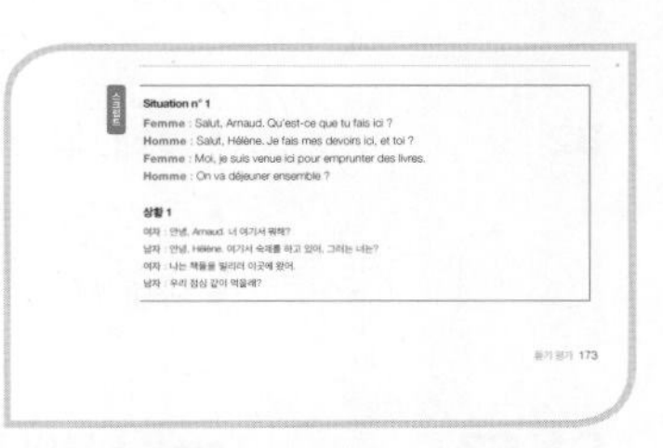

원어민 음성의 MP3

듣기와 구술 영역은 원어민이 녹음한 음성 MP3를 제공합니다. 스크립트를 보며 원어민의 정확한 발음을 함께 학습할 수 있습니다.

DELF A1 필수 어휘집(온라인 제공)

응시자들이 꼭 알아야 할 DELF A1 시험 대비 필수 어휘들을 무료 PDF로 제공합니다.

新 유형 개정 GUIDE 

DELF와 DALF 시험의 주관 기관인 CIEP에 따르면 2020년부터 2023년까지는 기존 유형과 새로운 유형이 공존하여 시험이 치러졌지만, 앞으로는 新 유형으로만 시험이 치러집니다. 단계별로 새롭게 변경되는 내용을 대략적으로 살펴보면 아래와 같습니다.

A1	• 독해, 듣기 영역 주관식 문제 폐지 • 듣기 영역 문제 유형 수 변경: 4개 유형 → 5개 유형 • 독해 영역 문제 수 변경: 15 문제 → 20문제 • 독해 영역 지도에 길 표시하는 문제 폐지 (주관식이 아닌 객관식으로 출제)
A2	• 독해, 듣기 영역 주관식 문제 폐지 • 듣기 영역 음성 자료 수 변경: 음성 자료 7개 → 짧은 음성 14개 • Vrai / Faux 문제 형식 유지, 'Justification 증명하기' 폐지 [배점 낮아짐]
B1	• 독해, 듣기 영역 주관식 문제 폐지 • 독해 시험 시간 변경: 35분 → 45분 • Vrai / Faux 문제 형식 유지, 'Justification 증명하기' 폐지 [배점 낮아짐]
B2	• 독해, 듣기 영역 주관식 문제 폐지 • 듣기 영역 음성 자료 수 변경: 음성 자료 2개 → 짧은 음성 5개 • Vrai / Faux 문제 형식 유지, 'Justification 증명하기' 폐지 [배점 낮아짐]
C1, C2	• 전문 분야 폐지

요약하자면, 듣기와 독해 평가에서 주관식 문제는 객관식 문제로 바뀝니다. 듣기 평가의 경우 음성 자료가 기존보다 배로 늘어나기 때문에, 평소 듣기 평가에 부담을 느끼는 수험생들이 많은 것을 고려하면 수험생들의 부담이 커질 것으로 보입니다. 독해 평가의 경우 주관식 문제가 사라지므로 난이도가 낮아진다고 볼 수 있겠습니다.

그럼, A1 단계의 듣기와 독해 평가에서 달라지는 내용을 유형별로 좀 더 비교해 보겠습니다.

	舊 유형			新 유형 (주관식 폐지, 전체 객관식)		
듣기	유형 1	안내 방송 듣고 답하기	3문제	유형 1	음성 메시지 듣고 답하기 (1)	4문제
	유형 2	음성 메시지 듣고 답하기	4문제	유형 2	안내 방송 듣고 답하기	4문제
	유형 3	대화 듣고 장소와 주제 파악하기	4문제	유형 3	음성 메시지 듣고 답하기 (2)	4문제
	유형 4	대화 듣고 육하원칙 내용 파악하기	6문제	유형 4	대화 듣고 특정 상황과 연결하기	4문제
				유형 5	음성 메시지 듣고 언급된 사물 체크하기	5문제
독해	유형 1	서신 이해	5문제	유형 1	이메일 이해	5문제
	유형 2	광고, 인터넷 게재글 이해	2문제	유형 2	안내문 이해	5문제
	유형 3	정보 이해	3문제	유형 3	광고, 게시판 이해	5문제
	유형 4	기사, 일정표 이해	5문제	유형 4	기사 이해	5문제

DELF A1 舊 유형 모의테스트 2회분(온라인 제공)

학습자 분들이 DELF A1 舊 유형도 연습해 보실 수 있도록, 기존의 舊 유형으로만 이루어진 모의테스트 2회분을 무료 PDF로 제공합니다.

Compréhension de l'oral

1 듣기 완전 분석

A1의 듣기 평가는 음성을 듣고 질문에 알맞은 답을 선택지에서 고르는 형태로, 총 5개의 유형으로 구성된다. 일상생활에서 자주 접할 수 있는 전화 음성 메시지, 안내 방송 혹은 두 사람의 대화 내용을 듣고 그 내용을 정확히 이해했는지를 평가한다. 각 유형마다 음성은 총 두 번씩 들려주며, 모든 문제는 객관식 형태로 출제된다. A1 수준의 어휘나 표현을 듣고 이해할 수 있는지를 평가하는 영역이며, 총 25점 만점이다.

2 듣기 유형 파악 [약 20분, 총 25점]

유형	특징
1 전화 음성 메시지 (4점)	어학원 등록 및 수업 관련 사항, 스포츠 클럽 등록 등 주로 사적인 관계를 맺지 않은 사람의 전화 음성 메시지를 듣고 내용을 이해하는지를 평가하는 방식으로 진행된다.
2 안내 방송 (4점)	기차역, 미술관, 공항 등 특정 장소에서 접할 수 있는 안내 방송으로서 승객들의 탑승과 관련한 지시사항을 알려 주거나 도착 시간 변경, 공공 장소의 이용 시간 등과 연관된 내용을 들려주고 이에 대한 이해도를 평가하는 방식이다.
3 전화 음성 메시지 (4점)	직장에서의 업무 관련 사항, 초대, 만남, 부탁, 제안 등 다양한 내용을 들려주고 메시지의 내용을 이해하고 있는지를 평가한다.
4 대화와 상황 (8점)	두 사람이 간략하게 주고받는 대화 내용을 바탕으로, 특정 상황에 해당하는 이미지와 상황에 맞는 대화를 연결하는 방식으로 진행된다. 대화 내용은 4개인데 이미지는 6개이므로 2개의 이미지는 대화와 아무런 관계가 없다는 점에 유의한다.
5 사물 확인하기 (5점)	친구에게 보내는 메시지 형식을 바탕으로 제시된 5개의 이미지 중에 메시지에서 언급된 사물들에 대해 oui, non의 주어진 항목에 표기하는 방식이다. 어휘에 초점을 둔 평가 방법이기 때문에 일상생활에서 자주 사용되는 어휘들을 평소에 많이 알고 있는 것이 중요하다.

3 듣기 평가 이것만은 꼭!

❶ 평가 진행 방식을 숙지한다.

EXERCICE 1, 2, 3 : 30초 동안 문제를 먼저 읽은 후, 첫 번째로 들려주는 음성을 들으며 문제를 푼다. 첫 번째 듣기가 끝난 후 30초의 시간이 주어지므로 이때 답을 확인한다. 이어서 두 번째로 들려주는 음성을 듣고 난 후, 다시 30초 동안 답을 최종 정리한다.

EXERCICE 4 : 30초 동안 문제를 먼저 읽은 후, 첫 번째로 들려주는 음성을 들으며 문제를 푼다. 음성에서는 총 4가지 situation이 나오는데, 각 situation이 끝날 때마다 15초의 시간이 주어지므로 이때 답을 각각 확인한다. 이어서 두 번째로 들려주는 음성을 듣고 난 후, 답을 최종 정리한다.

EXERCICE 5 : 15초 동안 문제를 먼저 읽은 후, 첫 번째로 들려주는 음성을 들으며 문제를 푼다. 첫 번째 듣기가 끝난 후 15초의 시간이 주어지므로 이때 답을 확인한다. 이어서 두 번째로 들려주는 음성을 듣고 난 후, 다시 30초 동안 답을 최종 정리한다.

❷ 듣기 시작 전 주어진 시간을 최대한 활용하여 집중할 문제를 선택한다.

새로 적용되는 문제 유형이 객관식 문제라 할지라도 주어진 텍스트의 어휘나 표현과 중복을 피하기 위해 다른 단어나 표현을 사용할 확률이 높기 때문에 문제의 난이도 측면에서는 오히려 더 어려울 수도 있다. 따라서 응시자는 문제를 읽을 때 우선적으로 풀 수 있는 문제들을 파악하는 것이 중요하다.

❸ 문제 순서와 듣기 내용 순서 간의 연관성에 주목한다.

일반적으로 문제의 순서와 듣기 내용의 순서가 대부분 일치한다. 그렇기 때문에 듣기가 진행될 때 문제 순서에 따라 어느 부분에 특히 초점을 맞추어 들어야 할지 가늠이 가능하므로, 만일 문제가 텍스트의 어떤 부분에 해당하는지를 파악하지 못했다면 문제의 순서를 통해 유추하는 방법이 효과적이다.

❹ 문제들 간의 연관성에 주목한다.

듣기 평가의 경우는 문제들이 하나의 텍스트와 관련되어 있기 때문에 문제들 간에 독립적인 경우보다 내용이 연결되는 경향이 있다. 따라서 앞 문제를 이해하지 못했거나 풀지 못한 경우 뒤에 나오는 문제의 어휘들을 보고 앞의 문제에 대한 정답을 추측할 수도 있다는 점을 명심해야 한다.

❺ 평정심을 유지하라.

영역별로 5점 이하인 경우에 불합격이 되는데, 듣기 평가는 아무래도 기초 학습자들이 연습하기에는 쉽지 않은 영역이기 때문에 부담감이 클 수밖에 없다. 하지만 듣기 영역 중 EXERCICE 4, 5는 다른 문제들보다 난이도가 낮기 때문에 충분히 10점 이상의 점수를 받을 수 있다. 따라서 너무 조급하게 생각하지 말고 마음을 차분히 갖는 것이 필요하다.

듣기 평가

EXERCICE 1

잠깐 **듣기 평가 EXERCICE 1을 시작하기 전, 듣기 영역 전체에 해당하는 아래 지시문을 들려줍니다.**

Compréhension de l'oral 25 points

Vous allez écouter plusieurs documents. Il y a 2 écoutes.
Avant chaque écoute, vous entendez le son suivant : 🔔.
Dans les exercices 1, 2, 3 et 5, pour répondre aux questions, cochez [x] la bonne réponse.

듣기 평가 25점

당신은 여러 개의 자료들을 듣게 될 것입니다. 두 번 들려드립니다.
각 듣기가 시작되기 전, 당신은 다음과 같은 소리를 듣게 됩니다 : 🔔.
연습문제 1, 2, 3과 5에서는 질문들에 답하기 위해 정답에 [x]표를 하세요.

이어서 EXERCICE 1 지시문을 들려줍니다.

Lisez les questions. Écoutez le document puis répondez.
문제들을 읽으세요. 자료를 듣고 답하세요.

완전 공략

1 핵심 포인트

전화 자동 응답기에 관한 듣기 평가 유형으로 메시지 내용과 시간, 날짜, 가격, 등록 방법 등에 대해 초점을 맞추어야 한다.

2 빈출 주제

어학원에서의 특정 과목, 미술 학원에서 그림, 무용 학원에서 춤, 음악 학원에서 악기, 스포츠 클럽에서 특정 운동 등을 기본으로 여행사에서의 여행과 관련한 내용, 부동산에서 집 매매와 관련한 사항, 레저 센터에서의 활동 등 매우 다양한 주제로 문제가 출제될 수 있다.

3 고득점 전략

① 선별적 공략을 하라.

모든 문제를 다 맞히겠다는 생각보다는 가장 확실하게 점수를 얻을 수 있는 것부터 집중해서 듣는 것이 중요하다. 예를 들어 시간과 관련된 문제의 경우 숫자가 사용되는데, 숫자는 아무리 객관식이라 할지라도 초보자에게는 결코 쉽지 않다. 숫자에 자신이 없다면 첫 번째 듣기 때에는 다른 문제들에 집중하고, 두 번째 듣기에서 숫자 문제에 초점을 맞추는 것이 점수 관리에 더 효율적이다.

② 의문사에 집중하라.

육하원칙에 해당하는 의문사들이 문제에 나오는 경우 장소, 이유, 대상 등에 대한 질문이라는 것을 파악하고 해당되는 내용이 나오는 부분에 초점을 맞추어 들어야 한다.

③ 지나간 문제에 연연하지 마라.

듣기 평가는 시간이 정해진 시험이라는 특성 때문에 앞의 것에 미련을 두고 생각하다 보면 그다음에 이어지는 다른 문제를 듣지 못하게 된다. 두 번 들려준다는 특성을 최대한 활용하여 첫 번째 듣기에서 정답을 찾지 못하는 경우 다음 문제와 관련된 듣기에 바로 집중해야 한다.

④ 의미가 유사한 표현들을 학습하라.

문제들이 객관식이기 때문에 텍스트에서 사용했던 어휘나 표현을 반복하기보다는 의미가 같은 다른 단어들을 활용할 수 있다. 따라서 응시자는 많이 사용하는 어휘나 표현들을 중심으로 미리 학습해 두는 것이 필요하다.

EXERCICE 1 실전 연습

Track 1-01

전략에 따라 문제 1을 풀어 보세요.

Lisez les questions. Écoutez le document puis répondez.
Vous écoutez le message suivant sur votre répondeur téléphonique. *4 points*

❶ Quelle activité voulez-vous faire ? 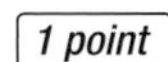

A ☐ B ☐ C ☐

❷ Quand est-ce que le premier cours commence ? *1 point*

A ☐ 2 septembre.
B ☐ 12 septembre.
C ☐ 22 septembre.

❸ Qu'est-ce que Monsieur Dubois demande ? *1 point*

A ☐ De rappeler le club de sport.
B ☐ De payer vos frais d'inscription.
C ☐ D'apporter votre pièce d'identité.

❹ Qu'est-ce que vous devez préparer ? *1 point*

A ☐ un sac de sport.
B ☐ un maillot de bain.
C ☐ une paire de chaussures.

Étape 2

문제 1의 내용을 해석해 보세요.

문제들을 읽으세요. 자료를 듣고 답하세요.
당신은 전화 응답기에서 다음과 같은 메시지를 듣습니다. 4점

❶ 당신은 어떤 활동을 하기를 원하는가? 1점

A □ B □ C □

❷ 언제 첫 번째 수업이 시작되는가? 1점

A □ 9월 2일
B □ 9월 12일
C □ 9월 22일

❸ Dubois 씨는 무엇을 요구하는가? 1점

A □ 스포츠 클럽으로 다시 전화할 것
B □ 당신의 등록비를 지불할 것
C □ 당신의 신분증을 가져올 것

❹ 당신은 무엇을 준비해야 하는가? 1점

A □ 스포츠 가방
B □ 수영복
C □ 신발 한 켤레

Étape 3

문제 1의 내용을 분석한 후, 스크립트를 확인해 보세요.

문제 분석

스포츠 클럽의 수영 강습 등록에 대한 안내 메시지이다. 음성을 듣기 전, 각 문제 내용을 미리 파악하면서 주의 깊게 들어야 할 내용을 체크한다.

1	질문에 'quelle activité 어떤 활동'이라는 표현이 있고, 선택지가 모두 스포츠 활동과 관련된 사진으로 구성된 문제이다. 선택지 A는 'basket-ball 농구', 선택지 B는 'football 축구', 선택지 C는 'natation 수영'과 관련된 사진으로, 음성에서 언급되는 스포츠가 어떤 사진과 연관이 있는지를 잘 들어야 한다.
2	의문사 'quand 언제'를 사용한 문제이다. 질문에서 첫 번째 수업이 시작하는 날짜를 묻고 있는데, 선택지 모두 'septembre ○○ 9월 ○○일'의 형태이므로 '○○일'에 해당하는 숫자를 정확하게 들어야 한다.
3	의문사 'qu'est-ce que 무엇을'을 사용한 문제이다. 선택지 A의 'rappeler 다시 전화하다', 선택지 B의 'frais d'inscription 등록비', 선택지 C의 'pièce d'identité 신분증'을 핵심 어휘로 체크해 두고, Dubois 씨가 요구한 내용이 나오는 부분에 초점을 맞추어 들어야 한다.
4	의문사 'qu'est-ce que 무엇을'을 사용한 문제로, 제시된 선택지 중에서 수업을 위한 준비물에 해당하는 것이 무엇인지를 놓치지 않고 듣는다.

스크립트

Homme : Bonjour, je suis Monsieur Dubois, du club de sport. J'appelle pour votre cours de natation du mardi de 13 h à 16 h. Vous pouvez venir au premier cours, mardi 02 septembre, avec votre chèque de 100 € pour l'inscription. Apportez votre maillot de bain car vous allez commencer le cours à la piscine. Bonne journée !

남자 : 안녕하세요, 저는 스포츠 클럽의 Dubois입니다. 화요일 13시부터 16시까지 당신의 수영 수업 때문에 전화했습니다. 9월 2일 화요일 첫 번째 수업에 등록하기 위해서는 100유로 수표를 가지고 오시면 됩니다. 수영복을 가져오세요. 왜냐하면 당신은 수영장에서 수업을 시작할 것이기 때문입니다. 좋은 하루 보내세요!

문제 1의 해설을 확인한 후, 필수 어휘를 익혀 보세요.

해설

문항	풀이 요령
1	메시지를 들은 사람이 하고 싶어 하는 활동과 관련된 사진을 선택지 중에서 고르는 문제이다. 음성에서 'J'appelle pour votre cours de natation 당신의 수영 수업 때문에 전화했습니다.'라고 했으므로, 음성을 들은 사람은 수영을 하고 싶어 한다는 것을 알 수 있다. 따라서 정답은 **C**.
2	첫 수업이 시작하는 날짜를 묻는 문제이다. 'au premier cours, mardi 02 septembre 9월 2일 화요일 첫 번째 수업에'라는 내용에 따라 정답은 **A**.
3	Dubois가 요구하는 사항이 무엇인지를 묻고 있다. 음성에서 'avec votre chèque de 100 € pour l'inscription 등록하기 위해서는 100유로 수표를 가지고'라고 했는데, 이는 곧 등록비를 지불하라는 의미이므로 정답은 **B**.
4	수영 강습을 위해 준비해야 할 것을 묻고 있다. 'Apportez votre maillot de bain 수영복을 가져오세요.'라는 내용에 따라 정답은 **B**.

필수 어휘

activité (f.) 활동 | basket-ball (m.) 농구 | football (m.) 축구 | natation (f.) 수영 | premier 첫 번째의 | cours (m.) 수업 | commencer 시작하다 | septembre (m.) 9월 | rappeler 다시 전화하다 | frais d'inscription (m.pl.) 등록비 | apporter 가져오다 | pièce d'identité (f.) 신분증 | sac (m.) 가방 | maillot de bain (m.) 수영복 | paire de chaussures 한 쌍의 신발(신발 한 켤레) | mardi (m.) 화요일 | chèque (m.) 수표 | inscription (f.) 등록 | piscine (f.) 수영장 | journée (f.) 날, 하루

문제 2

EXERCICE 1 실전 연습

Track 1-02

전략에 따라 문제 2를 풀어 보세요.

Lisez les questions. Écoutez le document puis répondez.
Vous écoutez le message suivant sur votre répondeur téléphonique. *4 points*

❶ Qu'allez-vous apprendre ? 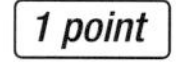

A ☐ B ☐ C ☐

❷ Le premier cours commence ... *1 point*

A ☐ le matin.
B ☐ l'après-midi.
C ☐ le soir.

❸ Que devez-vous faire avant de faire du cours ? *1 point*

A ☐ Payer de l'argent.
B ☐ Appeler le club de sport.
C ☐ Apporter la carte d'étudiant.

❹ Vous avez besoin d'... *1 point*

A ☐ un piano.
B ☐ un violon.
C ☐ une guitare.

Étape 2

문제 2의 내용을 해석해 보세요.

문제들을 읽으세요. 자료를 듣고 답하세요.
당신은 전화 응답기에서 다음과 같은 메시지를 듣습니다. 4점

❶ 당신은 무엇을 배울 것인가? 1점

A □ B □ C □

❷ 첫 번째 수업은 ...에 시작한다. 1점

A □ 오전
B □ 점심
C □ 저녁

❸ 당신은 수업을 하기 전에 무엇을 해야 하는가? 1점

A □ 돈을 지불할 것
B □ 스포츠 클럽으로 전화할 것
C □ 학생증을 가져올 것

❹ 당신은 ...가(이) 필요하다. 1점

A □ 피아노
B □ 바이올린
C □ 기타

문제 2의 내용을 분석한 후, 스크립트를 확인해 보세요.

문제 분석

음악 학원의 음악 수업 등록에 대한 안내 메시지이다. 음성을 듣기 전, 각 문제 내용을 미리 파악하면서 주의 깊게 들어야 할 내용을 체크한다.

1	선택지가 모두 특정 활동과 관련된 사진으로 구성된 문제이다. 선택지 A는 'marathon 마라톤', 선택지 B는 'guitare 기타', 선택지 C는 'peinture 그림 그리기'와 관련된 사진으로, 음성에서 언급되는 활동이 어떤 사진과 연관이 있는지를 잘 들어야 한다.
2	선택지가 모두 시간을 나타내는 표현으로 구성된 문제이다. 따라서 첫 번째 수업이 시작되는 시간이 언제인지 정확히 들어야 하는데, 음성에서는 구체적인 시간이 언급될 수 있다는 점에 유의한다.
3	의문사 'que 무엇을'을 사용한 문제이다. 선택지 A의 'payer 지불하다', 선택지 B의 'appeler 전화하다', 선택지 C의 'apporter 가져오다'를 핵심 어휘로 체크해 두고, 수업 전 해야 하는 것을 언급하는 부분에 초점을 맞추어 들어야 한다.
4	선택지가 모두 악기 명칭으로 구성된 문제이다. 따라서 제시된 선택지 중에서 수업에 필요한 악기가 무엇인지를 놓치지 않고 듣는다.

스크립트

Femme : Bonjour, je m'appelle Madame Aline et je travaille à l'école de musique. Je vous laisse ce message pour votre cours de musique. Vous pouvez venir à la salle 205 jusqu'à 10 h. Vous pouvez payer les frais d'inscription au secrétariat avant de venir au cours. Votre guitare est nécessaire pour suivre le cours. Vous allez apprendre par la base. Bonne journée !

여자 : 안녕하세요, 저의 이름은 Aline이고 음악 학원에서 근무합니다. 당신의 음악 수업을 위해 메시지를 남깁니다. 당신은 10시까지 205호실로 오면 됩니다. 수업에 오기 전 사무실에 등록비를 지불하면 됩니다. 수업을 듣기 위해서는 기타가 필요합니다. 당신은 기초부터 배우게 될 것입니다. 좋은 하루 보내세요!

문제 2의 해설을 확인한 후, 필수 어휘를 익혀 보세요.

해설

문항	풀이 요령
1	메시지를 들은 사람이 배우게 될 내용과 관련된 사진을 선택지 중에서 고르는 문제이다. 음성에서 'Je vous laisse ce message pour votre cours de musique. 당신의 음악 수업을 위해 메시지를 남깁니다.'라고 했다. 제시된 사진 중 A는 'sport 스포츠', C는 'art, peinture 그림'과 관련이 있으므로 정답은 **B**.
2	첫 수업이 시작하는 시간을 묻는 문제이다. 음성에서 'Vous pouvez venir à la salle 205 jusqu'à 10 h. 당신은 10시까지 205호실로 오면 됩니다.'라고 했는데, 10시는 오전에 해당하므로 정답은 **A**. TIP à 10 h 10시 ⇄ matin 오전, 아침
3	수업 전에 해야 하는 것이 무엇인지를 묻고 있다. 'Vous pouvez payer les frais d'inscription au secrétariat avant de venir au cours. 수업에 오기 전 사무실에 등록비를 지불하면 됩니다.'라는 내용에 따라 정답은 **A**. TIP frais d'inscription 등록비 ⇄ l'argent 돈
4	수업을 위해 무엇이 필요한지를 묻고 있다. 'Votre guitare est nécessaire pour suivre le cours. 수업을 듣기 위해서는 기타가 필요합니다.'라는 내용에 따라 정답은 **C**.

필수 어휘

apprendre 배우다 | **marathon (m.)** 마라톤 | **guitare (f.)** 기타 | **peinture (f.)** 그림 그리기 | **carte d'étudiant (f.)** 학생증 | **avoir besoin de** 필요하다 | **piano (m.)** 피아노 | **violon (m.)** 바이올린 | **laisser** 남기다 | **salle (f.)** 방 | **secrétariat (m.)** 사무실, 비서실 | **par la base** 기초부터

EXERCICE 1 실전 연습

Track 1-03

전략에 따라 문제 3을 풀어 보세요.

Lisez les questions. Écoutez le document puis répondez.
Vous écoutez le message suivant sur votre répondeur téléphonique. *4 points*

❶ Qu'est-ce que Bernard vous propose ? *1 point*

A □

B □

C □

❷ Qui a donné les billets à Bernard ? *1 point*

A □ Son voisin.
B □ Son collègue de bureau.
C □ Son camarade de classe.

❸ Que pouvez-vous faire avec Bernard ? *1 point*

A □ Un repas.
B □ Un sport.
C □ Une promenade.

❹ Vous contactez Bernard ... *1 point*

A □ par lettre.
B □ par e-mail.
C □ par téléphone.

Étape 2

문제 3의 내용을 해석해 보세요.

문제들을 읽으세요. 자료를 듣고 답하세요.
당신은 전화 응답기에서 다음과 같은 메시지를 듣습니다. 4점

❶ Bernard는 당신에게 무엇을 제안하는가? 1점

A □ B □ C □

❷ 누가 Bernard에게 표를 주었는가? 1점

A □ 그의 이웃
B □ 그의 사무실 동료
C □ 그의 학급 친구

❸ 당신은 Bernard와 무엇을 할 수 있는가? 1점

A □ 식사
B □ 운동
C □ 산책

❹ 당신은 Bernard에게 ... 연락한다. 1점

A □ 편지로
B □ 이메일로
C □ 전화로

Étape 3

문제 3의 내용을 분석한 후, 스크립트를 확인해 보세요.

문제 분석

친구에게 만남을 제안하는 내용을 담은 음성 메시지이다. 음성을 듣기 전, 각 문제 내용을 미리 파악하면서 주의 깊게 들어야 할 내용을 체크한다.

1	질문에 의문사 'qu'est-ce que 무엇을'이 있고, 선택지가 모두 특정 활동과 관련된 사진으로 구성된 문제이다. 선택지 A는 'film 영화', 선택지 B는 'football 축구', 선택지 C는 'pièce 연극'과 관련된 사진으로, Bernard가 제안한 활동이 어떤 사진과 연관이 있는지를 잘 들어야 한다.
2	의문사 'qui 누가'를 사용한 문제이다. 선택지 A의 'voisin 이웃', 선택지 B의 'collègue 동료', 선택지 C의 'camarade 친구'를 핵심 어휘로 체크해 두고, Bernard에게 표를 준 사람이 언급되는 부분에 초점을 맞추어 들어야 한다.
3	의문사 'que 무엇을'을 사용한 문제이다. 선택지 A의 'repas 식사', 선택지 B의 'sport 운동', 선택지 C의 'promenade 산책'을 핵심 어휘로 체크해 두고, Bernard와 함께할 수 있는 활동이 언급되는 부분에 초점을 맞추어 들어야 한다.
4	선택지가 모두 연락 방법과 관련된 표현으로 구성된 문제이다. 따라서 음성에서 Bernard에게 연락하는 방법이 언급되면 놓치지 않고 듣는다.

스크립트

Homme : Salut, c'est Bernard. Qu'est-ce que tu fais demain soir ? Mon collègue m'a donné deux billets de théâtre et tu veux venir avec moi ? La pièce commence à 19 h et on pourra dîner au restaurant après le spectacle. Qu'est-ce que tu en penses ? Appelle-moi si tu es d'accord !

남자 : 안녕, 나 Bernard야. 내일 저녁에 너 뭐 하니? 내 동료가 나에게 연극 표 두 장을 주었는데 나랑 같이 갈래? 연극은 19시에 시작하고 공연 후에 식당에서 저녁 식사를 할 수 있을 거야. 이것에 대해 어떻게 생각해? 너도 동의한다면 나한테 전화해 줘!

Étape 4

문제 3의 해설을 확인한 후, 필수 어휘를 익혀 보세요.

해설

문항	풀이 요령
1	Bernard가 제안한 내용과 관련된 사진을 선택지 중에서 고르는 문제이다. 음성에서 'Mon collègue m'a donné deux billets de théâtre et tu veux venir avec moi ? 내 동료가 나에게 연극 표 두 장을 주었는데 나랑 같이 갈래?'라는 내용에 따라 정답은 **C**.
2	Bernard에게 표를 준 사람이 누구인지를 묻고 있다. 'Mon collègue m'a donné deux billets de théâtre … 내 동료가 나에게 연극 표 두 장을 주었는데 …'라는 내용에 따라 정답은 **B**.
3	Bernard와 함께할 수 있는 활동에 대해 묻고 있다. 'on pourra dîner au restaurant après le spectacle. 공연 후에 식당에서 저녁 식사를 할 수 있을 거야.'라는 내용에 따라 정답은 **A**. TIP dîner 저녁 식사 ⇄ repas 식사
4	Bernard에게 연락하는 방법을 묻고 있다. 'Appelle-moi si tu es d'accord ! 너도 동의한다면 나한테 전화해 줘!'라는 내용에 따라 정답은 **C**.

필수 어휘

proposer 제안하다 | **billet (m.)** 표 | **voisin** 이웃 | **collègue** 동료 | **camarade** 친구 | **promenade (f.)** 산책 | **contacter** 연락하다 | **lettre (f.)** 편지 | **demain** 내일 | **théâtre (m.)** 연극 | **pièce (f.)** 연극 | **spectacle (m.)** 공연 | **être d'accord** 동의하다

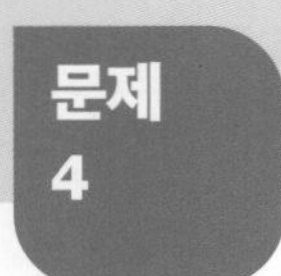

EXERCICE 1 실전 연습

Track 1-04

전략에 따라 문제 4를 풀어 보세요.

Lisez les questions. Écoutez le document puis répondez.

Vous écoutez le message suivant sur votre répondeur téléphonique. *4 points*

❶ Quelle activité Jean a-t-il proposé à Laurie ? *1 point*

A □ B □ C □

❷ Laurie va voir... *1 point*

A □ ses amis.

B □ son client.

C □ sa famille.

❸ Quelle actvité Laurie propose à Jean ? *1 point*

A □ De faire du sport.

B □ De visiter le musée.

C □ De boire de l'alcool.

❹ Comment est-ce que Jean donne la réponse à Laurie ? *1 point*

A □ Par lettre.

B □ Par courriel.

C □ Par téléphone.

Étape 2

문제 4의 내용을 해석해 보세요.

문제들을 읽으세요. 자료를 듣고 답하세요.
당신은 전화 응답기에서 다음과 같은 메시지를 듣습니다. 4점

❶ Jean은 Laurie에게 어떤 활동을 제안했는가? 1점

A □　　B □　　C □

❷ Laurie는 ...을 보러 간다. 1점

A □ 그녀의 친구들
B □ 그녀의 고객
C □ 그녀의 가족

❸ Laurie는 Jean에게 어떤 활동을 제안하는가? 1점

A □ 운동을 하는 것
B □ 미술관을 방문하는 것
C □ 술을 마시는 것

❹ Jean은 Laurie에게 어떻게 답변을 주는가? 1점

A □ 편지로
B □ 이메일로
C □ 전화로

Étape 3

문제 4의 내용을 분석한 후, 스크립트를 확인해 보세요.

문제 분석

친구의 제안을 거절하는 내용을 담은 음성 메시지이다. 음성을 듣기 전, 각 문제 내용을 미리 파악하면서 주의 깊게 들어야 할 내용을 체크한다.

1	질문에 'quelle activité 어떤 활동'이라는 표현이 있고, 선택지가 모두 여가 활동과 관련된 사진으로 구성된 문제이다. 선택지 A는 'musée 미술관', 선택지 B는 'voyage 여행', 선택지 C는 'tennis 테니스'와 관련된 그림으로, 음성에서 언급되는 활동이 어떤 그림과 연관이 있는지를 잘 들어야 한다.
2	선택지가 모두 인간관계를 나타내는 표현으로 구성된 문제이다. 따라서 Laurie가 만나는 사람이 누구인지 정확히 들어야 한다.
3	질문에 'quelle activité 어떤 활동'이라는 표현이 있고, 선택지가 모두 활동을 설명하는 내용으로 구성된 문제이다. 따라서 제시된 선택지 중에서 Laurie가 Jean에게 제안하는 내용이 무엇인지를 놓치지 않고 듣는다.
4	의문사 'que 무엇을'을 사용한 문제이다. 선택지가 모두 연락 방법과 관련된 표현으로 구성되어 있으므로, Jean이 Laurie에게 연락하는 방법이 무엇인지 주의 깊게 듣는다.

스크립트

Femme : Salut Jean, c'est Laurie. Je viens de recevoir ton message à propos du voyage du week-end. J'aimerais tellement voyager avec toi mais je ne peux pas accepter ta proposition cette fois-ci. Je vais visiter mes parents qui habitent à la campagne. Mais tu es libre à la fin de la semaine prochaine ? Je vais à Paris et je veux te voir. On peut dîner ensemble en prenant un verre. Envoie-moi un e-mail si tu es d'accord ! À bientôt !

여자 : 안녕 Jean, 나 Laurie야. 주말 여행에 대한 너의 메시지를 방금 받았어. 너와 정말로 여행하고 싶지만 이번에는 너의 제안을 받아들일 수가 없어. 시골에 사시는 부모님을 뵈러 가거든. 그런데 다음 주 주말에는 한가하니? 내가 파리에 갈 건데 너를 보고 싶어. 술 한잔하면서 저녁을 먹을 수 있을 거야. 너도 동의하면 내게 메일을 보내 줘! 곧 봐!

문제 4의 해설을 확인한 후, 필수 어휘를 익혀 보세요.

해설

문항	풀이 요령
1	Jean이 제안한 내용과 관련된 사진을 선택지 중에서 고르는 문제이다. 음성에서 'Salut Jean, c'est Laurie. Je viens de recevoir ton message à propos du voyage du week-end. 안녕 Jean, 나 Laurie야. 주말 여행에 대한 너의 메시지를 방금 받았어.'라는 내용에 따라 정답은 **B**.
2	Laurie가 만날 사람이 누구인지를 묻고 있다. 'Je vais visiter mes parents qui habitent à la campagne. 시골에 사시는 부모님을 뵈러 가거든.'이라는 내용에 따라 정답은 **C**. TIP parents 부모님 ⇄ famille 가족
3	Laurie가 Jean에게 제안한 활동이 무엇인지를 묻고 있다. 'On peut dîner ensemble en prenant un verre. 술 한잔하면서 저녁을 먹을 수 있을 거야.'라는 내용에 따라 정답은 **C**. TIP prendre un verre 술 한 잔 하다 ⇄ boire de l'alcool 술을 마시다
4	Jean이 Laurie에게 연락하는 방법을 묻고 있다. 'Envoie-moi un e-mail si tu es d'accord ! 너도 동의하면 내게 메일을 보내 줘!'라는 내용에 따라 정답은 **B**. TIP e-mail 메일 ⇄ courriel 이메일

필수 어휘

aller voir 보러 가다, 찾아 뵙다 | **client** 고객, 손님 | **boire** 마시다 | **alcool (m.)** 알코올, 술 | **réponse (f.)** 답변 | **courriel (m.)** 이메일 | **venir de + 동사원형** 방금 막 ~하다 | **recevoir** 받다 | **à propos de** ~에 관한 | **tellement** 아주, 그토록 | **accepter** 받아들이다 | **proposition (f.)** 제안 | **cette fois-ci** 이번에 | **campagne (f.)** 시골 | **à la fin de** ~ 말에 | **prendre un verre** 술 한잔하다

문제 5

EXERCICE 1 실전 연습

Track 1-05

Étape 1

전략에 따라 문제 5를 풀어 보세요.

Lisez les questions. Écoutez le document puis répondez.

Vous écoutez le message suivant sur votre répondeur téléphonique.  *4 points*

❶ Où travaille Muriel ? *1 point*

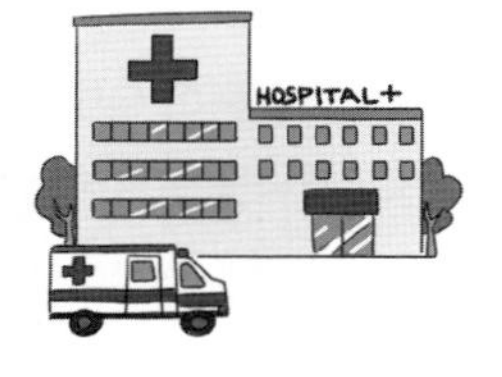

A ☐ B ☐ C ☐

❷ Muriel vous laisse ce message pour changer la date ... *1 point*

A ☐ de départ.

B ☐ d'entretien.

C ☐ de paiement.

❸ Quand pouvez-vous rencontrer le directeur ? *1 point*

A ☐ Ce vendredi.

B ☐ Le vendredi dernier.

C ☐ Le vendredi prochain.

❹ Comment contactez-vous Muriel ? *1 point*

A ☐ Téléphoner.

B ☐ Envoyer un e-mail.

C ☐ Aller directement à la campagne.

Étape 2

문제 5의 내용을 해석해 보세요.

문제들을 읽으세요. 자료를 듣고 답하세요.

당신은 전화 응답기에서 다음과 같은 메시지를 듣습니다. 4점

❶ Muriel은 어디에서 일하는가? 1점

A □ B □ C □

❷ Muriel은 ... 날짜를 바꾸기 위해 당신에게 이 메시지를 남겼다. 1점

A □ 출발

B □ 면접

C □ 지불

❸ 언제 당신은 사장님을 만날 수 있는가? 1점

A □ 이번 주 금요일

B □ 지난주 금요일

C □ 다음 주 금요일

❹ 당신은 Muriel에게 어떻게 연락하는가? 1점

A □ 전화하기

B □ 이메일을 보내기

C □ 시골에 직접 가기

Étape 3

문제 5의 내용을 분석한 후, 스크립트를 확인해 보세요.

문제 분석

회사 면접 일정과 관련된 내용을 담은 음성 메시지이다. 음성을 듣기 전, 각 문제 내용을 미리 파악하면서 주의 깊게 들어야 할 내용을 체크한다.

1	질문에 의문사 'où 어디에서'가 있고, 선택지가 모두 특정 장소와 관련된 사진으로 구성된 문제이다. 선택지 A는 'bureau 사무실', 선택지 B는 'hôpital 병원', 선택지 C는 'centre de gym 헬스장'과 관련된 사진으로, 음성에서 언급되는 장소가 어떤 사진과 연관이 있는지를 잘 들어야 한다.
2	선택지가 모두 'de ○○' 형태로 구성된 문제이다. 질문에서 Muriel이 음성 메시지를 남긴 이유를 묻고 있는데, 질문의 빈칸 앞에 'changer la date ... ○○ 날짜를 바꾸다'라는 표현이 있으므로 '○○ 날짜'에 해당하는 내용을 정확히 들어야 한다.
3	의문사 'quand 언제'를 사용한 문제이다. 질문에서 사장님과 만나는 날짜를 묻고 있는데, 선택지가 모두 'vendredi ○○ ○○주 금요일'의 형태이므로, '○○ 주'에 해당하는 내용을 정확하게 들어야 한다.
4	선택지가 모두 연락 방법과 관련된 표현으로 구성된 문제이다. 따라서 음성에서 Muriel과의 연락 방법이 언급되면 놓치지 않고 듣는다.

스크립트

Femme : Bonjour, ici madame Muriel. Je travaille dans une société FOTRA et je vous laisse ce message pour changer de date de l'entretien. Le directeur doit aller à Paris pour les affaires urgentes et il va revenir la semaine prochaine. Alors, il peut vous voir vendredi prochain à 10 h et rappelez-moi au 06 78 96 36 41 pour me dire si c'est possible ou pas. Merci.

여자 : 안녕하세요, 저 Muriel 부인이에요. 저는 FOTRA 회사에서 근무하고 있는데 면접 날짜를 바꾸기 위해 이 메시지를 당신에게 남깁니다. 사장님이 급한 일 때문에 파리에 가야 하며 다음 주에 돌아오십니다. 그래서 그는 다음 주 금요일 10시에 당신을 볼 수 있으니 저에게 06 78 96 36 41로 전화 주셔서 가능한지 아닌지 말씀해 주세요. 감사합니다.

문제 5의 해설을 확인한 후, 필수 어휘를 익혀 보세요.

해설

문항	풀이 요령
1	Muriel이 근무하는 장소와 관련된 사진을 선택지 중에서 고르는 문제이다. 'Je travaille dans une société FOTRA ... 저는 FOTRA 회사에서 근무하고 있는데 ...'라는 내용에 따라 정답은 **A**.
2	Muriel이 메시지를 남긴 목적과 관련된 문제로, 그녀가 어떤 날짜를 바꾸고 싶어 하는지를 묻고 있다. 음성에서 'je vous laisse ce message pour changer de date de l'entretien. 면접 날짜를 바꾸기 위해 이 메시지를 당신에게 남깁니다.'라고 했으므로, 정답은 **B**.
3	메시지를 들은 사람이 언제 사장님을 만나게 될지를 묻고 있다. 음성에서 Muriel은 그녀의 회사 사장님이 급한 일 때문에 파리에 가야 해서 'il peut vous voir vendredi prochain à 10 h 그는 다음 주 금요일 10시에 당신을 볼 수 있으니'라고 말했다. 따라서 정답은 **C**.
4	Muriel에게 연락하는 방법을 묻고 있다. 'rappelez-moi au 06 78 96 36 41 pour me dire si c'est possible ou pas. 저에게 06 78 96 36 41로 전화 주셔서 가능한지 아닌지 말씀해 주세요.'라는 내용에 따라 정답은 **A**.

필수 어휘

date (f.) 날짜 | depart (m.) 출발 | entretien (m.) 면접 | paiement (m.) 결제 | directeur (m.) 사장 | directement 곧바로, 직접 | campagne (f.) 시골 | société (f.) 회사 | affaire (f.) 일, 용건 | urgent 긴급한 | revenir 돌아오다 | dire 말하다 | possible 가능한

EXERCICE 1 실전 연습

Track 1-06

전략에 따라 문제 6을 풀어 보세요.

Lisez les questions. Écoutez le document puis répondez.

Vous écoutez le message suivant sur votre répondeur téléphonique.

❶ Où travaille Catherine ?

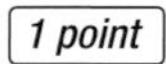

A ☐

B ☐

C ☐

❷ Que cherchez-vous ? *1 point*

A ☐ Le travail.

B ☐ Le logement.

C ☐ L'objet perdu.

❸ Quel est l'avantage de ce lieu ? *1 point*

A ☐ Le transport est pratique.

B ☐ Il y a beaucoup de voitures.

C ☐ L'ordre public est bien maintenu.

❹ Que devez-vous faire pour visiter ce lieu ? *1 point*

A ☐ Téléphoner.

B ☐ Payer le loyer.

C ☐ Contacter par e-mail.

Étape 2

문제 6의 내용을 해석해 보세요.

문제들을 읽으세요. 자료를 듣고 답하세요.
당신은 전화 응답기에서 다음과 같은 메시지를 듣습니다. 4점

❶ Catherine는 어디에서 일하는가? 1점

A □ B □ C □

❷ 당신은 무엇을 찾는가? 1점

A □ 일자리
B □ 집
C □ 잃어버린 물건

❸ 이 장소의 장점은 무엇인가? 1점

A □ 교통이 편리하다.
B □ 많은 자동차들이 있다.
C □ 치안 유지가 잘된다.

❹ 이 장소를 방문하기 위해서 당신은 무엇을 해야 하는가? 1점

A □ 전화하기
B □ 임대료를 지불하기
C □ 이메일로 연락하기

Étape 3

문제 6의 내용을 분석한 후, 스크립트를 확인해 보세요.

문제 분석

부동산 담당자가 고객에게 전달하는 소식을 담은 음성 메시지이다. 음성을 듣기 전, 각 문제 내용을 미리 파악하면서 주의 깊게 들어야 할 내용을 체크한다.

1	질문에 의문사 'où 어디에서'가 있고, 선택지가 모두 특정 장소와 관련된 사진으로 구성된 문제이다. 선택지 A는 'atelier 화실', 선택지 B는 'école 학교', 선택지 C는 'agence immobilière 부동산'과 관련된 사진으로, 음성에서 언급되는 장소 표현을 주의 깊게 들어야 한다.
2	의문사 'que 무엇을'을 사용한 문제이다. 선택지 A의 'travail 일자리', 선택지 B의 'logement 집', 선택지 C의 'objet 물건'을 핵심 어휘로 체크해 두고, 무엇인가를 찾고 있다고 언급하는 부분에 초점을 맞추어 들어야 한다.
3	질문에 'avantage 장점'이라는 단어가 있고, 선택지가 모두 특정 장소의 특징을 언급하는 내용으로 구성된 문제이다. 선택지 A의 'transport 교통', 선택지 B의 'voiture 자동차', 선택지 C의 'ordre public 치안'을 핵심 어휘로 체크해 두고, 특정 장소의 장점을 언급하는 부분에 초점을 맞추어 들어야 한다.
4	의문사 'que 무엇을'을 사용한 문제로, 해당 장소를 방문하기 위해 무엇을 해야 하는지 언급하는 부분을 놓치지 않고 들어야 한다.

스크립트

Femme : Bonjour monsieur Patrick, c'est madame Catherine, de l'agence immobilière. Je vous annonce une bonne nouvelle. J'ai trouvé un studio au centre-ville. Il y a une station de métro et il se trouve dans un quartier très calme. D'ailleurs, le loyer n'est pas cher et je suis sûre qu'il va vous plaire. Rappelez-moi au 06 87 14 25 36 pour rendre visite à ce studio. Merci.

여자 : 안녕하세요, Patrick 씨, 저는 부동산의 Catherine입니다. 좋은 소식을 당신께 알려 드립니다. 시내에 원룸을 하나 찾았습니다. 지하철역이 있고 매우 조용한 동네에 위치해 있습니다. 게다가 집세가 비싸지 않으며 당신 마음에 들 것이라고 확신합니다. 이 원룸을 방문하려면 06 87 14 25 36으로 전화 주세요. 감사합니다.

문제 6의 해설을 확인한 후, 필수 어휘를 익혀 보세요.

해설

문항	풀이 요령
1	Catherine이 근무하는 장소와 관련된 사진을 선택지 중에서 고르는 문제이다. 'c'est madame Catherine, de l'agence immobilière. 저는 부동산의 Catherine입니다.'라는 내용에 따라 정답은 **C**.
2	메시지를 듣는 사람이 찾는 것이 무엇인지를 묻고 있다. 'Je vous annonce une bonne nouvelle. J'ai trouvé un studio au centre-ville. 좋은 소식을 당신께 알려 드립니다. 시내에 원룸을 하나 찾았습니다.'라고 했으므로, 메시지를 듣는 사람은 집을 찾고 있다는 것을 알 수 있다. 따라서 정답은 **B**. TIP studio 원룸 ⇄ logement 집, 숙소
3	이 스튜디오의 장점을 묻는 문제이다. 음성에서 'Il y a une station de métro et il se trouve dans un quartier très calme. 지하철역이 있고 매우 조용한 동네에 위치해 있습니다.'라고 했다. 지하철역이 있다는 것은 교통이 편리하다는 의미이므로, 정답은 **A**.
4	이 스튜디오를 방문하기 위한 방법에 대해 묻고 있다. 'Rappelez-moi au 06 87 14 25 36 pour rendre visite à ce studio. 이 원룸을 방문하려면 06 87 14 25 36으로 전화 주세요.'라고 했으므로 정답은 **A**.

필수 어휘

agence immobilière (f.) 부동산 | **logement (m.)** 집, 숙소 | **objet (m.)** 물건 | **perdu** 잃어버린 | **avantage (m.)** 장점 | **lieu (m.)** 장소 | **transport (m.)** 교통 | **pratique** 편리한 | **ordre public (m.)** 치안 | **maintenir** 유지하다 | **loyer (m.)** 집세, 임대료 | **annoncer** 알리다 | **nouvelle (f.)** 소식 | **studio (m.)** 원룸, 스튜디오(작업실) | **centre-ville (m.)** 시내 | **station de métro (f.)** 지하철역 | **se trouver** 위치하다 | **quartier (m.)** 동네, 구역 | **calme** 조용한 | **d'ailleurs** 게다가 | **cher** 비싼 | **sûr** 확신하는 | **plaire à** ~의 마음에 들다 | **rendre visite** 방문하다

문제 7

EXERCICE 1 실전 연습

Track 1-07

Étape 1

전략에 따라 문제 7을 풀어 보세요.

Lisez les questions. Écoutez le document puis répondez.
Vous écoutez le message suivant sur votre répondeur téléphonique.

4 points

❶  Où habite l'oncle de Nathalie ?

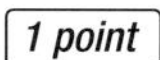

1 point

A ☐

B ☐

C ☐

❷ Qu'est-ce que vous aimez ? *1 point*

A ☐ L'activité sportive.
B ☐ La nature sauvage.
C ☐ Le patrimoine culturel.

❸ Nathalie va rester chez son oncle pendant ... *1 point*

A ☐ l'été.
B ☐ l'automne.
C ☐ l'hiver.

❹ Comment contactez-vous Nathalie ? *1 point*

A ☐ Par lettre.
B ☐ Par e-mail.
C ☐ Par téléphone.

Étape 2

문제 7의 내용을 해석해 보세요.

문제들을 읽으세요. 자료를 듣고 답하세요.
당신은 전화 응답기에서 다음과 같은 메시지를 듣습니다. 4점

❶ Nathalie의 삼촌은 어디에 살고 있는가? 1점

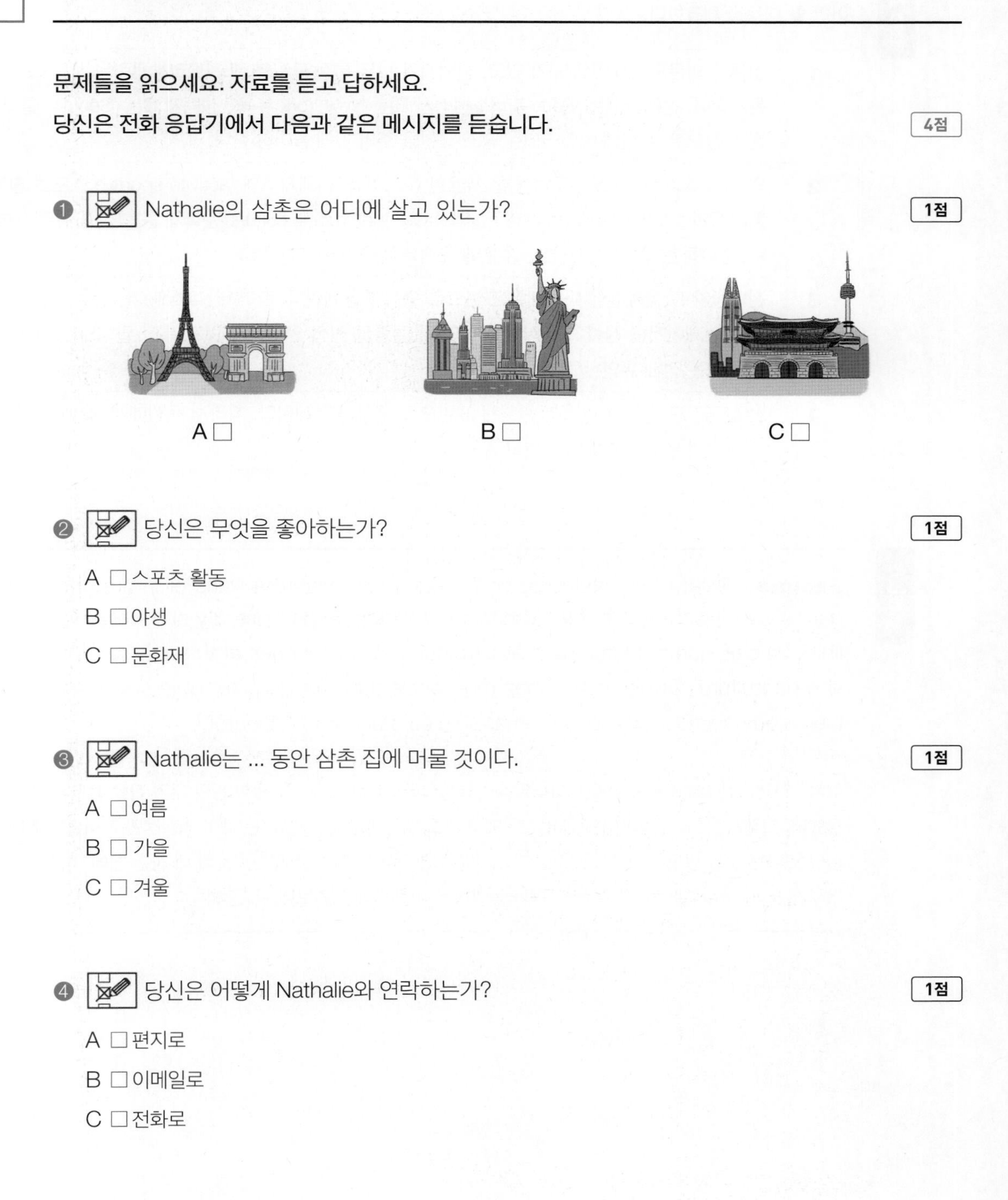

A □ B □ C □

❷ 당신은 무엇을 좋아하는가? 1점

A □ 스포츠 활동
B □ 야생
C □ 문화재

❸ Nathalie는 ... 동안 삼촌 집에 머물 것이다. 1점

A □ 여름
B □ 가을
C □ 겨울

❹ 당신은 어떻게 Nathalie와 연락하는가? 1점

A □ 편지로
B □ 이메일로
C □ 전화로

문제 7의 내용을 분석한 후, 스크립트를 확인해 보세요.

문제 분석

친구가 제안하는 내용을 담은 음성 메시지이다. 음성을 듣기 전, 각 문제 내용을 미리 파악하면서 주의 깊게 들어야 할 내용을 체크한다.

1	질문에 의문사 'où 어디에'가 있고, 선택지가 모두 특정 도시의 랜드마크와 관련된 사진으로 구성된 문제이다. 선택지 A는 'Paris 파리', 선택지 B는 'New York 뉴욕', 선택지 C는 'Séoul 서울'과 관련된 사진으로, 음성에서 언급되는 장소 표현을 주의 깊게 들어야 한다.
2	의문사 'qu'est-ce que 무엇을'을 사용한 문제이다. 선택지 A의 'activité sportive 스포츠 활동', 선택지 B의 'nature sauvage 야생', 선택지 C의 'patrimoine culturel 문화재'를 핵심 어휘로 체크해 두고, 좋아하는 활동을 언급하는 부분에 초점을 맞추어 들어야 한다.
3	선택지가 모두 계절을 나타내는 표현으로 구성된 문제이다. 따라서 Nathalie가 삼촌 집에 머무는 계절이 언제인지를 정확히 들어야 하는데, 계절명을 직접 언급하지 않고 특정 달이나 날짜를 언급할 수 있다는 점에 유의한다.
4	선택지가 모두 연락 방법과 관련된 표현으로 구성된 문제이다. 따라서 음성에서 Nathalie와 연락하는 방법이 언급되면 놓치지 않고 듣는다.

스크립트

Femme : Salut, c'est Nathalie. Voilà, mon oncle habite à Paris et il m'a demandé de garder sa maison pendant les vacances. Alors, je te propose d'y aller ensemble si tu es libre. Je sais que tu t'intéresses aux monuments historiques et tu seras content de cette ville de culture. On va rester chez mon oncle au mois de juillet et je suis sûre qu'on va bien s'amuser. Envoie-moi un e-mail si tu es d'accord ! À bientôt !

여자 : 안녕, 나 Nathalie야. 다름이 아니라 내 삼촌이 파리에 살고 있는데 방학 동안 자기 집을 봐 달라고 내게 부탁했어. 그래서 네가 시간이 되면 함께 그곳에 가자고 너에게 제안할게. 나는 네가 역사적인 기념물들에 대해 관심이 있다는 것을 알고 있고 너는 이 문화 도시에 대해 만족할 거야. 우리는 7월에 내 삼촌 집에 머물 거고 나는 우리가 재미있게 지낼 거라고 확신해. 네가 동의하면 내게 이메일을 보내 줘! 곧 봐!

문제 7의 해설을 확인한 후, 필수 어휘를 익혀 보세요.

해설

문항	풀이 요령
1	Nathalie의 삼촌이 살고 있는 곳과 관련된 사진을 선택지 중에서 고르는 문제이다. 음성에서 'mon oncle habite à Paris 내 삼촌이 파리에 살고 있는데'라고 했는데, 파리를 상징하는 건물로는 'la Tour Eiffel 에펠탑', 'l'Arc du Triomphe 개선문' 등이 있다. 따라서 정답은 **A**.
2	메시지를 듣는 사람이 좋아하는 활동이 무엇인지를 묻고 있다. 'tu t'intéresses aux monuments historiques 네가 역사적인 기념물들에 대해 관심이 있다'라고 했으므로, 메시지를 듣는 사람은 문화재와 관련된 활동을 좋아한다는 것을 알 수 있다. 따라서 정답은 **C**. TIP monuments historiques 역사적인 기념물 ⇄ patrimoine culturel 문화재
3	Nathalie가 삼촌 집에 머무는 시기를 묻는 문제이다. 'On va rester chez mon oncle au mois de juillet 우리는 7월에 내 삼촌 집에 머물 거고'라고 했는데, 7월은 여름에 해당하므로 정답은 **A**. TIP juillet 7월 ⇄ été 여름
4	Nathalie에게 연락하는 방법을 묻고 있다. 'Envoie-moi un e-mail si tu es d'accord ! 네가 동의하면 내게 이메일을 보내 줘!'라는 내용에 따라 정답은 **B**.

필수 어휘

habiter 살다 | **oncle (m.)** 삼촌 | **sauvage** 야생의 | **patrimoine culturel (m.)** 문화재 | **été (m.)** 여름 | **automne (m.)** 가을 | **hiver (m.)** 겨울 | **demander** 부탁하다 | **garder sa maison** 집을 보다 | **vacances (f.pl.)** 휴가, 방학 | **ensemble** 함께 | **libre** 자유로운, 시간이 되는 | **s'intéresser à** 관심을 갖다 | **monument (m.)** 기념물 | **historique** 역사적인 | **content** 만족한 | **ville (f.)** 도시 | **au mois de** ~월에 | **s'amuser** 즐기다

문제 8

EXERCICE 1 실전 연습

Track 1-08

Étape 1

전략에 따라 문제 8을 풀어 보세요.

Lisez les questions. Écoutez le document puis répondez.
Vous écoutez le message suivant sur votre répondeur téléphonique.

4 points

❶ Où est le lieu de rendez-vous ?

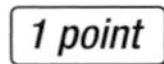
1 point

A □ B □ C □

❷ Comment va Pierre depuis ce matin ? *1 point*

A □ Il est malade.
B □ Il est en pleine forme.
C □ Il va beaucoup mieux.

❸ Qu'est-ce que Pierre vous demande ? *1 point*

A □ De voir son client.
B □ D'annuler son rendez-vous.
C □ D'aller en voyage d'affaires.

❹ Que pouvez-vous faire avec Pierre ? *1 point*

A □ Le sport.
B □ Le repas.
C □ Le voyage.

Étape 2

문제 8의 내용을 해석해 보세요.

문제들을 읽으세요. 자료를 듣고 답하세요.
당신은 전화 응답기에서 다음과 같은 메시지를 듣습니다. 4점

❶ 약속 장소는 어디인가? 1점

A □ B □ C □

❷ Pierre는 오늘 아침부터 상태가 어떠한가? 1점

A □ 그는 아프다.
B □ 그는 컨디션이 좋다.
C □ 그는 많이 좋아졌다.

❸ Pierre는 당신에게 무엇을 부탁하는가? 1점

A □ 그의 고객을 만날 것
B □ 그의 약속을 취소할 것
C □ 출장을 갈 것

❹ 당신은 Pierre와 무엇을 할 수 있는가? 1점

A □ 운동
B □ 식사
C □ 여행

Étape 3

문제 8의 내용을 분석한 후, 스크립트를 확인해 보세요.

문제 분석

직장 동료에게 부탁하는 내용이 담긴 음성 메시지이다. 음성을 듣기 전, 각 문제 내용을 미리 파악하면서 주의 깊게 들어야 할 내용을 체크한다.

1 질문에 의문사 'où 어디에'가 있고, 선택지가 모두 특정 장소와 관련된 사진으로 구성된 문제이다. 선택지 A는 'salle de classe 교실', 선택지 B는 'salle de réunion 회의실', 선택지 C는 'musée 미술관'과 관련된 사진으로, 음성에서 언급되는 장소 표현을 주의 깊게 들어야 한다.

2 선택지가 모두 남자의 몸 상태와 관련된 표현으로 구성된 문제이다. 선택지 A의 'malade 아프다', 선택지 B의 'être en pleine forme 컨디션이 좋다, 기력이 왕성하다', 선택지 C의 'aller mieux 나아지다'를 핵심 표현으로 체크해 두고, Pierre의 몸 상태를 설명하는 부분에 초점을 맞추어 들어야 한다.

3 의문사 'qu'est-ce que 무엇을'을 사용한 문제이다. 선택지 A의 'voir 만나다', 선택지 B의 'annuler 취소하다', 선택지 C의 'aller 가다'를 핵심 어휘로 체크해 두고, Pierre가 부탁하는 내용이 무엇인지 주의 깊게 듣는다.

4 의문사 'que 무엇을'을 사용한 문제이다. 선택지가 모두 특정 활동과 관련된 표현으로 구성되어 있으므로, Pierre가 제안하는 활동이 무엇인지 언급하는 부분을 놓치지 않고 듣는다.

스크립트

Homme : Salut, c'est moi Pierre. Voilà, j'ai quelque chose à te demander. J'ai un rendez-vous avec mon client à la salle de réunion cet après-midi mais je ne me sens pas bien depuis ce matin et maintenant, je suis chez le médecin. Il y a beaucoup de patients ici et je ne sais pas si je vais au bureau à temps, tu peux le rencontrer à ma place ? Il y a un catalogue sur ma table et tu le lui donnes, c'est tout. Je t'invite au dîner et je compte sur toi. Merci.

남자 : 안녕, 나야 Pierre. 다름이 아니라 너에게 부탁할 게 있어. 내가 오늘 오후에 회의실에서 고객과 약속이 있는데 오늘 아침부터 내가 몸이 좋지 않아서 지금 병원에 있어. 여기 환자가 많아서 내가 제시간에 사무실에 갈 수 있을지 모르겠어. 네가 나 대신에 그를 만날 수 있어? 내 책상 위에 카탈로그가 있는데 그에게 그것을 주기만 하면 돼. 저녁 식사에 너를 초대할게. 너를 믿어. 고마워.

문제 8의 해설을 확인한 후, 필수 어휘를 익혀 보세요.

해설

문항	풀이 요령
1	약속 장소와 관련된 사진을 선택지 중에서 고르는 문제이다. 'J'ai un rendez-vous avec mon client à la salle de réunion cet après-midi 내가 오늘 오후에 회의실에서 내 고객과 약속이 있는데'라는 내용에 따라 정답은 **B**.
2	Pierre의 상태를 묻고 있다. 음성에서 'je ne me sens pas bien depuis ce matin 오늘 아침부터 내가 몸이 좋지 않아서'라고 했으므로, Pierre는 아침부터 아픈 상태였음을 알 수 있다. 따라서 정답은 **A**.
3	Pierre가 부탁하는 것이 무엇인지를 묻는 문제이다. 음성에서 'tu peux le rencontrer à ma place ? 네가 나 대신에 그를 만날 수 있어?'라고 했다. 이는 고객을 대신 만나 달라는 부탁이므로 정답은 **A**.
4	Pierre와 함께할 수 있는 활동이 무엇인지를 묻고 있다. 'Je t'invite au dîner 저녁 식사에 너를 초대할게'라는 내용은 Pierre와 식사를 함께할 수 있다는 의미이므로 정답은 **B**. TIP dîner 저녁 식사 ⇄ repas 식사

필수 어휘

salle de réunion (f.) 회의실 | **aller** (건강 상태가) ~하다, ~한 상태로 지내다 | **malade** 아픈 | **être en pleine forme** 컨디션이 좋다, 기력이 왕성하다 | **aller mieux** 나아지다 | **client** 고객 | **annuler** 취소하다 | **voyage d'affaires (m.)** 출장 | **se sentir** 느낌, 기분이 ~하다 | **maintenant** 지금 | **patient** 환자 | **à temps** 제시간에 | **rencontrer** 만나다 | **à ma place** 나 대신에 | **compter sur** 믿다

문제 9

EXERCICE 1 실전 연습

Track 1-09

Étape 1

전략에 따라 문제 9를 풀어 보세요.

Lisez les questions. Écoutez le document puis répondez.
Vous écoutez le message suivant sur votre répondeur téléphonique.

4 points

❶ Où travaille le grand frère de Marc ?

1 point

A □

B □

C □

❷ Quand pouvez-vous travailler ? *1 point*

A □ Au mois de mai.
B □ Au mois d'août.
C □ Au mois de décembre.

❸ Quel est l'avantage de ce travail ? *1 point*

A □ Le travail est dur.
B □ On peut prendre un bain.
C □ On peut loger à petits frais.

❹ Marc vous demande de le contacter vite parce que ... *1 point*

A □ vous pouvez changer d'avis.
B □ vous pouvez trouver un autre travail.
C □ les autres gens peuvent postuler ce poste.

Étape 2

문제 9의 내용을 해석해 보세요.

문제들을 읽으세요. 자료를 듣고 답하세요.
당신은 전화 응답기에서 다음과 같은 메시지를 듣습니다. 4점

❶ Marc의 형은 어디에서 일하는가? 1점

A □ B □ C □

❷ 당신은 언제 일할 수 있는가? 1점

A □ 5월에
B □ 8월에
C □ 12월에

❸ 이 일의 장점은 무엇인가? 1점

A □ 일이 힘들다.
B □ 해수욕을 할 수 있다.
C □ 싸게 묵을 수 있다.

❹ Marc는 당신에게 빨리 연락하라고 요구하는데, 왜냐하면 ... 1점

A □ 당신이 생각을 바꿀 수 있기 때문이다.
B □ 당신이 다른 일을 찾을 수 있기 때문이다.
C □ 다른 사람들이 이 자리에 지원할 수 있기 때문이다.

Étape 3

문제 9의 내용을 분석한 후, 스크립트를 확인해 보세요.

문제 분석

아르바이트 자리를 제안하는 내용이 담긴 음성 메시지이다. 음성을 듣기 전, 각 문제 내용을 미리 파악하면서 주의 깊게 들어야 할 내용을 체크한다

1	질문에 의문사 'où 어디에'가 있고, 선택지가 모두 특정 장소와 관련된 사진으로 구성된 문제이다. 선택지 A는 'bibliothèque 도서관', 선택지 B는 'hôpital 병원', 선택지 C는 'hôtel 호텔'과 관련된 사진으로, 음성에서 언급되는 장소 표현을 주의 깊게 들어야 한다.
2	의문사 'quand 언제'를 사용한 문제이다. 질문에서 일할 수 있는 시기를 묻고 있는데, 선택지 모두 'Au mois de ○○ ○○월에'의 형태이므로 '○○월'에 해당하는 내용을 정확하게 들어야 한다. 참고로 음성에서는 몇 월인지 직접 언급하지 않고 특정 시기나 계절명을 언급할 수 있다는 점에 유의한다.
3	질문에 'avantage 장점'이라는 어휘가 있고, 선택지가 모두 어떤 특징을 언급하는 내용으로 구성된 문제이다. 선택지 A의 'dur 힘든', 선택지 B의 'bain 해수욕', 선택지 C의 'à petits frais 싸게'를 핵심 표현으로 체크해 두고, 해당 업무의 장점을 언급하는 부분에 초점을 맞추어 들어야 한다.
4	접속사 'parce que 왜냐하면'을 사용한 문제이다. 선택지 A의 'changer d'avis 생각을 바꾸다', 선택지 B의 'un autre travail 다른 일', 선택지 C의 'autres gens 다른 사람들'을 핵심 표현으로 체크해 두고, Marc에게 빨리 연락해야 하는 이유가 언급된 부분을 놓치지 않고 듣는다.

스크립트

Homme : Salut Vincent, c'est moi Marc. Tu cherches toujours du travail ? Voilà, mon grand frère travaille dans un hôtel et il cherche des jeunes qui travaillent à temps partiel pendant les vacances d'été. Le travail n'est pas très difficile et le salaire n'est pas mal. D'ailleurs, il y a une belle plage près de l'hôtel, on peut se baigner quand on ne travaille pas. Qu'est-ce que tu en penses ? Si tu es d'accord, rappelle-moi le plus vite possible car il y aura beaucoup de candidats qui veulent travailler là-bas. À très bientôt !

남자 : 안녕, Vincent, 나야 Marc. 너 여전히 일자리를 찾고 있니? 다름이 아니라 내 형이 호텔에서 일하는데 여름방학 동안 파트타임으로 일할 젊은 사람들을 찾고 있어. 일은 그렇게 힘들지 않고 월급도 나쁘지 않아. 게다가 호텔 가까이에 아름다운 해변이 있어서 일하지 않을 때 해수욕을 할 수 있어. 너는 이것에 대해 어떻게 생각해? 만일 네가 동의하면 최대한 빨리 내게 전화해 줘. 왜냐하면 거기서 일하고 싶어 하는 지원자들이 많이 있기 때문이야. 곧 다시 봐!

문제 9의 해설을 확인한 후, 필수 어휘를 익혀 보세요.

해설

문항	풀이 요령
1	Marc의 형이 근무하고 있는 장소와 관련된 사진을 선택지 중에서 고르는 문제이다. 해당 메시지를 남긴 사람은 Marc로, 그는 'mon grand frère travaille dans un hôtel 내 형이 호텔에서 일하는데'라고 했다. 따라서 정답은 **C**.
2	근무가 가능한 시기가 언제인지를 묻고 있다. 'il cherche des jeunes qui travaillent à temps partiel pendant les vacances d'été 여름방학 동안 파트타임으로 일할 젊은 사람들을 찾고 있어'라고 했으므로, 근무가 가능한 시기는 여름이다. 제시된 선택지 중에서 여름에 해당하는 달은 'août 8월'이므로, 정답은 **B**. TIP été 여름 ⇄ août 8월
3	호텔에서 근무하는 일의 장점이 무엇인지를 묻고 있다. 'il y a une belle plage près de l'hôtel, on peut se baigner quand on ne travaille pas 호텔 가까이에 아름다운 해변이 있어서 일하지 않을 때 해수욕을 할 수 있어'라는 내용에 따라 정답은 **B**. TIP se baigner 해수욕하다 ⇄ prendre un bain 해수욕하다
4	Marc가 빨리 연락하라고 요구하는 이유를 묻는 문제이다. 음성에서 'rappelle-moi le plus vite possible car il y aura beaucoup de candidats qui veulent travailler là-bas 최대한 빨리 내게 전화해 줘. 왜냐하면 거기서 일하고 싶어하는 지원자들이 많이 있기 때문이야'라고 했다. 이를 통해 다른 사람들이 이 일자리에 지원할 수도 있으니 빨리 연락을 달라고 한 것임을 알 수 있다. 따라서 정답은 **C**.

필수 어휘

dur 힘든 | **prendre un bain** 해수욕하다, 목욕하다 | **loger** 묵다, 숙박하다 | **à petits frais** 싸게 | **vite** 빨리 | **changer** 바꾸다 | **avis (m.)** 생각 | **trouver** 찾다 | **postuler** 지원하다 | **poste (m.)** 직위 | **à temps partiel** 파트타임으로 | **salaire (m.)** 월급 | **mal** 나쁜 | **plage (f.)** 해변 | **près de** ~ 가까이에 | **se baigner** 해수욕하다 | **candidat** 지원자 | **là-bas** 거기에(서)

EXERCICE 1 실전 연습

Track 1-10

전략에 따라 문제 10을 풀어 보세요.

Lisez les questions. Écoutez le document puis répondez.
Vous écoutez le message suivant sur votre répondeur téléphonique.

❶ Où habite Jean ? *1 point*

A ☐ B ☐ C ☐

❷ Que veut Gérard ?

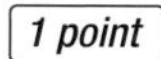

A ☐ Voyager avec Jean.
B ☐ Travailler avec Jean.
C ☐ Visiter la résidence de Jean.

❸ 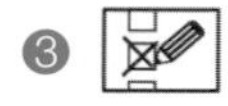 Avec qui Gérard se déplace-t-il ?

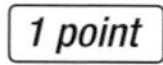

A ☐ Son ami.
B ☐ Sa famille.
C ☐ Son collègue de bureau.

❹ Gérard réserve la place ... *1 point*

A ☐ à la gare.
B ☐ à l'aéroport.
C ☐ par Internet.

Étape 2

문제 10의 내용을 해석해 보세요.

문제들을 읽으세요. 자료를 듣고 답하세요.
당신은 전화 응답기에서 다음과 같은 메시지를 듣습니다. 4점

❶ Jean은 어디에서 살고 있는가? 1점

A □ B □ C □

❷ Gérard는 무엇을 원하는가? 1점

A □ Jean과 함께 여행하기
B □ Jean과 함께 일하기
C □ Jean의 집을 방문하기

❸ Gérard는 누구와 함께 이동하는가? 1점

A □ 그의 친구
B □ 그의 가족
C □ 그의 사무실 동료

❹ Gérard는 ... 좌석을 예약한다. 1점

A □ 기차역에서
B □ 공항에서
C □ 인터넷으로

Étape 3

문제 10의 내용을 분석한 후, 스크립트를 확인해 보세요.

문제 분석

친구의 새 집 방문 허락을 요청하는 내용이 담긴 음성 메시지이다. 음성을 듣기 전, 각 문제 내용을 미리 파악하면서 주의 깊게 들어야 할 내용을 체크한다.

1	질문에 의문사 'où 어디에'가 있고, 선택지가 모두 특정 장소와 관련된 사진으로 구성된 문제이다. 선택지 A는 'grande ville 대도시', 선택지 B는 'campagne 시골', 선택지 C는 'île 섬'과 관련된 사진으로, 음성에서 언급되는 장소 표현을 주의 깊게 들어야 한다.
2	의문사 'que 무엇을'을 사용한 문제이다. 선택지 A의 'voyager 여행하다', 선택지 B의 'travailler 일하다', 선택지 C의 'visiter 방문하다'를 핵심 표현으로 체크해 두고, Gérard가 원하는 것을 언급하는 부분에 초점을 맞추어야 한다.
3	질문에 'avec qui 누구와'라는 표현이 있고, 선택지가 모두 사람의 신분을 나타내는 표현으로 구성된 문제이다. 따라서 특정 인물의 신분이나 Gérard와 어떤 관계의 사람인지를 알려 주는 표현이 언급되면 놓치지 않고 듣는다.
4	선택지가 특정 장소 또는 방법과 관련된 표현으로 구성된 문제이다. 따라서 교통 수단을 예약하는 방법이나 장소가 언급되는 부분을 잘 들어야 한다.

스크립트

Homme : Salut Jean, c'est moi Gérard. Je ne t'ai pas vu depuis que tu as déménagé à la campagne et tu me manques. Alors, j'aimerais visiter ta nouvelle maison le week-end prochain. Je n'ai aucune expérience de la vie de campagne et je voudrais passer un bon moment avec toi. Et puis, je vais aller chez toi avec ma femme. Qu'est-ce que tu en penses ? Si tu es d'accord, je vais réserver le billet de train par Internet. Réponds-moi ce soir ! À bientôt !

남자 : 안녕 Jean, 나야 Gérard. 네가 시골로 이사한 후로 너를 보지 못해서 네가 보고 싶어. 그래서 다음 주 주말에 너의 새 집을 방문하고 싶어. 나는 전원생활에 대해 아무 경험이 없어서 너와 함께 좋은 시간을 보내고 싶어. 그리고 내 아내와 함께 너의 집에 갈 거야. 너는 이것에 대해 어떻게 생각해? 만일 네가 동의한다면, 나는 인터넷으로 기차표를 예약할게. 오늘 저녁에 내게 답변해 줘! 곧 봐!

문제 10의 해설을 확인한 후, 필수 어휘를 익혀 보세요.

해설

문항	풀이 요령
1	Jean이 거주하고 있는 장소와 관련된 사진을 선택지 중에서 고르는 문제이다. 음성에서 'Salut Jean, … depuis que tu as déménagé à la campagne 안녕 Jean, … 네가 시골로 이사한 후로' 라고 했으므로, Jean이 거주하고 있는 장소는 시골이라는 것을 알 수 있다. 따라서 정답은 **B**.
2	Gérard가 원하는 것이 무엇인지를 묻고 있다. 해당 메시지를 남긴 사람은 Gérard로, 그는 Jean에게 'j'aimerais visiter ta nouvelle maison le week-end prochain 다음 주 주말에 너의 새 집을 방문하고 싶어'라고 했다. 따라서 정답은 **C**. TIP maison 집 ⇄ résidence 집, 거주지
3	Gérard가 함께 이동하는 사람이 누구인지를 묻는 문제이다. 'je vais aller chez toi avec ma femme 내 아내와 함께 너의 집에 갈 거야'라는 내용에 따라 정답은 **B**. TIP femme 아내 ⇄ famille 가족
4	Gérard가 좌석을 예약하기 위해 이용하는 방법이 무엇인지를 묻고 있다. 'je vais réserver le billet de train par Internet 나는 인터넷으로 기차표를 예약할게'라는 내용에 따라 정답은 **C**.

필수 어휘

résidence (f.) 거주지, 집 | **se déplacer** 움직이다, 이사하다 | **réserver** 예약하다 | **place** (f.) 자리, 좌석 | **gare** (f.) 기차역 | **aéroport** (m.) 공항 | **déménager** 이사하다 | **manquer** 부족하다, 보고 싶다 | **aucun** (부정) 어떤 | **expérience** (f.) 경험 | **vie de campagne** (f.) 전원생활 | **répondre** 대답하다, 답장하다

듣기 평가

EXERCICE 2

Lisez les questions. Écoutez le document puis répondez.
문제들을 읽으세요. 자료를 듣고 답하세요.

완전 공략

1 핵심 포인트

특정 장소와 관련된 안내 방송을 듣고 그 내용을 정확히 이해했는지를 평가하는 유형이다. 안내 방송을 하게 된 목적이나 배경을 놓치지 말고 들어야 하며, 안내 방송에서 부탁하거나 요구하는 사항이 무엇인지 설명하는 부분에 집중해야 한다.

2 빈출 주제

일상생활과 밀접한 대중교통 시설(공항, 기차역, 지하철역 등), 공공장소(공원, 미술관 등), 상점(백화점, 슈퍼마켓 등)과 같은 곳에서 들을 수 있는 안내 방송이 주로 출제된다. 시험에서는 시간, 날짜, 휴일, 날씨 등에 대해 언급하는 부분과 관련된 문제가 많이 출제되는 편이다.

3 고득점 전략

① 특정 장소와 관련된 어휘를 숙지한다.

공항, 기차역, 지하철역 등에서 나오는 안내 방송은 교통편과 예정지와 출발지를 알 수 있게 해 주는 어휘들이 존재하며, 이는 핵심 단어들이 될 수 있기 때문에 이와 관련된 어휘들을 미리 알고 있어야 한다.

② 안내 방송의 특성을 알고 있어야 한다.

어떤 장소에서 나오는 안내 방송이건 간에 맨 처음에 나오는 부분(chers clients, mesdames et messieurs)과 맨 끝부분(Bonne journée, merci de votre compréhension)은 실제 시험 문제로 출제될 가능성이 낮기 때문에 나머지 내용에 초점을 맞추어 들어야 한다.

③ 숫자, 요일에 주의해야 한다.

안내 방송에서 시간이나 요일은 일반적으로 2개 정도가 제시되기 때문에 문제에서 요구하는 것이 정확히 무엇인지를 파악해야 한다. 또한 이를 위해서는 사전에 숫자와 요일을 나타내는 어휘들을 암기해야 한다.

EXCERCICE 2 실전 연습

Track 2-01

전략에 따라 문제 1을 풀어 보세요.

Lisez les questions. Écoutez le document puis répondez.
Vous êtes en France. Vous entendez cette annonce à l'aéroport. *4 points*

❶ Ce message demande aux passagers ... *1 point*

A ☐ de changer d'avion.
B ☐ d'aller à la salle d'accueil.
C ☐ de rester en salle d'attente.

❷ Le retard est de ... *1 point*

A ☐ 2 heures.
B ☐ 3 heures.
C ☐ 4 heures.

❸ Quel temps fait-il ? *1 point*

A ☐

B ☐

C ☐

❹ Qu'est-ce que vous pouvez acheter ? *1 point*

A ☐

B ☐

C ☐

Étape 2

문제 1의 내용을 해석해 보세요.

문제들을 읽으세요. 자료를 듣고 답하세요.

당신은 프랑스에 있습니다. 당신은 공항에서 이 안내 방송을 듣습니다. 4점

❶ 이 메시지는 승객들에게 ... 을 부탁하고 있다. 1점

A □ 비행기를 갈아탈 것

B □ 응접실에 갈 것

C □ 대합실에 머무를 것

❷ 지연은 ... 이다. 1점

A □ 2시간

B □ 3시간

C □ 4시간

❸ 날씨는 어떠한가? 1점

A □ B □ C □

❹ 당신은 무엇을 살 수 있는가? 1점

A □ B □ C □

Étape 3

문제 1의 내용을 분석한 후, 스크립트를 확인해 보세요.

문제 분석

문제 텍스트에 있는 'aéroport 공항', 'retard 지연', 'temps 날씨'를 보고, 날씨로 인해 비행기가 지연된 상황과 관련된 공항 안내 방송임을 미리 파악한다.

1	질문에 'demander 부탁하다'라는 어휘가 사용되었는데, 이를 통해 안내 메시지의 목적을 묻는 문제임을 파악한다. 선택지 A의 'changer 바꾸다', 선택지 B의 'salle d'accueil 응접실', 선택지 C의 'salle d'attente 대기실, 대합실'을 핵심 표현으로 체크한 후, 승객들에게 부탁하고 있는 내용에 초점을 맞추면서 음성을 들어야 한다.
2	질문에 'retard 지연'이라는 어휘가 사용되었고, 선택지가 모두 시간을 나타내는 표현으로 구성된 문제이다. 따라서 비행기 지연 시간과 관련된 숫자 표현을 정확히 들어야 한다.
3	선택지가 모두 날씨와 관련된 사진으로 구성된 문제이다. 선택지 A는 'neiger 눈이 오다', 선택지 B는 'éclair 번개', 선택지 C는 'pleuvoir 비가 오다'와 관련된 사진으로, 음성에서 언급된 날씨 관련 표현을 주의 깊게 들어야 한다.
4	선택지가 모두 특정 제품과 관련된 사진인데, 선택지 A는 'magazine 잡지', 선택지 B는 'plat 음식', 선택지 C는 'habit 의류'와 관련된 사진이다. 해당 사진들 중 승객이 구입할 수 있는 물품이 무엇인지를 음성에서 잘 들어야 한다.

스크립트

Femme : Attention, ce message est pour les passagers du vol AF 87 Paris-Rome de 7 h 30. L'avion a un retard de 3 heures à cause de la pluie. Merci d'attendre ici en salle 14. Il y a des magazines gratuits. Vous pouvez acheter à boire et à manger près de la salle d'accueil.

여자 : 주목해 주세요, 이 메시지는 파리-로마행 7시 30분 AF 87기편 승객들을 위한 것입니다. 비행기가 우천으로 인하여 3시간 지연됩니다. 14번 홀에서 기다려 주시면 감사하겠습니다. 무료 잡지들이 비치되어 있습니다. 여러분은 대합실 근처에서 마실 것과 먹을 것을 살 수 있습니다

문제 1의 해설을 확인한 후, 필수 어휘를 익혀 보세요.

해설

문항	풀이 요령
1	이 안내 방송이 승객들에게 부탁하는 내용이 무엇인지를 묻고 있다. 음성에서 'Merci d'attendre ici en salle 14. 14번 홀에서 기다려 주시면 감사하겠습니다.'라고 했는데, 'salle 14 14번 홀'은 바로 대합실을 의미하므로 정답은 **C**.
2	비행기가 얼마 동안 지연되는지를 묻고 있다. 'un retard de 3 heures 3시간 지연됩니다'라는 내용에 따라 정답은 **B**. 참고로 숫자와 관련해서는 비행기 도착 또는 출발 시간과 비행기의 항공편 넘버를 묻는 문제가 출제될 수도 있다는 점에 유의한다.
3	안내 방송에서 나온 날씨와 관련된 이미지를 고르는 문제이다. 'L'avion a un retard de 3 heures à cause de la pluie. 비행기가 우천으로 인하여 3시간 지연됩니다.'라는 내용에 따라 정답은 **C**.
4	대기하면서 승객이 살 수 있는 것과 관련된 이미지를 고르는 문제이다. 'Vous pouvez acheter à boire et à manger 여러분은 … 마실 것과 먹을 것을 살 수 있습니다.'라는 내용에 따라 정답은 **B**. 참고로 음료수와 먹을 것을 살 수 있는 장소를 묻는 문제도 출제될 수 있으므로, 음성을 유의해서 들어야 한다.

필수 어휘

message (m.) 메시지 | passager 승객 | avion (m.) 비행기 | salle d'accueil (f.) 응접실(도착 대합실) | rester 머무르다 | salle d'attente (f.) 대기실, (출발) 대합실 | retard (m.) 지연 | heure (f.) 시간 | temps (m.) 날씨 | neiger 눈이 오다 | éclair (m.) 번개 | pleuvoir 비가 오다 | pouvoir ~할 수 있다 | acheter 사다 | vol (m.) 비행편 | à cause de ~ 때문에 | pluie (f.) 비 | attendre 기다리다 | gratuit 무료의 | boire 마시다

EXERCICE 2 실전 연습

Track 2-02

Étape 1

전략에 따라 문제 2를 풀어 보세요.

Lisez les questions. Écoutez le document puis répondez.

Vous êtes en France. Vous entendez cette annonce au cinéma. *4 points*

❶ À qui s'adresse cette annonce ? *1 point*

A □ Aux acteurs.

B □ Aux habitants.

C □ Aux spectateurs.

❷ Quand peut-on utiliser la salle de cinéma de luxe ? *1 point*

A □ À midi.

B □ À minuit.

C □ À l'après-midi.

❸ Qu'est-ce que vous pouvez regarder avec vos enfants ? *1 point*

A □ B □ C □

❹ Qu'est-ce qui est en solde ? *1 point*

A □ B □ C □

Étape 2

문제 2의 내용을 해석해 보세요.

문제들을 읽으세요. 자료를 듣고 답하세요.
당신은 프랑스에 있습니다. 당신은 영화관에서 이 안내 방송을 듣습니다. 4점

❶ 이 안내 방송은 누구에게 전하는 것인가? 1점

A □ 배우들에게
B □ 주민들에게
C □ 관객들에게

❷ 특급 상영관은 언제 이용할 수 있는가? 1점

A □ 정오에
B □ 자정에
C □ 오후에

❸ 당신은 당신의 아이들과 함께 무엇을 볼 수 있는가? 1점

A □ B □ C □

❹ 할인 중인 것은 무엇인가? 1점

A □ B □ C □

Étape 3

문제 2의 내용을 분석한 후, 스크립트를 확인해 보세요.

문제 분석

문제 텍스트에 있는 'cinéma 영화관', 'la salle de cinéma de luxe 특급 상영관'을 보고, 영화관에서 들을 수 있는 안내 방송임을 미리 파악한다.

1 질문에 'à qui 누구에게'라는 표현이 사용되었고, 선택지가 모두 사람의 신분을 나타내는 표현으로 구성된 문제이다. 따라서 이 안내 메시지가 누구를 대상으로 하는지를 잘 파악해야 한다.

2 질문에 'utiliser 이용하다'라는 어휘가 사용되었고, 선택지가 모두 시간을 나타내는 표현으로 구성된 문제이다. 따라서 특급 상영관에서 영화를 볼 수 있는 시간을 주의 깊게 들어야 한다. 특히 시간을 나타내는 표현은 선택지에 사용된 단어가 음성에 그대로 언급되지 않을 수도 있다는 점에 유의한다.

3 질문에 'enfants 아이들'이라는 어휘가 사용되었고, 선택지가 모두 영화 장르와 관련된 사진으로 구성된 문제이다. 선택지 A는 'dessin animé 만화 영화', 선택지 B는 'film d'action 액션 영화', 선택지 C는 'film de guerre 전쟁 영화'와 관련된 사진으로, 음성에서 '아이'와 함께 언급된 영화 장르 관련 표현을 주의 깊게 들어야 한다.

4 선택지가 모두 음식과 관련된 사진인데, 선택지 A는 'hamburger 햄버거', 선택지 B는 'boisson 음료수', 선택지 C는 'steak 스테이크'와 관련이 있다. 질문에 'en solde 할인 중인'이라는 표현이 사용되었으므로, 해당 사진들 중 할인 행사 중인 음식이 무엇인지를 음성에서 잘 들어야 한다.

스크립트

Femme : Bienvenue au cinéma Pathé. Vous allez voir un film à 24 h dans une salle de cinéma de luxe et vous pouvez apprécier des films spectaculaires comme si vous étiez présent dans un film. On a aussi une salle pour les enfants et vous pouvez passer un moment agréable avec vos enfants en regardant le dessin animé. Et puis, les boissons sont en promotion jusqu'à la fin de mars et profitez-en ! Nous vous souhaitons une agréable soirée.

여자 : Pathé 영화관에 오신 것을 환영합니다. 여러분은 24시에 특급 상영관에서 영화를 볼 것이고, 마치 영화 속에 있는 것처럼 멋진 영화들을 감상할 수 있습니다. 또 아이들을 위한 상영관이 있는데 만화 영화를 보면서 아이들과 함께 즐거운 시간을 보낼 수 있습니다. 그리고 3월 말까지 음료수가 할인 판매 중이니 이용하세요! 즐거운 저녁 시간을 보내시길 바랍니다.

문제 2의 해설을 확인한 후, 필수 어휘를 익혀 보세요.

해설

문항	풀이 요령
1	누구를 대상으로 안내 방송을 하는지를 묻고 있다. 음성에서 'Bienvenue au cinéma Pathé ... vous pouvez apprécier des films ... Pathé 영화관에 오신 것을 환영합니다. ... 여러분은 영화들을 감상할 수 있습니다'라고 했는데, 영화관에서 영화를 관람하는 사람들은 'spectateur 관객'이므로, 정답은 **C**.
2	특급 상영관을 이용할 수 있는 시간이 언제인지를 묻고 있다. 음성에서 'Vous allez voir un film à 24 h dans une salle de cinéma de luxe 여러분은 24시에 특급 상영관에서 영화를 볼 것이고'라고 했는데, 24시는 자정에 해당하므로 정답은 **B**. TIP 24 h 24시 ⇄ minuit 자정
3	아이들과 함께할 수 있는 것과 관련된 이미지를 고르는 문제이다. 'vous pouvez passer un moment agréable avec vos enfants en regardant le dessin animé 만화 영화를 보면서 아이들과 함께 즐거운 시간을 보낼 수 있습니다'라고 했으므로, 정답은 **A**.
4	할인 판매 중인 물건과 관련된 이미지를 고르는 문제이다. 'les boissons sont en promotion jusqu'à la fin de mars 3월 말까지 음료수가 할인 판매 중이니'라는 내용에 따라 정답은 **B**.

필수 어휘

s'adresser à ~에게 말하다 | **spectateur** 관람객 | **de luxe** 호화로운, 특급의 | **en solde** 할인 중인 | **boisson (f.)** 음료수 | **bienvenue** 환영합니다 | **apprécier** 감상하다 | **spectaculaire** 눈길을 끄는, 화려한 | **présent** 있는, 존재하는 | **agréable** 기분 좋은, 즐거운 | **dessin animé (m.)** 만화 영화 | **promotion (f.)** 할인 | **profiter de** 만끽하다 | **souhaiter** 바라다

문제 3

EXERCICE 2 실전 연습

Track 2-03

Étape 1

전략에 따라 문제 3을 풀어 보세요.

Lisez les questions. Écoutez le document puis répondez.

Vous êtes en France. Vous entendez cette annonce à la gare. *4 points*

❶ Le train part ... *1 point*

A ☐ le matin.

B ☐ l'après-midi.

C ☐ le soir.

❷ Ce message demande aux passagers ... *1 point*

A ☐ de s'éloigner du quai.

B ☐ de descendre du train.

C ☐ de s'approcher du quai.

❸ Qu'est-ce que vous devez faire avant de prendre la place ? 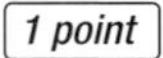

B ☐

C ☐

❹ Quand vous avez faim, vous pouvez faire ... 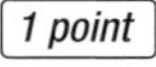

A ☐

B ☐

C ☐

Étape 2

문제 3의 내용을 해석해 보세요.

문제들을 읽으세요. 자료를 듣고 답하세요.

당신은 프랑스에 있습니다. 당신은 기차역에서 이 안내 방송을 듣습니다. 4점

❶ 기차는 ... 떠난다. 1점

A □ 아침에

B □ 오후에

C □ 저녁에

❷ 이 메시지는 승객들에게 ...을 부탁하고 있다. 1점

A □ 플랫폼에서 멀어질 것

B □ 기차에서 내릴 것

C □ 플랫폼에 다가갈 것

❸ 당신은 자리에 앉기 전에 무엇을 해야 하는가? 1점

A □

B □

C □

❹ 배가 고플 때 당신은 ... 할 수 있다. 1점

A □

B □

C □

Étape 3

문제 3의 내용을 분석한 후, 스크립트를 확인해 보세요.

문제 분석

문제 텍스트에 있는 'gare 기차역', 'train 기차', 'place 자리'를 보고, 기차 이용과 관련된 기차역 안내 방송임을 미리 파악한다.

1 질문에 'partir 떠나다'라는 어휘가 사용되었고, 선택지가 모두 시간을 나타내는 표현으로 구성된 문제이다. 따라서 기차가 떠나는 시간을 주의 깊게 들어야 한다. 특히 시간을 나타내는 표현은 선택지에 사용된 단어가 음성에 그대로 언급되지 않을 수도 있다는 점에 유의한다.

2 질문에 'demander 부탁하다'라는 어휘가 사용되었는데, 이를 통해 안내 메시지의 목적을 묻는 문제임을 파악한다. 선택지 A의 's'éloigner de ~에서 멀어지다', 선택지 B의 'descendre 내리다', 선택지 C의 's'approcher de ~에 접근하다'를 핵심 표현으로 체크한 후, 승객들에게 부탁하고 있는 내용에 초점을 맞추면서 음성을 들어야 한다.

3 선택지가 모두 기차 탑승과 관련된 사진인데, 선택지 A는 'vérifier son siège 좌석을 확인하다', 선택지 B는 'réserver 예약하다', 선택지 C는 'arriver 도착하다'와 관련이 있다. 질문에 'avant de prendre la place 자리에 앉기 전'이라는 표현이 사용되었으므로, 기차에 착석하기 전에 해야 할 행동이 무엇인지를 음성에서 잘 들어야 한다.

4 선택지가 모두 기차 안에서 할 수 있는 활동과 관련된 사진인데, 선택지 A는 'manger 먹다', 선택지 B는 'dormir 잠자다', 선택지 C는 'travailler 일하다, 공부하다'와 관련이 있다. 질문에 'quand vous avez faim 배가 고플 때'라는 표현이 사용되었으므로, 해당 사진들 중 배가 고플 때 기차 안에서 할 수 있는 활동이 무엇인지를 음성에서 잘 들어야 한다.

스크립트

Femme : Mesdames, Messieurs, votre attention, s'il vous plaît. Le train 4257 à destination de Nice va partir à 10 h 30. Nous invitons tous les voyageurs à se présenter quai 4. Vérifiez votre siège avant de vous asseoir. Si vous voulez prendre un repas, le wagon-restaurant est vers l'avant du train.

여자 : 신사, 숙녀 여러분 알려 드립니다. 니스행 기차 4257이 10시 30분에 출발합니다. 모든 여행객들께서는 4번 플랫폼으로 와 주시길 바랍니다. 착석 전 좌석을 확인하세요. 만일 식사를 원하신다면, 기차 앞쪽에 식당칸이 있습니다.

문제 3의 해설을 확인한 후, 필수 어휘를 익혀 보세요.

해설

문항	풀이 요령
1	기차의 출발 시간이 언제인지를 묻는 문제이다. 'Le train 4257 à destination de Nice va partir à 10 h 30. 니스행 기차 4257이 10시 30분에 출발합니다.'라고 했는데, 10시 30분은 아침에 해당하므로 정답은 **A**. TIP à 10 h 30 10시 30분 ⇄ matin 아침, 오전
2	이 안내 방송이 승객들에게 요구하고 있는 사항이 무엇인지를 묻고 있다. 'Nous invitons tous les voyageurs à se présenter quai 4. 모든 여행객들께서는 4번 플랫폼으로 와 주시길 바랍니다.'라는 내용에 따라 정답은 **C**.
3	좌석에 앉기 전에 해야 할 사항과 관련된 이미지를 고르는 문제이다. 'Vérifiez votre siège avant de vous asseoir. 착석 전 좌석을 확인하세요.'라고 했으므로 정답은 **A**.
4	배가 고플 때 할 수 있는 활동과 관련된 이미지를 고르는 문제이다. 'Si vous voulez prendre un repas, le wagon-restaurant est vers l'avant du train. 만일 식사를 원하신다면, 기차 앞쪽에 식당칸이 있습니다.'라는 내용에 따라 정답은 **A**.

필수 어휘

s'éloigner de ~에서 멀어지다 | **quai (m.)** 플랫폼 | **descendre** 내리다 | **s'approcher de** ~에 접근하다 | **place (f.)** 자리 | **avoir faim** 배고프다 | **à destination de** ~행(行) | **voyageur** 여행객 | **se présenter** 오다, 나타나다 | **vérifier** 확인하다 | **siège (m.)** 좌석 | **repas (m.)** 식사 | **wagon-restaurant (m.)** 식당칸 | **vers** ~쪽에

EXERCICE 2 실전 연습

Track 2-04

전략에 따라 문제 4를 풀어 보세요.

Lisez les questions. Écoutez le document puis répondez.

Vous êtes en France. Vous entendez cette annonce à la station de métro. *4 points*

❶ Ce message demande aux passagers ... *1 point*

A ☐ de rester sur place.

B ☐ de changer de métro.

C ☐ de partir immédiatement.

❷ Le retard est de ... 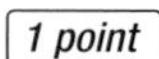

A ☐ 12 minutes.

B ☐ 20 minutes.

C ☐ 30 minutes.

❸ Quelle est la cause du problème ? *1 point*

A ☐

B ☐

C ☐

❹ Qu'est-ce que vous ne devez pas faire ? *1 point*

A ☐

B ☐

C ☐

Étape 2

문제 4의 내용을 해석해 보세요.

문제들을 읽으세요. 자료를 듣고 답하세요.

당신은 프랑스에 있습니다. 당신은 지하철역에서 이 안내 방송을 듣습니다. 4점

❶ 이 메시지는 승객들에게 ...을 부탁하고 있다. 1점

A □ 그 자리에 머물 것

B □ 지하철을 갈아탈 것

C □ 즉시 떠날 것

❷ 지연은 ... 이다. 1점

A □ 12분

B □ 20분

C □ 30분

❸ 문제의 원인은 무엇인가? 1점

A □

B □

C □

❹ 당신은 무엇을 하지 말아야 하는가? 1점

A □

B □

C □

문제 4의 내용을 분석한 후, 스크립트를 확인해 보세요.

문제 분석

문제 텍스트에 있는 'station de métro 지하철역', 'retard 지연', 'problème 문제'를 보고, 어떤 문제로 인해 지하철이 지연되었다는 것을 알리는 지하철역 안내 방송임을 미리 파악한다.

1	질문에 'demander 부탁하다'라는 어휘가 사용되었는데, 이를 통해 안내 메시지의 목적을 묻는 문제임을 파악한다. 선택지 A의 'rester 머무르다', 선택지 B의 'changer 바꾸다', 선택지 C의 'partir 떠나다'를 핵심 표현으로 체크한 후, 승객들에게 부탁하고 있는 내용에 초점을 맞추면서 음성을 들어야 한다.
2	질문에 'retard 지연'이라는 어휘가 사용되었고, 선택지가 모두 '○○ minutes ○○분' 형태로 구성된 문제이다. 따라서 지하철이 몇 분 동안 지연되는지를 주의 깊게 들어야 한다.
3	선택지가 모두 열차 사고와 관련된 사진인데, 선택지 A는 'incident technique 기술적 결함', 선택지 B는 'accident imprévu 돌발 사고', 선택지 C는 'nettoyer 청소하다'와 관련이 있다. 질문에 'cause 원인'이라는 표현이 사용되었으므로, 지연이 발생하게 된 원인과 관련된 표현을 주의 깊게 들어야 한다.
4	질문에 'vous ne devez pas 당신은 ~해서는 안 된다'라는 표현이 사용되었고, 선택지가 모두 특정 행동과 관련된 사진으로 구성된 문제이다. 선택지 A는 'dormir 잠자다', 선택지 B는 'heurter 부딪히다', 선택지 C는 'ouvrir la porte 문을 열다'와 관련된 사진으로, 지하철에서 하지 말아야 할 행동이 무엇인지를 음성에서 잘 들어야 한다.

스크립트

Femme : Mesdames, Messieurs, votre attention, s'il vous plaît. Le trafic sur la ligne 13 à destination de Saint-Denis est interrompu pour le moment à cause d'un incident technique. Nous vous prions d'attendre environ 20 minutes. Il est très dangereux d'ouvrir la porte.

여자 : 신사 숙녀 여러분 주목해 주시길 바랍니다. Saint-Denis 방향 13호선의 통행이 기술적인 결함으로 인해 현재 중단되었습니다. 20분 정도 기다려 주시길 바랍니다. 문을 여는 것은 매우 위험합니다.

문제 4의 해설을 확인한 후, 필수 어휘를 익혀 보세요.

해설

문항	풀이 요령
1	이 안내 방송이 승객들에게 요구하고 있는 사항이 무엇인지를 묻고 있다. 음성에서 지하철의 통행이 중단되었다며 'Nous vous prions d'attendre environ 20 minutes. 20분 정도 기다려 주시길 바랍니다.'라고 했는데, 이는 그 자리에 머물러 달라는 의미이므로 정답은 **A**.
2	지하철이 얼마 동안 지연되는지를 묻고 있다. 'Nous vous prions d'attendre environ 20 minutes. 20분 정도 기다려 주시길 바랍니다.'라는 내용에 따라 정답은 **B**.
3	해당 문제가 발생하게 된 원인과 관련된 이미지를 고르는 문제이다. 'Le trafic sur la ligne 13 ... est interrompu pour le moment à cause d'un incident technique. 13호선의 통행이 기술적인 결함으로 인해 현재 중단되었습니다.'라는 내용에 따라 정답은 **A**.
4	승객들이 하지 말아야 하는 행동과 관련된 이미지를 고르는 문제이다. 음성에서 'Il est très dangereux d'ouvrir la porte. 문을 여는 것은 매우 위험합니다.'라고 했으므로, 지하철의 문을 여는 행동을 하지 말아야 한다는 것을 알 수 있다. 따라서 정답은 **C**.

필수 어휘

station de métro (f.) 지하철역 | sur place 그 자리에 | changer 바꾸다 | immédiatement 즉시 | cause (f.) 원인 | problème (m.) 문제 | trafic (m.) 교통 | ligne (f.) 호, 선 | interrompu 중단된 | à cause de ~ 때문에 | incident technique (m.) 기술적 결함 | dangereux 위험한

EXERCICE 2 실전 연습

Track 2-05

전략에 따라 문제 5를 풀어 보세요.

Lisez les questions. Écoutez le document puis répondez.

Vous êtes en France. Vous entendez cette annonce dans un grand magasin.

4 points

❶ Qu'est-ce que le grand magasin fait aux clients ? *1 point*

A ☐ Vendre des produits plus cher.

B ☐ Vendre des produits moins cher.

C ☐ Donner gratuitement des produits.

❷ La promotion est jusqu'à ... *1 point*

A ☐ vendredi.

B ☐ samedi.

C ☐ dimanche.

❸ Quel est le produit en solde ? *1 point*

A ☐

B ☐

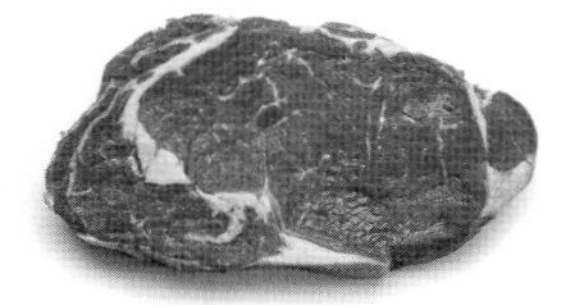

C ☐

❹ Le mardi prochain concerne ...

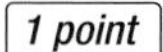

A ☐

B ☐

C ☐

Étape 2

문제 5의 내용을 해석해 보세요

문제들을 읽으세요. 자료를 듣고 답하세요.

당신은 프랑스에 있습니다. 당신은 백화점에서 이 안내 방송을 듣습니다. 4점

❶ 백화점은 고객들에게 무엇을 하는가? 1점

A □ 물건들을 더 비싸게 팔기

B □ 물건들을 덜 비싸게 팔기

C □ 물건들을 무료로 주기

❷ 할인 판매는 ... 까지다. 1점

A □ 금요일

B □ 토요일

C □ 일요일

❸ 할인 중인 물건은 무엇인가? 1점

A  □ B  □ C □

❹ 다음 주 화요일은 ...와(과) 관계 있다. 1점

A  □ B  □ C □

Étape 3

문제 5의 내용을 분석한 후, 스크립트를 확인해 보세요.

문제 분석

문제 텍스트에 있는 'grand magasin 백화점', 'promotion 할인'을 보고, 할인 행사와 관련된 백화점 안내 방송임을 미리 파악한다.

1 질문에 'qu'est-ce que 무엇을'이라는 어휘가 사용되었는데, 이를 통해 안내 메시지의 목적을 묻는 문제임을 파악한다. 선택지 A의 'plus cher 더 비싼', 선택지 B의 'moins cher 덜 비싼', 선택지 C의 'gratuitement 무료로'를 핵심 표현으로 체크한 후, 백화점이 손님들에게 제공하는 행사 내용에 초점을 맞추면서 음성을 들어야 한다.

2 선택지가 모두 요일을 나타내는 표현으로 구성된 문제이다. 질문에서 할인 행사가 진행되는 기간을 묻고 있는데, 질문의 빈칸 앞에 'jusqu'à ... ~까지'라는 표현이 있으므로, 음성에서 해당 표현이 나오면 뒤에 어떤 요일이 나오는지 정확히 들어야 한다.

3 질문에 'produit en solde 할인 중인 물건'이라는 표현이 사용되었고, 선택지가 식재료와 관련된 사진으로 구성된 문제이다. 선택지 A는 'fruit 과일', 선택지 B는 'légume 채소', 선택지 C는 'viande 고기'와 관련된 사진으로, 어떤 품목들을 언제까지 할인하는지를 설명하는 부분에 초점을 맞춘다.

4 선택지가 모두 특정 기념일과 관련된 사진인데, 선택지 A는 'Noël 크리스마스', 선택지 B는 'Saint-Valentin 밸런타인데이', 선택지 C는 'Fête Nationale Française 프랑스 혁명 기념일'과 관련이 있다. 질문에 'le mardi prochain 다음 주 화요일'이라는 표현이 사용되었으므로, 해당 사진들 중 다음 주 화요일과 관련된 기념일을 언급하는 부분을 놓치지 않고 듣는다.

스크립트

Homme : Chers clients ! Aujourd'hui, c'est le dixième anniversaire de notre magasin. Alors nous vous offrons des légumes à moitié prix jusqu'à ce dimanche. Profitez-en ! Nous vous informons que le magasin ouvre exceptionnellement jusqu'à 23 h mardi prochain à l'occasion de Noël.

남자 : 친애하는 고객님들! 오늘은 우리 상점의 10주년 기념일입니다. 그래서 이번 주 일요일까지 채소들을 절반 가격에 여러분께 제공합니다. 혜택을 누려 보세요! 크리스마스를 맞이하여 다음 주 화요일에는 예외적으로 23시까지 문을 연다는 점을 여러분께 알려 드립니다.

문제 5의 해설을 확인한 후, 필수 어휘를 익혀 보세요.

해설

문항	풀이 요령
1	백화점이 고객들을 위해 어떤 행사를 제공하는지를 묻는 문제이다. 음성에서 'nous vous offrons des légumes à moitié prix 채소들을 절반 가격에 여러분께 제공합니다'라고 했으므로, 백화점은 할인 행사를 진행하고 있음을 알 수 있다. 따라서 정답은 **B**.
2	할인 판매 기간이 언제까지인지 묻고 있다. 'nous vous offrons des légumes à moitié prix jusqu'à ce dimanche. 이번 주 일요일까지 채소들을 절반 가격에 여러분께 제공합니다.'라고 했으므로 정답은 **C**.
3	할인 중인 물건과 관련된 이미지를 고르는 문제이다. 음성에서 'légumes 채소들'을 할인 판매한다고 했으므로 정답은 **B**.
4	다음 주 화요일과 관련된 기념일 이미지를 고르는 문제이다. 'mardi prochain à l'occasion de Noël 크리스마스를 맞이하여 다음 주 화요일'이라는 내용에 따라 정답은 **A**.

필수 어휘

grand magasin (m.) 백화점 | **vendre** 팔다 | **produit (m.)** 제품 | **cher** 비싼, 친애하는 | **gratuitement** 무료로 | **promotion (f.)** 할인 | **vendredi (m.)** 금요일 | **samedi (m.)** 토요일 | **dimanche (m.)** 일요일 | **mardi (m.)** 화요일 | **concerner** ~와(과) 관계 있다, 관련되다 | **aujourd'hui** 오늘 | **anniversaire (m.)** 기념일 | **offrir** 제공하다 | **légume (m.)** 채소 | **à moitié** 절반의 | **prix (m.)** 가격 | **exceptionnellement** 예외적으로 | **à l'occasion de** ~을 맞이하여 | **Noël (m.)** 크리스마스

EXERCICE 2 실전 연습

Track 2-06

전략에 따라 문제 6을 풀어 보세요.

Lisez les questions. Écoutez le document puis répondez.

Vous êtes en France. Vous entendez cette annonce dans un musée. *4 points*

❶ Qu'est-ce que le musée demande aux visiteurs ? *1 point*

A ☐ D'aller à la sortie.

B ☐ De s'approcher de l'entrée.

C ☐ De ne pas toucher les tableaux.

❷ Le musée n'ouvre pas ... *1 point*

A ☐ lundi.

B ☐ mardi.

C ☐ mercredi.

❸ Il y a ... la semaine prochaine.

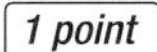

A ☐

B ☐

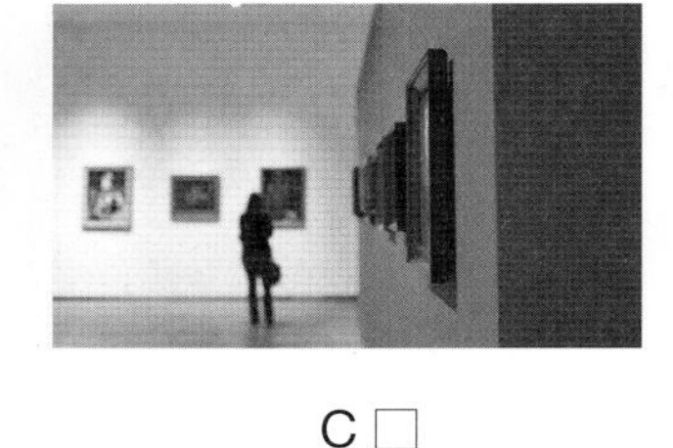
C ☐

❹ Qu'est-ce que le musée offre aux visiteurs ? *1 point*

A ☐

B ☐

C ☐

Étape 2

문제 6의 내용을 해석해 보세요.

문제들을 읽으세요. 자료를 듣고 답하세요.
당신은 프랑스에 있습니다. 당신은 미술관에서 이 안내 방송을 듣습니다. 4점

❶ 미술관은 방문객들에게 무엇을 요구하는가? 1점

A □ 출구 쪽으로 갈 것
B □ 입구 쪽으로 다가갈 것
C □ 그림들을 만지지 말 것

❷ 미술관은 ...에 문을 열지 않는다. 1점

A □ 월요일
B □ 화요일
C □ 수요일

❸ 다음 주에는 ...이(가) 있다. 1점

A □　B □　C □

❹ 미술관은 방문객들에게 무엇을 제공하는가? 1점

A □　B □　C □

Étape 3

문제 6의 내용을 분석한 후, 스크립트를 확인해 보세요.

문제 분석

문제 텍스트에 있는 'musée 미술관', 'visiteur 방문객'을 보고, 미술관 방문객을 위한 안내 방송임을 미리 파악한다.

1	질문에 'qu'est-ce que 무엇을'이라는 어휘가 사용되었는데, 이를 통해 안내 메시지의 목적을 묻는 문제임을 파악한다. 선택지 A의 'sortie 출구', 선택지 B의 'entrée 입구', 선택지 C의 'tableau 그림'을 핵심 표현으로 체크한 후, 미술관이 방문객들에게 요구하는 내용이 무엇인지를 주의 깊게 파악한다.
2	선택지가 모두 요일을 나타내는 표현으로 구성된 문제이다. 질문에서 미술관이 문을 열지 않는 요일을 묻고 있으므로, 음성에서 휴관일을 설명하는 부분이 나오면 요일 표현을 정확히 들어야 한다.
3	질문에 'la semaine prochaine 다음 주'라는 표현이 사용되었고, 선택지가 행사와 관련된 사진으로 구성된 문제이다. 선택지 A는 'concert 콘서트', 선택지 B는 'salon du livre 도서 박람회', 선택지 C는 'exposition 전시회'와 관련된 사진으로, 다음 주에 열리는 특별 행사로는 무엇이 있는지 집중해서 듣는다.
4	선택지가 모두 음식과 관련된 사진인데, 선택지 A는 'steak 스테이크', 선택지 B는 'cocktail 칵테일', 선택지 C는 'fruit 과일'과 관련이 있다. 질문에 'offrir 제공하다'라는 표현이 사용되었으므로, 방문객들을 위해 무엇을 제공하는지 언급하는 부분을 놓치지 않고 듣는다.

스크립트

Homme : Mesdames et messieurs ! Nous vous informons que notre musée va fermer dans vingt minutes. Nous vous prions de vous approcher de la sortie. Vous pouvez visiter le musée à partir de 10 h et jusqu'à 18 h. C'est fermé le lundi. Il y a une exposition spéciale de Picasso la semaine prochaine et nous offrons le cocktail aux visiteurs.

남자 : 신사 숙녀 여러분! 우리 미술관은 20분 후에 문을 닫는다는 것을 여러분께 알려 드립니다. 출구 쪽으로 가주시길 바랍니다. 여러분은 10시부터 18시까지 미술관을 방문하실 수 있습니다. 매주 월요일은 문을 닫습니다. 다음 주에 피카소 특별 전시회가 있습니다. 방문객들에게 칵테일을 제공합니다.

문제 6의 해설을 확인한 후, 필수 어휘를 익혀 보세요.

해설

문항	풀이 요령
1	미술관이 방문객들에게 요구하는 내용이 무엇인지를 묻고 있다. 음성에서 미술관이 20분 후에 문을 닫으니 'Nous vous prions de vous approcher de la sortie. 출구 쪽으로 가 주시길 바랍니다.'라고 했다. 따라서 정답은 **A**. 해당 문제에서는 'sortie 출구'와 'entrée 입구'가 선택지에서 따로 제시되어 있기 때문에 이 부분을 주의해서 답을 선택해야 한다.
2	미술관이 문을 닫는 휴관일이 언제인지를 묻고 있다. 음성에서 해당 미술관은 'C'est fermé le lundi. 매주 월요일은 문을 닫습니다.'라고 했으므로 정답은 **A**. 참고로, 시간과 관련해서 다양한 문제가 출제될 수도 있는데, 'notre musée va fermer dans vingt minutes. ... Vous pouvez visiter le musée à partir de 10 h et jusqu'à 18 h. 우리 미술관은 20분 후에 문을 닫는다 ... 여러분은 10시부터 18시까지 미술관을 방문하실 수 있습니다.'라는 내용에 따라 해당 미술관의 폐관 시간은 18시이고, 현재 시간은 폐관 시간 20분 전인 17시 40분이라는 것을 알 수 있다.
3	다음 주에 열리는 행사와 관련된 이미지를 고르는 문제이다. 'Il y a une exposition spéciale de Picasso la semaine prochaine 다음 주에 피카소 특별 전시회가 있습니다'라고 했으므로 정답은 **C**.
4	미술관이 방문객들에게 제공하는 것과 관련된 이미지를 고르는 문제이다. 'nous offrons le cocktail aux visiteurs 방문객들에게 칵테일을 제공합니다'라고 했으므로 정답은 **B**.

필수 어휘

musée (m.) 미술관, 박물관 | visiteur 방문객 | sortie (f.) 출구 | entrée (f.) 입구 | toucher 만지다 | tableau (m.) 그림 | prier 기도하다, 부탁하다 | à partir de ~부터 | jusqu'à ~까지 | exposition (f.) 전시회 | spécial 특별한 | cocktail (m.) 칵테일

EXERCICE 2 실전 연습

Track 2-07

전략에 따라 문제 7을 풀어 보세요

Lisez les questions. Écoutez le document puis répondez.
Vous êtes en France. Vous entendez cette annonce à la bibliothèque. *4 points*

❶ La bibliothèque ouvre ... *1 point*

A □ ce lundi.
B □ ce mardi.
C □ ce jeudi.

❷ Qu'est-ce que vous pouvez voir ? 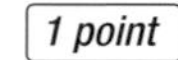

A □

B □

C □

❸ Le restaurant est ... du bureau d'inscription. *1 point*

A □ près
B □ à côté
C □ en face

❹ Qu'est-ce que la bibliothèque offre aux enfants ? 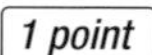

A □

B □

C □

Étape 2

문제 7의 내용을 해석해 보세요.

문제들을 읽으세요. 자료를 듣고 답하세요.
당신은 프랑스에 있습니다. 당신은 도서관에서 이 안내 방송을 듣습니다. 4점

❶ 도서관은 ...에 문을 연다. 1점

A □ 이번 주 월요일
B □ 이번 주 화요일
C □ 이번 주 목요일

❷ 당신은 무엇을 볼 수 있는가? 1점

A □ B □ C □

❸ 식당은 등록 사무실 ...에 있다. 1점

A □ 가까이
B □ 옆
C □ 맞은편

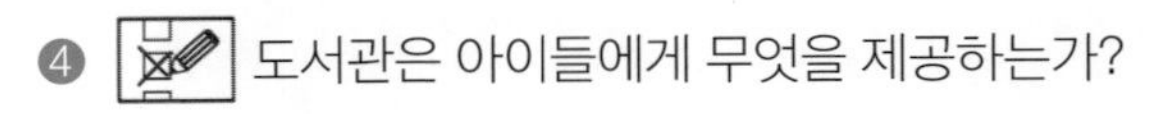

❹ 도서관은 아이들에게 무엇을 제공하는가? 1점

A □ B □ C □

문제 7의 내용을 분석한 후, 스크립트를 확인해 보세요.

문제 분석

문제 텍스트에 있는 'bibliothèque 도서관', 'ouvrir 문을 열다'를 보고, 도서관 이용에 대한 안내 방송임을 미리 파악한다.

1	선택지가 모두 'ce ○○' 형태로 구성된 문제이다. 질문에서 도서관이 문을 여는 날짜를 묻고 있으므로, 음성에서 도서관 개장일을 설명하는 부분이 나오면 요일 표현을 정확히 들어야 한다.
2	질문에 'voir 보다'라는 어휘가 사용되었다. 선택지 A는 livre 책, 선택지 B는 'football 축구', 선택지 C는 'éléphant 코끼리'와 관련된 사진으로, 도서관에서 볼 수 있는 것에 대해서 설명하는 부분을 집중해서 듣는다.
3	선택지가 모두 방향을 나타내는 표현으로 구성된 문제이다. 질문에서 식당의 위치를 묻고 있는데, 질문의 빈칸 뒤에 '... du bureau d'inscription 등록 사무실 ○○에'라는 표현이 있으므로, 음성에서 해당 표현이 나오면 '○○에'에 해당하는 내용을 정확히 들어야 한다.
4	선택지가 모두 특정 제품과 관련된 사진인데, 선택지 A는 'poupée 인형', 선택지 B는 'livre 책', 선택지 C는 'CD 음악 CD'와 관련이 있다. 질문에 'offre aux enfants 아이들에게 제공하다'라는 표현이 사용되었으므로, 아이들을 위해 무엇을 제공하는지를 언급하는 부분에 초점을 맞춘다.

스크립트

Femme : Chers habitants, bienvenue à la bibliothèque municipale ! Nous venons d'ouvrir ce mardi et vous pouvez lire beaucoup de livres. Vous pouvez manger au restaurant en face du bureau d'inscription. Nous offrons de jolies poupées aux enfants de moins de 7 ans. Venez avec vos enfants !

여자 : 친애하는 주민 여러분들, 시립 도서관에 오신 것을 환영합니다! 우리는 이번 주 화요일에 개장했으며, 여러분은 많은 책들을 읽을 수 있습니다. 등록 사무실 맞은편의 식당에서 식사하실 수 있습니다. 7세 미만의 아이들에게는 예쁜 인형을 제공합니다. 여러분의 자녀들과 함께 오세요!

문제 7의 해설을 확인한 후, 필수 어휘를 익혀 보세요.

해설

문항	풀이 요령
1	도서관의 개장일을 묻는 문제이다. 음성에서 'Nous venons d'ouvrir ce mardi 우리는 이번 주 화요일에 개장했으며'라고 했으므로 정답은 **B**. 참고로 요일(lundi, mardi. mercredi, jeudi, vendredi, samedi, dimanche), 'la semaine dernière 지난주', 'la semaine prochaine 다음 주'와 같은 어휘들도 알아 두는 것이 좋다.
2	도서관에서 볼 수 있는 것과 관련된 이미지를 고르는 문제이다. 'vous pouvez lire beaucoup de livres. 여러분은 많은 책들을 읽을 수 있습니다.'라는 내용에 따라 정답은 **A**.
3	식당이 등록 사무실을 기준으로 어느 방향에 위치하고 있는지를 묻고 있다. 'au restaurent en face du bureau d'inscription 등록 사무실 맞은편의 식당'이라고 했으므로, 정답은 **C**.
4	도서관이 아이들에게 제공하는 것과 관련된 이미지를 고르는 문제이다. 'Nous offrons de jolies poupées aux enfants de moins de 7 ans. 7세 미만의 아이들에게는 예쁜 인형을 제공합니다.'라고 했으므로 정답은 **A**.

필수 어휘

bibliothèque (f.) 도서관 | **bureau d'inscription** (m.) 등록 사무실 | **à côté de** ~ 옆에 | **en face de** ~의 맞은편에 | **habitant** 주민 | **municipal** 시립의, 도시의 | **poupée** (f.) 인형 | **moins de** ~ 미만의

문제 8

EXERCICE 2 실전 연습

Track 2-08

Étape 1

전략에 따라 문제 8을 풀어 보세요.

Lisez les questions. Écoutez le document puis répondez.

Vous êtes en France. Vous entendez cette annonce au parc. *4 points*

❶ Le parc ferme à ... *1 point*

A ☐ 7 heures du soir.

B ☐ 7 heures du matin.

C ☐ 4 heures de l'après-midi.

❷ Qu'est-ce que le parc demande aux visiteurs ? *1 point*

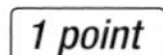

A ☐ De venir avec les enfants.

B ☐ De ne pas prendre un bateau.

C ☐ De ne pas prendre une bicyclette.

❸ Qu'est-ce que vous pouvez faire ? *1 point*

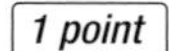

A ☐

B ☐

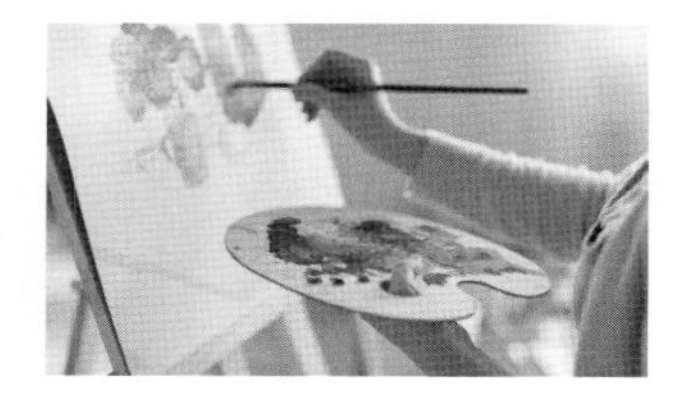
C ☐

❹ Qu'est-ce que le parc offre aux enfants ? *1 point*

A ☐

B ☐

C ☐

Étape 2

문제 8의 내용을 해석해 보세요.

문제들을 읽으세요. 자료를 듣고 답하세요.

당신은 프랑스에 있습니다. 당신은 공원에서 이 안내 방송을 듣습니다. 4점

❶ 공원은 ...에 문을 닫는다. 1점

A □ 저녁 7시

B □ 아침 7시

C □ 오후 4시

❷ 공원은 방문객들에게 무엇을 요구하는가? 1점

A □ 아이들과 올 것

B □ 배를 타지 말 것

C □ 자전거를 타지 말 것

❸ 당신은 무엇을 할 수 있는가? 1점

A  □ B  □ C □

❹ 공원은 아이들에게 무엇을 제공하는가? 1점

A  □ B  □ C □

문제 8의 내용을 분석한 후, 스크립트를 확인해 보세요.

문제 분석

문제 텍스트에 있는 'parc 공원', 'visiteur 방문객'을 보고, 공원 방문객을 위한 안내 방송임을 미리 파악한다.

1	선택지가 모두 '○○ heures du(de l') ○○' 형태로 구성된 문제이다. 질문에서 공원이 문을 닫는 시간을 묻고 있으므로, 음성에서 공원의 개·폐장 시간을 설명하는 부분이 나오면 시간 표현을 정확히 들어야 한다.
2	질문에 'demander 부탁하다'라는 어휘가 사용되었는데, 이를 통해 안내 메시지의 목적을 묻는 문제임을 파악한다. 선택지 A의 'enfants 아이들', 선택지 B의 'bateau 배', 선택지 C의 'bicyclette 자전거'를 핵심 표현으로 체크한 후, 방문객들에게 부탁하고 있는 내용에 초점을 맞추면서 음성을 들어야 한다.
3	선택지가 모두 특정 활동과 관련된 사진인데, 선택지 A는 'se promener 산책하다', 선택지 B는 's'amuser 놀다', 선택지 C는 'peindre 그림을 그리다'와 관련된 사진으로, 공원에서 할 수 있는 활동은 무엇인지 설명하는 부분에 집중해야 한다.
4	선택지가 모두 특정 제품과 관련된 사진인데, 선택지 A는 'console de jeux vidéo 게임기', 선택지 B는 'ballon 풍선', 선택지 C는 'livre 책'과 관련이 있다. 질문에 'offre aux enfants 아이들에게 제공하다'라는 표현이 사용되었으므로, 아이들을 위해 무엇을 제공하는지 언급하는 부분에 초점을 맞춘다.

스크립트

Homme : Chers habitants, nous vous informons que le parc va ouvrir dans 30 minutes. Vous pouvez visiter le parc à partir de 10 h et jusqu'à 19 h. Vous pouvez vous promener avec vos enfants. Il est interdit de prendre un vélo ! Le parc offre des ballons aux enfants. C'est fermé les jours fériés. Nous vous remercions de votre visite.

남자 : 친애하는 주민 여러분, 공원이 30분 후에 개장한다는 것을 여러분께 알려 드립니다. 여러분은 10시부터 19시까지 공원을 방문할 수 있습니다. 여러분은 자녀들과 산책할 수 있습니다. 자전거를 타는 것은 금지입니다! 공원은 아이들에게 풍선을 제공합니다. 공휴일은 문을 닫습니다. 여러분의 방문에 감사드립니다.

문제 8의 해설을 확인한 후, 필수 어휘를 익혀 보세요.

해설

문항	풀이 요령
1	공원이 문을 닫는 시간이 언제인지를 묻고 있다. 음성에서 'Vous pouvez visiter le parc à partir de 10 h et jusqu'à 19 h. 여러분은 10시부터 19시까지 공원을 방문할 수 있습니다.'라고 했으므로 정답은 **A**. 참고로 시간을 나타날 때는 1~24까지의 숫자를 사용하거나, 1~12까지의 숫자를 사용하고 뒤에 아침, 오후, 저녁이라는 어휘를 붙여 사용할 수도 있다는 점에 유의한다. TIP 19 h 19시 ⇄ 7 heures du soir 저녁 7시
2	공원이 방문객들에게 요구하는 사항이 무엇인지를 묻고 있다. 'Il est interdit de prendre un vélo ! 자전거를 타는 것은 금지입니다!'라는 내용에 따라 정답은 **C**. TIP une bicyclette 자전거 ⇄ un vélo 자전거
3	공원에서 할 수 있는 활동과 관련된 이미지를 고르는 문제이다. 'Vous pouvez vous promener avec vos enfants. 여러분은 자녀들과 산책할 수 있습니다.'라는 내용에 따라 정답은 **A**.
4	공원이 아이들에게 제공하는 것과 관련된 이미지를 고르는 문제이다. 'Le parc offre des ballons aux enfants. 공원은 아이들에게 풍선을 제공합니다.'라는 내용에 따라 정답은 **B**.

필수 어휘

parc (m.) 공원 | **bateau (m.)** 배 | **bicyclette (f.)** 자전거 | **se promener** 산책하다 | **ballon (m.)** 풍선 | **vélo (m.)** 자전거 | **jour férié (m.)** 공휴일 | **remercier** 감사하다 | **visite (f.)** 방문

문제 9

EXERCICE 2 실전 연습

Track 2-09

Étape 1

전략에 따라 문제 9를 풀어 보세요.

Lisez les questions. Écoutez le document puis répondez.
Vous êtes en France. Vous entendez cette annonce à la mairie. *4 points*

❶ Une soirée dansante a lieu à ... *1 point*

A □ 18 h.
B □ 8 heures du soir.
C □ 8 heures du matin.

❷ Qu'est-ce que la mairie demande aux habitants ? *1 point*

A □ De venir à la mairie à pied.
B □ De ne pas accompagner les enfants.
C □ De ne pas stationner la voiture devant la mairie.

❸ Quel est le prix du concours des chansons ? *1 point*

A □

B □

C □

❹ Qu'est-ce qu'il y a dans la salle de gym ? *1 point*

A □

B □

C □

Étape 2

문제 9의 내용을 해석해 보세요.

문제들을 읽으세요. 자료를 듣고 답하세요.
당신은 프랑스에 있습니다. 당신은 시청에서 이 안내 방송을 듣습니다. 4점

❶ 댄스파티는 ...에 열린다. 1점

A □ 18시
B □ 저녁 8시
C □ 아침 8시

❷ 시청은 주민들에게 무엇을 요구하는가? 1점

A □ 걸어서 시청에 올 것
B □ 아이들을 동반하지 말 것
C □ 시청 앞에 주차하지 말 것

❸ 노래 경연 대회의 상품은 무엇인가? 1점

A  □ B  □ C □

❹ 체육관에는 무엇이 있는가? 1점

A  □ B  □ C □

Étape 3

문제 9의 내용을 분석한 후, 스크립트를 확인해 보세요.

문제 분석

문제 텍스트에 있는 'mairie 시청', 'soirée dansante 댄스파티', 'concours 경연 대회'를 보고, 시청에서 열리는 행사 관련 안내 방송임을 미리 파악한다.

1 선택지가 모두 시간을 나타내는 표현으로 구성된 문제이다. 질문에서 댄스 파티가 열리는 시간을 묻고 있으므로, 음성에서 시간 표현이 나오면 집중해서 들어야 한다. 참고로 시간을 나타낼 때는 1~24까지의 숫자를 사용하거나, 1~12까지의 숫자를 사용하고 뒤에 아침, 오후, 저녁이라는 어휘를 붙여 사용할 수도 있다는 점에 유의한다.

2 질문에 'demander 부탁하다'라는 어휘가 사용되었는데, 이를 통해 안내 메시지의 목적을 묻는 문제임을 파악한다. 선택지 A의 'à pied 걸어서', 선택지 B의 'accompagner 동반하다', 선택지 C의 'stationner 주차하다'를 핵심 표현으로 체크한 후, 방문객들에게 부탁하고 있는 내용에 초점을 맞추면서 음성을 들어야 한다.

3 선택지가 모두 상품과 관련된 사진으로 구성된 문제이다. 선택지 A는 'voiture 자동차', 선택지 B는 'moto 오토바이', 선택지 C는 'bicyclette 자전거'와 관련된 사진으로, 노래 경연 대회의 상품이 무엇인지를 언급하는 부분에 집중해야 한다.

4 선택지가 모두 음식과 관련된 사진으로 구성된 문제이다. 선택지 A는 'biscuit, boisson 비스킷, 음료', 선택지 B는 'poulet rôti 치킨', 선택지 C는 'salade 샐러드'와 관련된 사진으로, 체육관에 준비해 놓은 것이 무엇인지를 설명하는 부분을 신경 써서 들어야 한다.

스크립트

Homme : Chers habitants, merci de venir nombreux à la fête de notre village. La mairie organise une soirée dansante à 20 h et il y a aussi un concours de chansons. Le prix est une jolie bicyclette. Nous vous prions de ne pas garer la voiture devant la mairie. Nous préparons des biscuits et des boissons à la salle de gym.

남자 : 친애하는 주민 여러분, 우리 마을 축제에 많이 와 주셔서 감사합니다. 시청은 20시에 댄스파티를 주최하며 노래 경연 대회도 있습니다. 상품은 예쁜 자전거입니다. 시청 앞에 주차를 하지 마시길 부탁드립니다. 체육관에 비스킷과 음료수들이 준비되어 있습니다.

문제 9의 해설을 확인한 후, 필수 어휘를 익혀 보세요.

해설

문항	풀이 요령
1	댄스파티가 열리는 시간이 언제인지를 묻고 있다. 'La mairie organise une soirée dansante à 20 h 시청은 20시에 댄스파티를 주최하며'라고 했으므로 정답은 **B**. TIP 20 h 20시 ⇄ 8 heures du soir 저녁 8시
2	시청이 주민들에게 요구하는 사항이 무엇인지를 묻고 있다. 'Nous vous prions de ne pas garer la voiture devant la mairie. 시청 앞에 주차를 하지 마시길 부탁드립니다.'라는 내용에 따라 정답은 **C**.
3	노래 경연 대회의 상품과 관련된 이미지를 고르는 문제이다. 'Le prix est une jolie bicyclette. 상품은 예쁜 자전거입니다.'라는 내용에 따라 정답은 **C**.
4	체육관에 있는 것과 관련된 이미지를 고르는 문제이다. 'Nous préparons des biscuits et des boissons à la salle de gym. 체육관에 비스킷과 음료수들이 준비되어 있습니다.'라고 했으므로 정답은 **A**.

mairie (f.) 시청 | **soirée dansante** (f.) 댄스파티 | **avoir lieu** 개최되다 | **à pied** 걸어서 | **accompagner** 동반하다 | **stationner** 주차하다 | **prix** (m.) 상, 상품 | **concours** (m.) 경연 대회 | **chanson** (f.) 노래 | **salle de gym** (f.) 체육관 | **nombreux** 많은 | **village** (m.) 마을 | **bicyclette** (f.) 자전거 | **garer** 주차하다

문제 10

EXERCICE 2 실전 연습

Track 2-10

전략에 따라 문제 10을 풀어 보세요.

Lisez les questions. Écoutez le document puis répondez.

Vous êtes en France. Vous entendez cette annonce à l'Opéra. *4 points*

❶ Qu'est-ce que l'Opéra demande aux spectateurs ? *1 point*

A □ De ne pas téléphoner.

B □ De ne pas parler fort.

C □ De ne pas photographier.

❷ Vous pouvez voir le spectacle de ... *1 point*

A □ 17 h.

B □ 22 h.

C □ 7 h du soir.

❸ Qu'est-ce qui est le prix soldé ? *1 point*

A □ B □ C □

❹ Qu'est-ce que vous pouvez faire après la séance ? *1 point*

A □ B □ C □

Étape 2

문제 10의 내용을 해석해 보세요.

문제들을 읽으세요. 자료를 듣고 답하세요.

당신은 프랑스에 있습니다. 당신은 오페라 극장에서 이 안내 방송을 듣습니다. 4점

❶ 오페라 극장은 관객들에게 무엇을 요구하는가? 1점

A □ 전화하지 말 것

B □ 크게 말하지 말 것

C □ 사진을 찍지 말 것

❷ 당신은 ... 공연을 볼 수 있다. 1점

A □ 17시

B □ 22시

C □ 저녁 7시

❸ 가격이 할인된 것은 무엇인가? 1점

A □ B □ C □

❹ 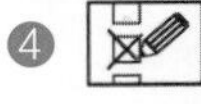 공연 후에 당신은 무엇을 할 수 있는가? 1점

A □ B □ C □

문제 10의 내용을 분석한 후, 스크립트를 확인해 보세요.

문제 분석

문제 텍스트에 있는 'l'Opéra 오페라 극장', 'spectacle 공연'을 보고, 오페라 극장의 공연 정보와 관련된 안내 방송임을 미리 파악한다.

1	질문에 'demander 부탁하다'라는 어휘가 사용되었는데, 이를 통해 안내 메시지의 목적을 묻는 문제임을 파악한다. 선택지가 모두 'De ne pas ○○ ○○하지 말 것'의 형태로 구성되었으므로, 음성에서 해당 표현이 언급되면 '○○하지 말 것'에 해당하는 내용이 무엇인지를 집중해서 들어야 한다.
2	선택지가 모두 시간을 나타내는 표현으로 구성된 문제이다. 질문에서 공연을 볼 수 있는 시간을 묻고 있으므로, 음성에서 시간 표현이 나오면 집중해서 들어야 한다. 참고로 시간을 나타날 때는 1~24까지의 숫자를 사용하거나, 1~12까지의 숫자를 사용하고 뒤에 아침, 오후, 저녁이라는 어휘를 붙여 사용할 수도 있다는 점에 유의한다.
3	선택지가 모두 특정 제품과 관련된 사진인데, 선택지 A는 'boisson 음료수', 선택지 B는 'CD 음악 CD', 선택지 C는 'hamburger 햄버거'와 관련이 있다. 질문에 'soldé 할인된'이라는 표현이 사용되었으므로, 할인 판매 중인 것을 언급하는 부분에 초점을 맞추어야 한다.
4	선택지가 모두 특정 활동과 관련된 사진으로 구성된 문제이다. 선택지 A는 'rencontrer les acteurs 배우들을 만나다', 선택지 B는 'boire une boisson 음료를 마시다', 선택지 C는 'prendre un repas 식사하다'와 관련된 사진으로, 공연 후에 관객들이 무엇을 할 수 있는지에 대해 설명하는 부분을 신경 써서 들어야 한다.

스크립트

Homme : Mesdames et messieurs, bienvenue à l'Opéra. La séance de 19 h est complète mais il reste encore des places pour 22 h. Nous vous prions de ne pas prendre de photo pendant la représentation. Les boissons sont en promotion. Vous pouvez rencontrer les acteurs après la performance. Nous vous souhaitons une bonne soirée.

남자 : 신사, 숙녀 여러분, 오페라 극장에 오신 것을 환영합니다. 19시 공연은 마감이지만 22시 공연은 아직 좌석들이 남아 있습니다. 공연 동안 사진을 찍지 마시길 부탁드립니다. 음료수들이 할인 판매 중입니다. 공연 후에 배우들을 만날 수 있습니다. 좋은 저녁 시간 보내시길 바랍니다.

문제 10의 해설을 확인한 후, 필수 어휘를 익혀 보세요.

해설

문항	풀이 요령
1	오페라 극장에서 관객들에게 요구하는 사항이 무엇인지를 묻고 있다. 'Nous vous prions de ne pas prendre de photo pendant la représentation. 공연 동안 사진을 찍지 마시길 부탁드립니다.'라는 내용에 따라 정답은 **C**. TIP prendre une photo 사진을 찍다 ⇄ photographier 사진을 찍다
2	공연을 볼 수 있는 시간이 언제인지를 묻고 있다. 'La séance de 19 h est complète mais il reste encore des places pour 22 h. 19시 공연은 마감이지만 22시 공연은 아직 좌석들이 남아있습니다.'라고 했으므로, 공연을 볼 수 있는 시간은 22시라는 것을 알 수 있다. 따라서 정답은 **B**. 참고로 '19 h 19시'만 듣고 C를 정답으로 고르지 않도록 주의한다.
3	가격이 할인된 물품과 관련된 이미지를 고르는 문제이다. 'Les boissons sont en promotion. 음료수들이 할인 판매 중입니다.'라는 내용에 따라 정답은 **A**.
4	공연 후에 할 수 있는 활동과 관련된 이미지를 고르는 문제이다. 'Vous pouvez rencontrer les acteurs après la performance. 공연 후에 배우들을 만날 수 있습니다.'라는 내용에 따라 정답은 **A**.

필수 어휘

fort 세게, 힘차게 | photographier 사진 찍다 | spectacle (m.) 공연 | soldé 할인된 | complet 만석인 | représentation (f.) 공연 | acteur 배우

듣기 평가

EXERCICE 3

Lisez les questions. Écoutez le document puis répondez.

문제들을 읽으세요. 자료를 듣고 답하세요.

완전 공략

1 핵심 포인트

전화 자동 응답기에서 나오는 내용을 이해했는지를 묻는 유형이다. 전화 자동 응답기의 내용을 듣고 푸는 형식에서는 EXERCICE 1과 동일하지만, 문제 난이도는 EXERCICE 3이 더 높다. EXERCICE 1과는 달리 EXERCICE 3에서는 이미지 문제가 포함되지 않으며, 지시사항에서도 전화 응답기에 어떤 메시지를 남겼는지를 좀더 구체적으로 제시하는 편이다. 따라서 다양한 주제의 어휘들을 사전에 숙지해야 하며, 육하원칙에 해당하는 의문사들을 정확하게 파악하여 정답을 찾아야 한다.

2 빈출 주제

친구와의 약속이나 회사와 관련된 업무(회의, 미팅), 일과 스케줄 등 공적인 일들이 매우 다양한 상황 속에서 주제로 다뤄진다. 특히 시간대별로 해야 할 활동이나 준비해야 하는 사항들에 대해 초점을 맞추어 들어야 한다.

3 고득점 전략

① 시간 및 요일 관련 어휘에 집중하라.

듣기 내용이 시간, 요일별로 해야 할 업무 사항이나 활동에 대해 설명하는 방식으로 진행되기 때문에 자칫하면 해당되는 부분을 놓치기 십상이다. 내용 자체는 어렵지 않기 때문에 긴장하지 말고 해당되는 부분에 초점을 맞추어 들어야 한다.

② 의문사에 집중하라.

육하원칙에 해당하는 의문사들이 문제에 나오는 경우 장소, 이유, 대상 등에 대한 질문이라는 것을 파악하고 해당되는 내용이 나오는 부분에 초점을 맞추어 들어야 한다.

③ 문제 순서와 텍스트 순서의 연관성에 유의하라.

문제 순서와 텍스트의 순서가 일반적으로 일치하기 때문에 앞뒤 문제의 순서를 통해 대략적인 흐름을 유추할 수 있다. 따라서 이러한 순서에 대한 부분을 간과해서는 안 된다.

④ 여유를 가져라.

들을 수 있는 횟수가 2회이기 때문에 첫 번째 듣기에서 못 들었다 하더라도 두 번째 듣기에서 충분히 만회할 수 있다는 생각으로 시험에 임해야 한다.

EXERCICE 3 실전 연습

Track 3-01

전략에 따라 문제 1을 풀어 보세요.

Lisez les questions. Écoutez le document puis répondez.
Vous travaillez en France. Votre secrétaire vous laisse un message sur votre répondeur téléphonique. *4 points*

❶ Pourquoi votre secrétaire vous laisse un message ? *1 point*

A □ Pour me rappeler mon emploi du temps.
B □ Pour m'annoncer une mauvaise nouvelle.
C □ Pour me parler de mon voyage d'affaires.

❷ La réunion de jeudi est ... *1 point*

A □ à 10 h.
B □ à 12 h.
C □ à 15 h.

❸ Où déjeunez-vous ? *1 point*

A □ Au restaurant italien.
B □ Au restaurant coréen.
C □ Au restaurant français.

❹ Qu'est-ce que vous allez faire à 15 h ? *1 point*

A □ Rencontrer le maire.
B □ Rencontrer le directeur de l'école.
C □ Faire une réunion avec des cadres.

Étape 2

문제 1의 내용을 해석해 보세요.

문제들을 읽으세요. 자료를 듣고 답하세요.
당신은 프랑스에서 일하고 있습니다. 당신의 비서가 전화 응답기에 메시지를 남깁니다. 4점

❶ 당신의 비서는 왜 당신에게 메시지를 남기는가? 1점

A □ 나의 스케줄을 나에게 상기시켜 주기 위해서
B □ 나에게 나쁜 소식을 알려 주기 위해서
C □ 나에게 나의 출장에 대해 말하기 위해서

❷ 목요일의 회의는 ... 있다. 1점

A □ 10시에
B □ 12시에
C □ 15시에

❸ 당신은 어디에서 점심을 먹는가? 1점

A □ 이탈리안 식당에서
B □ 한국 식당에서
C □ 프랑스 식당에서

❹ 15시에 당신은 무엇을 할 것인가? 1점

A □ 시장을 만나기
B □ 학교 교장 선생님을 만나기
C □ 간부들과 회의하기

Étape 3

문제 1의 내용을 분석한 후, 스크립트를 확인해 보세요.

문제 분석

비서가 남긴 음성 메시지를 듣고, 질문에 대한 답변을 고르는 문제이다. 음성을 듣기 전, 각 문제 내용을 미리 파악하면서 주의 깊게 들어야 할 내용을 체크한다.

1	질문에 의문사 'pourquoi 왜'가 있으므로, 이 메시지의 목적을 파악해야 한다. 메시지의 목적은 주로 음성 첫 부분에서 언급되는데, 선택지 A의 'emploi du temps 스케줄', 선택지 B의 'mauvaise nouvelle 나쁜 소식', 선택지 C의 'voyage d'affaires 출장' 중 어떤 내용과 관련이 있는지 잘 들어야 한다.
2	질문에 'la réunion de jeudi 목요일 회의'가 있고, 선택지가 모두 특정 시간과 관련된 표현으로 구성된 문제이다. 따라서 음성을 들을 때, 'réunion'이라는 단어와 관련된 시간 표현을 정확하게 들어야 한다.
3	의문사 'où 어디에서'를 사용하고 있으므로, 음성에서 나오는 장소 표현을 놓치지 않기 위해 미리 대비한다. 특히 선택지 모두 'Au restaurant ○○ ○○ 식당에서'의 형태이므로 '○○ 식당'에 해당하는 부분에 초점을 맞추어야 한다.
4	질문에 'à 15 h 15시'가 있고, 의문사 'qu'est-ce que 무엇을'을 사용한 문제이다. 선택지 A의 'maire 시장', 선택지 B의 'directeur de l'école 교장', 선택지 C의 'réunion 회의'를 핵심 표현으로 체크해 두고, 15시에 하게 될 활동이 언급되는 부분을 놓치지 않고 들어야 한다.

스크립트

Femme : Bonsoir. Je vous rappelle votre planning de demain jeudi. À 10 h, vous avez une réunion avec des cadres. À 12 h, vous allez déjeuner au restaurant coréen avec Madame Muriel. Et à 15 h, vous allez à la mairie pour rencontrer le maire. Bonne soirée !

여자 : 안녕하세요. 내일 목요일 당신의 스케줄을 상기시켜 드립니다. 10시에 간부들과 회의가 있습니다. 12시에 Muriel 부인과 한국 식당에서 점심 식사를 할 것입니다. 그리고 15시에 시장과 만나기 위해 시청으로 갑니다. 좋은 저녁 시간 보내세요!

문제 1의 해설을 확인한 후, 필수 어휘를 익혀 보세요.

해설

문항	풀이 요령
1	비서가 메시지를 남기는 이유를 묻는 문제이다. 'Je vous rappelle votre planning de demain jeudi. 내일 목요일 당신의 스케줄을 상기시켜 드립니다.'라는 내용에 따라 정답은 **A**. TIP planning 스케줄 ⇄ emploi du temps 스케줄
2	목요일 회의 시간이 언제인지 묻고 있다. 'À 10 h, vous avez une réunion avec des cadres. 10시에 간부들과 회의가 있습니다.'라는 내용에 따라 정답은 **A**.
3	점심 식사 장소가 어디인지를 묻고 있다. 'vous allez déjeuner au restaurant coréen 한국 식당에서 점심 식사를 할 것입니다'라는 내용에 따라 정답은 **B**.
4	15시에 하게 될 스케줄 내용을 묻는 문제이다. 'Et à 15 h, vous allez à la mairie pour rencontrer le maire. 그리고 15시에 시장과 만나기 위해 시청으로 갑니다.'라는 내용에 따라 정답은 **A**.

필수 어휘

secrétaire 비서 | rappeler 상기시키다 | emploi du temps (m.) 스케줄 | réunion (f.) 회의 | maire (m.) 시장 | directeur 교장, 책임자 | cadre (m.) 간부 | planning (m.) 스케줄 | mairie (f.) 시청

EXERCICE 3 실전 연습

Track 3-02

전략에 따라 문제 2를 풀어 보세요.

Lisez les questions. Écoutez le document puis répondez.
Vous travaillez en France. Votre assistant vous laisse un message sur votre répondeur téléphonique. *4 points*

❶ Pourquoi votre assistant vous laisse un message ? *1 point*

A ☐ Pour m'annoncer son congé.
B ☐ Pour me dire sa démission.
C ☐ Pour me rappeler mon planning.

❷ La réunion se passe ... *1 point*

A ☐ à l'école.
B ☐ au musée.
C ☐ au restaurant.

❸ Où allez-vous à 14 h ? *1 point*

A ☐ À l'hôtel.
B ☐ À l'école.
C ☐ Au musée.

❹ Que devez-vous faire avec le chef d'entreprise Eduone ? *1 point*

A ☐ Avoir une réunion.
B ☐ Prendre un repas.
C ☐ Rédiger un contrat.

Étape 2

문제 2의 내용을 해석해 보세요.

문제들을 읽으세요. 자료를 듣고 답하세요.
당신은 프랑스에서 일하고 있습니다. 당신의 비서가 전화 응답기에 메시지를 남깁니다. 4점

❶ 당신의 비서는 왜 당신에게 메시지를 남기는가? 1점

A □ 나에게 그의 휴가를 알리기 위해서
B □ 나에게 그의 퇴직을 말하기 위해서
C □ 나에게 나의 스케줄을 상기시켜 주기 위해서

❷ 회의는 ... 진행된다. 1점

A □ 학교에서
B □ 미술관에서
C □ 식당에서

❸ 당신은 14시에 어디에 가는가? 1점

A □ 호텔에
B □ 학교에
C □ 미술관에

❹ 당신은 Eduone 기업 사장과 무엇을 해야 하는가? 1점

A □ 회의하기
B □ 식사하기
C □ 계약서 작성하기

문제 2의 내용을 분석한 후, 스크립트를 확인해 보세요.

문제 분석

비서가 남긴 음성 메시지를 듣고, 질문에 대한 답변을 고르는 문제이다. 음성을 듣기 전, 각 문제 내용을 미리 파악하면서 주의 깊게 들어야 할 내용을 체크한다.

1	질문에 의문사 'pourquoi 왜'가 있으므로, 이 메시지의 목적을 파악해야 한다. 메시지의 목적은 주로 음성 첫 부분에서 언급되는데, 선택지 A의 'son congé 그의 휴가', 선택지 B의 'sa démission 그의 퇴직', 선택지 C의 'mon planning 나의 스케줄' 중 어떤 내용과 관련이 있는지 잘 들어야 한다.
2	질문에 'la réunion 회의'가 있고, 선택지가 모두 특정 장소를 나타내는 표현으로 구성된 문제이다. 따라서 음성을 들을 때, 'réunion'이라는 단어와 관련된 장소 표현을 정확하게 들어야 한다.
3	의문사 'où 어디에서'를 사용하고 있으므로, 음성에서 나오는 장소 표현을 놓치지 않기 위해 미리 대비한다. 특히 질문에서 'à 14 h 14시에'가 언급되었으므로, 14시와 관련된 장소 표현에 초점을 맞추어야 한다.
4	질문에 'le chef d'entreprise Eduone Eduone 기업 사장'이라는 표현이 있으므로, 음성에서 이와 관련된 표현을 놓치지 않기 위해 미리 대비한다. 특히 선택지가 모두 특정 활동과 관련된 내용이므로, 동사를 더욱 집중해서 듣도록 한다.

스크립트

Homme : Bonsoir. Je vous rappelle vos rendez-vous de demain, vendredi. À 10 h, vous avez une réunion des parents d'élèves à l'école. À 14 h, vous allez visiter le musée avec Madame Morin. Et à 18 h, vous allez dîner au restaurant de l'hôtel Francimo avec le chef d'entreprise Eduone. Bonne soirée !

남자 : 안녕하세요. 내일 금요일 당신의 약속을 상기시켜 드립니다. 10시에 학교에서 학부형 회의가 있습니다. 14시에 Morin 부인과 함께 미술관을 방문할 것입니다. 18시에 당신은 Eduone 회사의 사장님과 Francimo 호텔 식당에서 저녁 식사를 할 것입니다. 좋은 저녁 시간 보내세요!

문제 2의 해설을 확인한 후, 필수 어휘를 익혀 보세요.

해설

문항	풀이 요령
1	비서가 메시지를 남긴 이유를 묻고 있다. 'Je vous rappelle vos rendez-vous de demain, vendredi. 내일 금요일 당신의 약속을 상기시켜 드립니다.'라고 했으므로, 정답은 **C**. TIP rendez-vous 약속 ⇄ planning 스케줄
2	회의가 열리는 장소를 묻고 있다. 'vous avez une réunion des parents d'élèves à l'école. 학교에서 학부형 회의가 있습니다.'라는 내용에 따라 정답은 **A**.
3	14시에 가야 할 장소를 묻고 있다. 'À 14 h, vous allez visiter le musée avec Madame Morin. 14시에 Morin 부인과 함께 미술관을 방문할 것입니다.'라는 내용에 따라 정답은 **C**.
4	Eduone 기업 사장과 함께해야 할 일을 묻는 문제이다. 'vous allez dîner … avec le chef d'entreprise Eduone. 당신은 Eduone 회사의 사장님과 … 저녁 식사를 할 것입니다.'라는 내용에 따라 정답은 **B**. TIP dîner 저녁 식사를 하다 ⇄ prendre un repas 식사를 하다

필수 어휘

assistant 비서, 조교 | **congé (m.)** 휴가 | **démission (f.)** 퇴직 | **se passer** 일어나다, 발생하다 | **chef d'entreprise** 사장 | **rédiger** 작성하다 | **contrat (m.)** 계약서 | **dîner** 저녁 식사를 하다

EXERCICE 3 실전 연습

Track 3-03

전략에 따라 문제 3을 풀어 보세요.

Lisez les questions. Écoutez le document puis répondez.
Vous travaillez en France. Votre secrétaire vous laisse un message sur votre répondeur téléphonique. *4 points*

❶ Pourquoi votre secrétaire vous laisse un message ? *1 point*

A □ Pour me demander de l'aide.
B □ Pour annuler le rendez-vous.
C □ Pour me parler de mon emploi du temps.

❷ Vous rencontrez le client ... *1 point*

A □ le matin.
B □ l'après-midi.
C □ le soir.

❸ La présentation de 13 h concerne ... *1 point*

A □ le salaire annuel.
B □ les conditions de travail.
C □ la nouvelle marchandise.

❹ Que faites-vous à l'entreprise Monde ? *1 point*

A □ faire un stage.
B □ faire un entretien.
C □ faire un contrat.

Étape 2

문제 3의 내용을 해석해 보세요.

문제들을 읽으세요. 자료를 듣고 답하세요.
당신은 프랑스에서 일하고 있습니다. 당신의 비서가 전화 응답기에 메시지를 남깁니다. 4점

❶ 당신의 비서는 왜 당신에게 메시지를 남기는가? 1점

A □ 내게 도움을 청하기 위해서
B □ 약속을 취소하기 위해서
C □ 내 스케줄을 말하기 위해서

❷ 당신은 고객을 ...에 만날 것이다. 1점

A □ 아침
B □ 점심
C □ 저녁

❸ 13시의 프레젠테이션은 ...와(과) 관련 있다. 1점

A □ 연봉
B □ 근무 조건
C □ 새로운 상품

❹ 당신은 Monde 회사에서 무엇을 하는가? 1점

A □ 인턴하기
B □ 면접 보기
C □ 계약하기

Étape 3

문제 3의 내용을 분석한 후, 스크립트를 확인해 보세요.

문제 분석

비서가 남긴 음성 메시지를 듣고, 질문에 대한 답변을 고르는 문제이다. 음성을 듣기 전, 각 문제 내용을 미리 파악하면서 주의 깊게 들어야 할 내용을 체크한다.

1 질문에 의문사 'pourquoi 왜'가 있으므로, 이 메시지의 목적을 파악해야 한다. 메시지의 목적은 주로 음성 첫 부분에서 언급되는데, 선택지 A의 'demander 요청하다', 선택지 B의 'annuler 취소하다', 선택지 C의 'parler 말하다' 중 어떤 내용과 관련이 있는지 잘 들어야 한다.

2 질문에 'le client 고객'이 있고, 선택지가 모두 특정 시간대를 나타내는 표현으로 구성된 문제이다. 따라서 음성을 들을 때, 고객과 만나게 되는 시간을 정확하게 들어야 한다. 참고로 음성에서는 숫자를 사용해서 구체적인 시간이 언급될 수 있으니 미리 대비해 둔다.

3 질문에 'La présentation 프레젠테이션'이라는 표현이 있으므로, 음성에서 이와 관련된 표현을 놓치지 않기 위해 미리 대비한다. 또한 선택지 A의 'salaire annuel 연봉', 선택지 B의 'condition de travail 근무 조건', 선택지 C의 'marchandise 상품' 중 프레젠테이션과 관련된 내용이 무엇인지 잘 들어야 한다.

4 질문에 'l'entreprise Monde Monde 회사'라는 표현이 있으므로, 음성에서 이와 관련된 표현을 놓치지 않기 위해 미리 대비한다. 특히 선택지 모두 'faire un ○○ ~하기'의 형태이므로, 명사 부분에 초점을 맞추어야 한다.

스크립트

Homme : Bonjour, je suis votre secrétaire. Je vous rappelle votre emploi du temps de demain, mardi. À 11 h, nous avons rendez-vous avec le client au bureau. À 13 h, il y a la présentation d'un nouveau produit en salle de réunion. Et à 17 h, nous allons visiter l'entreprise Monde pour le contrat. À demain !

남자 : 안녕하세요, 저는 당신의 비서입니다. 내일 화요일 당신의 스케줄을 상기시켜 드립니다. 11시에 우리는 사무실에서 고객과 약속이 있습니다. 13시에는 회의실에서 신상품에 대한 프레젠테이션이 있어요. 그리고 17시에 우리는 계약을 위해 Monde 회사를 방문할 겁니다. 내일 뵙겠습니다!

문제 3의 해설을 확인한 후, 필수 어휘를 익혀 보세요.

해설

문항	풀이 요령
1	비서가 메시지를 남긴 이유를 묻는 문제이다. 'Je vous rappelle votre emploi du temps de demain, mardi. 내일 화요일 당신의 스케줄을 상기시켜 드립니다.'라는 내용에 따라 정답은 **C**.
2	고객을 만나는 시간이 언제인지 묻고 있다. 음성에서 'À 11 h, nous avons rendez-vous avec le client au bureau. 11시에 우리는 사무실에서 고객과 약속이 있습니다.'라고 했는데, 11시는 아침에 해당하므로 정답은 **A**. 이와 관련하여 고객과 만나는 장소가 어디인지도 문제로 출제될 수 있다는 점에 유의한다. TIP à 11 h 11시 ⇄ matin 아침, 오전
3	13시에 진행되는 프레젠테이션은 어떤 내용과 관련이 있는지를 묻고 있다. 'À 13 h, il y a la présentation d'un nouveau produit en salle de réunion. 13시에는 회의실에서 신상품에 대한 프레젠테이션이 있어요.'라는 내용에 따라 정답은 **C**. TIP nouveau produit 신상품 ⇄ nouvelle marchandise 새로운 상품
4	Monde 회사에서 하게 될 일이 무엇인지를 묻고 있다. 'nous allons visiter l'entreprise Monde pour le contrat. 우리는 계약을 위해 Monde 회사를 방문할 겁니다.'라는 내용에 따라 정답은 **C**.

필수 어휘

aide (f.) 도움 | **annuler** 취소하다 | **présentation (f.)** 프레젠테이션 | **salaire annuel (m.)** 연봉 | **condition de travail (f.)** 근무 조건 | **marchandise (f.)** 상품 | **stage (m.)** 인턴 | **entretien (m.)** 면접

EXERCICE 3 실전 연습

Track 3-04

전략에 따라 문제 4를 풀어 보세요.

Lisez les questions. Écoutez le document puis répondez.
Vous restez en France. Votre ami vous laisse un message sur votre répondeur téléphonique.

4 points

❶ Qu'est-ce que vous allez faire samedi ? *1 point*

A ☐ Je vais partir en voyage.
B ☐ Je vais organiser une fête.
C ☐ Je vais travailler à la place de mon collègue.

❷ À 8 h, vous allez prendre ... *1 point*

A ☐ le bus.
B ☐ le train.
C ☐ le métro.

❸ Où allez-vous visiter à 11 h ? *1 point*

A ☐ La ville.
B ☐ Le château.
C ☐ Le restaurant.

❹ Vous allez prendre le bus pour ... *1 point*

A ☐ visiter le musée.
B ☐ aller au restaurant.
C ☐ rentrer à la maison.

Étape 2

문제 4의 내용을 해석해 보세요.

문제들을 읽으세요. 자료를 듣고 답하세요.
당신은 프랑스에서 머무르고 있습니다. 당신의 친구가 전화 응답기에 메시지를 남깁니다. 4점

❶ 당신은 토요일에 무엇을 할 것인가? 1점

A □ 나는 여행을 떠날 것이다.
B □ 나는 축제를 열 것이다.
C □ 내 동료 대신에 일을 할 것이다.

❷ 8시에 당신은 ...를(을) 탈 것이다. 1점

A □ 버스
B □ 기차
C □ 지하철

❸ 당신은 11시에 어디를 방문하는가? 1점

A □ 도시
B □ 성
C □ 식당

❹ 당신은 ... 위해 버스를 탈 것이다. 1점

A □ 미술관을 방문하기
B □ 식당에 가기
C □ 귀가하기

Étape 3

문제 4의 내용을 분석한 후, 스크립트를 확인해 보세요.

문제 분석

친구가 남긴 음성 메시지를 듣고, 질문에 대한 답변을 고르는 문제이다. 음성을 듣기 전, 각 문제 내용을 미리 파악하면서 주의 깊게 들어야 할 내용을 체크한다.

1 질문에 'samedi 토요일'이 있고, 의문사 'qu'est-ce que 무엇을'을 사용한 문제이다. 선택지 A의 'voyage 여행', 선택지 B의 'fête 축제', 선택지 C의 'travailler 일하다'를 핵심 표현으로 체크해 두고, 토요일에 하게 될 활동이 언급되는 부분을 놓치지 않고 들어야 한다.

2 질문에 'À 8 h 8시'가 있고, 선택지가 모두 교통수단을 나타내는 표현으로 구성된 문제이다. 따라서 음성에서 나오는 교통수단 관련 표현을 놓치지 않기 위해 미리 대비한다.

3 의문사 'où 어디에서'를 사용하고 있으므로, 음성에서 나오는 장소 표현을 놓치지 않기 위해 미리 대비한다. 특히 질문에 'à 11 h 11시'라는 표현이 있으므로, 11시라는 시간과 관련된 장소 표현을 정확하게 들어야 한다.

4 질문에 'bus 버스'라는 표현이 있으므로, 음성에서 이와 관련된 표현을 놓치지 않기 위해 미리 대비한다. 또한 선택지 A의 'musée 박물관', 선택지 B의 'restaurant 식당', 선택지 C의 'maison 집' 중 어떤 내용과 관련이 있는지 잘 들어야 한다.

스크립트

Homme : Salut. Je t'appelle pour notre plan de voyage pour samedi. Nous allons prendre le train pour Angers à 8 h. Nous allons visiter le château à 11 h. Et à 12 h, nous allons déjeuner au restaurant régional Anjou. À partir de 14 h, nous allons visiter la ville et nous allons prendre le bus à 17 h pour revenir à la maison. À samedi !

남자 : 안녕. 토요일 우리 여행 계획 때문에 너에게 전화했어. 우리는 8시에 Angers행 기차를 탈 거야. 11시에 성을 방문할 거야. 그리고 12시에 우리는 Anjou 지역 식당에서 점심 식사를 할 거야. 14시부터 우리는 도심을 방문할 거고, 집으로 돌아오기 위해 17시에 버스를 탈 거야. 토요일에 봐!

문제 4의 해설을 확인한 후, 필수 어휘를 익혀 보세요.

해설

문항	풀이 요령
1	토요일에 예정된 일정이 무엇인지 묻고 있다. 음성에서 친구가 'Je t'appelle pour notre plan de voyage pour samedi. 토요일 우리 여행 계획 때문에 너에게 전화했어.'라고 했으므로, 토요일에 여행을 떠난다는 것을 알 수 있다. 따라서 정답은 **A**.
2	8시에 어떤 교통편을 이용할 것인지를 묻고 있다. 'Nous allons prendre le train pour Angers à 8 h. 우리는 8시에 Angers행 기차를 탈 거야.'라는 내용에 따라 정답은 **B**.
3	11시에 방문할 장소를 묻는 문제이다. 'Nous allons visiter le château à 11 h. 11시에 성을 방문할 거야.'라는 내용에 따라 정답은 **B**.
4	버스를 타는 목적이 무엇인지를 묻고 있다. 'nous allons prendre le bus à 17 h pour revenir à la maison. 집으로 돌아오기 위해 17시에 버스를 탈 거야.'라는 내용에 따라 정답은 **C**. TIP revenir à la maison 집으로 돌아오다 ⇄ rentrer à la maison 귀가하다

필수 어휘

organiser 조직하다, 개최하다 | **à la place de** ~ 대신에 | **château (m.)** 성 | **rentrer** 되돌아오다 | **plan (m.)** 계획 | **régional** 지역적인 | **revenir** 돌아오다

EXERCICE 3 실전 연습

Track 3-05

전략에 따라 문제 5를 풀어 보세요.

Lisez les questions. Écoutez le document puis répondez.
Vous travaillez en France. Vous téléphonez à la bibliothèque et vous entendez ce message sur le répondeur téléphonique. *4 points*

❶ L'heure d'ouverture de la bibliothèque est ... *1 point*

A □ 9 h.
B □ 10 h.
C □ 11 h.

❷ Que pouvez-vous faire à ce lieu ? *1 point*

A □ Vendre des livres.
B □ Acheter des livres.
C □ Emprunter des livres.

❸ Vous devez préparer votre ... *1 point*

A □ argent.
B □ passeport.
C □ billet d'entrée.

❹ Que devez-vous faire pour utiliser la salle d'étude ? *1 point*

A □ Réserver plus tard.
B □ Réserver auparavant.
C □ S'abonner aux études en groupe.

Étape 2

문제 5의 내용을 해석해 보세요.

문제들을 읽으세요. 자료를 듣고 답하세요.
당신은 프랑스에서 일하고 있습니다. 당신은 시립 도서관에 전화를 하고 전화 응답기에서 메시지를 듣습니다. 4점

❶ 도서관 개관 시간은 ... 이다. 1점

A □ 9시
B □ 10시
C □ 11시

❷ 당신은 이 장소에서 무엇을 할 수 있는가? 1점

A □ 책들을 팔기
B □ 책들을 사기
C □ 책들을 빌리기

❸ 당신은 당신의 ...을(를) 준비해야 한다. 1점

A □ 돈
B □ 여권
C □ 입장권

❹ 스터디 룸을 이용하기 위해 당신은 무엇을 해야 하는가? 1점

A □ 더 나중(후)에 예약하기
B □ 사전에 예약하기
C □ 스터디 그룹에 가입하기

문제 5의 내용을 분석한 후, 스크립트를 확인해 보세요.

문제 분석

시립 도서관의 전화 응답 메시지를 듣고, 질문에 대한 답변을 고르는 문제이다. 음성을 듣기 전, 각 문제 내용을 미리 파악하면서 주의 깊게 들어야 할 내용을 체크한다.

1 질문에 'l'heure d'ouverture 개관 시간'이 있고, 선택지가 모두 특정 시간과 관련된 표현으로 구성된 문제이다. 따라서 음성을 들을 때 도서관 개관 시간이 언제인지 정확하게 들어야 한다.

2 질문에 'ce lieu 이 장소'라는 표현이 있는데, 이는 '시립 도서관'을 지칭하는 것임을 빠르게 파악한다. 그리고 선택지가 모두 '○○ des livres 책들을 ~하기'의 형태이므로, 음성을 들을 때 동사 부분에 초점을 맞추어야 한다.

3 질문에 'préparer 준비하다'라는 표현이 있으므로, 음성에서 이와 관련된 표현을 놓치지 않기 위해 미리 대비한다. 특히 선택지가 모두 특정 명사로 구성되어 있으므로, 명사를 더욱 집중해서 듣도록 한다.

4 질문에 'la salle d'étude 스터디 룸'이 있고, 의문사 'que 무엇을'을 사용한 문제이다. 따라서 음성을 들을 때 스터디 룸을 이용하기 위해 어떤 행동을 해야 하는지 잘 들어야 한다. 특히 선택지 A와 B는 'Réserver ○○ ~에 예약하기'라는 형태이므로, 만일 'réserver'라는 동사가 들린다면 '○○'에 해당하는 내용을 정확하게 들어야 한다.

스크립트

Femme : Bonjour, vous êtes sur le répondeur téléphonique de la bibliothèque municipale. Elle est ouverte à partir de 9 h et vous pouvez emprunter des livres gratuitement. La durée maximum de prêt est de 15 jours et vous avez besoin de la pièce d'identité. Il y a une salle d'études en groupe et vous devez réserver à l'avance par Internet. La bibliothèque est fermée tous les lundis. Merci.

여자 : 안녕하세요, 당신은 시립 도서관 전화 응답기를 듣고 있습니다. 도서관은 9시부터 문을 열며, 당신은 무료로 책을 대여할 수 있습니다. 최대 대여 기간은 15일이며, 신분증이 필요합니다. 그룹 스터디 룸이 있는데, 당신은 사전에 인터넷으로 예약해야 합니다. 매주 월요일은 도서관이 문을 닫습니다. 감사합니다.

문제 5의 해설을 확인한 후, 필수 어휘를 익혀 보세요.

해설

문항	풀이 요령
1	도서관의 개관 시간을 묻고 있다. 'Elle est ouverte à partir de 9 h 도서관은 9시부터 문을 열며' 라는 내용에 따라 정답은 **A**.
2	도서관에서 할 수 있는 일이 무엇인지를 묻고 있다. 'vous pouvez emprunter des livres gratuitement. 당신은 무료로 책을 대여할 수 있습니다.'라는 내용에 따라 정답은 **C**.
3	도서관을 이용하기 위해 무엇을 준비해야 하는지를 묻고 있다. 음성에서 도서 대여를 위해서 'vous avez besoin de la pièce d'identité. 신분증이 필요합니다.'라고 했는데, 제시된 선택지 중에서 신분증에 해당하는 것은 여권이므로 정답은 **B**. TIP pièce d'identité 신분증 ⇄ passeport 여권
4	스터디 룸을 사용하기 위해 무엇을 해야 하는지를 묻고 있다. 'Il y a une salle d'études en groupe et vous devez réserver à l'avance par Internet. 그룹 스터디 룸이 있는데, 당신은 사전에 인터넷으로 예약해야 합니다.'라는 내용에 따라 정답은 **B**. TIP à l'avance 사전에 ⇄ auparavant 사전에

필수 어휘

bibliothèque (f.) 도서관 | **emprunter** 빌리다, 대여하다 | **préparer** 준비하다 | **billet d'entrée (m.)** 입장권 | **utiliser** 이용하다 | **réserver** 예약하다 | **auparavant** 전에, 사전에 | **s'abonner** 구독하다, 가입하다 | **municipal** 도시의, 시(市)의 | **durée (f.)** 기간 | **prêt (m.)** 대여 | **pièce d'identité (f.)** 신분증 | **à l'avance** 사전에, 미리

EXERCICE 3 실전 연습

Track 3-06

전략에 따라 문제 6을 풀어 보세요.

Lisez les questions. Écoutez le document puis répondez.
Vous êtes un nouvel employé. Votre employeur vous laisse un message sur votre répondeur téléphonique. *4 points*

❶ Qui vous a laissé un message ? *1 point*

A ☐ Votre proche.
B ☐ Votre nouveau collègue.
C ☐ Votre ancien camarade.

❷ À 9 h, vous arrivez ... *1 point*

A ☐ à l'école.
B ☐ au bureau.
C ☐ à l'hôpital.

❸ Qui rencontrez-vous ? *1 point*

A ☐ Les collègues.
B ☐ Les médecins.
C ☐ Les professeurs.

❹ Que faites-vous à 14 h ? *1 point*

A ☐ Visiter le magasin.
B ☐ Déjeuner avec mon collègue.
C ☐ Aller à la salle de conférence.

Étape 2

문제 6의 내용을 해석해 보세요.

문제들을 읽으세요. 자료를 듣고 답하세요.
당신은 신입 사원입니다. 당신의 고용주가 전화 응답기에 메시지를 남깁니다. 4점

❶ 누가 당신에게 메시지를 남겼는가? 1점

A □ 당신의 이웃
B □ 당신의 새 동료
C □ 당신의 이전 동료

❷ 9시에 당신은 ... 도착한다. 1점

A □ 학교에
B □ 사무실에
C □ 병원에

❸ 당신은 누구를 만나는가? 1점

A □ 동료들
B □ 의사들
C □ 선생님들

❹ 14시에 당신은 무엇을 하는가? 1점

A □ 상점을 방문하기
B □ 내 동료와 점심 식사 하기
C □ 회의실에 가기

Étape 3

문제 6의 내용을 분석한 후, 스크립트를 확인해 보세요.

문제 분석

회사 고용주가 남긴 음성 메시지를 듣고, 질문에 대한 답변을 고르는 문제이다. 음성을 듣기 전, 각 문제 내용을 미리 파악하면서 주의 깊게 들어야 할 내용을 체크한다.

1	질문에 의문사 'qui 누가'가 있으므로, 이 메시지를 남긴 발신자를 파악해야 한다. 메시지의 발신자는 주로 음성 첫 부분에서 언급되는데, 선택지 A의 'proche 이웃', 선택지 B의 'nouveau collègue 새 동료', 선택지 C의 'ancien camarade 이전 동료' 중 어떤 사람과 관련이 있는지 잘 들어야 한다.
2	질문에 'à 9 h 9시'가 있고, 선택지가 모두 특정 장소를 나타내는 표현으로 구성된 문제이다. 따라서 음성을 들을 때, 9시와 관련된 장소 표현에 초점을 맞추어야 한다.
3	질문에 의문사 'qui 누구'가 있고, 선택지가 모두 사람의 직업을 나타내는 표현으로 구성된 문제이다. 따라서 음성을 들을 때, 특정 직업과 관련된 표현이 나오면 놓치지 않고 듣는다.
4	질문에 'à 14 h 14시'가 있고, 의문사 'que 무엇을'을 사용한 문제이다. 선택지 A의 'magasin 상점', 선택지 B의 'déjeuner 점심 식사 하다', 선택지 C의 'salle de conférence 회의실'을 핵심 표현으로 체크해 두고, 14시에 하게 될 업무가 언급되는 부분을 잘 들어야 한다.

스크립트

Homme : Bonjour, je suis Gérard et je suis très heureux de travailler avec vous. Je vous rappelle votre travail de demain, lundi. Vous arrivez à 9 heures au bureau. Vous allez rencontrer vos collègues. À partir de 10 h, il y a une cérémonie d'accueil à la salle de conférence. À 14 h, vous allez visiter le magasin avec moi. À demain !

남자 : 안녕하세요, 저는 Gérard입니다. 당신과 함께 일하게 되어 대단히 기쁩니다. 내일 월요일의 당신의 업무를 상기시켜 드립니다. 9시에 사무실에 도착합니다. 당신은 당신의 동료들을 만날 것입니다. 10시부터 회의실에서 환영식이 있습니다. 14시에 당신은 저와 함께 상점을 방문할 것입니다. 내일 보죠!

문제 6의 해설을 확인한 후, 필수 어휘를 익혀 보세요.

해설

문항	풀이 요령
1	전화 응답기에 메시지를 남긴 사람이 누구인지를 묻는 문제이다. 음성에서 'je suis Gérard et je suis très heureux de travailler avec vous. 저는 Gérard입니다. 당신과 함께 일하게 되어 대단히 기쁩니다.'라고 했는데, 이를 통해 메시지를 남긴 사람은 새 직장 동료(고용주)라는 것을 알 수 있다. 따라서 정답은 **B**.
2	9시에 도착하는 장소가 어디인지를 묻고 있다. 'Vous arrivez à 9 heures au bureau. 9시에 사무실에 도착합니다.'라는 내용에 따라 정답은 **B**.
3	메시지를 듣는 사람이 만나게 될 대상이 누구인지를 묻는 문제이다. 'Vous allez rencontrer vos collègues. 당신은 당신의 동료들을 만날 것입니다.'라는 내용에 따라 정답은 **A**.
4	14시에 하게 될 일이 무엇인지를 묻고 있다. 'À 14 h, vous allez visiter le magasin avec moi. 14시에 당신은 저와 함께 상점을 방문할 것입니다.'라는 내용에 따라 정답은 **A**.

필수 어휘

employé 직원 | **employeur** 고용주 | **collègue** 동료 | **ancien** 이전의 | **camarade** 동료 | **médecin** 의사 | **salle de conférence (f.)** 회의실 | **heureux** 행복한, 기쁜 | **cérémonie d'accueil (f.)** 환영식 | **magasin (m.)** 상점

문제 7

EXERCICE 3 실전 연습

Track 3-07

Étape 1

전략에 따라 문제 7을 풀어 보세요.

Lisez les questions. Écoutez le document puis répondez.
Vous travaillez en France. Votre collègue vous laisse un message sur votre répondeur téléphonique.

4 points

❶ Vous travaillez ... *1 point*

A ☐ dans un office de tourisme.
B ☐ dans une agence de voyage.
C ☐ dans une agence immobilière.

❷ À 10 h, vous avez rendez-vous avec ... *1 point*

A ☐ un collègue.
B ☐ un locataire.
C ☐ un propriétaire.

❸ Qui va venir à 13 h ? *1 point*

A ☐ Un client.
B ☐ Un vendeur.
C ☐ Un agent immobilier.

❹ Que faites-vous à 15 h ? *1 point*

A ☐ Visiter un appartement.
B ☐ Visiter une maison à louer.
C ☐ Visiter une maison à vendre.

Étape 2

문제 7의 내용을 해석해 보세요.

문제들을 읽으세요. 자료를 듣고 답하세요.

당신은 프랑스에서 일합니다. 당신의 동료가 전화 응답기에 메시지를 남깁니다. 4점

❶ 당신은 ... 일한다. 1점

A □ 관광 사무소에서

B □ 여행사에서

C □ 부동산에서

❷ 10시에 당신은 ...와(과) 약속이 있다. 1점

A □ 동료

B □ 세입자

C □ 집주인

❸ 13시에 누가 올 것인가? 1점

A □ 고객

B □ 판매인

C □ 부동산 중개인

❹ 15시에 당신은 무엇을 하는가? 1점

A □ 아파트를 방문하기

B □ 임대할 집을 방문하기

C □ 팔 집을 방문하기

Étape 3

문제 7의 내용을 분석한 후, 스크립트를 확인해 보세요.

문제 분석

회사 동료가 남긴 음성 메시지를 듣고, 질문에 대한 답변을 고르는 문제이다. 음성을 듣기 전, 각 문제 내용을 미리 파악하면서 주의 깊게 들어야 할 내용을 체크한다.

1 질문에 'travaillez 근무하다'가 있고, 선택지가 모두 특정 장소를 나타내는 표현으로 구성된 문제이다. 따라서 음성을 들을 때 메시지를 듣는 사람이 어떤 곳에서 근무하는지를 잘 들어야 한다. 만약 음성에서 장소명이 직접 언급되지 않더라도, 당황하지 않고 음성 내용을 전반적으로 파악하고 정답을 유추할 수 있도록 미리 대비한다.

2 질문에 'à 10 h 10시'가 있고, 선택지가 모두 특정 인물을 나타내는 표현으로 구성된 문제이다. 따라서 음성을 들을 때, 10시에 만나게 될 사람이 누구인지에 초점을 맞추어야 한다.

3 질문에 'à 13 h 13시'가 있고 의문사 'qui 누구'를 사용한 문제이다. 선택지가 모두 특정 인물을 나타내는 표현으로 구성되어 있으므로, 13시에 오는 사람이 누구인지를 정확하게 들어야 한다.

4 질문에 'à 15 h 15시'가 있고, 의문사 'que 무엇을'을 사용한 문제이다. 그리고 선택지가 모두 'Visiter ○○ ~을 방문하기'의 형태이므로, 만일 'visiter'라는 동사가 들린다면 '○○'에 해당하는 장소를 정확하게 들어야 한다.

스크립트

Homme : Salut. Je te rappelle ton travail de demain, mercredi. À 10 h, tu as rendez-vous avec un propriétaire et tu vas discuter avec lui sur le prix de sa maison. À 13 h, un client va venir pour chercher un appartement. Et à 15 h, tu vas visiter une maison à la vente. Au revoir !

남자 : 안녕. 너에게 내일 수요일 너의 업무를 상기시켜 줄게. 10시에 너는 집주인과 약속이 있고, 그와 그의 집 가격에 대해 논의할 거야. 13시에 고객이 아파트를 찾기 위해 올 거야. 그리고 15시에 너는 팔 집을 방문할 거야. 안녕!

문제 7의 해설을 확인한 후, 필수 어휘를 익혀 보세요.

해설

문항	풀이 요령
1	메시지를 듣는 사람이 일하는 곳이 어디인지를 묻고 있다. 음성에서 'tu as rendez-vous avec un propriétaire et tu vas discuter avec lui sur le prix de sa maison. 너는 집주인과 약속이 있고, 그와 그의 집 가격에 대해 논의할 거야.'라고 했으므로, 메시지를 듣는 사람은 부동산에서 근무한다는 것을 알 수 있다. 따라서 정답은 **C**.
2	10시에 누구와 약속이 있는지를 묻고 있다. 'À 10 h, tu as rendez-vous avec un propriétaire 10시에 너는 집주인과 약속이 있고'라는 내용에 따라 정답은 **C**. 이와 관련하여 집주인과 만나는 목적을 묻는 문제가 출제될 수 있음에 유의한다.
3	13시에 방문하러 오는 사람이 누구인지를 묻고 있다. 'À 13 h, un client va venir pour chercher un appartement. 13시에 고객이 아파트를 찾기 위해 올 거야.'라는 내용에 따라 정답은 **A**.
4	15시에 하게 될 업무가 무엇인지를 묻고 있다. 'à 15 h, tu vas visiter une maison à la vente. 15시에 너는 팔 집을 방문할 거야.'라는 내용에 따라 정답은 **C**.

필수 어휘

tourisme (m.) 관광 | agence immobilière (f.) 부동산 | locataire 세입자 | propriétaire 집주인 | client 고객 | vendeur 판매인 | agent immobilier 부동산 중개인 | appartement (m.) 아파트 | louer 임대하다 | discuter 토론하다, 논의하다 | chercher 찾다

EXERCICE 3 실전 연습

Track 3-08

전략에 따라 문제 8을 풀어 보세요.

Lisez les questions. Écoutez le document puis répondez.
Vous travaillez en France. Votre collègue vous laisse un message sur votre répondeur téléphonique. *4 points*

❶ Votre travail concerne ... *1 point*

A ☐ le sport.
B ☐ le tourisme.
C ☐ l'enseignement.

❷ À 11 h, vous allez arriver ... *1 point*

A ☐ à la gare.
B ☐ à l'aéroport.
C ☐ à la station de métro.

❸ Avec qui allez-vous à l'hôtel ? *1 point*

A ☐ Le guide.
B ☐ L'hôtelier.
C ☐ Les touristes.

❹ Que faites-vous à 17 h ? *1 point*

A ☐ Mener les touristes au musée.
B ☐ Visiter le château avec les touristes.
C ☐ Accompagner les touristes à l'aéroport.

Étape 2

문제 8의 내용을 해석해 보세요.

문제들을 읽으세요. 자료를 듣고 답하세요.
당신은 프랑스에서 일합니다. 당신의 동료가 전화 응답기에 메시지를 남깁니다. 4점

❶ 당신의 일은 ...와(과) 관련 있다. 1점

A □ 운동
B □ 관광
C □ 교육

❷ 11시에 당신은 ... 도착할 것이다. 1점

A □ 기차역에
B □ 공항에
C □ 지하철역에

❸ 당신은 누구와 호텔에 가는가? 1점

A □ 가이드
B □ 호텔업자
C □ 관광객들

❹ 17시에 당신은 무엇을 하는가? 1점

A □ 관광객들을 박물관에 데려가기
B □ 관광객들과 함께 성을 방문하기
C □ 관광객들을 공항에 데려가기

Étape 3

문제 8의 내용을 분석한 후, 스크립트를 확인해 보세요.

문제 분석

회사 동료가 남긴 음성 메시지를 듣고, 질문에 대한 답변을 고르는 문제이다. 음성을 듣기 전, 각 문제 내용을 미리 파악하면서 주의 깊게 들어야 할 내용을 체크한다.

1 질문에 'travail 일'이 있고, 선택지가 모두 명사 표현으로 구성된 문제이다. 따라서 음성을 들을 때 메시지를 듣는 사람과 관련된 업무 내용을 잘 들어야 한다. 만약 음성에서 업무 내용이 직접 언급되지 않더라도, 당황하지 않고 음성 내용을 전반적으로 파악하고 정답을 유추할 수 있도록 미리 대비한다.

2 질문에 'à 11 h 11시'가 있고, 선택지가 모두 특정 장소를 나타내는 표현으로 구성된 문제이다. 따라서 음성을 들을 때 11시에 도착할 장소가 어디인지에 초점을 맞추어야 한다.

3 질문에 'l'hôtel 호텔'이 있고 의문사 'qui 누구'를 사용한 문제이다. 선택지가 모두 특정 인물을 나타내는 표현으로 구성되어 있으므로, 호텔에 함께 가는 사람이 누구인지를 정확하게 들어야 한다.

4 질문에 'à 17 h 17시'가 있고, 의문사 'que 무엇을'을 사용한 문제이다. 선택지 A의 'musée 박물관', 선택지 B의 'château 성', 선택지 C의 'l'aéroport 공항'을 핵심 표현으로 체크해 두고, 17시에 하게 될 활동이 언급되는 부분을 놓치지 않고 들어야 한다.

스크립트

Homme : Salut. c'est moi Jean. Demain, c'est ton premier jour de travail en tant que guide et je compte sur toi. Voilà, ton travail de demain, vendredi. Tu vas aller à l'aéroport jusqu'à 11 h pour accueillir le groupe de touristes. À 12 h, tu arrives à l'hôtel avec eux. Et tu guides les touristes au musée du Louvre jusqu'à 17 h. Bonne soirée !

남자 : 안녕, 나야 Jean. 내일이 가이드로서 너의 첫 번째 근무일이구나. 나는 너를 믿어. 여기, 내일 금요일 네 업무야. 단체 관광객을 맞이하기 위해 11시까지 공항에 가야 해. 12시에 너는 그들과 호텔에 도착할 거야. 그리고 17시까지 루브르 박물관에서 관광객들을 가이드할 거야. 좋은 저녁 시간 보내길!

문제 8의 해설을 확인한 후, 필수 어휘를 익혀 보세요.

해설

문항	풀이 요령
1	당신의 일이 어떤 직종과 관련이 있는지를 묻는 문제이다. 음성에서 언급된 'guide 가이드', 'touristes 관광객'이라는 단어에서 관광업이라는 것을 짐작할 수 있으므로 정답은 **B**. 이처럼 텍스트의 진행 순서와 문제의 순서가 일치하지 않고 내용 전반에 관해 묻는 문제들이 1번으로 출제되는 경우가 있다는 점에 유의해야 한다.
2	11시에 도착하는 장소가 어디인지를 묻고 있다. 'Tu vas aller à l'aéroport jusqu'à 11 h 11시까지 공항에 가야 해.'라고 했으므로 정답은 **B**. 이 부분과 관련하여 장소가 아니라 만나는 대상 'le groupe de touristes 단체 관광객' 역시 문제로 출제될 수 있기 때문에 알아 두어야 한다.
3	호텔에 누구와 동행하는지를 묻고 있다. 'Tu vas aller à l'aéroport jusqu'à 11 h pour accueillir le groupe de touristes. À 12 h, tu arrives à l'hôtel avec eux. 단체 관광객을 맞이하기 위해 11시까지 공항에 가야 해. 12시에 너는 그들과 호텔에 도착할 거야.'라는 내용에 따라 정답은 **C**.
4	17시에 하게 될 스케줄 내용을 묻는 문제이다. 'tu guides les touristes au musée du Louvre jusqu'à 17 h. 17시까지 루브르 박물관에서 관광객들을 가이드할 거야.'라고 했으므로 정답은 **A**.

필수 어휘

enseignement (m.) 교육 | **guide** 가이드 | **hôtelier** 호텔업자 | **touriste** 관광객 | **mener** 데리고 가다 | **accompagner** 동반하다, 동행하다 | **en tant que** ~로서 | **accueillir** 환대하다

EXERCICE 3 실전 연습

Track 3-09

전략에 따라 문제 9를 풀어 보세요.

Lisez les questions. Écoutez le document puis répondez.
Vous travaillez en France. Votre collègue vous laisse un message sur votre répondeur téléphonique. *4 points*

❶ Votre profession concerne ... *1 point*

A ☐ la médecine.
B ☐ l'immeuble.
C ☐ le tourisme.

❷ À 10 h, vous avez rendez-vous avec ... *1 point*

A ☐ les parents.
B ☐ les malades.
C ☐ les professeurs.

❸ Vous prenez un repas à ... *1 point*

A ☐ 10 h.
B ☐ 12 h 30.
C ☐ 15 h.

❹ Où êtes-vous après 19 h ? *1 point*

A ☐ À l'hôpital.
B ☐ À la société académique.
C ☐ À la réunion des parents d'élève.

Étape 2

문제 9의 내용을 해석해 보세요.

문제들을 읽으세요. 자료를 듣고 답하세요.

당신은 프랑스에서 일합니다. 당신의 동료가 전화 응답기에 메시지를 남깁니다. 4점

❶ 당신의 직업은 ...와(과) 관련 있다. 1점

A □ 의학

B □ 부동산

C □ 관광

❷ 10시에, 당신은 ...와(과) 약속이 있다. 1점

A □ 부모들

B □ 환자들

C □ 선생님들

❸ 당신은 ...에 식사를 한다. 1점

A □ 10시

B □ 12시 30분

C □ 15시

❹ 19시 이후에 당신은 어디에 있는가? 1점

A □ 병원에

B □ 학회에

C □ 학부형 회의에

Étape 3

문제 9의 내용을 분석한 후, 스크립트를 확인해 보세요

문제 분석

당신의 동료가 남긴 음성 메시지를 듣고, 질문에 대한 답변을 고르는 문제이다. 음성을 듣기 전, 각 문제 내용을 미리 파악하면서 주의 깊게 들어야 할 내용을 체크한다.

1	질문에 'profession 직업'이 있고, 선택지가 모두 명사 표현으로 구성된 문제이다. 따라서 음성을 들을 때 메시지를 듣는 사람과 관련된 업무 내용을 잘 들어야 한다. 만약 음성에서 업무 내용이 직접 언급되지 않더라도, 당황하지 않고 음성 내용을 전반적으로 파악하고 정답을 유추할 수 있도록 미리 대비한다.
2	질문에 'à 10 h 10시'가 있고, 선택지가 모두 특정 인물을 나타내는 표현으로 구성된 문제이다. 따라서 음성을 들을 때 10시에 만나게 될 사람이 누구인지에 초점을 맞추어야 한다.
3	질문에 'repas 식사'가 있고, 선택지가 모두 특정 시간을 나타내는 표현으로 구성된 문제이다. 따라서 음성을 들을 때 'repas'라는 단어와 관련된 시간 표현을 정확하게 들어야 한다.
4	의문사 'où 어디에서'를 사용하고 있으므로, 음성에서 나오는 장소 표현을 놓치지 않기 위해 미리 대비한다. 특히 질문에서 '19 h 19시'가 언급되었으므로, 19시와 관련된 장소 표현에 초점을 맞추어야 한다.

스크립트

Femme : Bonsoir, docteur. Demain, vous soignez des patients de 10 h à 11 h 50. À 12 h 30, vous déjeunez avec le directeur de l'hôpital. Et à 15 h, vous assistez à la société académique. Vous devez revenir à l'hôpital avant 19 h pour prendre la garde de nuit. Bonne soirée !

여자 : 안녕하세요, 선생님. 내일 10시부터 11시 50분까지 환자들을 진료합니다. 12시 30분에 병원장님과 점심 식사를 합니다. 그리고 15시에 학회에 참석합니다. 야간 당직을 서기 위해 19시 전에 병원으로 돌아오셔야 합니다. 좋은 저녁 시간 보내세요!

문제 9의 해설을 확인한 후, 필수 어휘를 익혀 보세요.

해설

문항	풀이 요령
1	당신의 일이 어떤 직종과 관련이 있는지를 묻는 문제이다. 음성에서 언급된 'patients 환자들'이라는 단어에서 의료와 관련된 직종임을 알 수 있으므로 정답은 **A**.
2	10시에 누구와 약속이 있는지를 묻고 있다. 음성에서 'vous soignez des patients de 10 h à 11 h 50. 10시부터 11시 50분까지 환자들을 진료합니다.'라고 했으므로, 10시에 환자들과 약속이 있다는 것을 알 수 있다. 따라서 정답은 **B**. TIP patient 환자 ⇄ malade 환자
3	식사 시간이 언제인지를 묻고 있다. 'À 12 h 30, vous déjeunez avec le directeur de l'hôpital. 12시 30분에 병원장님과 점심 식사를 합니다.'라는 내용에 따라 정답은 **B**. 'petit-déjeuner 아침 식사', 'déjeuner 점심 식사', 'dîner 저녁 식사'라는 어휘를 구체적으로 제시하지 않고 'repas 식사하다'라는 표현으로 어휘의 중복을 피하는 방식에 유의해야 한다. TIP déjeuner 점심 ⇄ repas 식사
4	19시 이후에 있어야 할 장소가 어디인지를 묻고 있다. 음성에서 'Vous devez revenir à l'hôpital avant 19 h pour prendre la garde de nuit. 야간 당직을 서기 위해 19시 전에 병원으로 돌아오셔야 합니다.'라고 했다. 이를 통해 19시 이후에는 병원에 있어야 한다는 것을 알 수 있으므로, 정답은 **A**. 이 문제와 관련하여 '19시 이후'라는 시간을 묻기 위해 선택지에 '20시, 21시, 22시' 등을 제시할 수도 있다.

필수 어휘

médecine (f.) 의학 | **malade** 환자 | **société académique** (f.) 학회 | **soigner** 진료하다, 보살피다 | **patient** 환자 | **déjeuner** 점심 식사를 하다 | **assister à** ~에 참석하다 | **prendre la garde de nuit** 야간 당직을 서다

문제 10

EXERCICE 3 실전 연습

Track 3-10

Étape 1

전략에 따라 문제 10을 풀어 보세요.

Lisez les questions. Écoutez le document puis répondez.
Vous restez à la maison. Votre femme vous laisse un message sur votre répondeur téléphonique. *4 points*

❶ Quelle est la première chose que vous devez faire demain ? *1 point*

A ☐ Accompagner les enfants à l'école.
B ☐ Aider les enfants à faire leurs devoirs.
C ☐ Attendre les enfants devant l'entrée de l'école.

❷ À 10 h, vous allez chez ... *1 point*

A ☐ le dentiste.
B ☐ le médecin.
C ☐ le garagiste.

❸ Que faites-vous l'après-midi ? *1 point*

A ☐ Aller à l'école.
B ☐ Faire le marché.
C ☐ Aider les enfants à faire leurs devoirs.

❹ Quand votre femme rentre-t-elle à la maison ? *1 point*

A ☐ Aujourd'hui.
B ☐ Demain.
C ☐ Après-demain.

Étape 2

문제 10의 내용을 해석해 보세요.

문제들을 읽으세요. 자료를 듣고 답하세요.
당신은 집에 있습니다. 당신의 아내가 전화 응답기에 메시지를 남깁니다. 4점

❶ 당신이 내일 해야 하는 첫 번째 일은 무엇인가? 1점

A □ 아이들을 학교까지 데려가는 것
B □ 아이들이 숙제하는 것을 도와주는 것
C □ 아이들을 학교 입구 앞에서 기다리는 것

❷ 10시에 당신은 ...에 간다. 1점

A □ 치과
B □ 의원
C □ 자동차 정비소

❸ 당신은 오후에 무엇을 하는가? 1점

A □ 학교에 가기
B □ 장보기
C □ 아이들의 숙제를 돕기

❹ 당신의 아내는 언제 귀가하는가? 1점

A □ 오늘
B □ 내일
C □ 모레

Étape 3

문제 10의 내용을 분석한 후, 스크립트를 확인해 보세요.

문제 분석

아내가 남긴 음성 메시지를 듣고, 질문에 대한 답변을 고르는 문제이다. 음성을 듣기 전, 각 문제 내용을 미리 파악하면서 주의 깊게 들어야 할 내용을 체크한다.

1	질문의 길이가 비교적 긴 편인데, 당황하지 않고 질문에서 묻는 내용이 무엇인지를 정확하게 파악해야 한다. 질문에 'première 첫 번째의', 'demain 내일'이라는 표현이 있고, 선택지가 모두 특정 활동과 관련된 내용으로 구성되어 있다. 특히 선택지 A의 'Accompagner 데려가다', 선택지 B의 'Aider 돕다', 선택지 C의 'Attendre 기다리다'를 핵심 표현으로 체크해 두고, 내일 처음 해야 할 활동이 언급되는 부분을 놓치지 않고 들어야 한다.
2	질문에 'à 10 h 10시'가 있고, 선택지가 모두 특정 장소를 나타내는 표현으로 구성된 문제이다. 따라서 음성을 들을 때 10시에 가야 할 장소가 어디인지에 초점을 맞추어야 한다.
3	질문에 'l'après-midi 오후'가 있고, 의문사 'que 무엇을'을 사용한 문제이다. 선택지 A의 'l'école 학교', 선택지 B의 'marché 시장', 선택지 C의 'devoirs 숙제'를 핵심 표현으로 체크해 두고, 오후에 하는 활동이 언급되는 부분을 놓치지 않고 들어야 한다.
4	의문사 'quand 언제'를 사용하고 있으므로, 음성에서 나오는 날짜 표현을 놓치지 않기 위해 미리 대비한다. 특히 질문에서 아내가 'rentre 돌아오다'라는 시점을 묻고 있으므로, 음성을 들을 때 'rentre'라는 단어와 관련된 날짜 표현을 정확하게 들어야 한다.

스크립트

Femme : Chéri, c'est moi. Tu vas accompagner les enfants à l'école demain. À 10 h, tu vas chez le garagiste pour réparer la voiture. Tu vas faire les courses l'après-midi et tu vas aider les enfants à faire leurs devoirs après le dîner. Je vais rentrer à la maison après-demain. Bisou !

여자 : 여보, 저예요. 내일 학교에 아이들을 데려가세요. 10시에 자동차를 수리하기 위해 자동차 정비소에 가세요. 오후에는 장을 보고, 저녁 식사 후에는 아이들의 숙제를 도와주세요. 저는 모레 귀가할 거예요. 안녕!

문제 10의 해설을 확인한 후, 필수 어휘를 익혀 보세요.

해설

문항	풀이 요령
1	내일 제일 먼저 해야 할 일이 무엇인지 묻는 문제이다. 'Tu vas accompagner les enfants à l'école demain. 내일 학교에 아이들을 데려가세요.'라는 말이 제일 먼저 메시지에서 나왔기 때문에 정답은 **A**.
2	10시에 가야 할 장소가 어디인지를 묻고 있다. 'À 10 h, tu vas chez le garagiste pour réparer la voiture. 10시에 자동차를 수리하기 위해 자동차 정비소에 가세요.'라는 내용에 따라 정답은 **C**.
3	오후에 해야 할 스케줄 내용을 묻는 문제이다. 'Tu vas faire les courses l'après-midi 오후에는 장을 보고'라고 했으므로 정답은 **B**. 저녁의 일과와 관련해서 'tu vas aider les enfants à faire leurs devoirs après le dîner. 저녁 식사 후에는 아이들의 숙제를 도와주세요.'와 관련된 내용 또한 문제로 출제될 수 있으므로 주의 깊게 들어야 한다. TIP faire les courses 장을 보다 ⇄ faire le marché 장을 보다
4	아내가 귀가하는 시점을 묻고 있다. 'Je vais rentrer à la maison après-demain. 저는 모레 귀가할 거예요.'라는 내용에 따라 정답은 **C**.

필수 어휘

femme (f.) 아내 | **premier** 첫 번째의 | **aider** 돕다 | **devoirs (m.pl.)** 숙제 | **attendre** 기다리다 | **garagiste** 자동차 정비사 | **faire le marché** 장을 보다 | **rentrer** 돌아오다 | **après-demain** 모레 | **réparer** 고치다, 수리하다 | **faire les courses** 장을 보다

듣기 평가

EXERCICE 4

Vous allez entendre quatre petits dialogues correspondant à quatre situations différentes. Il y a 15 secondes de pause après chaque dialogue. Notez, sous chaque image, le numéro du dialogue qui correspond. Puis vous allez entendre à nouveau les dialogues. Vous pouvez compléter vos réponses. Regardez les images. Attention, il y a six images (A, B, C, D, E et F) mais seulement quatre dialogues.

당신은 4개의 다른 상황에 해당하는 4개의 짧은 대화를 듣게 됩니다. 각 대화 후에 15초의 시간이 주어집니다. 각 이미지 아래에 해당하는 대화의 번호를 적으세요. 그리고 다시 대화들을 듣게 될 것입니다. 당신의 답변을 채우세요. 이미지들을 보세요. 주의하세요, 6개의 이미지(A, B, C, D, E 그리고 F)가 있지만 대화는 단 4개입니다.

완전 공략

1 핵심 포인트

상황별로 진행되는 짧은 대화들을 듣고 해당되는 이미지를 연결하는 방식으로 진행된다. 문제는 4개이고 제시되는 이미지는 6개이기 때문에 혼동하지 않아야 한다. 상황에 적절한 핵심 어휘들을 파악하는 것이 가장 중요하다.

2 빈출 주제

일상생활에서 쉽게 접할 수 있는 상황들이 제시된다. 약속, 부탁, 제안, 거절, 수락 등을 포함하여 특정 장소에서 벌어지는 대화들이 문제로 출제된다.

3 고득점 전략

① 시간에 유의하라.

첫 번째 듣기 전에는 다른 EXERCICE와 마찬가지로 30초의 시간이 주어지지만 일단 듣기가 시작되면 하나의 상황(situation)에 대한 듣기가 끝나고 다음 상황으로 넘어가기 전까지 15초의 시간이 주어진다는 것에 유의해야 한다.

② 어휘를 숙지하라.

어떤 장소나 상황에서 벌어지는 대화인지를 쉽게 파악할 수 있는 핵심 어휘들이 등장한다. 따라서 대화 전체를 다 이해하려고 하기보다는 보기에 있는 이미지와 연관될 수 있는 어휘들을 듣는 데 집중해야 한다.

③ 첫 번째 듣기가 시작되기 전, 이미지와 관련된 어휘를 미리 떠올려라.

아무런 준비 없이 바로 음성을 듣게 되면 당황해서 아는 단어도 놓칠 수 있다. 따라서 첫 번째 듣기가 시작되기 전에 주어지는 30초동안 각 이미지와 관련된 어휘들을 미리 시험지에 간단히 적어 두는 것이 효율적이다.

④ 확실한 것부터 답을 정하라.

대화는 4개인데 이미지는 6개이므로 2개는 정답이 될 수 없다. 따라서 어떤 것이 답인지 헷갈릴 때는 그 문제에 연연하기보다는 답이 확실한 다른 문제들부터 먼저 풀고 나머지 문제들은 두 번째 듣기를 통해 답을 찾는 문제 풀이 방식이 필요하다.

EXERCICE 4 실전 연습

Track 4-01

전략에 따라 문제 1을 풀어 보세요.

8 points

Image A	Image B	Image C

Situation n° ...	Situation n° ...	Situation n° ...

Image D	Image E	Image F

Situation n° ...	Situation n° ...	Situation n° ...

Étape 2

문제 1의 내용을 분석한 후, 스크립트를 확인해 보세요.

문제 분석

각 이미지와 관련된 장소 및 상황을 미리 파악한 후, 이와 관련된 핵심 단어나 표현들을 듣는 데 집중해야 한다.

문항	장소/상황	관련 핵심 단어/표현
Image A	musée 미술관	tableau 그림 | peintre 화가 | peinture 그림 | exposition 전시회
Image B	salon du livre 도서 전시회	livre 책 | écrivain 작가 | lire 읽다
Image C	anniversaire 생일	cadeau d'anniversaire 생일 선물 | gâteau d'anniversaire 생일 케이크 | Bon anniversaire ! 생일 축하해!
Image D	conférence 강연회	forum 포럼 | présentateur 발표자 | salle de conférence 강연장 | inviter 초대하다
Image E	bureau 사무실	stylo 펜 | emprunter 빌리다 | collègue 동료
Image F	boulangerie 빵집	chez le boulanger 빵집 | baguette 바게트 | croissant 크루아상 | éclair 에클레르

스크립트

Situation n° 1

Homme : Bonjour à tous et bienvenue au salon.
Femme : Monsieur, est-ce que je peux lire des livres ?
Homme : Bien sûr. D'ailleurs, vous pouvez rencontrer des écrivains.

상황 1

남자 : 여러분 모두 안녕하세요. 그리고 전시회에 오신 것을 환영합니다.
여자 : 선생님, 제가 책들을 읽을 수 있을까요?
남자 : 물론이죠. 게다가 당신은 작가들을 만날 수 있습니다.

Situation n° 2

Homme : Bonjour Madame.

Femme : Bonjour Monsieur.

Homme : Je suis présentateur. Où est la salle de conférence ?

Femme : Venez par ici.

상황 2

남자 : 안녕하세요, 부인.

여자 : 안녕하세요, 선생님.

남자 : 저는 발표자입니다. 강연장이 어디 있죠?

여자 : 이쪽으로 오세요.

Situation n° 3

Homme : Regarde ce tableau ! Il est magnifique. Qu'est-ce que tu penses de cette peinture ?

Femme : Je suis d'accord avec toi. Tu sais ? Il y aura une exposition spéciale de Millet la semaine prochaine.

상황 3

남자 : 이 그림을 봐! 훌륭해. 이 그림에 대해 어떻게 생각하니?

여자 : 네 의견에 동의해. 너 그거 알아? 다음 주에 Millet의 특별 전시회가 있을 거야.

Situation n° 4

Homme : Tu n'as pas vu mon stylo ?

Femme : Non, il n'est pas dans ton sac à dos ?

Homme : Non, je ne le trouve pas. Comment faire ?

Femme : Ce n'est pas grave. Prends celui-ci !

상황 4

남자 : 너 내 펜을 보지 못했니?

여자 : 아니, 네 가방 안에 없어?

남자 : 없어, 찾을 수가 없어. 어떡하지?

여자 : 괜찮아. 이것을 써!

문제 1의 해설을 확인한 후, 필수 어휘를 익혀 보세요.

문제	풀이 요령
Situation 1	음성에서 'salon 전시회', 'livre 책'과 'écrivain 작가'가 언급되었으므로, 도서 전시회와 관련이 있는 이미지 **B**가 정답이다.
Situation 2	음성에서 'présentateur 발표자', 'salle de conférence 강연장'이 언급되었으므로, 강연회와 관련이 있는 이미지 **D**가 정답이다.
Situation 3	음성에서 'tableau, peinture 그림', 'exposition 전시회'가 언급되었으므로, 'musée 미술관'과 관련이 있는 이미지 **A**가 정답이다.
Situation 4	음성에서 'stylo 펜'과 'Prends celui-ci ! 이것을 써!'가 언급되었으므로, 펜을 빌려 주는 상황과 관련이 있는 이미지 **E**가 정답이다.

salon (m.) 전시회, 박람회 | lire 읽다 | livre (m.) 책 | écrivain 작가 | présentateur 발표자 | conférence (f.) 강연 | magnifique 훌륭한 | peinture (f.) 그림 | stylo (m.) 펜 | sac à dos (m.) 배낭 | trouver 찾다 | grave 중요한, 심각한

EXERCICE 4 실전 연습

Track 4-02

전략에 따라 문제 2를 풀어 보세요.

8 points

Image A

Situation n° ...

Image B

Situation n° ...

Image C

Situation n° ...

Image D

Situation n° ...

Image E

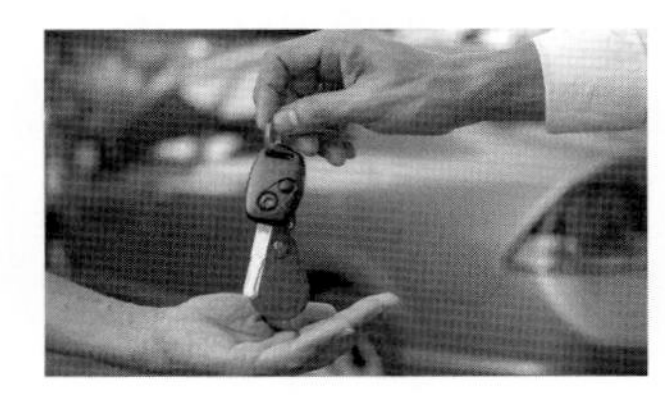

Situation n° ...

Image F

Situation n° ...

Étape 2

문제 2의 내용을 분석한 후, 스크립트를 확인해 보세요.

문제 분석

각 이미지와 관련된 장소 및 상황을 미리 파악한 후, 이와 관련된 핵심 단어나 표현들을 듣는 데 집중해야 한다.

문항	장소/상황	관련 핵심 단어/표현
Image A	salon de l'automobile 자동차 전시장	voiture 자동차 | automobile 자동차
Image B	arrêt de bus 버스 정류장	bus 버스 | attendre 기다리다 | transport en commun 대중 교통수단
Image C	restaurant 식당	cuisine 요리 | plat 음식 | délicieux 맛있는 | savoureux 맛있는 | recommander 추천하다
Image D	salon du livre 도서 전시회	livre 책 | écrivain 작가 | lire 읽다
Image E	emprunter 빌리다	clé 열쇠 | voiture 자동차
Image F	réparer 고치다	voiture 자동차 | garagiste 자동차 정비사 | téléphoner 전화하다

스크립트

Situation n° 1

Homme : Bonjour à tous et bienvenue au salon de l'automobile.
Femme : Monsieur, est-ce qu'on peut essayer une voiture ?
Homme : Bien sûr. Une voiture vous attend là-bas !

상황 1

남자 : 여러분 모두 안녕하세요. 그리고 자동차 전시회에 오신 것을 환영합니다.
여자 : 선생님, 자동차 시승이 가능할까요?
남자 : 물론입니다. 자동차가 저기서 당신을 기다리고 있네요!

Situation n° 2

Homme : Salut Isabelle, ça va ?

Femme : Salut Gérard ! Que fais-tu ici ?

Homme : J'attends le bus. Et toi ?

Femme : Je vais au cinéma.

상황 2

남자 : 안녕, Isabelle, 잘 지내?

여자 : 안녕, Gérard! 너 여기서 뭐해?

남자 : 버스를 기다리고 있어. 그러는 너는?

여자 : 나는 극장에 가.

Situation n° 3

Homme : Bonjour Madame.

Femme : Bonjour Monsieur. Que voulez-vous manger ?

Homme : Je ne sais pas. Qu'est-ce que vous me conseillez ?

Femme : Je vous recommande le plat du jour.

상황 3

남자 : 안녕하세요, 부인.

여자 : 안녕하세요, 선생님. 무엇을 드시길 원하나요?

남자 : 모르겠어요. 제게 어떤 것을 추천해 주시겠어요?

여자 : 당신에게 오늘의 요리를 추천합니다.

Situation n° 4

Homme : Chérie ! Je ne trouve pas la clé de la voiture.

Femme : Elle n'est pas sur la table ?

Homme : Non. Je suis déjà en retard au bureau.

Femme : Prends la mienne !

상황 4

남자 : 여보! 자동차 키를 못 찾겠어요.

여자 : 식탁 위에 없어요?

남자 : 없어요. 나는 사무실에 이미 늦었어요.

여자 : 내 차를 타요!

문제 2의 해설을 확인한 후, 필수 어휘를 익혀 보세요.

문제	풀이 요령
Situation 1	음성에서 'salon de l'automobile 자동차 전시장', 'voiture 자동차'가 언급되었으므로, 자동차 전시회와 관련이 있는 이미지 **A**가 정답이다.
Situation 2	음성에서 'J'attends le bus. 버스를 기다리고 있어'가 언급되었으므로, 버스를 기다리는 장소인 'arrêt de bus 버스 정류장'과 관련이 있는 이미지 **B**가 정답이다.
Situation 3	음성에서 'manger 먹다'와 'Je vous recommande le plat du jour. 당신에게 오늘의 요리를 추천합니다.'가 언급되었으므로, 'restaurant 식당'과 관련이 있는 이미지 **C**가 정답이다.
Situation 4	음성에서 'clé de la voiture 자동차 키'와 'Prends la mienne ! 내 차를 타요!'가 언급되었으므로, 자동차 키를 빌려 주는 상황과 관련이 있는 이미지 **E**가 정답이다.

필수 어휘

automobile (f.) 자동차 | **essayer** 시도(승)하다 | **voiture (f.)** 자동차 | **attendre** 기다리다 | **cinéma (m.)** 영화관 | **conseiller** 조언하다 | **recommander** 추천하다 | **plat du jour (m.)** 오늘의 요리 | **chéri** 애지중지하는, 사랑하는 사람 | **clé (f.)** 열쇠 | **sur** ~ 위에 | **déjà** 이미 | **être en retard** 늦다

EXERCICE 4 실전 연습

Track 4-03

전략에 따라 문제 3을 풀어 보세요.

8 points

Image A	Image B	Image C

Situation n° ...	Situation n° ...	Situation n° ...

Image D	Image E	Image F

Situation n° ...	Situation n° ...	Situation n° ...

Étape 2

문제 3의 내용을 분석한 후, 스크립트를 확인해 보세요.

문제 분석

각 이미지와 관련된 장소 및 상황을 미리 파악한 후, 이와 관련된 핵심 단어나 표현들을 듣는 데 집중해야 한다.

문항	장소/상황	관련 핵심 단어/표현
Image A	fête de la musique 음악 축제	beaucoup de monde 많은 사람들 | instrument de musique 악기 | organiser 주최하다
Image B	salle de classe 교실	dictionnaire 사전 | emprunter 빌리다 | prends celui-ci 이것을 써
Image C	terrain de tennis 테니스장	faire du sport 운동을 하다 | match 시합 | être en (pleine) forme 컨디션이 좋다
Image D	hôtel 호텔	réserver 예약하다 | personnel d'un hôtel 호텔 종업원 | employé 직원 | client 고객 | service en chambre 룸서비스
Image E	parc 공원	se promener 산책하다 | se balader 거닐다 | respirer l'air frais 맑은 공기를 쐬다 | se reposer 휴식을 취하다
Image F	musée 미술관	tableau 그림 | peintre 화가 | peinture 그림, 미술 | exposition 전시회

스크립트

Situation n° 1

Homme : Il y a beaucoup de monde dans la rue.

Femme : C'est normal car aujourd'hui, c'est la fête de la musique. On peut écouter de la musique partout.

상황 1

남자 : 거리에 많은 사람들이 있어.

여자 : 당연해, 왜냐하면 오늘 음악 축제거든. 사방에서 음악을 들을 수 있어.

Situation n° 2

Homme : Tiens ! Salut Carole, ça va ?
Femme : Salut Patrick ! Tu viens souvent au parc ?
Homme : Oui. Je m'y promène trois fois par semaine.
Femme : Tu as raison. Ces jours-ci, il fait beau temps pour se promener.

상황 2

남자 : 어라! 안녕, Carole, 잘 지내?
여자 : 안녕, Patrick ! 너 공원에 자주 오니?
남자 : 응. 일주일에 세 번 이곳에서 산책해.
여자 : 네가 옳아. 요즘은 산책하기에 좋은 날씨야.

Situation n° 3

Homme : Bonjour Madame. Je voudrais réserver une chambre pour cette nuit.
Femme : Désolée mais il n'y a plus de chambre disponible.
Homme : Ah bon ? Et pour ce week-end ?
Femme : Vous avez de la chance car il ne reste qu'une chambre.

상황 3

남자 : 안녕하세요, 부인. 오늘 밤 방을 하나 예약하고 싶은데요.
여자 : 유감이지만 가능한 방이 더 이상 없습니다.
남자 : 아, 그래요? 그럼 주말은요?
여자 : 운이 좋으시네요, 왜냐하면 딱 방 하나가 남았거든요.

Situation n° 4

Homme : Tu n'as pas de dictionnaire ?
Femme : Non, je ne le trouve pas ! Il est peut-être à la bibliothèque.
Homme : Tiens, prends celui-ci !
Femme : Merci !

상황 4

남자 : 너 사전 없니?
여자 : 아니, 찾을 수가 없어! 아마 도서관에 있나 봐.
남자 : 자, 이것을 써!
여자 : 고마워!

Étape 3 문제 3의 해설을 확인한 후, 필수 어휘를 익혀 보세요.

해설

문제	풀이 요령
Situation 1	음성에서 'beaucoup de monde 많은 사람들', 'fête de la musique 음악 축제'가 언급되었으므로, 거리 음악 축제와 관련이 있는 이미지 **A**가 정답이다.
Situation 2	음성에서 'parc 공원', 'se promener 산책하다'가 언급되었으므로, 공원과 관련이 있는 이미지 **E**가 정답이다.
Situation 3	음성에서 'Je voudrais réserver une chambre pour cette nuit. 오늘 밤 방을 하나 예약하고 싶은데요.'라고 했으므로, 호텔과 관련이 있는 이미지 **D**가 정답이다. 예약과 관련하여 'au nom de ... ~의 이름으로'라는 표현도 함께 알아 두어야 한다.
Situation 4	음성에서 'dictionnaire 사전'과 'prends celui-ci ! 이것을 써!'가 언급되었으므로, 도서를 빌려 주는 상황과 관련이 있는 이미지 **B**가 정답이다.

필수 어휘

monde (m.) 사람 | **rue (f.)** 거리 | **normal** 정상적인, 당연한 | **écouter** 듣다 | **partout** 어디서나 | **avoir raison** 옳다 | **réserver** 예약하다 | **chambre (f.)** 방 | **disponible** 이용 가능한 | **chance (f.)** 운 | **rester** 남다 | **dictionnaire (m.)** 사전 | **bibliothèque (f.)** 도서관

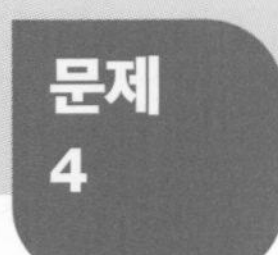

EXERCICE 4 실전 연습

Track 4-04

전략에 따라 문제 4를 풀어 보세요.

8 points

Image A	Image B	Image C
	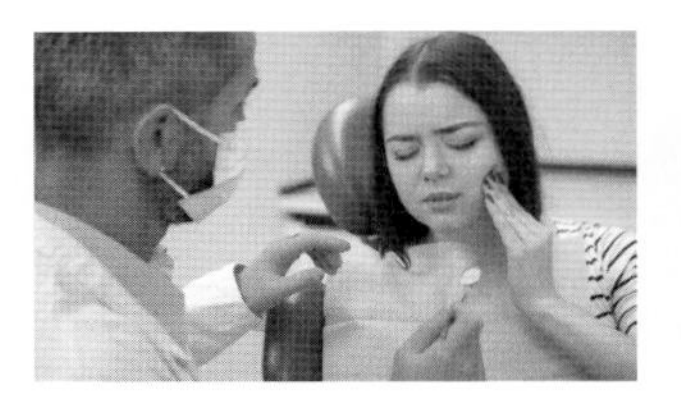	
Situation n° ...	Situation n° ...	Situation n° ...

Image D	Image E	Image F

Situation n° ...	Situation n° ...	Situation n° ...

Étape 2

문제 4의 내용을 분석한 후, 스크립트를 확인해 보세요.

문제 분석

각 이미지와 관련된 장소 및 상황을 미리 파악한 후, 이와 관련된 핵심 단어나 표현들을 듣는 데 집중해야 한다.

문항	장소/상황	관련 핵심 단어/표현
Image A	entreprise 회사	travail 업무 | aider 돕다 | gentil 친절한 | je vous en prie 천만에요
Image B	chez le dentiste 치과	docteur 의사 | avoir mal aux dents 이가 아프다
Image C	montagne 산	tente 텐트 | camping 캠핑 | paysage 경치 | vue 전경 | magnifique 훌륭한
Image D	supermarché 슈퍼마켓	raisin 포도 | poire 배 | banane 바나나 | ananas 파인애플 | un kilo de ~ 1킬로그램 | une boîte de ~ 한 상자
Image E	cuisine 부엌	frigo 냉장고 | boisson 음료수 | une bouteille de jus 주스 한 병
Image F	chez le garagiste 자동차 정비소	voiture 자동차 | réparer 고치다

스크립트

Situation n° 1

Femme : Bonjour Monsieur Laurent, comment allez-vous ?
Homme : Bonjour Madame Sylvie ! Ça va, merci.
Femme : Vous faites des courses ?
Homme : Oui. Je vais inviter mes amis à dîner à la maison.

상황 1

여자 : 안녕하세요, Laurent 씨, 어떻게 지내세요?
남자 : 안녕하세요, Sylvie 부인! 잘 지내요, 고맙습니다.
여자 : 장 보세요?
남자 : 네. 집에 친구들을 초대해 저녁 식사를 대접하려고요.

Situation n° 2

Homme : Bonjour Madame.

Femme : Bonjour docteur.

Homme : Qu'est-ce que vous avez ?

Femme : J'ai mal aux dents.

상황 2

남자 : 안녕하세요, 부인.

여자 : 안녕하세요, 의사 선생님.

남자 : 무슨 일이시죠?

여자 : 이가 아파요.

Situation n° 3

Femme : Moi, j'adore faire du camping à la montagne. Qu'est-ce que tu en penses ?

Homme : J'aime beaucoup ce lieu. L'air est très frais ! Je vais revenir avec mes amis le mois prochain.

상황 3

여자 : 나는 산에서 캠핑하는 것을 아주 좋아해. 너는 이것에 대해 어떻게 생각해?

남자 : 나는 이 장소를 아주 좋아해. 공기가 매우 신선해! 다음 달에 내 친구들이랑 다시 와야겠어.

Situation n° 4

Homme : Tu as quelque chose à boire ? J'ai très soif.

Femme : Regarde dans le frigo !

Homme : Je peux boire une bouteille de jus ?

Femme : Bien sûr !

상황 4

남자 : 너 마실 것 좀 있니? 목이 몹시 말라.

여자 : 냉장고 안을 봐!

남자 : 주스 한 병 마셔도 되니?

여자 : 물론이지!

문제 4의 해설을 확인한 후, 필수 어휘를 익혀 보세요.

문제	풀이 요령
Situation 1	음성에서 'Vous faites des courses ? 장 보세요?'가 언급되었으므로, 물건을 구입하는 장소인 'supermarché 슈퍼마켓'과 관련이 있는 이미지 **D**가 정답이다.
Situation 2	음성에서 'docteur 의사'와 'J'ai mal aux dents. 이가 아파요.'가 언급되었으므로, 'chez le dentiste 치과'와 관련이 있는 이미지 **B**가 정답이다.
Situation 3	음성에서 'camping 캠핑', 'montagne 산'이 언급되었으므로, 산에 'la tente 텐트'를 설치해서 캠핑하는 상황과 관련이 있는 이미지 **C**가 정답이다.
Situation 4	음성에서 'frigo 냉장고', 'une bouteille de jus 주스 한 병'이 언급되었으므로, 냉장고와 관련이 있는 이미지 **E**가 정답이다.

필수 어휘

faire des courses 장을 보다 | inviter 초대하다 | avoir mal à ~가 아프다 | dents (f.pl.) 이 | camping (m.) 캠핑 | montagne (f.) 산 | lieu (m.) 장소 | air (m.) 공기 | frais 신선한 | boire 마시다 | frigo (m.) 냉장고 | bouteille (f.) 병 | jus (m.) 주스

EXERCICE 4 실전 연습

Track 4-05

전략에 따라 문제 5를 풀어 보세요.

8 points

Image A

Situation n° ...

Image B

Situation n° ...

Image C

Situation n° ...

Image D

Situation n° ...

Image E

Situation n° ...

Image F

Situation n° ...

Étape 2

문제 5의 내용을 분석한 후, 스크립트를 확인해 보세요.

문제 분석

각 이미지와 관련된 장소 및 상황을 미리 파악한 후, 이와 관련된 핵심 단어나 표현들을 듣는 데 집중해야 한다.

문항	장소/상황	관련 핵심 단어/표현
Image A	soirée dansante 댄스파티	spectacle 공연 | présence 참석 | fête 파티(축제)
Image B	jogging 조깅	parc 공원 | il fait mauvais 날씨가 나쁘다 | il pleut 비가 온다 | il neige 눈이 온다 | il fait du vent 바람이 분다
Image C	pâtisserie 제과점	gâteau 케이크 | croissant 크루아상 | éclair 에클레르
Image D	vélo 자전거	faire du vélo 자전거를 타다
Image E	ferme 농장	campagne 시골 | animal 동물
Image F	plage 해변	se baigner 해수욕하다 | se faire bronzer 선탠하다

스크립트

Situation n° 1

Femme : Salut, Mathieu, ça va ?
Homme : Salut, Dorothée ! Oui, ça va, merci.
Femme : Tu viens souvent ici pour faire du sport ?
Homme : Oui, je vais faire du jogging mais il y a du vent aujourd'hui !

상황 1

여자 : 안녕, Mathieu, 잘 지내니?
남자 : 안녕, Dorothée! 응, 잘 지내, 고마워.
여자 : 너 운동을 하기 위해 이곳에 자주 오니?
남자 : 응, 조깅하려고 하는데, 오늘 바람이 부네!

Situation n° 2

Femme : Bonjour Monsieur.

Homme : Bonjour Madame. J'aimerais commander un gâteau d'anniversaire.

Femme : Vous voulez mettre le nom sur le gâteau ?

Homme : Oui, ce sera parfait.

상황 2

여자 : 안녕하세요, 선생님.

남자 : 안녕하세요, 부인. 생일 케이크를 주문하고 싶습니다.

여자 : 케이크에다 이름을 넣기를 원하세요?

남자 : 네, 그러면 완벽할 것 같네요.

Situation n° 3

Femme : Moi, j'adore la campagne. Et toi, qu'est-ce que tu penses de cette ferme ?

Homme : C'est la première fois que je suis venu ici mais ça me plaît. Je vais revenir avec les enfants l'année prochaine.

상황 3

여자 : 나는 시골을 아주 좋아해. 너는 이 농장에 대해 어떻게 생각해?

남자 : 나는 이곳에 처음 왔는데 마음에 들어. 내년에 아이들과 다시 올 거야.

Situation n° 4

Femme : Tu n'as pas de vélo ?

Homme : Si, mais il est en panne.

Femme : Tiens, prends le mien !

Homme : Merci !

상황 4

여자 : 너 자전거 없니?

남자 : 있는데 고장 났어.

여자 : 자, 내 것을 타!

남자 : 고마워!

문제 5의 해설을 확인한 후, 필수 어휘를 익혀 보세요.

문제	풀이 요령
Situation 1	음성에서 'jogging 조깅'이 언급되었으므로, 조깅과 관련이 있는 이미지 **B**가 정답이다.
Situation 2	음성에서 'J'aimerais commander un gâteau d'anniversaire. 생일 케이크를 주문하고 싶습니다.'가 언급되었으므로, 'boulangerie 빵가게' 또는 'pâtisserie 제과점'과 관련이 있는 이미지 **C**가 정답이다.
Situation 3	음성에서 'la campagne 시골', 'cette ferme 이 농장'이 언급되었으므로, 'les animaux 동물들'이 농가에 있는 상황과 관련이 있는 이미지 **E**가 정답이다.
Situation 4	음성에서 'vélo 자전거'와 'prends le mien ! 내 것을 타!'가 언급되었으므로, 자전거가 있는 이미지 **D**가 정답이다.

필수 어휘

vent (m.) 바람 | commander 주문하다 | gâteau d'anniversaire (m.) 생일 케이크 | nom (m.) 이름 | ferme (f.) 농장 | plaire à ~의 마음에 들다 | vélo (m.) 자전거 | être en panne 고장 나다

문제 6

EXERCICE 4 실전 연습

Track 4-06

Étape 1

전략에 따라 문제 6을 풀어 보세요.

8 points

Image A

Situation n° ...

Image B

Situation n° ...

Image C

Situation n° ...

Image D

Situation n° ...

Image E

Situation n° ...

Image F

Situation n° ...

Étape 2

문제 6의 내용을 분석한 후, 스크립트를 확인해 보세요.

문제 분석

각 이미지와 관련된 장소 및 상황을 미리 파악한 후, 이와 관련된 핵심 단어나 표현들을 듣는 데 집중해야 한다.

문항	장소/상황	관련 핵심 단어/표현
Image A	musée 미술관	tableau 그림 | peintre 화가 | peinture 그림, 미술 | exposition 전시회
Image B	gare 기차역	train 기차 | partir pour ~로 가다 | revenir de ~에서 돌아오다 | le billet de train 기차표
Image C	restaurant 식당	réservé 예약된 | cuisine 요리 | plat 음식 | délicieux 맛있는 | savoureux 맛있는 | recommander 추천하다 | Que voulez-vous comme plat ? 식사로 무엇을 드시겠어요?
Image D	zoo 동물원	lion 사자 | tigre 호랑이 | singe 원숭이 | girafe 기린 | éléphant 코끼리
Image E	station de métro 지하철역	ticket 표 | ligne 호선
Image F	piscine 수영장	natation 수영 | maillot de bain 수영복

스크립트

Situation n° 1

Femme : Tiens, salut Max ! Que fais-tu ici ?
Homme : Salut, Véronique ! J'attends le train. Et toi ?
Femme : Moi aussi. Je vais chez mes parents.
Homme : Ils habitent à la campagne, n'est-ce pas ?

상황 1

여자 : 어라, 안녕, Max ! 너 여기서 뭐해?
남자 : 안녕, Véronique ! 나 기차를 기다리고 있어. 그러는 너는?
여자 : 나도 마찬가지야. 부모님 댁에 가려고.
남자 : 부모님이 시골에 살고 계시지, 안 그래?

Situation n° 2

Homme : Bonjour Madame.

Femme : Bonjour Monsieur.

Homme : J'ai réservé une table pour deux personnes.

Femme : Quel est votre nom, s'il vous plaît ?

상황 2

남자 : 안녕하세요, 부인.

여자 : 안녕하세요, 선생님.

남자 : 두 사람을 위한 테이블을 예약했습니다.

여자 : 성함이 어떻게 되시죠?

Situation n° 3

Femme : Moi, j'adore les animaux. Et toi, qu'est-ce que tu penses de ce zoo ?

Homme : J'aime bien le lion et l'éléphant. C'est bien, ce zoo ! Mes enfants vont aussi adorer ce lieu.

상황 3

여자 : 나는 동물들을 아주 좋아해. 너는 이 동물원에 대해 어떻게 생각하니?

남자 : 나는 사자와 코끼리를 아주 좋아해. 이 동물원 좋다! 내 아이들도 이 장소를 아주 좋아할 거야.

Situation n° 4

Femme : Tu n'as pas de ticket de métro ?

Homme : Non, je ne le trouve pas ! Il est peut-être chez moi. Ah, le métro arrive !

Femme : Tiens, prends celui-ci.

Homme : Merci !

상황 4

여자 : 너 지하철표가 없니?

남자 : 아니, 찾지를 못하겠어. 아마 집에 있나 봐. 지하철이 도착하는데!

여자 : 자, 이것을 써.

남자 : 고마워!

문제 6의 해설을 확인한 후, 필수 어휘를 익혀 보세요.

해설

문제	풀이 요령
Situation 1	음성에서 'J'attends le train. 나 기차를 기다리고 있어.'가 언급되었으므로, 기차를 기다리는 장소인 'la gare 기차역'과 관련이 있는 이미지 **B**가 정답이다. 기차역에서 나올 수 있는 표현들은 'partir pour ~로 가다', 'revenir de ~에서 돌아오다', 'le billet de train 기차표' 등이 있으니 함께 알아 두면 좋다.
Situation 2	음성에서 'J'ai réservé une table pour deux personnes. 두 사람을 위한 테이블을 예약했습니다.'가 언급되었으므로, 'restaurant 식당'과 관련이 있는 이미지 **C**가 정답이다.
Situation 3	음성에서 'animaux 동물들', 'zoo 동물원'이 언급되었으므로, 동물원과 관련이 있는 이미지 **D**가 정답이다.
Situation 4	음성에서 'ticket de métro 지하철표'와 'le métro arrive ! 지하철이 도착하는데!'가 언급되었으므로, 지하철역과 관련이 있는 이미지 **E**가 정답이다.

필수 어휘

animal (m.) 동물 | zoo (m.) 동물원 | lion (m.) 사자 | éléphant (m.) 코끼리 | ticket (billet) de métro (m.) 지하철표

EXERCICE 4 실전 연습

Track 4-07

전략에 따라 문제 7을 풀어 보세요.

8 points

Image A	Image B	Image C

Situation n° ...	Situation n° ...	Situation n° ...

Image D	Image E	Image F

Situation n° ...	Situation n° ...	Situation n° ...

Étape 2

문제 7의 내용을 분석한 후, 스크립트를 확인해 보세요.

문제 분석

각 이미지와 관련된 장소 및 상황을 미리 파악한 후, 이와 관련된 핵심 단어나 표현들을 듣는 데 집중해야 한다.

문항	장소/상황	관련 핵심 단어/표현
Image A	parc 공원 forêt 숲	camping 캠핑 | campagne 시골
Image B	bibliothèque 도서관	emprunter un livre 책을 빌리다 | étudier 공부하다
Image C	fruiterie 과일 가게 marché 시장	raisin 포도 | poire 배 | banane 바나나 | ananas 파인애플 | pastèque 수박 | pêche 복숭아 | un kilo de ~ 1킬로그램 | une boîte de ~ 한 상자 | un bouquet de ~ 한 다발
Image D	prendre des photos 사진을 찍다	paysage 풍경 | vue 전경 | magnifique 훌륭한 | splendide 화려한
Image E	lit 침대	dormir 잠자다 | Bonne nuit ! 잘 자! | Dors bien ! 잘 자! | Lève-toi vite ! 빨리 일어나!
Image F	cours 수업	salle de classe 교실 | école 학교 | professeur 교사 | élève 학생 | camarade 학급 친구 | matière 과목 | devoir 숙제

스크립트

Situation n° 1

Femme : Salut, Arnaud. Qu'est-ce que tu fais ici ?
Homme : Salut, Hélène. Je fais mes devoirs ici, et toi ?
Femme : Moi, je suis venue ici pour emprunter des livres.
Homme : On va déjeuner ensemble ?

상황 1

여자 : 안녕, Arnaud. 너 여기서 뭐해?
남자 : 안녕, Hélène. 여기서 숙제를 하고 있어, 그러는 너는?
여자 : 나는 책들을 빌리러 이곳에 왔어.
남자 : 우리 점심 같이 먹을래?

Situation n° 2

Homme : Bonjour Madame.

Femme : Bonjour Monsieur.

Homme : Que voulez-vous ?

Femme : Je voudrais un kilo de pommes, s'il vous plaît !

상황 2

남자 : 안녕하세요, 부인.

여자 : 안녕하세요, 선생님.

남자 : 무엇을 원하세요?

여자 : 사과 1킬로그램 주세요!

Situation n° 3

Femme : Regarde ce paysage ! Il est magnifique.

Homme : Oui, j'aime prendre des photos et je me sens bien ici.

Femme : J'ai bien choisi cet endroit, n'est-ce pas ?

Homme : Tu as raison.

상황 3

여자 : 이 풍경을 봐! 훌륭해.

남자 : 그래, 나는 사진 찍는 걸 좋아해. 그리고 여기 있으니 기분이 좋아.

여자 : 내가 이 장소를 잘 선택했지, 안 그래?

남자 : 네가 맞아.

Situation n° 4

Femme : Tu es encore au lit !

Homme : Maman, je suis trop fatigué.

Femme : Tu vas être en retard à l'école.

Homme : Je n'ai pas de cours aujourd'hui.

상황 4

여자 : 너 아직도 침대에 있는 거야!

남자 : 엄마, 나 너무 피곤해요.

여자 : 너 학교에 늦겠다.

남자 : 오늘 수업이 없어요.

문제 7의 해설을 확인한 후, 필수 어휘를 익혀 보세요.

해설

문제	풀이 요령
Situation 1	음성에서 'emprunter des livres 책을 빌리다'가 언급되었으므로, 책을 빌리는 장소인 'la bibliothèque 도서관'과 관련이 있는 이미지 **B**가 정답이다. 참고로 책을 반납하는 표현은 'rendre'를 사용하며, 도서를 빌리는 상황에서는 대여 기간이 나올 수 있으므로 달이나, 숫자 표현을 잘 알아 두어야 한다.
Situation 2	음성에서 'Je voudrais un kilo de pommes, s'il vous plaît ! 사과 1킬로그램 주세요!'가 언급되었으므로, 'la fruiterie 과일 가게' 또는 'le marché 시장'과 관련이 있는 이미지 **C**가 정답이다. 참고로 단위를 나타내는 표현인 'une bouteille de 한 병의', 'un paquet de 한 상자의', 'un litre de 1리터의' 등도 함께 알아 두는 것이 좋다.
Situation 3	음성에서 'paysage 풍경', 'prendre des photos 이미지을 찍다'가 언급되었으므로, 사진을 찍는 상황과 관련이 있는 이미지 **D**가 정답이다.
Situation 4	음성에서 'Tu es encore au lit ! 너 아직도 침대에 있는 거야!'가 언급되었으므로, 아이를 깨우는 상황과 관련이 있는 이미지 **E**가 정답이다.

필수 어휘

un kilo de ~ 1킬로그램의 | **pomme (f.)** 사과 | **paysage (m.)** 풍경 | **se sentir** 느끼다 | **choisir** 고르다 | **endroit (m.)** 장소 | **lit (m.)** 침대 | **fatigué** 피곤한 | **cours (m.)** 수업

EXERCICE 4 실전 연습

Track 4-08

전략에 따라 문제 8을 풀어 보세요.

8 points

Image A	Image B	Image C

Situation n° ...	Situation n° ...	Situation n° ...

Image D	Image E	Image F

Situation n° ...	Situation n° ...	Situation n° ...

Étape 2

문제 8의 내용을 분석한 후, 스크립트를 확인해 보세요.

문제 분석

각 이미지와 관련된 장소 및 상황을 미리 파악한 후, 이와 관련된 핵심 단어나 표현들을 듣는 데 집중해야 한다.

문항	장소/상황	관련 핵심 단어/표현
Image A	maison 집	villa 전원주택 | jardin 정원 | campagne 교외, 시골
Image B	chien 개	animal 동물 | chat 고양이
Image C	parc 공원 forêt 숲	se promener 산책하다 | se balader 거닐다 | faire une promenade 산보하다
Image D	bijouterie 보석 가게	collier 목걸이 | bague 반지 | boucles d'oreilles 귀걸이 | cadeau 선물 | acheter 사다
Image E	centre de gym 헬스장	gymnase 체육관 | sport 운동
Image F	mariage 결혼식	marié(e) 신랑 또는 신부 | cérémonie de mariage 결혼식 | invité 하객

스크립트

Situation n° 1

Homme : Bienvenue à ma nouvelle maison !
Femme : Elle est très grande.
Homme : Oui. Et il y a aussi un joli jardin.

상황 1

남자 : 나의 새 집에 온 것을 환영해!
여자 : 집이 굉장히 크네.
남자 : 응. 그리고 예쁜 정원도 있어.

Situation n° 2

Homme : Bonjour Madame.

Femme : Bonjour Monsieur.

Homme : Je voudrais acheter un cadeau pour ma femme.

Femme : Ah, que pensez-vous de ce collier ?

상황 2

남자 : 안녕하세요, 부인.

여자 : 안녕하세요, 선생님.

남자 : 아내를 위한 선물을 사고 싶은데요.

여자 : 아, 이 목걸이는 어떻게 생각하세요?

Situation n° 3

Femme : Qu'est-ce que tu penses de cette forêt ?

Homme : Je la trouve bien. On s'y repose en se promenant.

Femme : C'est vrai. Mes enfants vont adorer ici.

Homme : Tu pourras y revenir avec eux.

상황 3

여자 : 너 이 숲에 대해 어떻게 생각해?

남자 : 좋다고 생각해. 산책을 하면서 쉴 수 있어.

여자 : 사실이야. 내 아이들이 여기를 아주 좋아할 거야.

남자 : 너는 그들과 이곳에 다시 올 수 있을 거야.

Situation n° 4

Femme : Quel joil chien ! Il est à toi ?

Homme : Oui. Mon frère me l'a donné comme cadeau d'anniversaire.

Femme : J'aimerais aussi en avoir un.

Homme : Mais tu as un chat, non ?

상황 4

여자 : 예쁜 개네! 네 개니?

남자 : 응. 형이 생일 선물로 나에게 주었어.

여자 : 나도 한 마리 갖고 싶어.

남자 : 그렇지만 너는 고양이가 있잖아, 아냐?

문제 8의 해설을 확인한 후, 필수 어휘를 익혀 보세요.

해설

문제	풀이 요령
Situation 1	음성에서 'maison 집', 'jardin 정원'이 언급되었으므로, 저택과 관련이 있는 이미지 **A**가 정답이다.
Situation 2	음성에서 'que pensez-vous de ce collier ?'가 언급되었으므로, 'la bijouterie 보석 가게'와 관련이 있는 이미지 **D**가 정답이다. 참고로 보석 가게에서 구입할 수 있는 'la bague 반지', 'les boucles d'oreilles 귀걸이' 등도 알아 두자.
Situation 3	음성에서 'forêt 숲'과 'promenant 산책하는'이 언급되었으므로, 숲에서 산책하는 상황과 관련된 이미지 **C**가 정답이다.
Situation 4	음성에서 'chien 개'가 언급되었으므로, 선택지 중 개가 나오는 이미지 **B**가 정답이다.

필수 어휘

jardin (m.) 정원 | cadeau (m.) 선물 | collier (m.) 목걸이 | se reposer 휴식을 취하다 | frère (m.) 형제 | comme ~로서 | chat (m.) 고양이

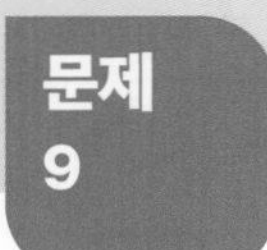

EXERCICE 4 실전 연습

Track 4-09

전략에 따라 문제 9를 풀어 보세요.

8 points

Image A

Situation n° ...

Image B

Situation n° ...

Image C

Situation n° ...

Image D

Situation n° ...

Image E

Situation n° ...

Image F

Situation n° ...

Étape 2

문제 9의 내용을 분석한 후, 스크립트를 확인해 보세요.

문제 분석

각 이미지와 관련된 장소 및 상황을 미리 파악한 후, 이와 관련된 핵심 단어나 표현들을 듣는 데 집중해야 한다.

문항	장소/상황	관련 핵심 단어/표현
Image A	il pleut 비가 오다	parapluie 우산 | il neige 눈이 오다 | il fait gris 날씨가 흐리다
Image B	plage 해변	mer 바다 | vacances 휴가 | se baigner 해수욕하다
Image C	travailler 일하다	entreprise 회사 | collègue 동료 | bureau 사무실
Image D	bébé 아기	né 태어난 | parents 부모님 | pleurer 울다
Image E	tourisme 관광	guide 가이드 | visite 관람 | voyager 여행하다
Image F	salle de jeux-vidéo 게임장	s'amuser 즐기다 | ensemble 함께 | match 시합

스크립트

Situation n° 1

Homme : Bonjour à tous et bienvenue au château de Versailles !

Femme : Est-ce qu'il y a un guide ?

Homme : Oui, bien sûr. Il va vous accompagner pendant la visite.

상황 1

남자 : 여러분 모두 안녕하세요, 베르사유 궁에 오신 것을 환영합니다!

여자 : 가이드가 있나요?

남자 : 네, 물론이죠. 여러분이 관람하시는 동안 그(가이드)가 함께할 거예요.

Situation n° 2

Homme : Bonjour Madame Catherine ! Comment allez-vous ?
Femme : Bonjour Monsieur Patrick. Oui, ça va, merci.
Homme : C'est votre bébé ?
Femme : Oui, il est né il y a 6 mois.

상황 2

남자 : 안녕하세요, Catherine 부인. 어떻게 지내세요?
여자 : 안녕하세요, Patrick 선생님. 네, 잘 지내요, 감사합니다.
남자 : 당신의 아기인가요?
여자 : 네, 6개월 전에 태어났어요.

Situation n° 3

Femme : Il y a trop de monde sur la plage.
Homme : Je le savais. C'est la raison pour laquelle je n'aime pas la mer.
Femme : On va à la montagne la prochaine fois.

상황 3

여자 : 해변에 사람이 너무 많은데.
남자 : 이럴 줄 알았어. 그래서 내가 바다를 좋아하지 않는 거야.
여자 : 다음번에는 산으로 가자.

Situation n° 4

Femme : Tu n'as pas de parapluie ?
Homme : Non, je ne le trouve pas ! Il est peut-être dans la salle de classe.
Femme : Mais il pleut beaucoup. On peut marcher ensemble avec le mien.
Homme : C'est vrai ? Merci.

상황 4

여자 : 너 우산 없니?
남자 : 응, 찾을 수가 없어. 아마 교실 안에 있나 봐.
여자 : 비가 많이 오는데. 내 우산을 쓰고 함께 걸으면 돼.
남자 : 정말이야? 고마워.

문제 9의 해설을 확인한 후, 필수 어휘를 익혀 보세요.

문제	풀이 요령
Situation 1	음성에서 'château 궁', 'guide 가이드', 'visite 관람'이 언급되었으므로, 관광지를 구경하는 상황과 관련이 있는 이미지 **E**가 정답이다.
Situation 2	음성에서 'bébé 아기'가 언급되었으므로, 선택지 중 아기가 나오는 이미지 **D**가 정답이다.
Situation 3	음성에서 'la plage 해변', 'la mer 바다'가 언급되었으므로, 해변과 관련이 있는 이미지 **B**가 정답이다. 참고로 'C'est la raison pour laquelle … ~한 이유로'는 이유를 설명할 때 사용하는 표현이다.
Situation 4	음성에서 'parapluie 우산', 'il pleut 비가 오다'가 언급되었으므로, 우산을 쓰고 가는 상황과 관련된 이미지 **A**가 정답이다. 날씨와 관련된 대화에서 나올 수 있는 'il fait beau / il y a du soleil 날씨가 좋은', 'il neige 눈이 오다', 'il fait gris 날씨가 흐리다' 등의 표현을 알아 두도록 하자.

bébé (m.) 아기 | **né** 태어난 | **mer** (f.) 바다 | **parapluie** (m.) 우산 | **salle de classe** (f.) 교실 | **marcher** 걷다

EXERCICE 4 실전 연습

Track 4-10

전략에 따라 문제 10을 풀어 보세요.

8 points

Image A

Situation n° ...

Image B

Situation n° ...

Image C

Situation n° ...

Image D

Situation n° ...

Image E

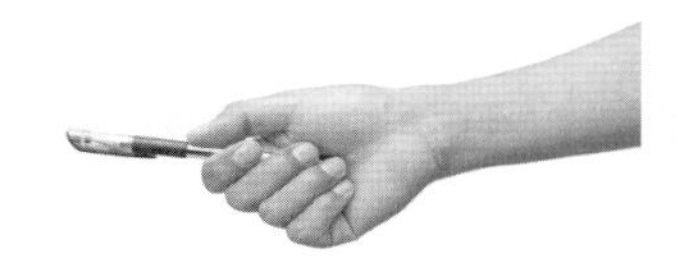

Situation n° ...

Image F

Situation n° ...

Étape 2

문제 10의 내용을 분석한 후, 스크립트를 확인해 보세요.

문제 분석

각 이미지와 관련된 장소 및 상황을 미리 파악한 후, 이와 관련된 핵심 단어나 표현들을 듣는 데 집중해야 한다.

문항	장소/상황	관련 핵심 단어/표현
Image A	école 학교	cours 수업 | présence 참석 | parents d'élève 학부모 | élève 학생 | professeur 교사
Image B	librairie 서점	livre 책 | acheter 사다 | roman 소설 | essai 수필
Image C	magasin de téléphonie 휴대폰 판매점	téléphone portable 휴대폰 | modèle 모델 | acheter 사다
Image D	train 기차	réserver 예약하다 | billet de train 기차표 | montrez-moi ~ ~을 보여 주세요
Image E	emprunter 빌리다	stylo 펜
Image F	tennis 테니스	jouer au tennis 테니스를 치다 | tu as l'air fatigué 너 피곤해 보인다 | je ne me sens pas bien 몸이 안 좋아 | faire du sport 운동을 하다

스크립트

Situation n° 1

Homme : C'est la première fois que vous venez à notre école, n'est-ce pas ?
Femme : Oui. À quelle heure le cours commence-t-il ?
Homme : Il commence à 9 h.

상황 1

남자 : 우리 학교에 오신 것은 처음이죠, 그렇지 않나요?
여자 : 네. 몇 시에 수업이 시작하죠?
남자 : 9시에 시작합니다.

Situation n° 2

Femme : Salut Daniel, ça va ?

Homme : Salut Juliette ! Oui, ça va, merci.

Femme : Tu vas acheter un livre ici ?

Homme : Oui, c'est bientôt la rentrée.

상황 2

여자 : 안녕, Daniel, 잘 지내니?

남자 : 안녕, Juliette! 응, 잘 지내, 고마워.

여자 : 너 여기서 책을 사려고 하니?

남자 : 응, 곧 개학이잖아.

Situation n° 3

Homme : Bonjour Madame.

Femme : Bonjour Monsieur.

Homme : Que voulez-vous ?

Femme : Je voudrais acheter un téléphone portable.

상황 3

남자 : 안녕하세요, 부인.

여자 : 안녕하세요, 선생님.

남자 : 무엇을 원하세요?

여자 : 휴대폰을 사고 싶습니다.

Situation n° 4

Homme : Montrez-moi votre billet de train, s'il vous plaît !

Femme : Le voici !

Homme : Vous vous êtes trompée de train, Madame.

상황 4

남자 : 당신의 기차표를 보여주세요!

여자 : 여기 있습니다!

남자 : 기차를 잘못 타셨네요, 부인.

문제 10의 해설을 확인한 후, 필수 어휘를 익혀 보세요.

문제	풀이 요령
Situation 1	음성에서 'école 학교', 'cours 수업'이 언급되었으므로, 학교와 관련이 있는 이미지 **A**가 정답이다.
Situation 2	음성에서 'livre 책'이 언급되었으므로, 책을 구입하는 장소인 'librairie 서점'과 관련이 있는 이미지 **B**가 정답이다. 참고로, 'rentrée 개학'이라는 단어와 관련해서 출제될 수 있는 다른 장소로 'papeterie 문구점'이 있다. 따라서 'cahier 공책', 'stylo 펜', 'crayon 연필' 등 학용품 관련 단어들도 암기해 두어야 한다.
Situation 3	음성에서 'téléphone portable 휴대폰'이 언급되었으므로, 휴대폰 가게와 관련된 이미지 **C**가 정답이다.
Situation 4	음성에서 'billet de train 기차표'와 'train 기차'가 언급되었으므로, 기차 안의 상황과 관련이 있는 이미지 **D**가 정답이다. 참고로, 기차와 관련된 단어로는 'gare 기차역', 'wagon 객차', 'quai 플랫폼' 등이 있고, 교통수단과 관련된 단어로는 'avion 비행기', 'métro 지하철', 'bus 버스' 등이 있다.

필수 어휘

commencer 시작하다 | **bientôt** 곧 | **rentrée** (f.) 개학 | **téléphone portable** (m.) 휴대폰 | **montrer** 보여주다 | **se tromper de** ~을 착각하다

듣기 평가

EXERCICE 5

Vous allez entendre un message. Quels objets sont donnés dans le message ? Vous entendez le nom de l'objet ? Cochez ☒ oui. Sinon, cochez ☒ non. Puis vous allez entendre à nouveau le message. Vous pouvez compléter vos réponses.

당신은 메시지를 듣게 될 것입니다. 메시지 안에 어떤 사물들이 주어졌나요? 당신은 사물의 이름을 들었나요? 그러면 '예'에 ☒ 표 하세요. 그렇지 않으면 '아니오'에 ☒ 표 하세요. 그리고 다시 메시지를 듣게 될 것입니다. 당신의 답변을 채우세요.

완전 공략

1 핵심 포인트

전화 자동 응답기의 형식으로 어휘력 평가라고 할 수 있다. 텍스트에 등장하는 어휘들을 듣고 해당되는 이미지를 보기에서 고르는 문제로 듣기 유형 중 가장 난이도가 낮다고 할 수 있기 때문에 최대한 집중해서 문제를 푸는 것이 관건이다.

2 빈출 주제

일상생활에서 쉽게 접할 수 있는 상황들이 제시되는데, 약속, 부탁, 제안, 거절, 수락 등을 포함하여 여행과 관련해서 준비해야 할 품목, 특정 지역과 관련하여 묘사 또는 기술하는 내용에서 등장하는 어휘들이 문제의 핵심을 이룬다.

3 고득점 전략

① 시간에 유의하라.

첫 번째 듣기 전, 다른 EXERCICE와는 다르게 15초의 시간이 주어지고 첫 번째 듣기가 끝나고 난 후 15초의 시간이 주어진다. 그리고 두 번째 듣기가 끝나면 30초의 시간이 주어지는데, 다른 듣기 유형과는 시간 배분이 다르다는 점에 유의해야 한다.

② 어휘에만 집중하라.

듣기 내용과 관련한 문제들이 출제되기보다는 텍스트에 등장하는 어휘에 해당하는 이미지를 보기에서 찾는 방식으로 진행된다. 따라서 텍스트를 이해하거나 해석하려고 노력하기보다는 단순하게 어휘들을 듣는 데 집중해야 한다.

③ 선별적인 문제 공략을 하라.

모든 어휘들을 다 알 수는 없기 때문에 첫 번째 들을 때 잘 들리지 않았던 어휘들에 대해서는 과감하게 넘어가고 확실한 어휘들만 체크한 후 두 번째 듣기에서 나머지 문제를 푸는 요령이 필요하다.

④ 장소와 관련된 어휘의 연관성을 생각하라.

어휘가 도저히 들리지 않을 때는 주어진 이미지와 듣기 텍스트에서 나오는 장소(여행지, 학교, 사무실, 집 등)와 연관성이 있을 법한 이미지를 보기에서 골라야 한다. 예를 들어 보기에 겨울 스포츠에 관한 이미지들이 있는데 여름 스포츠와 관련된 이미지가 있다거나 바다와 관련된 이미지들 중 산과 관련된 이미지가 있다면 그것은 텍스트의 내용과 상관이 없을 확률이 매우 높다.

EXERCICE 5 실전 연습

Track 5-01

전략에 따라 문제 1을 풀어 보세요.

5 points

❶ A. Oui ☐ B. Non ☐

❷ A. Oui ☐ B. Non ☐

❸ A. Oui ☐ B. Non ☐

❹ A. Oui ☐ B. Non ☐

❺ A. Oui ☐ B. Non ☐

Étape 2

문제 1의 내용을 분석한 후, 스크립트를 확인해 보세요.

문제 분석

제시된 문제가 모두 특정 사물과 관련된 이미지이므로, 각 사물의 명칭과 관련된 어휘를 미리 떠올린다. 특히 문제 1~3번은 'hiver 겨울'과 관련이 있는 이미지이므로, 계절과 관련된 어휘들에도 초점을 맞추도록 한다.

1번	2번	3번
vêtements d'hiver 겨울 옷 A. 예 ☐ B. 아니오 ☐	gants 장갑 A. 예 ☐ B. 아니오 ☐	patins à glace 스케이트화 A. 예 ☐ B. 아니오 ☐

4번	5번
appareil photo 사진기 A. 예 ☐ B. 아니오 ☐	téléphone portable 휴대폰 A. 예 ☐ B. 아니오 ☐

스크립트

Femme : Salut, c'est Muriel ! Chez nous, dans le nord, il fait très froid cette semaine. Alors apporte un vêtement d'hiver, tes gants et tes chaussures anti-froid. Il y a une station de ski et on va faire du ski. Prends aussi ton appareil photo, le paysage est magnifique ici ! Je t'attends à la gare, appelle-moi avant de prendre le train !

여자 : 안녕, 나 Muriel이야! 우리 집이 있는 북쪽은 이번 주에 매우 추워. 그러니까 겨울옷, 장갑과 방한용 신발을 가져와. 스키장이 있으니까 스키를 탈 거야. 또 사진기를 가져와, 여기 경치가 훌륭하거든! 기차역에서 너를 기다릴 테니까 기차를 타기 전에 나에게 전화해 줘!

문제 1의 해설을 확인한 후, 필수 어휘를 익혀 보세요.

문항	풀이 요령
1	'vêtement d'hiver 겨울옷'이 언급되었으므로, **Oui**에 ☒. 참고로 이미지와 같은 겨울용 외투는 'manteau'라고도 한다.
2	'gants 장갑'이 언급되었으므로, **Oui**에 ☒.
3	'on va faire du ski 스키를 탈 거야'라고 했으므로, **Non**에 ☒.
4	'appareil photo 사진기'가 언급되었으므로, **Oui**에 ☒.
5	'téléphone portable 휴대폰'은 언급되지 않았으므로, **Non**에 ☒.

필수 어휘

vêtement (m.) 의류 | hiver (m.) 겨울 | gants (m.pl.) 장갑 | patins à glace (m.pl.) 스케이트화 | appareil photo (m.) 사진기 | nord (m.) 북쪽 | froid 추운 | chaussures (f.pl.) 신발 | anti-froid 방한용의 | station de ski (f.) 스키장

EXERCICE 5 실전 연습

Track 5-02

Étape 1

전략에 따라 문제 2를 풀어 보세요.

5 points

문제 2의 내용을 분석한 후, 스크립트를 확인해 보세요.

문제 분석

제시된 문제 중, 1번과 5번은 특정 장소와 관련이 있고, 2~4번은 특정 사물과 관련된 이미지이다. 따라서 각 사물의 명칭 및 장소와 관련된 어휘를 미리 떠올린다. 특히 문제 2번은 'été 여름'과 관련이 있는 이미지이므로, 계절과 관련된 어휘들에도 초점을 맞추도록 한다.

1번	2번	3번
maison 집	maillot (de bain) 수영복	lunettes de soleil 선글라스
A. 예 ☐ B. 아니오 ☐	A. 예 ☐ B. 아니오 ☐	A. 예 ☐ B. 아니오 ☐

4번	5번
moto 오토바이	montagne 산
A. 예 ☐ B. 아니오 ☐	A. 예 ☐ B. 아니오 ☐

스크립트

Homme : Salut, je suis Patrick ! C'est bientôt les vacances et je t'invite chez moi. Ma maison est tout près de la plage. Apporte ton maillot de bain et tes vêtements d'été. N'oublie pas non plus de mettre des lunettes de soleil ! Comme il est difficile de réserver un billet de train ces jours-ci, il vaut mieux venir avec ta voiture. Appelle-moi avant de partir !

남자 : 안녕, 나 Patrick이야! 곧 바캉스야. 그래서 너를 내 집에 초대할게. 내 집은 해변에서 아주 가까워. 수영복이랑 여름옷을 가져와. 선글라스 끼는 것도 잊지 말고! 요즘 기차표를 예약하기 어려우니까 네 차로 오는 것이 더 나아! 떠나기 전에 내게 전화해 줘!

Étape 3

문제 2의 해설을 확인한 후, 필수 어휘를 익혀 보세요.

해설

문항	풀이 요령
1	'ma maison 내 집'이 언급되었으므로, **Oui**에 ☒. 'résidence 거주지'와 관련하여 'appartement 아파트', 'studio 스튜디오, 원룸' 등의 어휘도 함께 알아 두어야 한다.
2	'maillot de bain 수영복'이 언급되었으므로, **Oui**에 ☒. 수영할 때 필요한 것으로 'bonnet de bain 수영모'도 함께 기억하자.
3	'lunettes de soleil 선글라스'라는 어휘가 언급되었으므로 **Oui**에 ☒.
4	음성에서 언급된 교통수단으로는 'train 기차'와 'voiture 자동차'가 있지만, 'moto 오토바이'는 없기 때문에 **Non**에 ☒.
5	음성에서 'plage 해변'은 언급하고 있지만, 'montagne 산'을 언급하지 않았기 때문에 **Non**에 ☒.

필수 어휘

maillot de bain (m.) 수영복 | lunettes de soleil (f.pl.) 선글라스 | moto (f.) 오토바이 | ces jours-ci 요즘 | il vaut mieux + 동사원형 ~가 더 낫다 | partir 떠나다

문제 3

EXERCICE 5 실전 연습

Track 5-03

Étape 1

전략에 따라 문제 3을 풀어 보세요.

5 points

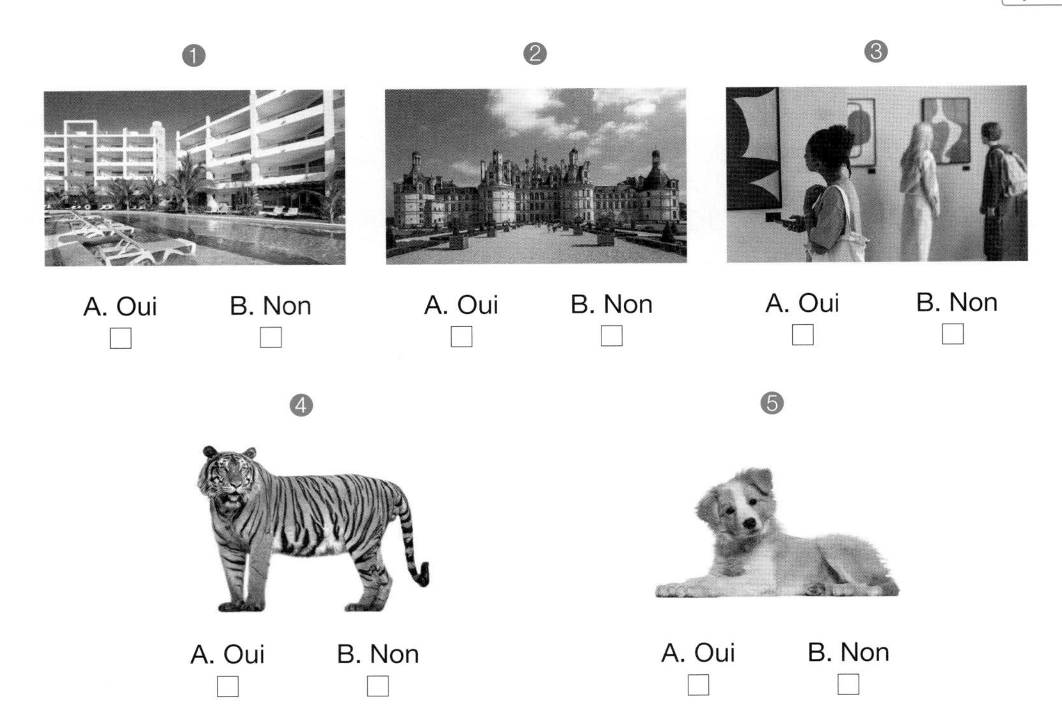

Étape 2

문제 3의 내용을 분석한 후, 스크립트를 확인해 보세요.

문제 분석

제시된 문제 중 1~3번은 특정 장소와 관련이 있고, 4~5번은 특정 동물과 관련된 이미지이다. 따라서 각 동물의 명칭 및 장소와 관련된 어휘를 미리 떠올린다.

1번		2번		3번	
hôtel 호텔		château 성		musée 미술관	
A. 예	B. 아니오	A. 예	B. 아니오	A. 예	B. 아니오
☐	☐	☐	☐	☐	☐

4번		5번	
tigre 호랑이		chien 개	
A. 예	B. 아니오	A. 예	B. 아니오
☐	☐	☐	☐

스크립트

Femme : Salut, c'est Béatrice ! Cela fait 2 ans que je travaille au Canada et tu me manques. Alors, je te propose de visiter ce pays pendant les vacances. Il y a un beau château et un musée près de chez moi, et on peut les visiter. Et puis, j'ai un chien et un chat. tu vas les adorer. J'habite dans une maison et elle a un joli jardin. Envoie-moi un courriel si tu veux visiter le Canada !

여자 : 안녕, 나 Béatrice야! 내가 캐나다에서 일한 지 2년이 되었고, 나는 네가 보고 싶어. 그래서 휴가 동안 이 나라를 방문할 것을 너에게 제안할게. 내 집 가까이에 멋진 성과 미술관이 있어서, 우리는 그곳들을 방문할 수 있어. 그리고 내게는 개와 고양이가 있어. 네가 아주 좋아할 거야. 나는 주택에 살고 있고, 예쁜 정원이 있어. 만약 네가 캐나다를 방문하고 싶다면 내게 이메일을 보내 줘!

Étape 3

문제 3의 해설을 확인한 후, 필수 어휘를 익혀 보세요.

해설

문항	풀이 요령
1	음성에서 'une maison 집'만 언급되고 'hôtel 호텔'은 언급되지 않았기 때문에 **Non**에 ☒.
2	'château 성'을 방문할 수 있다고 했으므로 **Oui**에 ☒. 'château'는 'voyage 여행' 또는 'tourisme 관광'할 때 방문할 장소로 자주 등장하는 어휘이므로 기억해야 한다.
3	'musée 미술관'도 방문할 수 있다고 했으므로 **Oui**에 ☒. 'exposition 전시회, tableau 그림, peinture 그림'도 함께 알아 두어야 할 어휘이다.
4	'chat 고양이'를 키우고 있다고 했는데, 선택지에는 'tigre 호랑이'가 있으므로 **Non**에 ☒. 'lion 사자', 'girafe 기린' 등의 동물들은 'zoo 동물원'과 관련이 있다는 것도 알아 두자.
5	'chien 개'를 키우고 있다고 했으므로 **Oui**에 ☒.

필수 어휘

manquer 부족하다, 보고 싶다 | proposer 제안하다 | pays (m.) 나라 | envoyer 보내다 | courriel (m.) 이메일 | si 만약

문제 4

EXERCICE 5 실전 연습

Track 5-04

Étape 1

전략에 따라 문제 4를 풀어 보세요.

5 points

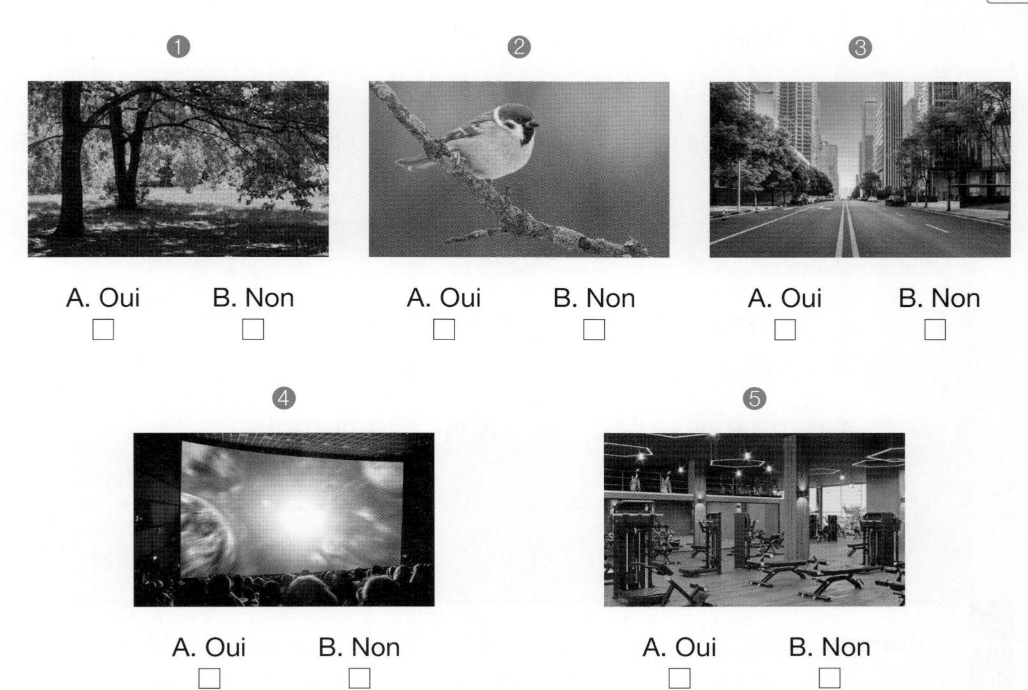

문제 4의 내용을 분석한 후, 스크립트를 확인해 보세요.

문제 분석

제시된 문제 중 2번은 특정 동물과 관련된 이미지이고, 나머지는 특정 장소와 관련된 이미지이다. 따라서 각 동물의 명칭 및 장소와 관련된 어휘를 미리 떠올린다.

1번	2번	3번
forêt 숲 A. 예 ☐ B. 아니오 ☐	oiseau 새 A. 예 ☐ B. 아니오 ☐	avenue 대로 A. 예 ☐ B. 아니오 ☐

4번	5번
cinéma 영화관 A. 예 ☐ B. 아니오 ☐	centre de gym 헬스장 A. 예 ☐ B. 아니오 ☐

스크립트

Homme : Salut, c'est Julien ! Ça y est ! Je viens de déménager. Ma maison se trouve au milieu de la forêt et j'entends tout le temps le chant des oiseaux. Je me promène souvent sur le sentier de la forêt avec mon chien. Le cinéma est loin de chez moi mais ce n'est pas grave. J'espère que tu vas venir à ma nouvelle maison un jour.

남자 : 안녕, 나 Julien이야! 됐어! 나는 막 이사했어. 집은 숲 한가운데 위치해 있고, 나는 항상 새소리를 들어. 나는 개와 함께 자주 숲속 오솔길을 산책해. 영화관이 집에서 멀기는 하지만 괜찮아. 네가 언젠가 내 새 집에 오기를 기대하고 있어.

문제 4의 해설을 확인한 후, 필수 어휘를 익혀 보세요.

문항	풀이 요령
1	'au milieu de la forêt 숲 한가운데'라는 표현이 언급되었으므로 **Oui**에 ☒. 참고로 규모가 작은 숲은 'bois'라고 한다는 것도 알아 두자.
2	'le chant des oiseaux 새소리'를 듣는다는 표현에서 'oiseau 새'가 언급되었으므로 **Oui**에 ☒.
3	'le sentier de la forêt 숲속 오솔길'에서 산책을 한다고 했는데, 선택지에 있는 것은 'avenue 대로'이므로 **Non**에 ☒. 도로의 경우 크기에 따라 'allée 골목길 < rue 거리 < boulevard 큰길 < avenue 대로' 순서라는 것도 참고로 알아 두자.
4	'cinéma 영화관'이라는 단어가 나왔으므로 **Oui**에 ☒. 도시에서 누릴 수 있는 문화생활과 관련하여 'pièce de théâtre 연극', 'salle de jeux-vidéo 게임장' 등도 알아 두자.
5	'centre de gym 헬스장'에 대한 언급은 없기 때문에 **Non**에 ☒. 'salle de gym 체육관', 'salle de conférence 강연장', 'salle de cinéma 상영관'과 같이 무언가를 하는 장소로 salle이 많이 사용된다는 것도 알아 두자.

필수 어휘

oiseau (m.) 새 | déménager 이사하다 | au milieu de ~ 한가운데 | entendre 듣다 | chant (m.) 노래 | sentier (m.) 오솔길 | loin 먼 | un jour 언젠가

EXERCICE 5 실전 연습

Track 5-05

전략에 따라 문제 5를 풀어 보세요.

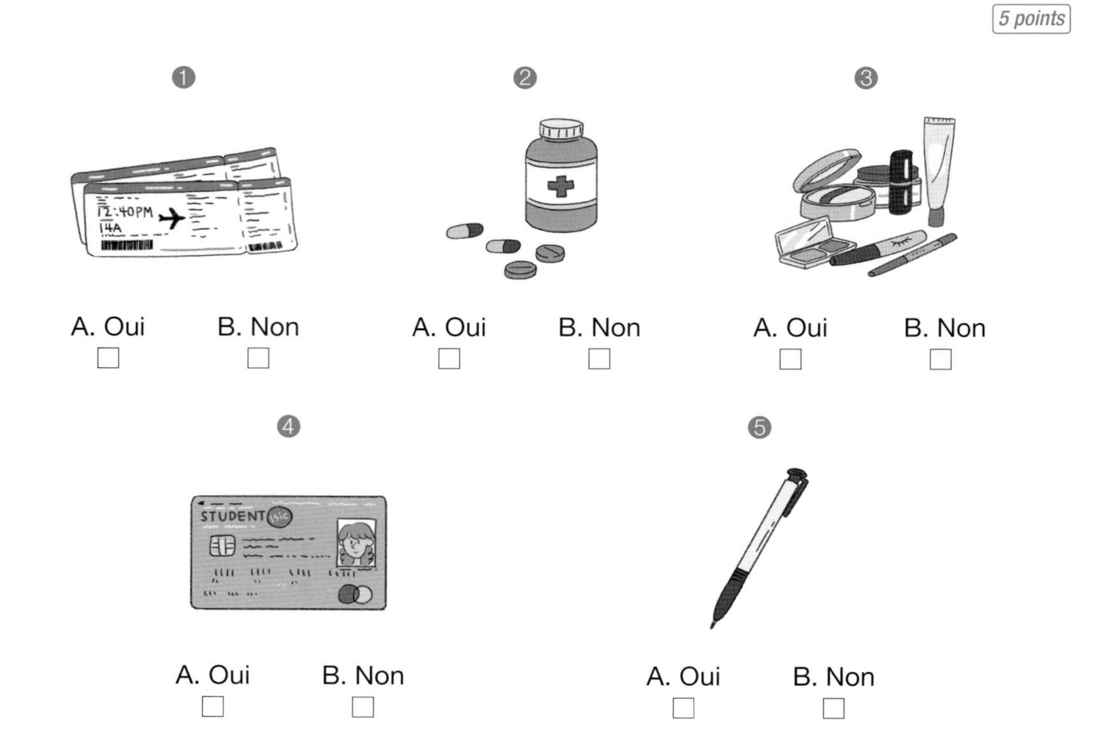

Étape 2

문제 5의 내용을 분석한 후, 스크립트를 확인해 보세요.

문제 분석

제시된 문제가 모두 특정 사물과 관련된 이미지이므로, 각 사물의 명칭과 관련된 어휘를 미리 떠올린다. 특히 문제 1번은 'voyage 여행'과 관련이 있는 이미지이므로, 여행과 관련된 어휘들에도 초점을 맞추도록 한다.

1번	2번	3번
billet d'avion 비행기표	médicament 약	produit de beauté 화장품
A. 예 ☐ B. 아니오 ☐	A. 예 ☐ B. 아니오 ☐	A. 예 ☐ B. 아니오 ☐

4번	5번
carte d'étudiant 학생증	stylo 펜
A. 예 ☐ B. 아니오 ☐	A. 예 ☐ B. 아니오 ☐

스크립트

Femme : Salut, c'est Hélène. Tu n'as pas oublié notre voyage ? J'ai déjà réservé le billet d'avion et Julien va venir à l'aéroport pour nous accueillir. Tu dois apporter des médicaments et ton passeport. J'ai acheté un joli stylo pour offrir à Julien. Appelle-moi si tu veux me poser des questions à propos du voyage !

여자 : 안녕, 나 Hélène이야. 너 우리 여행을 잊지 않았지? 나는 이미 비행기표를 예약했고, Julien이 우리를 맞이하기 위해 공항에 나올 거야. 너 약들과 여권을 가져와야 돼. 나는 Julien에게 줄 예쁜 펜을 샀어. 여행에 관해 물어볼 것이 있으면 내게 전화해!

문제 5의 해설을 확인한 후, 필수 어휘를 익혀 보세요.

문항	풀이 요령
1	'billet d'avion 비행기표'를 예약했다는 내용에 따라 **Oui**에 ☒. 'billet de train 기차표'와 함께 교통수단을 나타내는 'avion 비행기', 'métro 지하철', 'bus 버스', 'train 기차'도 알아 두어야 한다.
2	'médicaments 약'을 가져오라는 내용이 있으므로 **Oui**에 ☒. 여행에서 가져가야 할 것들로 'articles de toilettes 세면도구', 'rasoir 면도기' 등도 알아 두어야 한다.
3	음성에서 'produit de beauté 화장품'에 대한 언급은 없으므로 **Non**에 ☒.
4	음성에서 'passeport 여권'만 언급하고 'carte d'étudiant 학생증'은 언급하지 않았으므로 **Non**에 ☒. 'pièce d'identité 신분증'이라는 단어 역시 알아 두어야 한다.
5	선물로 'stylo 펜'을 샀다고 했기 때문에 **Oui**에 ☒.

médicament (m.) 약 | oublier 잊다 | accueillir 환대하다 | passeport (m.) 여권 | poser (질문, 문제 따위를) 제기하다 | à propos de ~에 관한

문제 6

EXERCICE 5 실전 연습

Track 5-06

Étape 1

전략에 따라 문제 6을 풀어 보세요.

5 points

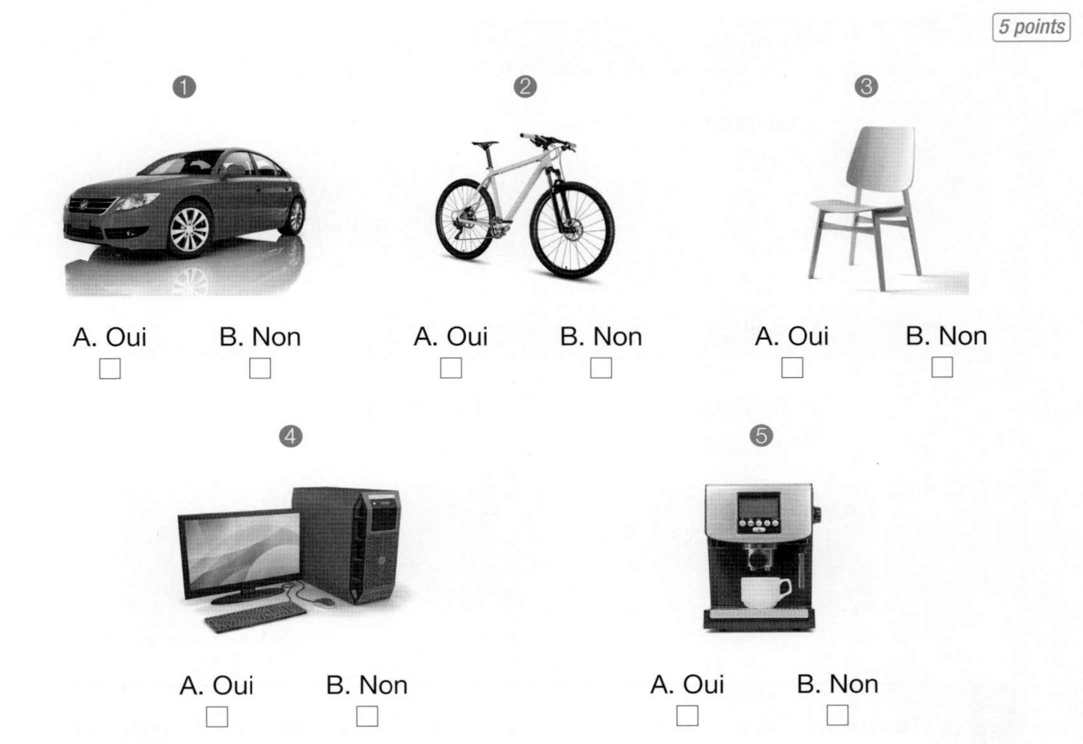

문제 6의 내용을 분석한 후, 스크립트를 확인해 보세요.

문제 분석

제시된 문제가 모두 특정 사물과 관련된 이미지이므로, 각 사물의 명칭과 관련된 어휘를 미리 떠올린다. 특히 문제 1~2번은 'transport 교통수단'과 관련이 있는 이미지이므로, 교통과 관련된 어휘들에도 초점을 맞추도록 한다.

1번	2번	3번
voiture 자동차	vélo 자전거	chaise 의자
A. 예 ☐ B. 아니오 ☐	A. 예 ☐ B. 아니오 ☐	A. 예 ☐ B. 아니오 ☐

4번	5번
ordinateur 컴퓨터	machine à café 커피 머신
A. 예 ☐ B. 아니오 ☐	A. 예 ☐ B. 아니오 ☐

스크립트

Homme : Salut, c'est Thierry ! J'ai trouvé un studio dans le centre-ville. Comme le bureau est près de chez moi, je peux y aller à vélo. Les collègues sont gentils avec moi mais la table et la chaise sont un peu vieilles. Et puis, l'ordinateur ne marche pas bien. Malgré tout, je dois travailler dur car c'est mon nouveau travail, n'est-ce pas ?

남자 : 안녕, 나 Thierry야! 시내에 스튜디오를 구했어. 사무실이 집에서 가까이에 있기 때문에 자전거로 갈 수가 있어. 동료들은 내게 친절하지만 책상과 의자가 약간 낡았어. 컴퓨터도 작동이 잘 안 되고. 그럼에도 불구하고 내 새 직장이니까 나는 열심히 일해야 해, 안 그래?

문제 6의 해설을 확인한 후, 필수 어휘를 익혀 보세요.

문항	풀이 요령
1	음성에서 'voiture 자동차'를 언급하지 않았기 때문에 **Non**에 ☒.
2	사무실에 'vélo 자전거'를 타고 출근한다고 했으므로 **Oui**에 ☒. 회사까지 거리가 가까운 경우, 'aller à pied 걸어서 간다'라는 표현 역시 알아 두어야 한다.
3	'table 책상'과 'chaise 의자'가 약간 낡았다고 했으므로 **Oui**에 ☒. 사무용품으로 'photocopieur 복사기'도 알아 두자.
4	'ordinateur 컴퓨터'가 언급되고 있으므로 **Oui**에 ☒. 'ordinateur portable 노트북'도 사무실에서 사용되는 기기이므로 알아 두어야 한다.
5	'machine à café 커피 머신'에 대한 언급은 없으므로 **Non**에 ☒.

chaise (f.) 의자 | ordinateur (m.) 컴퓨터 | vieux 낡은 | marcher 작동하다 | malgré tout 그럼에도 불구하고 | dur 열심히

EXERCICE 5 실전 연습

Track 5-07

Étape 1

전략에 따라 문제 7을 풀어 보세요.

5 points

❶

A. Oui ☐ B. Non ☐

❷

A. Oui ☐ B. Non ☐

❸

A. Oui ☐ B. Non ☐

❹

A. Oui ☐ B. Non ☐

❺

A. Oui ☐ B. Non ☐

Étape 2

문제 7의 내용을 분석한 후, 스크립트를 확인해 보세요.

문제 분석

제시된 문제 중 2번은 특정 장소와 관련된 이미지이고, 나머지는 특정 사물과 관련된 이미지이다. 따라서 각 사물의 명칭 및 장소와 관련된 어휘를 미리 떠올린다.

1번	2번	3번
film 영화 A. 예 ☐ B. 아니오 ☐	bibliothèque 도서관 A. 예 ☐ B. 아니오 ☐	télévision 텔레비전 A. 예 ☐ B. 아니오 ☐

4번	5번
pizza 피자 A. 예 ☐ B. 아니오 ☐	moto 오토바이 A. 예 ☐ B. 아니오 ☐

스크립트

Femme : Salut, c'est Laurie ! Voilà, c'est bientôt les examens de fin d'année et je te propose de travailler ensemble chez moi. J'ai acheté des DVDs et on peut regarder des films sur le grand écran de la télévision pendant l'heure de repos. Et puis on va manger des pizzas. Qu'est-ce que tu en penses ? Si tu es d'accord, je vais passer chez toi avec ma voiture. Appelle-moi !

여자 : 안녕, 나 Laurie야! 다름이 아니라 곧 기말시험인데, 너에게 내 집에서 함께 공부할 것을 제안할게. 내가 DVD를 샀는데, 휴식 시간 동안 텔레비전의 큰 화면으로 영화들을 볼 수 있어. 그리고 피자를 먹을 거야. 이것에 대해 어떻게 생각하니? 네가 동의하면, 내 차를 가지고 너의 집에 들를게. 전화해 줘!

문제 7의 해설을 확인한 후, 필수 어휘를 익혀 보세요.

해설

문항	풀이 요령
1	'DVD'와 'films'이 언급되었으므로 **Oui**에 ☒. 영화와 관련해서 'cinéma 영화관' 역시 반드시 알아야 할 단어이다.
2	'chez moi 내 집'에서 공부하자고 했는데, 이미지는 'bibliothèque 도서관'이므로 **Non**에 ☒. 참고로 'chez'는 '~집에'라는 의미 외에 'chez le médecin 의원', 'chez le boulanger 빵집'처럼 특정 장소를 의미할 때도 사용된다는 것에 유의해야 한다.
3	'le grand écran de la télévision 텔레비전의 큰 화면'이라고 했으므로 **Oui**에 ☒. 텔레비전과 관련하여 'émission 방송'이라는 단어 역시 알아 두자.
4	'pizza 피자'를 먹자고 했으므로 **Oui**에 ☒. 음식의 경우 'plat italien 이탈리아 요리', 'plat américain 미국식 요리' 등을 활용할 수 있다는 점도 기억하자.
5	'voiture 자동차'를 타고 간다고 했으므로 **Non**에 ☒. 'scooter 스쿠터'도 젊은 사람들이 많이 이용하는 교통수단이므로 함께 알아 두자.

필수 어휘

examen de fin d'année (m.) 기말시험 | écran (m.) 화면 | repos (m.) 휴식 | passer (지나는 길에) 들르다 | appeler 전화하다

문제 8 EXERCICE 5 실전 연습

Track 5-08

Étape 1

전략에 따라 문제 8을 풀어 보세요.

5 points

❶

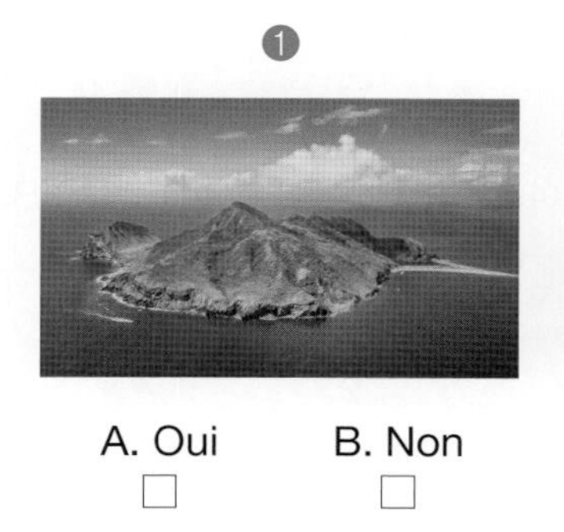

A. Oui ☐ B. Non ☐

❷

A. Oui ☐ B. Non ☐

❸

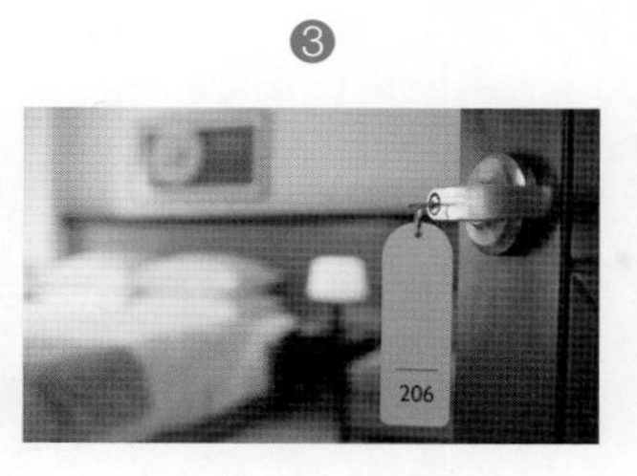

A. Oui ☐ B. Non ☐

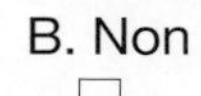

❹

A. Oui ☐ B. Non ☐

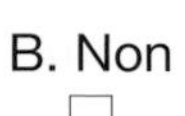

❺

A. Oui ☐ B. Non ☐

문제 8의 내용을 분석한 후, 스크립트를 확인해 보세요.

문제 분석

제시된 문제 중, 1~3번은 특정 장소와 관련된 이미지이고, 나머지는 특정 활동과 관련된 이미지이다. 따라서 각 장소 및 활동과 관련된 어휘를 미리 떠올린다.

1번	2번	3번
île 섬	grande ville 대도시	hôtel 호텔
A. 예 ☐ B. 아니오 ☐	A. 예 ☐ B. 아니오 ☐	A. 예 ☐ B. 아니오 ☐

4번	5번
ski 스키	danse folklorique 민속춤
A. 예 ☐ B. 아니오 ☐	A. 예 ☐ B. 아니오 ☐

스크립트

Homme : Salut, c'est Laurent ! J'ai passé un week-end inoubliable dans une île magnifique. J'ai logé dans un hôtel de luxe et j'ai nagé toute la journée. Et puis, j'ai goûté des plats de poissons et j'ai vu le spectacle de la danse folklorique. J'ai gagné un téléphone portable au tirage au sort. Je te conseille d'y aller un jour.

남자 : 안녕, 나 Laurent이야! 나는 멋진 섬에서 잊지 못할 주말을 보냈어. 호화로운 호텔에서 묵었고 하루 종일 수영했어. 그리고 생선 요리들을 맛보았고 민속춤 공연을 봤어. 추첨을 통해 휴대폰도 탔어. 너도 언젠가 그곳에 가는 것을 추천해.

문제 8의 해설을 확인한 후, 필수 어휘를 익혀 보세요.

해설

문항	풀이 요령
1	'île magnifique 멋진 섬'에서 주말을 보냈다고 했기 때문에 **Oui**에 ☒. 섬과 관련하여 'mer 바다', 'plage 해변'도 함께 알아 두어야 한다.
2	'grande ville 대도시'와 관련된 표현이 언급되지 않았으므로 **Non**에 ☒. 'capitale 수도' 역시 알아 두어야 할 어휘이다.
3	'hôtel de luxe 호화로운 호텔'에서 묵었다는 내용에서 'hôtel 호텔'이 언급되었으므로 **Oui**에 ☒.
4	음성에서는 'j'ai nagé 수영을 했다'고 했는데, 선택지에는 'ski 스키'와 관련된 이미지가 제시되었으므로 **Non**에 ☒.
5	'danse folklorique 민속춤'을 보았다고 했으므로 **Oui**에 ☒. 'danse traditionnelle 전통춤'이라는 단어도 알아 두자.

필수 어휘

île (f.) 섬 | **folklorique** 민속적인 | **inoubliable** 잊을 수 없는 | **loger** 묵다 | **de luxe** 호화로운 | **nager** 수영하다 | **toute la journée** 하루 종일 | **goûter** 맛보다 | **poisson (m.)** 생선 | **tirage au sort (m.)** 추첨

문제 9

EXERCICE 5 실전 연습

Track 5-09

Étape 1

전략에 따라 문제 9를 풀어 보세요.

5 points

❶ A. Oui ☐ B. Non ☐

❷ A. Oui ☐ B. Non ☐

❸ A. Oui ☐ B. Non ☐

❹ A. Oui ☐ B. Non ☐

❺ A. Oui ☐ B. Non ☐

Étape 2

문제 9의 내용을 분석한 후, 스크립트를 확인해 보세요.

문제 분석

제시된 문제 중 1~2번은 집 내부의 특정 장소와 관련된 이미지이고, 나머지는 특정 사물과 관련된 이미지이다. 따라서 각 장소 및 활동과 관련된 어휘를 미리 떠올린다. 특히 3~5번의 사물들은 모두 부러지거나 고장이 난 상태이므로 이와 관련된 표현에 초점을 맞추어야 한다.

1번	2번	3번
salle de bain 욕실	salle de cuisine 부엌	clé 열쇠
A. 예 ☐ B. 아니오 ☐	A. 예 ☐ B. 아니오 ☐	A. 예 ☐ B. 아니오 ☐

4번	5번
fenêtre 창문	lit 침대
A. 예 ☐ B. 아니오 ☐	A. 예 ☐ B. 아니오 ☐

스크립트

Femme : Bonjour monsieur, je suis votre nouvelle locataire ! J'ai déménagé hier et il y a beaucoup de problèmes chez moi. D'abord, la salle de bain est trop sale et le chauffage ne marche pas. Et je ne sais pas pourquoi mais je ne peux pas ouvrir la porte avec la clé. Et puis, la fenêtre s'est cassée. Je ne peux pas vivre dans ces conditions et je vous demande de résoudre tous ces problèmes.

여자 : 안녕하세요, 저는 당신의 새 세입자입니다. 어제 이사를 했는데 제 집에 많은 문제가 있습니다. 우선 욕실이 너무 더럽고 난방은 작동하지 않습니다. 그리고 왜인지 모르겠지만 열쇠로 문을 열 수 없습니다. 그리고 창문도 깨져 있습니다. 저는 이런 조건에서 살 수가 없으니 이 모든 문제들을 해결해 줄 것을 당신께 요구합니다.

Étape 3

문제 9의 해설을 확인한 후, 필수 어휘를 익혀 보세요.

해설

문항	풀이 요령
1	'salle de bain 욕실'을 언급했으므로 **Oui**에 ☒. 욕실과 관련하여 'serviette 수건', 'brosse à dents 칫솔', 'savon 비누' 등도 함께 알아 두어야 한다.
2	'salle de cuisine 부엌'에 대해서는 언급하지 않았으므로 **Non**에 ☒. 부엌과 관련하여 'micro-ondes 전자레인지', 'frigo 냉장고' 등의 어휘도 함께 알아 두자.
3	'je ne peux pas ouvrir la porte avec la clé 열쇠로 문을 열 수 없습니다'라는 표현에서 'clé 열쇠'가 언급되었으므로 **Oui**에 ☒. 열쇠와 함께 'serrure 자물쇠' 역시 알아 두자.
4	'la fenêtre s'est cassée 창문도 깨져 있습니다'라고 했으므로 **Oui**에 ☒. 창문에 있는 'rideau 커튼'이라는 단어도 알아 두면 좋다. 또한 프랑스 가정집에서 볼 수 있는 'volet 덧창(햇빛을 가려 주는 용도)'과 'store 블라인드'도 알아 두자.
5	'lit 침대'에 대한 언급은 없기 때문에 **Non**에 ☒. 'chambre 방'과 관련하여 'armoire 옷장'이라는 단어도 알아 두자.

필수 어휘

salle de bain (f.) 욕실 | clé (f.) 열쇠 | fenêtre (f.) 창문 | locataire 세입자 | hier 어제 | sale 더러운 | chauffage (m.) 난방 | se casser 깨지다 | condition (f.) 조건 | résoudre 해결하다

문제 10

EXERCICE 5 실전 연습

Track 5-10

Étape 1

전략에 따라 문제 10을 풀어 보세요.

5 points

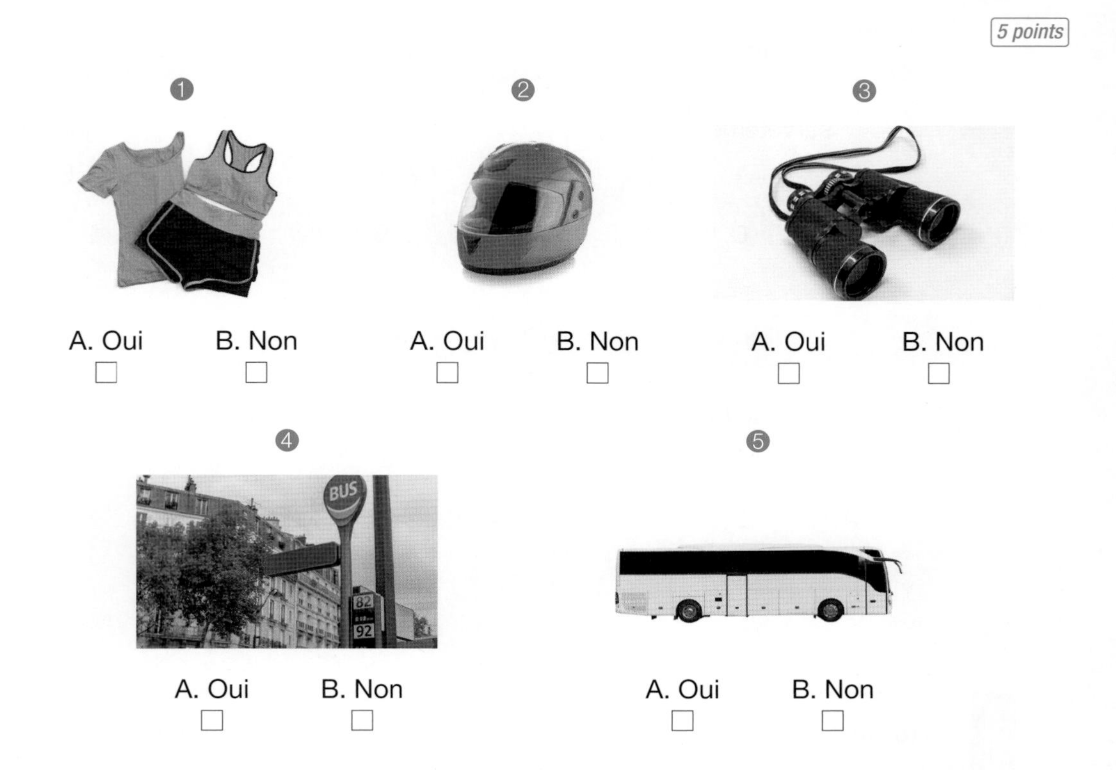

❶ A. Oui ☐ B. Non ☐

❷ A. Oui ☐ B. Non ☐

❸ A. Oui ☐ B. Non ☐

❹ A. Oui ☐ B. Non ☐

❺ A. Oui ☐ B. Non ☐

문제 10의 내용을 분석한 후, 스크립트를 확인해 보세요.

문제 분석

제시된 문제 중 4번은 특정 장소와 관련된 이미지이고, 나머지는 특정 사물과 관련된 이미지이다. 따라서 각 사물 및 장소와 관련된 어휘를 미리 떠올린다. 특히 문제 4~5번은 'transport 교통수단'과 관련이 있는 이미지이므로, 교통과 관련된 어휘들에도 초점을 맞추도록 한다.

1번	2번	3번
survêtement 운동복	casque 헬멧	jumelles 망원경
A. 예 ☐ B. 아니오 ☐	A. 예 ☐ B. 아니오 ☐	A. 예 ☐ B. 아니오 ☐

4번	5번
arrêt de bus 버스 정류장	bus 버스
A. 예 ☐ B. 아니오 ☐	A. 예 ☐ B. 아니오 ☐

스크립트

Homme : Salut, c'est Max ! Chez nous, dans l'ouest, il fait très beau cette semaine. Alors apporte ton survêtement et ton casque car on pourra prendre un vélo. Prends aussi ton appareil photo si tu veux photographier la nature splendide. Je t'attends à la gare, appelle-moi pour me dire l'heure d'arrivée du train !

남자 : 안녕, 나 Max야! 서쪽에 있는 우리 지역은 이번 주에 날씨가 매우 좋아. 그러니까 운동복이랑 헬멧을 가져와. 왜냐하면 자전거를 탈 수 있기 때문이야. 또 웅장한 자연을 찍고 싶다면 카메라를 가져와. 너를 기차역에서 기다릴 테니까 내게 전화해서 기차 도착 시간을 말해 줘!

문제 10의 해설을 확인한 후, 필수 어휘를 익혀 보세요.

해설

문항	풀이 요령
1	'survêtement 운동복'을 가져오라고 했으므로 **Oui**에 ☒. 'tenue de sport'도 운동복을 의미하므로 알아 두어야 한다.
2	'casque 헬멧'도 가져오라고 했기 때문에 **Oui**에 ☒. 자전거를 의미하는 단어로 'vélo' 외에 'bicyclette'도 있다는 점을 알아 둔다.
3	음성에서는 'appareil photo 사진기'를 언급했는데, 선택지에는 'jumelles 망원경'이 있으므로 **Non**에 ☒.
4	'gare 기차역'에서 기다린다고 했는데, 선택지에는 'arrêt de bus 버스 정류장'이 있기 때문에 **Non**에 ☒.
5	음성에서는 'train 기차' 시간을 알려 달라고 했는데, 선택지에는 'bus 버스'가 있으므로 **Non**에 ☒.

필수 어휘

survêtement (m.) 운동복 | casque (m.) 헬멧 | jumelles (f.pl.) 망원경, 쌍안경 | arrêt (m.) 정류장 | ouest (m.) 서쪽 | splendide 빛나는, 장엄한

Compréhension des écrits

1 독해 완전 분석

A1의 독해 평가는 짧은 제시문을 읽고 각 질문에 알맞은 답을 선택지에서 고르는 형태로, 총 4개의 유형으로 구성된다. 일상생활에서 쉽게 접할 수 있는 이메일, 게시판, 안내문, 기사 등을 읽고 그 내용을 정확히 이해했는지를 평가하며, 각 유형마다 5개의 객관식 문제가 출제된다. A1 수준의 어휘력과 간단한 문장 독해력을 평가하는 영역이며, 총 25점 만점이다

2 독해 유형 파악 [30분, 총 25점]

유형	특징
1 이메일 (6점)	메시지 또는 이메일 형식으로 된 제시문을 보고, 그 내용을 정확히 이해했는지를 평가하는 유형이다. 제시문의 내용은 메시지를 보낸 이유와 제안사항 위주로 구성이 되기 때문에 'quand 언제', 'où 어디서', 'qui 누가', 'comment 어떻게', 'que 무엇을' 등의 의문사를 사용한 육하원칙 문제가 자주 출제된다.
2 안내문 (6점)	짧은 안내문에서 설명하고 있는 다양한 정보를 정확히 파악했는지를 평가하는 유형이다. 특히 이 유형에서는 지도를 찾는 문제가 포함되는데, 신유형에서는 제시문에서 언급한 방향이 정확하게 표시된 지도를 선택지에서 고르는 객관식 형태로 출제된다는 점에 유의한다.
3 광고, 게시판 (6점)	직장이나 학교에서 할 수 있는 활동들(여가 스포츠 클럽, 동아리 등)과 관련된 5개의 광고 중 문제에서 요구하고 있는 것과 관련된 광고를 파악할 수 있는지를 평가하는 유형이다. 구인이나 구직과 관련된 광고 역시 시험에서 출제될 수 있다.
4 기사 (7점)	특정 지역에서 개최하는 행사 또는 특정 장소의 특징과 관련하여 소개를 하거나 정보를 제공해 주는 인터넷 기사로서 이를 바탕으로 이와 관련된 내용들을 제대로 이해하고 있는지를 평가하는 유형이다.

3 독해 평가 이것만은 꼭!

❶ 어휘나 표현 학습에 신경 써야 한다.

주관식 없이 객관식으로 문제가 출제되므로 텍스트에 있는 어휘나 표현을 선택지에 그대로 쓰는 경우 문제가 너무 쉬워질 수 있기 때문에 난이도를 유지하기 위해 가능한 한 텍스트에 있는 어휘나 표현을 그대로 쓰지 않고 의미가 유사한 단어들이나 문장으로 대체할 확률이 높다. 따라서 평소에 자주 쓰이는 어휘나 표현과 관련해서는 유사한 뜻의 단어들이나 표현 역시 함께 숙지해야 한다.

❷ 육하원칙과 관련한 부분들에 집중해야 한다.

주어진 텍스트의 내용들과 관련해서 출제되는 문제들의 대부분은 육하원칙(언제, 어디서, 누가, 무엇을, 왜, 어떻게)에 해당되는 내용들과 밀접하게 관련되어 있다. 따라서 텍스트를 읽을 때 이런 점들을 염두에 두어야 한다.

❸ 선택지의 길이에 신경 쓰지 말아야 한다.

선택지 A, B, C 문장들은 특정한 상황들(때 : 아침, 점심, 저녁, 달 : 1월, 2월..., 시간 : 1시, 2시..., 계절 : 봄, 여름...)의 경우를 제외하고는 길이의 순서대로 배열된다(짧은 것부터 긴 것 순). 따라서 문장의 길이가 길다고 해서 정답일 확률이 높지 않으므로 텍스트를 제대로 읽지 않고 성급하게 답을 고르면 안 된다.

❹ 독해 평가가 끝나는 시간은 따로 알려 주지 않는다.

듣기 평가의 경우 마지막에 듣기가 끝났다고 알려 주는 안내를 해 주는 반면, 독해 평가의 경우는 따로 알려 주지 않고 독해 문제를 다 풀면 바로 작문으로 넘어가야 한다. 또한 정답을 고르기 어려운 문제의 경우는 너무 시간을 끌지 말고 다음 문제를 풀고 작문에 시간을 많이 할애해야 한다.

독해 평가

EXERCICE 1

Pour répondre aux questions, cochez [x] la bonne réponse ou écrivez l'information demandée.

답에 ☒ 표시하거나 요구되는 정보를 써서 질문에 답하세요.

완전 공략

1 핵심 포인트

이메일 형식에 유의해서 메일을 보낸 이유와 장소 및 시간과 관련된 내용들을 정확히 파악해야 한다. 또한 어떤 활동들을 제안 또는 부탁하는지에 대한 부분과 함께 시간, 요일에 대한 내용 및 회신하는 방법(메일, 전화, 우편 등)에 대해 언급하는 내용에 초점을 맞추어야 한다.

2 빈출 주제

과거에는 주로 생일이나 기념일, 행사에 친구를 초대하는 내용으로 구성된 반면, 최근에는 친구에게 부탁, 제안하는 내용들로 구성되는 경향이 많다.

3 고득점 전략

① 메일을 보낸 목적에 집중한다.

최근에는 메일을 보낸 목적이 무엇인지(부탁, 제안)를 직접적으로 물어보는 경우가 많다. 따라서 이유와 관련된 'pourquoi 왜'라는 어휘가 문제에 언급되는지에 초점을 맞추어야 한다.

② 육하원칙과 관련된 내용에 집중한다.

메일에서 제안을 하거나 부탁을 할 때, 이와 관련된 육하원칙에 대한 문제가 반드시 출제된다. 따라서 'quand 언제', 'où 어디서', 'qui 누가', 'comment 어떻게', 'que 무엇을' 등의 의문사에 해당하는 내용이 무엇인지를 제시문에서 찾아야 한다.

③ 활동과 관련된 부분에 집중한다.

부탁이건 제안이건 반드시 어떠한 활동에 대해 제시문에서 언급이 되는데, 이와 관련하여 문제에는 'qu'est-ce que…'라는 표현이 나올 확률이 높다. 특히 A1이 기초 단계라는 점을 감안하여 어휘보다는 이미지로 활동 내용을 표시할 수 있으므로 활동과 관련된 내용을 주의 깊게 살펴봐야 한다.

④ 시간, 요일에 대한 어휘를 정확히 숙지한다.

시간이나 요일에 대한 문제가 나올 때 제시문에는 반드시 2개의 시간과 요일이 주어지게 된다. 객관식 문제에서 난이도를 높이기 위해 제기될 수 있는 방법으로, 문제에서 요구하는 내용을 정확히 파악해야 한다.

⑤ 연락 방법에 대한 부분에 집중한다.

답변을 어떤 식으로 받을지에 대한 문제가 출제되는 빈도수가 높아지고 있다. 이 부분은 제시문에서 거의 마지막 부분에 해당되는 내용이므로 집중해서 살펴봐야 한다.

EXERCICE 1 실전 연습

Étape 1

전략에 따라 문제 1을 풀어 보세요.

Vous recevez ce message de votre femme. *6 points*

Nouveau message

De: bea@mail.fr

Objet: Ce soir

Chéri !
Désolée mais je dois travailler tard ce soir. Tu peux aller prendre notre fille à l'école à 16 h ? Vous pouvez vous promener au parc, Nadine adore ça ! J'arrive à la maison à 20 h, vous pouvez dîner au restaurant. J'apporte un gâteau et on va le manger ensemble ! Je ne peux pas répondre au téléphone, je finis la réunion à 18 h. Écris-moi un message et merci encore !
Béatrice

Envoyer

Répondez aux questions.

❶ Béatrice vous écrit parce qu'elle … *1 point*

A □ veut se promener.
B □ n'a pas le temps d'aller à l'école.
C □ veut prendre un repas au restaurant.

❷ Où est-ce que vous allez chercher Nadine ? *1 point*

A □ À l'école.
B □ Au bureau.
C □ À la maison.

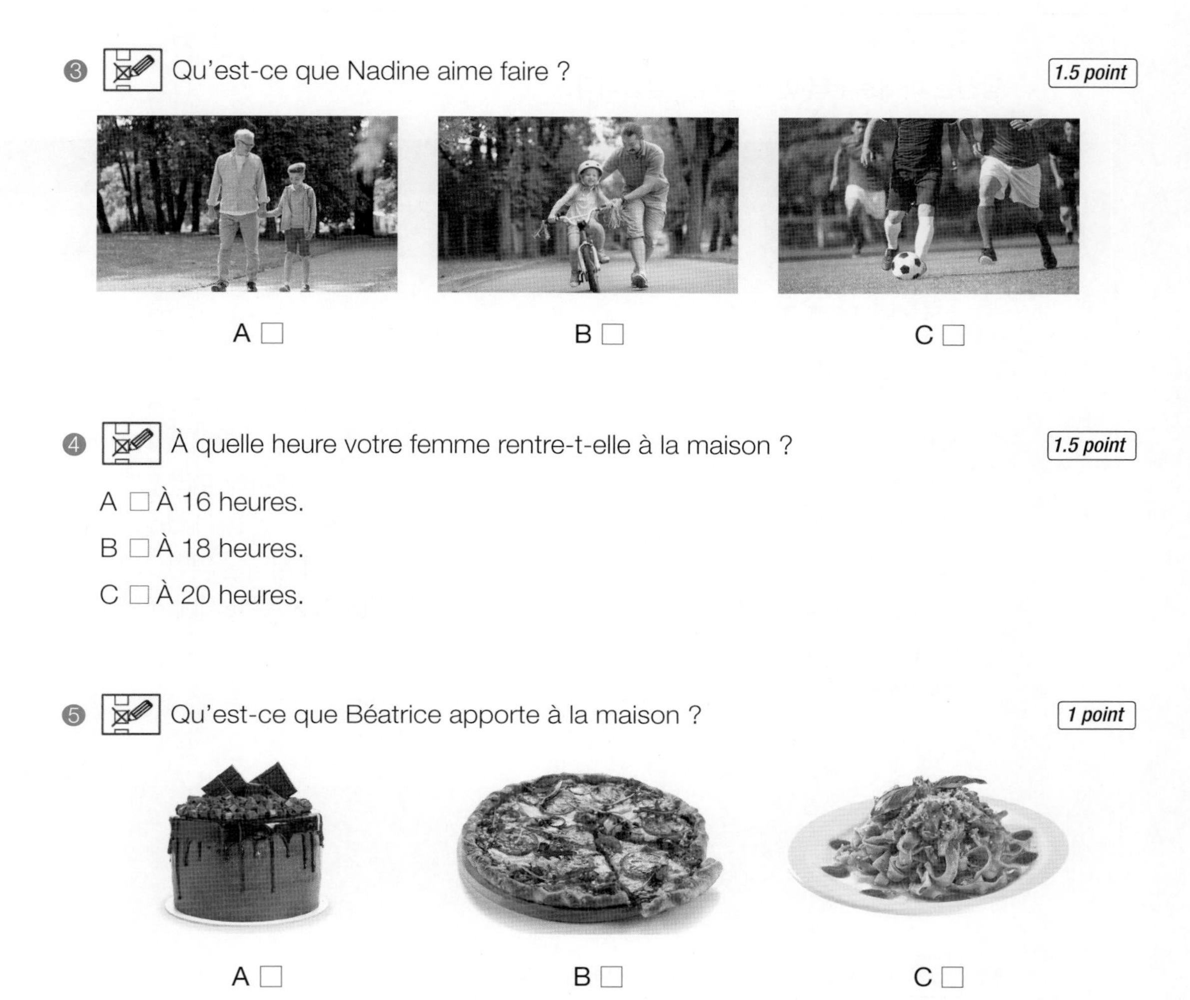

❸ Qu'est-ce que Nadine aime faire ? *1.5 point*

A ☐ B ☐ C ☐

❹ À quelle heure votre femme rentre-t-elle à la maison ? *1.5 point*

A ☐ À 16 heures.

B ☐ À 18 heures.

C ☐ À 20 heures.

❺ Qu'est-ce que Béatrice apporte à la maison ? *1 point*

A ☐ B ☐ C ☐

Étape 2

문제 1의 내용을 해석한 후, 문제를 분석해 보세요.

당신은 아내로부터 이 메시지를 받습니다. 6점

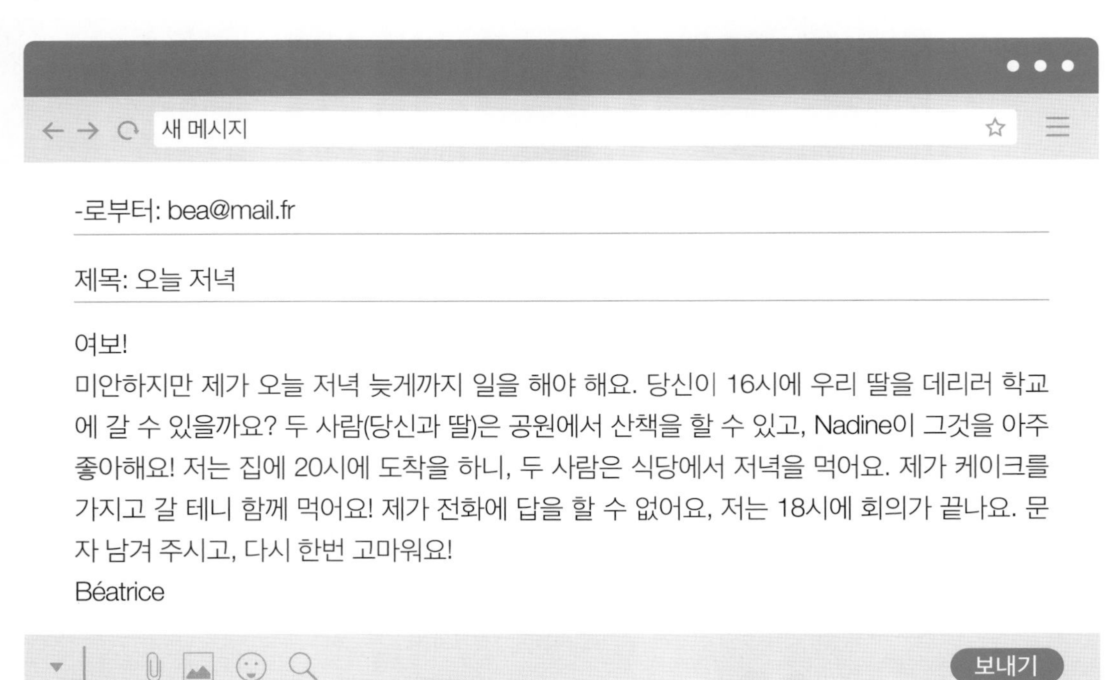
새 메시지

-로부터: bea@mail.fr

제목: 오늘 저녁

여보!
미안하지만 제가 오늘 저녁 늦게까지 일을 해야 해요. 당신이 16시에 우리 딸을 데리러 학교에 갈 수 있을까요? 두 사람(당신과 딸)은 공원에서 산책을 할 수 있고, Nadine이 그것을 아주 좋아해요! 저는 집에 20시에 도착을 하니, 두 사람은 식당에서 저녁을 먹어요. 제가 케이크를 가지고 갈 테니 함께 먹어요! 제가 전화에 답을 할 수 없어요, 저는 18시에 회의가 끝나요. 문자 남겨 주시고, 다시 한번 고마워요!
Béatrice

질문에 답하세요.

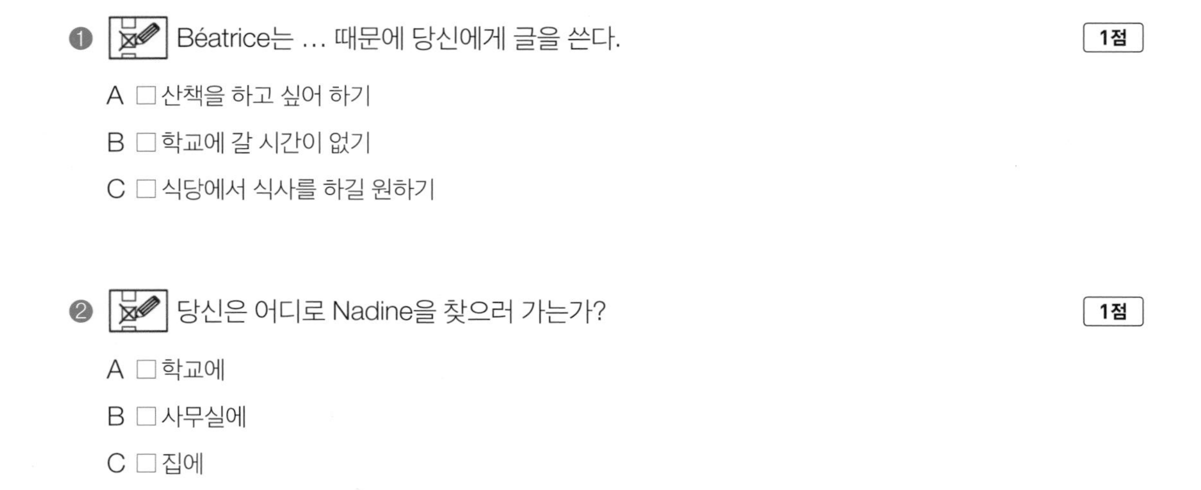

❶ Béatrice는 … 때문에 당신에게 글을 쓴다. 1점

A □ 산책을 하고 싶어 하기
B □ 학교에 갈 시간이 없기
C □ 식당에서 식사를 하길 원하기

❷ 당신은 어디로 Nadine을 찾으러 가는가? 1점

A □ 학교에
B □ 사무실에
C □ 집에

❸ Nadine은 무엇을 하는 것을 좋아하는가? **1.5점**

A ☐ B ☐ C ☐

❹ 당신의 아내는 몇 시에 귀가하는가? **1.5점**

A ☐ 16시에

B ☐ 18시에

C ☐ 20시에

❺ Béatrice는 집에 무엇을 가져오는가? **1점**

A ☐ B ☐ C ☐

문제 분석

남편에게 부탁하는 내용을 담은 메시지이다. 1번 문제에서는, Béatrice가 글을 쓴 이유가 무엇인지 먼저 파악한다. 그리고 2번과 3번 문제에 'Nadine'이라는 이름이 있으므로, 이 인물과 관련된 장소 및 활동이 언급되는 부분에 초점을 맞춘다. 마지막으로 Béatrice의 귀가 시간과 그녀가 귀가할 때 무엇을 가져오는지에 대해 기술하는 내용을 살펴본다. 특히 제시문에 2개의 시간이 언급되었으므로, 문제와 관련된 시간이 언제인지를 정확히 파악해야 한다.

Étape 3

문제 1의 해설을 확인하고, 필수 어휘를 익혀 보세요.

해설

문항	풀이 요령
1	Béatrice가 글을 쓴 목적을 묻는 문제이다. 제시문에서 'je dois travailler tard ce soir. Tu peux aller prendre notre fille à l'école à 16 h ? 제가 오늘 저녁 늦게까지 일을 해야 해요. 당신이 16시에 우리 딸을 데리러 학교에 갈 수 있을까요?'라고 했다. 이는 곧 사무실에 늦게까지 머물러야 해서 딸을 데리러 학교에 갈 시간이 없다는 의미와 같으므로, 정답은 **B**.
2	Nadine을 찾으러 가야 할 장소를 묻고 있다. 제시문의 'Tu peux aller prendre notre fille à l'école à 16 h ? 당신이 16시에 우리 딸을 데리러 학교에 갈 수 있을까요?'라는 문장을 통해 문제에 언급된 Nadine은 Béatrice의 딸의 이름이며, 그녀를 찾으러 갈 장소는 학교라는 것을 알 수 있다. 따라서 정답은 **A**.
3	제시된 선택지 중에서 Nadine이 좋아하는 활동과 관련된 사진을 고른다. 'Vous pouvez vous promener au parc, Nadine adore ça ! 두 사람은 공원에서 산책을 할 수 있고, Nadine이 그것을 아주 좋아해요!'라고 했으므로, 정답은 **A**.
4	당신의 아내, 즉 Béatrice가 귀가하는 시간을 묻고 있다. 제시문에서 Béatrice가 'J'arrive à la maison à 20 h 저는 집에 20시에 도착을 하니'라고 했으므로, 정답은 **C**.
5	제시된 선택지 중에서 Béatrice가 집에 가지고 올 물건과 관련된 사진을 고른다. 'J'apporte un gâteau 제가 케이크를 가지고 갈 테니'라고 했으므로, 정답은 **A**.

필수 어휘

recevoir 받다 | **message** (m.) 메시지 | **femme** (f.) 아내 | **chéri** (m.) 남편을 부를 때 사용하는 애칭 | **désolé** 유감스러운 | **travailler** 일하다 | **tard** 늦게 | **prendre** 데리러 가다, 먹다 | **fille** (f.) 딸 | **école** (f.) 학교 | **pouvoir** ~할 수 있다 | **se promener** 산책하다 | **parc** (m.) 공원 | **adorer** 아주 좋아하다 | **arriver** 도착하다 | **maison** (f.) 집 | **dîner** 저녁 식사를 하다 | **restaurent** (m.) 식당 | **apporter** 가져오다 | **gâteau** (m.) 케이크 | **manger** 먹다 | **ensemble** 함께 | **répondre à** ~에 답하다 | **finir** 끝내다 | **réunion** (f.) 회의 | **écrire** 쓰다 | **repas** (m.) 식사 | **chercher** 찾다 | **bureau** (m.) 사무실 | **aimer** 좋아하다 | **rentrer** 돌아오다

EXCERCICE 1 실전 연습

Étape 1

전략에 따라 문제 2를 풀어 보세요.

Vous recevez ce message de votre ami. *6 points*

Nouveau message

De: laurent@mail.fr

Objet: Confirmation

Salut !
Je t'envoie ce courriel pour confirmer le déjeuner vendredi après-midi à la maison. Tu peux venir jusqu'à 12 h. Est-ce que tu peux apporter une bouteille de vin ? J'ai aussi invité Gérard et sa femme. Ils préparent un gâteau au chocolat comme dessert. S'il y a un problème, téléphone-moi !
On se voit vendredi !
Laurent

Envoyer

Répondez aux questions.

❶ Laurent vous écrit pour … *1 point*

A ☐ annuler le rendez-vous.
B ☐ faire du sport avec vous.
C ☐ confirmer le rendez-vous pour le repas.

❷ Où est-ce que vous allez à midi ? *1 point*

A ☐ Chez Laurent.
B ☐ Au restaurant.
C ☐ Au bureau de Laurent.

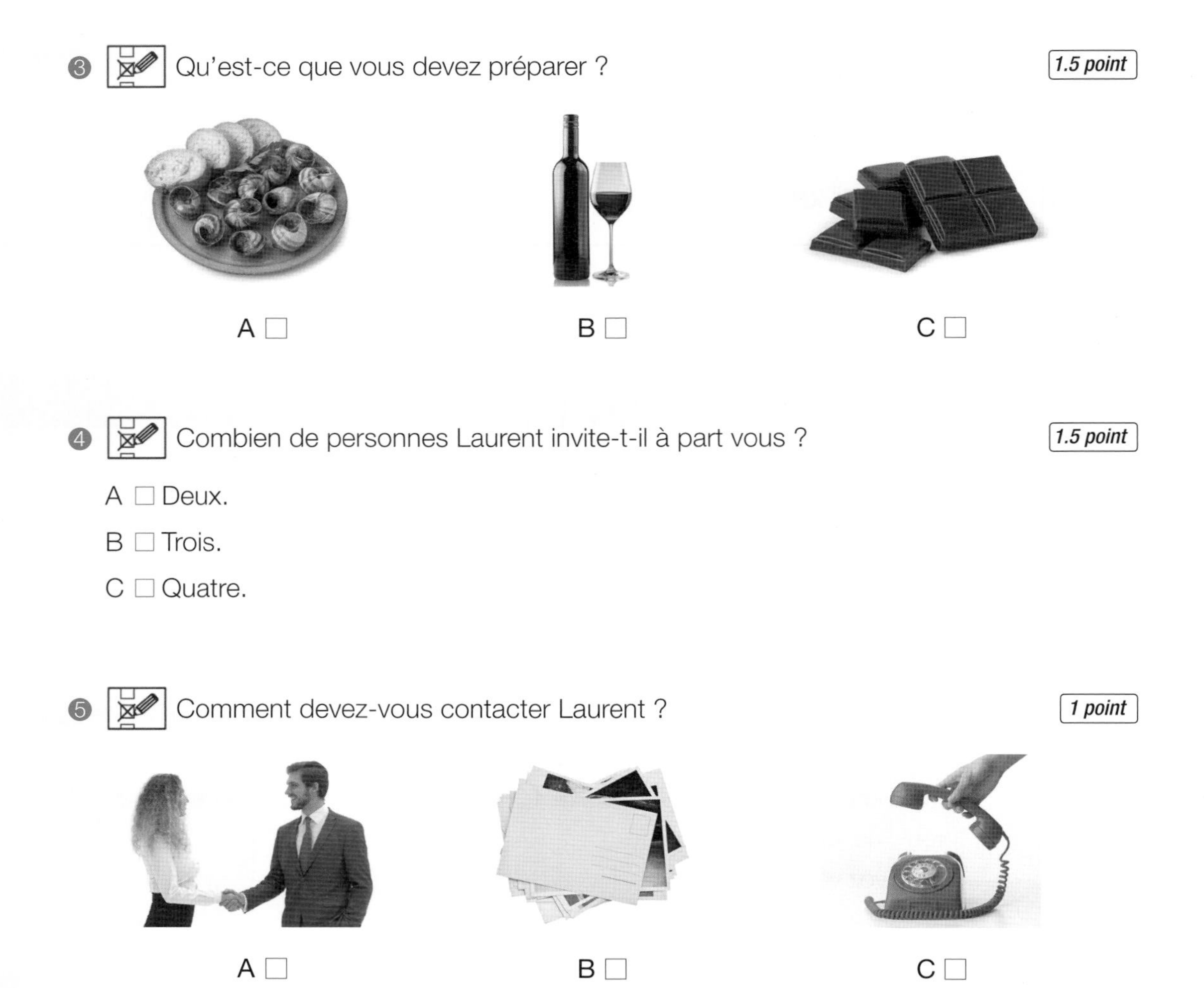

❸ Qu'est-ce que vous devez préparer ? **1.5 point**

A ☐ B ☐ C ☐

❹ Combien de personnes Laurent invite-t-il à part vous ? **1.5 point**

A ☐ Deux.

B ☐ Trois.

C ☐ Quatre.

❺ Comment devez-vous contacter Laurent ? **1 point**

A ☐ B ☐ C ☐

Étape 2

문제 2의 내용을 해석한 후, 문제를 분석해 보세요.

당신은 친구로부터 이 메시지를 받습니다. 6점

새 메시지

-로부터: laurent@mail.fr

제목: 확인

안녕!
금요일 오후에 집에서의 점심 식사를 확인하기 위해 너에게 이 메일을 보내. 너는 12시까지 오면 돼. 네가 포도주 한 병을 가져올 수 있니? 내가 Gérard랑 그의 아내도 초대했어. 그들은 후식으로 초콜릿 케이크를 가져올 거야. 혹시 문제가 있다면, 나에게 전화해 줘!
금요일에 봐!
Laurent

보내기

질문에 답하세요.

❶ Laurent은 … 위해서 당신에게 글을 쓴다. 1점

A □ 약속을 취소하기

B □ 당신과 운동을 하기

C □ 식사 약속을 확인하기

❷ 당신은 정오에 어디로 가는가? 1점

A □ Laurent의 집에

B □ 식당에

C □ Laurent의 사무실에

③ 당신은 무엇을 준비해야 하는가? **1.5점**

A □　　B □　　C □

④ 당신을 제외하고 Laurent은 몇 명을 초대하는가? **1.5점**

A □ 두 명

B □ 세 명

C □ 네 명

⑤ 당신은 Laurent과 어떻게 연락해야 하는가? **1점**

A □　　B □　　C □

문제 분석

친구를 초대하는 내용을 담은 메시지이다. 1번 문제에서는 Laurent이 글을 쓴 이유가 무엇인지 먼저 파악한다. 그리고 Laurent이 초대한 장소와 부탁한 내용이 언급된 부분을 제시문에서 재빨리 찾고, 다른 초대 손님에 대해 언급한 부분도 놓치지 않는다. 마지막으로 Laurent과의 연락 방법이 언급된 부분을 집중해서 살펴본다.

문제 2의 해설을 확인하고, 필수 어휘를 익혀 보세요.

해설

문항	풀이 요령
1	Laurent이 글을 쓴 목적을 묻는 문제이다. 'Je t'envoie ce courriel pour confirmer le déjeuner 점심 식사를 확인하기 위해 너에게 이 메일을 보내'라는 내용에 따라 정답은 **C**.
2	메시지를 받은 사람이 정오에 가야 할 장소를 묻고 있다. 제시문에서 'vendredi après-midi à la maison. Tu peux venir jusqu'à 12 h. 금요일 오후에 집에서의 점심 식사 … 너는 12시까지 오면 돼.'라고 했다. 메시지를 보낸 사람이 Laurent이므로, 메일을 받은 사람이 정오(12시)에 갈 장소는 Laurent의 집이라는 것을 알 수 있다. 따라서 정답은 **A**. TIP midi 정오 ⇄ à 12 h 12시
3	제시된 선택지 중에서 메시지를 받은 사람이 준비해야 할 물건과 관련된 사진을 고른다. Laurent이 'Est-ce que tu peux apporter une bouteille de vin ? 네가 포도주 한 병을 가져올 수 있니?'라고 부탁했으므로, 정답은 **B**. 제시문에서 언급된 'gâteau au chocolat 초콜릿 케이크'를 보고 C를 정답으로 고르지 않도록 주의한다.
4	Laurent이 초대한 손님의 인원수를 묻고 있다. 단, 문제에서 'à part vous 당신을 제외하고'라고 했으므로, 메시지를 받은 사람을 제외한 나머지 인원수가 몇 명인지를 정확히 파악해야 한다. 텍스트의 'J'ai aussi invité Gérard et sa femme. 내가 Gérard랑 그의 아내도 초대했어.'라는 내용에 따라 정답은 **A**.
5	제시된 선택지 중에서 Laurent과 연락하는 방법과 관련된 사진을 고른다. 'S'il y a un problème, téléphone-moi ! 혹시 문제가 있다면, 나에게 전화해 줘!'라고 했으므로, 정답은 **C**.

필수 어휘

envoyer 보내다 | **courriel (m.)** 메일 | **confirmer** 확인하다 | **déjeuner (m.)** 점심 식사 | **vendredi (m.)** 금요일 | **après-midi (m.)** 오후 | **maison (f.)** 집 | **venir** 오다 | **jusqu'à** ~까지 | **une bouteille de vin** 포도주 한 병 | **aussi** 또한 | **inviter** 초대하다 | **préparer** 준비하다 | **gâteau au chocolat (m.)** 초콜릿 케이크 | **comme** ~로서 | **dessert (m.)** 후식 | **il y a** ~이 있다 | **problème (m.)** 문제 | **téléphoner** 전화하다 | **vouloir** 원하다 | **annuler** 취소하다 | **rendez-vous (m.)** 약속 | **faire du sport** 운동하다 | **midi (m.)** 정오 | **chez ~** 집에 | **devoir** ~해야 한다 | **combien de** 얼마만큼의 | **personne (f.)** 사람 | **à part** ~을 제외하고 | **deux** 2 | **trois** 3 | **quatre** 4 | **contacter** 연락하다

EXERCICE 1 실전 연습

전략에 따라 문제 3을 풀어 보세요.

Vous recevez ce message de votre collègue. *6 points*

Nouveau message

De: vie@mail.fr

Objet: La réunion

Salut !
Tu n'as pas oublié la réunion de jeudi ? Comme le chef d'entreprise et les cadres sont présents dans cette réunion, il ne faut pas faire d'erreur. Elle commence à 19 heures donc tu n'arrives pas en retard ! Est-ce que tu peux apporter des boissons ? Moi, je vais préparer des biscuits. On va prendre un verre après la réunion, d'accord ?
À jeudi !
Xavier

Envoyer

Répondez aux questions.

❶ Qu'est-ce qui se passe jeudi ? *1 point*

A ☐ La réunion.

B ☐ Le repas d'entreprise.

C ☐ La rencontre avec le client.

❷ Qui va venir jeudi ? *1 point*

A ☐ Les clients.

B ☐ Les dirigeants.

C ☐ Les employés de bureau.

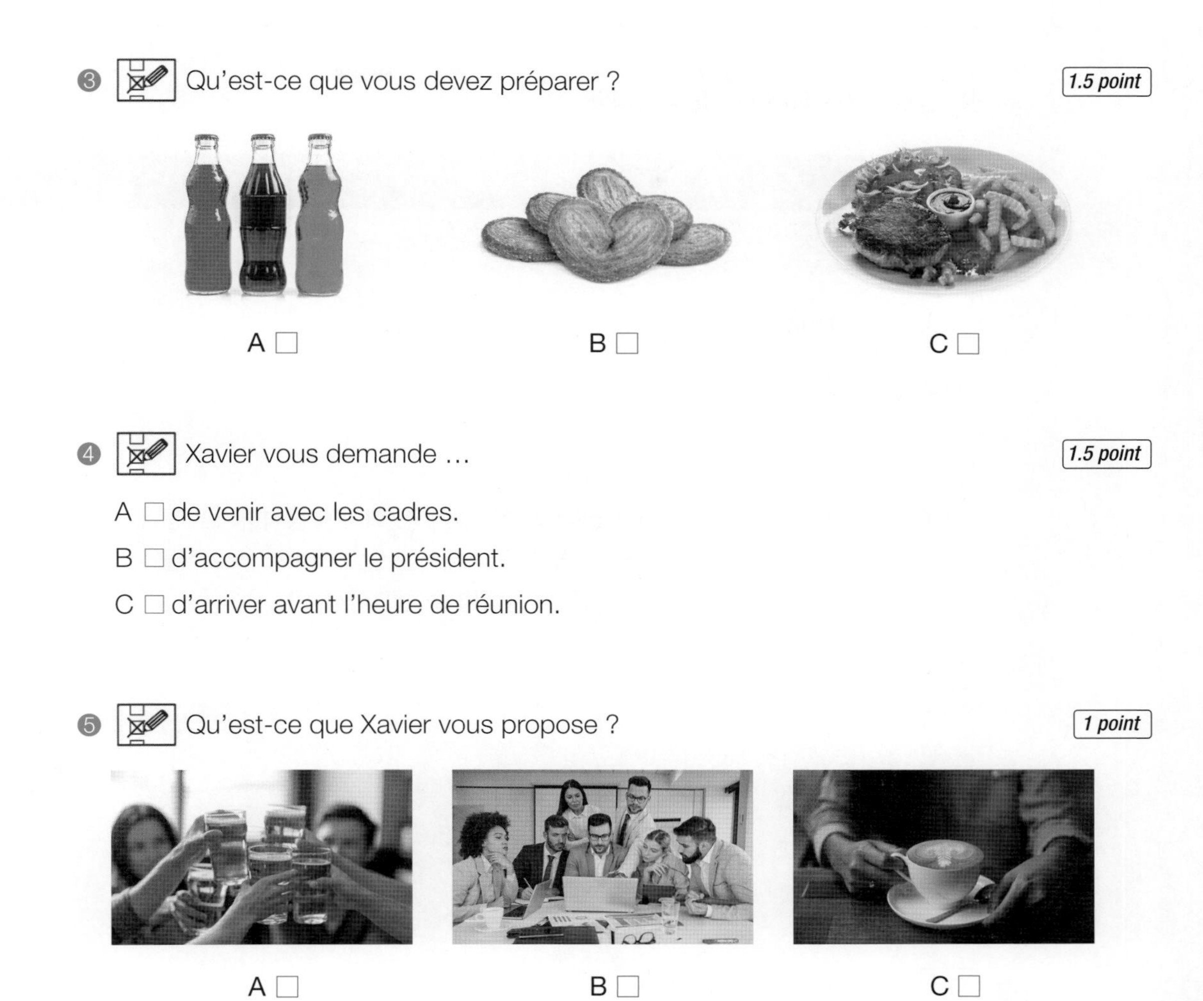

❸ Qu'est-ce que vous devez préparer ? **1.5 point**

A ☐ B ☐ C ☐

❹ Xavier vous demande ... **1.5 point**

A ☐ de venir avec les cadres.

B ☐ d'accompagner le président.

C ☐ d'arriver avant l'heure de réunion.

❺ Qu'est-ce que Xavier vous propose ? **1 point**

A ☐ B ☐ C ☐

Étape 2

문제 3의 내용을 해석한 후, 문제를 분석해 보세요.

당신은 동료로부터 이 메시지를 받습니다. 6점

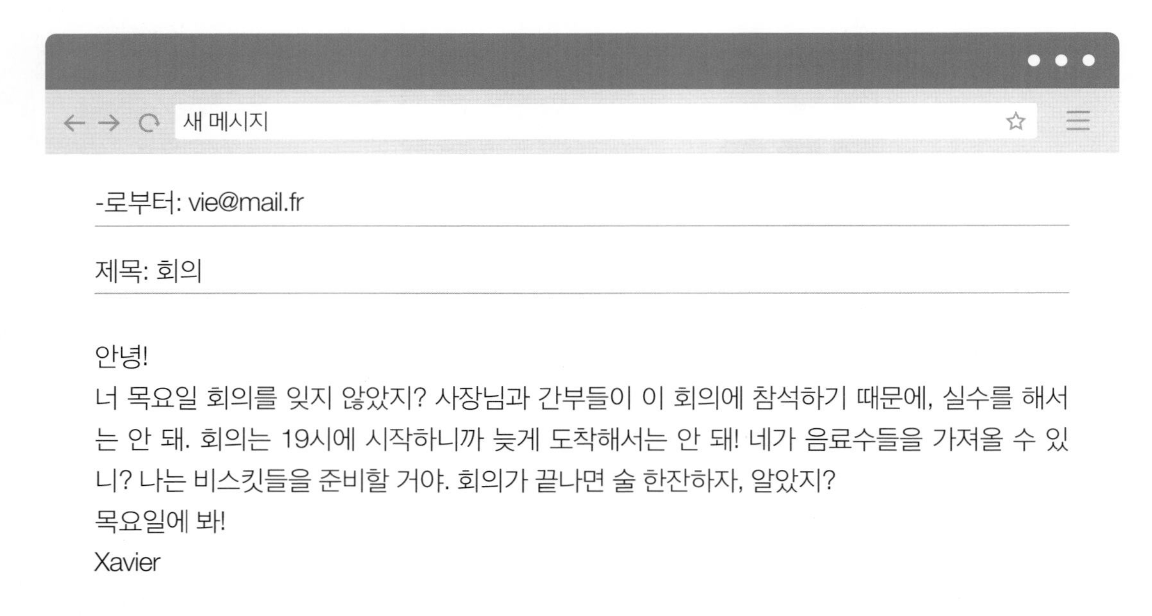
새 메시지

-로부터: vie@mail.fr

제목: 회의

안녕!
너 목요일 회의를 잊지 않았지? 사장님과 간부들이 이 회의에 참석하기 때문에, 실수를 해서는 안 돼. 회의는 19시에 시작하니까 늦게 도착해서는 안 돼! 네가 음료수들을 가져올 수 있니? 나는 비스킷들을 준비할 거야. 회의가 끝나면 술 한잔하자, 알았지?
목요일에 봐!
Xavier

질문에 답하세요.

❶ 목요일에 무슨 일이 있는가? 1점

A □ 회의

B □ 회식

C □ 고객과의 만남

❷ 목요일에 누가 오는가? 1점

A □ 고객들

B □ 간부들

C □ 사무실 직원들

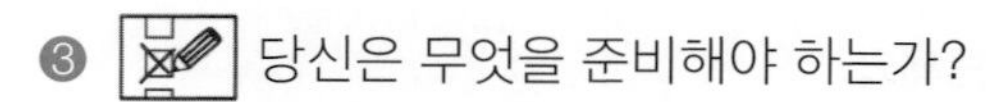

❸ 당신은 무엇을 준비해야 하는가? **1.5점**

A ☐ B ☐ C ☐

❹ Xavier는 당신에게 ...을 부탁한다. **1.5점**

A ☐ 간부들과 함께 올 것

B ☐ 사장을 수행할 것

C ☐ 회의 시간 전에 도착할 것

❺ Xavier는 당신에게 무엇을 제안하는가? **1.5점**

A ☐ B ☐ C ☐

문제 분석

회의 준비와 관련된 내용을 담은 메시지이다. 1번과 2번 문제에 'jeudi 목요일'이 언급되었으므로, 해당 요일이 언급된 부분을 제시문에서 찾아 관련 내용을 정확히 파악한다. 그리고 Xavier가 부탁 또는 요구하는 내용에 대해서도 신경 써야 한다.

Étape 3

문제 3의 해설을 확인하고, 필수 어휘를 익혀 보세요.

해설

문항	풀이 요령
1	목요일 일정이 무엇인지를 묻고 있다. 'Tu n'as pas oublié la réunion de jeudi ? 너 목요일 회의를 잊지 않았지?'라며 회의 일정을 상기시키고 있는 내용에 따라 정답은 **A**.
2	목요일 회의에 참석하는 사람들의 신분을 묻는 문제이다. 'Comme le chef d'entreprise et les cadres sont présents dans cette réunion 사장님과 간부들이 이 회의에 참석하기 때문에'라고 했으므로, 정답은 **B**.
3	제시된 선택지 중에서 메시지를 받은 사람이 준비해야 할 물건과 관련된 사진을 고른다. 'Est-ce que tu peux apporter des boissons ? 네가 음료수들을 가져올 수 있니?'라는 내용에 따라 정답은 **A**. 제시문에서 언급된 'des biscuits 비스킷들'을 보고 B를 정답으로 고르지 않도록 주의한다.
4	Xavier가 부탁한 내용을 묻는 문제로, 'Elle commence à 19 heures donc tu n'arrives pas en retard ! 회의는 19시에 시작하니까 늦게 도착해서는 안 돼!'라는 내용에 따라 정답은 **C**.
5	제시된 선택지 중에서 Xavier가 제안한 활동과 관련된 사진을 고른다. 'On va prendre un verre après la réunion 회의가 끝나면 술 한잔하자'라고 했으므로, 정답은 **A**.

필수 어휘

collègue 동료 | **oublier** 잊다 | **jeudi (m.)** 목요일 | **comme** ~이기 때문에 | **chef d'entreprise** 사장 | **cadre** 간부 | **être présent** 참석하다 | **dans** ~에, ~의 안에 | **il faut** ~해야만 한다 | **faire** ~하다 | **erreur (f.)** 실수 | **commencer** 시작하다 | **heure (f.)** 시간 | **arriver en retard** 늦게 도착하다 | **boisson (f.)** 음료수 | **aller + 동사원형** (곧) ~할 것이다 | **biscuit (m.)** 비스킷 | **prendre un verre** 술 한잔하다 | **après** ~ 후에 | **se passer** (일·사건 따위가) 일어나다, 발생하다 | **repas d'entreprise (m.)** 회식 | **client** 고객 | **dirigeant** 간부 | **employé** 직원 | **demander** 부탁하다 | **accompagner** 동반하다, 수행하다 | **président** 사장 | **avant** ~ 전에 | **proposer** 제안하다

EXERCICE 1 실전 연습

Étape 1

전략에 따라 문제 4를 풀어 보세요.

Vous recevez ce message de votre amie. *6 points*

Nouveau message

De: muriel@mail.fr

Objet: Le cinéma

Salut !
Tu as le temps demain ? J'ai deux billets de cinéma, et tu veux voir un film avec moi ? Il commence à 18 heures dimanche soir. Si tu veux, on peut se voir devant le cinéma à 17 h 30. Et puis, il y a un bon restaurant à côté de lui et on peut dîner ensemble. Qu'est-ce que tu en penses ? Si tu es d'accord, téléphone-moi ce soir.
Bises,
Muriel

Envoyer

Répondez aux questions.

❶ Muriel vous écrit parce qu'elle … *1 point*

A ☐ a besoin de votre aide.
B ☐ veut travailler avec vous.
C ☐ veut connaître votre emploi du temps.

❷ Qu'est-ce que Muriel veut voir avec vous ? *1 point*

A ☐ Le film.
B ☐ Le spectacle.
C ☐ La pièce de théâtre.

❸ Qu'est-ce que vous pouvez faire demain soir ? **1.5 point**

A ☐

B ☐

C ☐

❹ À quelle heure rencontrez-vous Muriel ? **1.5 point**

A ☐ À 17 h 30.

B ☐ À 18 h.

C ☐ À 18 h 30.

❺ Comment devez-vous contacter Muriel ? **1 point**

A ☐

B ☐

C ☐

Étape 2

문제 4의 내용을 해석한 후, 문제를 분석해 보세요.

당신은 친구로부터 이 메시지를 받습니다. 6점

새 메시지

-로부터: muriel@mail.fr

제목: 영화

안녕!
너 내일 시간 있니? 나에게 영화표 두 장이 있는데, 나와 함께 영화 보러 갈래? 영화는 일요일 저녁 18시에 시작해. 네가 원한다면, 17시 30분에 영화관 앞에서 만날 수 있어. 그 후에 영화관 옆에 좋은 식당이 있는데, 함께 저녁 식사를 할 수 있어. 이것에 대해 어떻게 생각하니? 만일 네가 동의한다면, 오늘 저녁에 나에게 전화해 줘.
안녕,
Muriel

보내기

질문에 답하세요.

❶ Muriel은 … 때문에 당신에게 글을 쓴다. 1점

A □ 당신의 도움이 필요하기
B □ 당신과 함께 일하고 싶어하기
C □ 당신의 일정을 알고 싶어하기

❷ Muriel은 당신과 무엇을 보고 싶어 하는가? 1점

A □ 영화
B □ 공연
C □ 연극

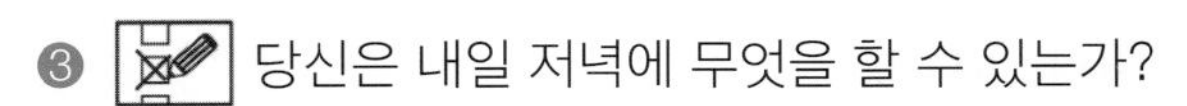

❸ 당신은 내일 저녁에 무엇을 할 수 있는가? 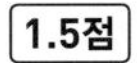

A □

B □

C □

❹ 당신은 몇 시에 Muriel을 만나는가? 1.5점

A □ 17시 30분에

B □ 18시에

C □ 18시 30분에

❺ 당신은 Muriel에게 어떻게 연락해야 하는가? 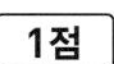

A □

B □

C □

문제 분석

친구에게 영화 관람을 제안하는 내용을 담은 메시지이다. 1번 문제에서는 Muriel이 글을 쓴 이유가 무엇인지 먼저 파악한다. 그리고 Muriel이 제안하는 활동과 그 세부 내용에 초점을 맞춘다. 특히 제시문에 2개의 시간이 언급되었으므로, 문제와 관련된 시간이 언제인지를 정확히 파악해야 한다. 마지막으로 Muriel과의 연락 방법이 언급된 부분을 집중해서 살펴본다.

문제 4의 해설을 확인하고, 필수 어휘를 익혀 보세요.

해설

문항	풀이 요령
1	Muriel이 글을 쓴 목적을 묻는 문제이다. 제시문에서 'Tu as le temps demain ? … tu veux voir un film avec moi ? 너 내일 시간 있니? … 나와 함께 영화 보러 갈래?'라고 했다. 이는 메시지를 받는 사람의 일정을 물어보는 내용이므로, 정답은 **C**.
2	Muriel이 같이 보고 싶어 하는 것이 무엇인지를 묻고 있다. 'tu veux voir un film avec moi ? 나와 함께 영화 보러 갈래?'라는 내용에 따라 정답은 **A**.
3	제시된 선택지 중에서 메시지를 받은 사람이 내일 저녁에 할 수 있는 활동과 관련된 사진을 고른다. 제시문에서 Muriel이 내일 같이 영화를 본 뒤 'il y a un bon restaurant à côté de lui et on peut dîner ensemble. 영화관 옆에 좋은 식당이 있는데, 함께 저녁 식사를 할 수 있어.'라고 했으므로, 정답은 **B**.
4	Muriel과 만나는 시간을 묻고 있다. 'on peut se voir devant le cinéma à 17 h 30. 17시 30분에 영화관 앞에서 만날 수 있어.'라는 내용에 따라 정답은 **A**. 'Il commence à 18 heures dimanche soir. 영화는 일요일 저녁 18시에 시작해.'라는 내용을 보고 B를 정답으로 고르지 않도록 주의한다.
5	제시된 선택지 중에서 Muriel에게 연락하는 방법과 관련된 사진을 고른다. 'téléphone-moi ce soir. 오늘 저녁에 나에게 전화해 줘.'라고 했으므로, 정답은 **B**.

필수 어휘

avoir ~이 있다, 가지다 | temps (m.) 시간 | demain 내일 | billet de cinéma (m.) 영화표 | voir 보다 | film (m.) 영화 | avec ~와 함께 | dimanche (m.) 일요일 | soir (m.) 저녁 | se voir 만나다 | devant ~ 앞에서 | cinéma (m.) 영화관 | puis 그 후에 | bon 좋은 | à côté de ~ 옆에 | penser 생각하다 | être d'accord 동의하다 | avoir besoin de ~을 필요로 하다 | aide (f.) 도움 | connaître 알다 | emploi du temps (m.) 스케줄, 일정 | spectacle (m.) 공연 | pièce de théâtre (f.) 연극 | rencontrer 만나다 | comment 어떻게

EXERCICE 1 실전 연습

Étape 1

전략에 따라 문제 5를 풀어 보세요.

Vous recevez ce message de votre amie. *6 points*

Nouveau message

De: vero@mail.fr

Objet: Mon chien

Salut !
Je t'écris pour savoir si tu es libre ce mardi soir. Je prends le train à 10 h pour aller chez mes parents, et tu peux t'occuper de mon chien ? Ils n'aiment pas les animaux et il va rester tout seul à la maison. Tu peux te promener avec lui, il adore ça. Je vais rentrer à 22 heures, et je vais acheter un bon vin pour toi. Téléphone-moi et merci !
Véronique

Envoyer

Répondez aux questions.

❶ Véronique vous écrit parce qu'elle … *1 point*

A ☐ veut avoir un chien.
B ☐ veut vous demander de l'aide.
C ☐ veut garder votre chien chez elle.

❷ Qui Véronique rencontre-t-elle ce mardi ? *1 point*

A ☐ Ses amis.
B ☐ Ses parents.
C ☐ Ses grands-parents.

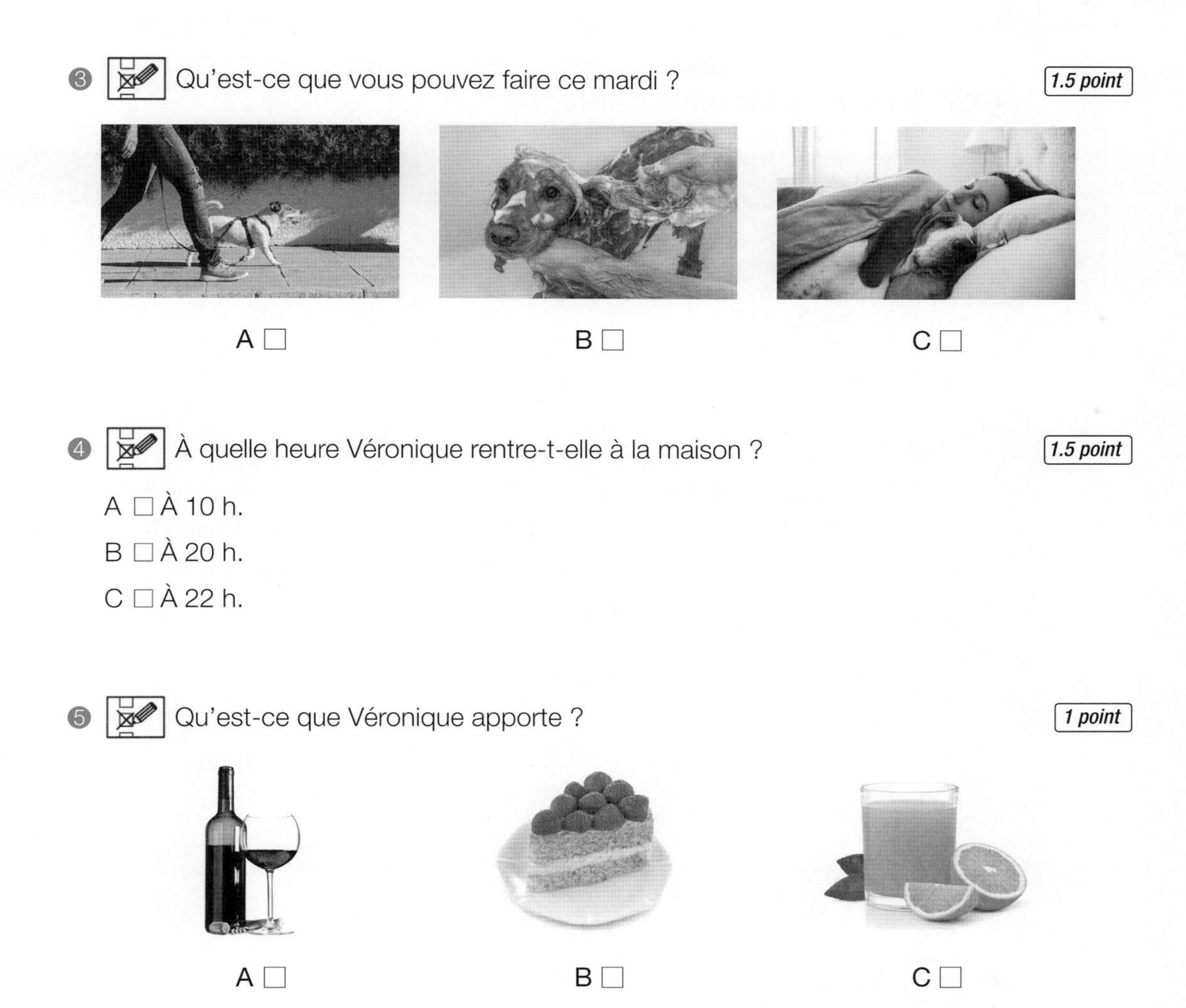

❸ Qu'est-ce que vous pouvez faire ce mardi ? *1.5 point*

A ☐ B ☐ C ☐

❹ À quelle heure Véronique rentre-t-elle à la maison ? *1.5 point*

A ☐ À 10 h.

B ☐ À 20 h.

C ☐ À 22 h.

❺ Qu'est-ce que Véronique apporte ? *1 point*

A ☐ B ☐ C ☐

Étape 2

문제 5의 내용을 해석한 후, 문제를 분석해 보세요.

당신은 친구로부터 이 메시지를 받습니다. 6점

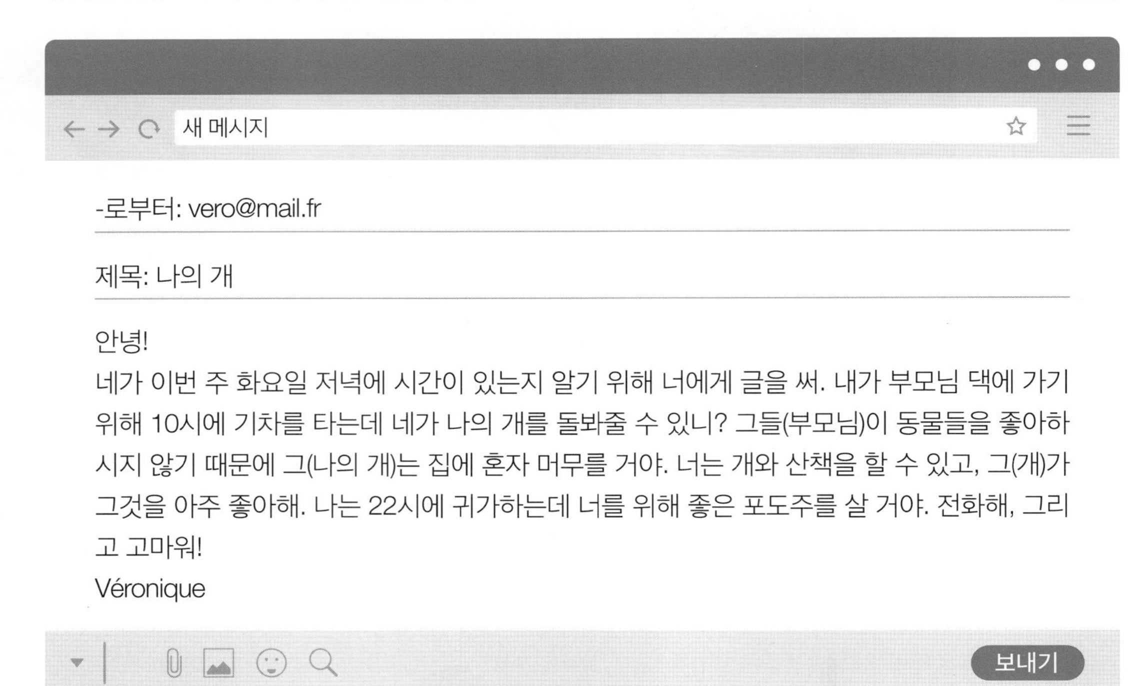
새 메시지

-로부터: vero@mail.fr

제목: 나의 개

안녕!
네가 이번 주 화요일 저녁에 시간이 있는지 알기 위해 너에게 글을 써. 내가 부모님 댁에 가기 위해 10시에 기차를 타는데 네가 나의 개를 돌봐줄 수 있니? 그들(부모님)이 동물들을 좋아하시지 않기 때문에 그(나의 개)는 집에 혼자 머무를 거야. 너는 개와 산책을 할 수 있고, 그(개)가 그것을 아주 좋아해. 나는 22시에 귀가하는데 너를 위해 좋은 포도주를 살 거야. 전화해, 그리고 고마워!
Véronique

질문에 답하세요.

❶ Véronique는 … 때문에 당신에게 글을 쓴다. 1점

A □ 개를 키우고 싶어 하기

B □ 당신에게 도움을 청하길 원하기

C □ 자기 집에서 당신의 개를 돌보고 싶어 하기

❷ Véronique는 이번 주 화요일에 누구를 만나는가? 1점

A □ 그녀의 친구들

B □ 그녀의 부모님

C □ 그녀의 조부모님

❸ 당신은 이번 주 화요일에 무엇을 할 수 있는가? **1.5점**

A □ B □ C □

❹ Véronique는 몇 시에 귀가하는가? **1.5점**

A □ 10시에

B □ 20시에

C □ 22시에

❺ Véronique는 무엇을 가져오는가? **1점**

A □ B □ C □

문제 분석

친구에게 부탁하는 내용을 담은 메시지이다. 1번 문제에서 Véronique가 글을 쓴 이유가 무엇인지 먼저 파악한다. 그리고 2번과 3번 문제에 'mardi 화요일'이 있으므로, 해당 요일이 언급된 부분을 제시문에서 찾아 관련 내용을 정확히 파악한다. 마지막으로 Véronique의 귀가 시간과 그녀가 귀가할 때 무엇을 가져오는지에 대해 기술하는 내용을 살펴본다. 특히 제시문에 2개의 시간이 언급되었으므로, 문제와 관련된 시간이 언제인지를 정확히 파악해야 한다.

Étape 3

문제 5의 해설을 확인하고, 필수 어휘를 익혀 보세요.

해설

문항	풀이 요령
1	Véronique가 글을 쓴 목적을 묻는 문제이다. 제시문에서 Véronique가 'tu peux t'occuper de mon chien ? 네가 나의 개를 돌봐줄 수 있니?'라고 했으므로, 정답은 **B**.
2	Véronique가 이번 주 화요일에 만나는 사람이 누구인지를 묻고 있다. Véronique가 이번 주 화요일 저녁에 시간이 있냐면서 'Je prends le train à 10 h pour aller chez mes parents 내가 부모님 댁에 가기 위해 10시에 기차를 타는데'라고 한 내용에 따라 정답은 **B**.
3	제시된 선택지 중에서 메시지를 받은 사람이 이번 주 화요일에 할 수 있는 활동과 관련된 사진을 고른다. 제시문에서 Véronique가 'Tu peux te promener avec lui 너는 개와 산책을 할 수 있고' 라고 했으므로, 정답은 **A**.
4	Véronique의 귀가 시간을 묻고 있다. 'Je vais rentrer à 22 heures 나는 22시에 귀가하는데' 라는 내용에 따라 정답은 **C**. 제시문에 'à 10 h 10시'가 언급되었지만 질문과는 관련이 없으므로 주의한다. 참고로 시간과 관련해서 문제의 난이도를 높이기 위해 시간에 해당하는 때(matin, après-midi, soir)를 선택지에 제시하는 경우도 있으므로 함께 알아 두어야 한다.
5	제시된 선택지 중에서 Véronique가 가지고 올 물건과 관련된 사진을 고른다. 'je vais acheter un bon vin pour toi. 너를 위해 좋은 포도주를 살 거야.'라고 했으므로 Véronique가 가져올 것은 포도주임을 알 수 있다. 따라서 정답은 **A**.

필수 어휘

pour ~을 위하여 | **savoir** 알다 | **si** ~인지 아닌지 | **libre** 자유로운, 한가로운 | **mardi (m.)** 화요일 | **prendre** 타다 | **train (m.)** 기차 | **parents** 부모 | **s'occuper de** ~를 돌보다 | **chien (m.)** 개 | **animal (m.)** 동물 | **seul** 혼자 | **adorer** 아주 좋아하다 | **acheter** 사다 | **vin (m.)** 포도주 | **garder** 돌보다 | **rencontrer** 만나다 | **grands-parents** 조부모

EXERCICE 1 실전 연습

Étape 1

전략에 따라 문제 6을 풀어 보세요.

Vous recevez ce message de votre amie. *6 points*

Nouveau message

De: cat@mail.fr

Objet: Ce samedi

Salut,

Je t'écris pour confirmer le travail en équipe samedi soir à l'école. On peut utiliser la salle d'étude à partir de 19 h 30. Tu peux venir vers 20 heures. Est-ce que tu peux apporter un ordinateur portable ? Fabien va aussi venir à 20 h 10 pour nous aider car il est fort en maths.

À samedi !

Catherine

Envoyer

Répondez aux questions.

❶ Catherine vous écrit pour … *1 point*

A □ chercher du travail.

B □ annuler le rendez-vous.

C □ confirmer le rendez-vous.

❷ Qu'est-ce que vous allez faire samedi soir ? *1 point*

A □ Un travail en groupe.

B □ Un voyage en groupe.

C □ Un stage linguistique.

❸ Qu'est-ce que vous devez apporter ?

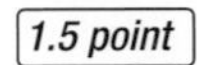

1.5 point

A □

B □

C □

❹ À partir de quelle heure peut-on entrer dans la salle d'étude ? 1.5 point

A □ À 19 h 30.

B □ À 20 h.

C □ À 20 h 10.

❺ Fabien est bon en … 1 point

A □

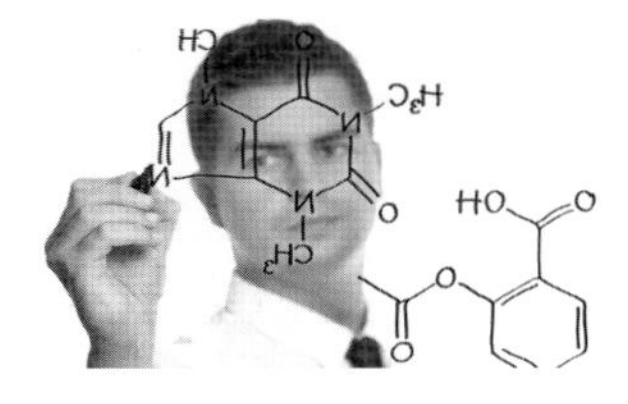

B □

C □

Étape 2

문제 6의 내용을 해석한 후, 문제를 분석해 보세요.

당신은 친구로부터 이 메시지를 받습니다. 6점

새 메시지

-로부터: cat@mail.fr

제목: 이번 주 토요일

안녕,
토요일 저녁 학교에서의 조별 과제를 확인하려고 너에게 글을 써. 자습실은 19시 30분부터 사용할 수 있어. 너는 20시 정도에 오면 돼. 네가 노트북을 가져올 수 있니? Fabien도 우리를 도와주러 20시 10분에 올 거야, 왜냐하면 그는 수학을 잘하거든.
토요일에 봐!
Catherine

보내기

질문에 답하세요.

❶ Catherine은 … 위해서 당신에게 글을 쓴다. 1점

A □ 일자리를 찾기
B □ 약속을 취소하기
C □ 약속을 확인하기

❷ 당신은 토요일 저녁에 무엇을 하려고 하는가? 1점

A □ 조별 과제
B □ 단체 여행
C □ 어학연수

❸ 당신은 무엇을 가져가야 하는가? **1.5점**

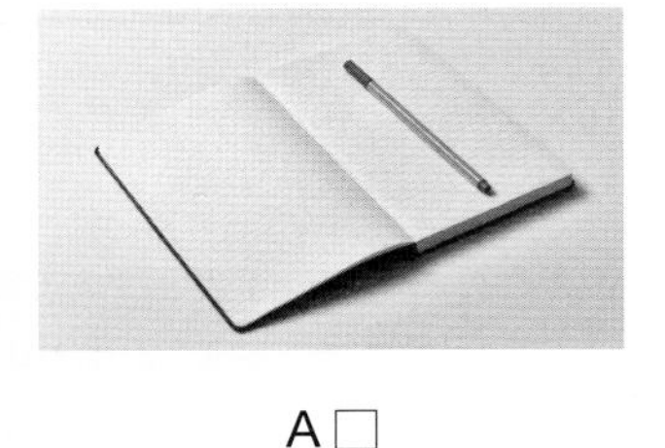

A □　　　B □　　　C □

❹ 자습실에 몇 시부터 들어갈 수 있는가? **1.5점**

A □ 19시 30분부터

B □ 20시부터

C □ 20시 10분부터

❺ Fabien은 ...을 잘한다. **1점**

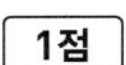

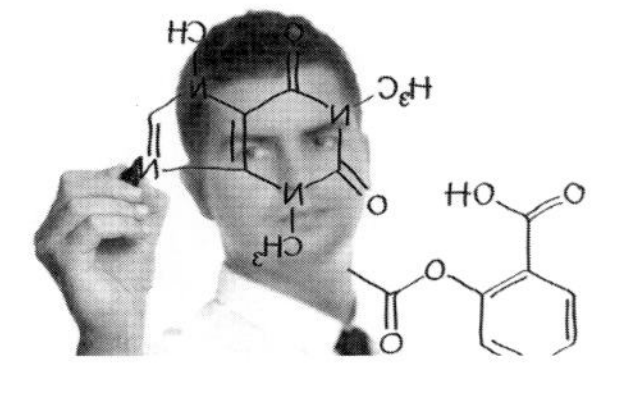

A □　　　B □　　　C □

문제 분석

조별 과제 참석과 관련된 내용을 담은 메시지이다. 1번 문제에서는 Catherine이 글을 쓴 이유가 무엇인지 먼저 파악한다. 그리고 Catherine이 언급한 활동과 그 세부 내용에 초점을 맞추고, 그녀가 요구한 사항은 무엇인지에 대해서도 놓치지 않는다. 마지막으로 'Fabien'이라는 인물과 관련된 내용에도 집중해야 한다. 특히 제시문에 3개의 시간이 언급되었으므로, 문제와 관련된 시간이 언제인지를 정확히 파악해야 한다.

문제 6의 해설을 확인하고, 필수 어휘를 익혀 보세요.

해설

문항	풀이 요령
1	Catherine이 글을 쓴 목적을 묻는 문제이다. 'Je t'écris pour confirmer le travail en équipe samedi soir à l'école. 토요일 저녁 학교에서의 조별 과제를 확인하려고 너에게 글을 써.'라는 내용에 따라 정답은 **C**.
2	메시지를 읽은 사람이 토요일 저녁에 하려는 활동이 무엇인지를 묻고 있다. 'le travail en équipe samedi soir à l'école 토요일 저녁 학교에서의 조별 과제'라는 내용에 따라 정답은 **A**.
3	제시된 선택지 중에서 메시지를 받은 사람이 가져가야 할 물건과 관련된 사진을 고른다. Catherine이 'Est-ce que tu peux apporter un ordinateur portable ? 네가 노트북을 가져올 수 있니?'라고 부탁했으므로, 정답은 **B**.
4	자습실에 들어갈 수 있는 시간을 묻고 있다. 'On peut utiliser la salle d'étude à partir de 19 h 30. 자습실은 19시 30분부터 사용할 수 있어.'라는 내용에 따라 정답은 **A**. 제시문에 '20 heures 20시'와 'à 20 h 10 20시 10분'이 언급되었지만 질문과는 관련이 없으므로 주의한다.
5	제시된 선택지 중에서 Fabien이 잘하는 과목과 관련된 사진을 고른다. Catherine이 Fabien에 대해 'il est fort en maths. 그는 수학을 잘하거든.'이라고 했으므로, 정답은 **A**. 참고로 과목명은 A1 수준에서 어려울 수 있으므로 삽화나 이미지를 제시하는 경우가 많다는 점도 염두에 두자.

필수 어휘

confirmer 확인하다 | **travail** (m.) 공부 | **groupe** (m.) 그룹 | **samedi** (m.) 토요일 | **utiliser** 사용하다 | **salle d'étude** (f.) 자습실 | **à partir de** ~(로)부터 | **vers** ~경, 무렵 | **ordinateur portable** (m.) 노트북 | **car** 왜냐하면 | **fort** 강한, 뛰어난 | **maths** (f.pl.) 수학 | **stage linguistique** (m.) 어학연수

문제 7

EXERCICE 1 실전 연습

전략에 따라 문제 7을 풀어 보세요.

Vous recevez ce message de votre amie. *6 points*

Nouveau message

De: cam@mail.fr

Objet: Le musée

Salut !
Voilà, je t'écris parce qu'il y a une exposition spéciale de Picasso au musée ce lundi. Sophie et moi, on va visiter le musée à 10 h car elle adore les tableaux. Tu veux venir avec nous ? L'entrée est gratuite. Après la visite, on prend le déjeuner à 13 h et on va au magasin vers 14 h pour acheter le cadeau de Daniel car c'est son anniversaire. On va faire la fête chez lui jusqu'à minuit. Appelle-moi !
Camille

Envoyer

Répondez aux questions.

❶ Camille vous écrit pour … *1 point*

A ☐ vous proposer une visite.
B ☐ travailler avec vous.
C ☐ vous demander de venir chez elle.

❷ Où est-ce que Camille va ce lundi matin ? *1 point*

A ☐ Au musée.
B ☐ Au magasin.
C ☐ Chez Daniel.

❸ Qu'est-ce que Sophie aime bien ? *1.5 point*

A ☐ B ☐ C ☐

❹ Quand est-ce que Camille va au magasin ? *1.5 point*

A ☐ À 10 h.

B ☐ À 13 h.

C ☐ À 14 h.

❺ Qu'est-ce que Camille fait ce lundi soir ? *1 point*

A ☐ B ☐ C ☐

Étape 2

문제 7의 내용을 해석한 후, 문제를 분석해 보세요.

당신은 친구로부터 이 메시지를 받습니다. 6점

새 메시지

-로부터: cam@mail.fr

제목: 미술관

안녕!
다름이 아니라 이번 주 월요일에 미술관에서 Picasso의 특별 전시회가 있어서 너에게 글을 써. 우리(Sophie와 나)는 10시에 미술관을 방문할 건데, 왜냐하면 그녀는 그림들을 아주 좋아하거든. 너도 우리랑 같이 갈래? 입장은 무료야. 방문(관람) 후 13시에 점심을 먹고, 14시쯤에 Daniel의 선물을 사러 상점에 갈 거야. 왜냐하면 그의 생일이거든. 우리는 그의 집에서 자정까지 파티를 할 거야. 내게 전화해 줘!
Camille

보내기

질문에 답하세요.

❶ Camille는 … 위해서 당신에게 글을 쓴다. 1점

A ☐ 당신에게 관람을 제안하기
B ☐ 당신과 함께 공부하기
C ☐ 당신에게 자기 집으로 올 것을 부탁하기

❷ Camille는 이번 주 월요일 아침에 어디에 가는가? 1점

A ☐ 미술관에
B ☐ 상점에
C ☐ Daniel 집에

③ Sophie는 무엇을 아주 좋아하는가? **1.5점**

A □

B □

C □

④ 언제 Camille는 상점을 가는가? **1.5점**

A □ 10시에

B □ 13시에

C □ 14시에

⑤ Camille는 이번 주 월요일 저녁에 무엇을 하는가? **1점**

A □

B □

C □

문제 분석

친구에게 전시회 관람을 제안하는 내용을 담은 메시지이다. 1번 문제에서는 Camille가 글을 쓴 이유가 무엇인지 먼저 파악한다. 그리고 Camille가 제안하는 활동과 그 세부 내용에 초점을 맞추고, 'Sophie'라는 인물과 관련된 내용에도 집중해야 한다. 특히 제시문에 3개의 시간이 언급되었으므로, 문제와 관련된 시간이 언제인지를 정확히 파악해야 한다.

Étape 3

문제 7의 해설을 확인하고, 필수 어휘를 익혀 보세요.

해설

문항	풀이 요령
1	Camille가 글을 쓴 목적을 묻는 문제이다. 'il y a une exposition spéciale de Picasso au musée … Tu veux venir avec nous ? 미술관에서 Picasso의 특별 전시회가 있어서 … 너도 우리랑 같이 갈래?'라는 내용에 따라 정답은 **A**.
2	메시지를 보낸 사람이 이번 주 월요일 아침에 갈 장소를 묻고 있다. 'ce lundi 이번 주 월요일'에 'on va visiter le musée à 10 h 우리(Sophie와 나)는 10시에 미술관을 방문할 건데'라고 했으므로, 정답은 **A**. B의 'magasin 상점'과 C의 'Chez Daniel Daniel의 집'은 각각 오후와 저녁에 방문할 곳이므로 정답으로 고르지 않도록 주의한다.
3	제시된 선택지 중에서 Sophie가 좋아하는 것과 관련된 사진을 고른다. 제시문에서 Camille가 'Sophie et moi, on va visiter le musée à 10 h car elle adore les tableaux. 우리(Sophie와 나)는 10시에 미술관을 방문할 건데, 왜냐하면 그녀는 그림들을 아주 좋아하거든.'이라고 했으므로, 정답은 **C**.
4	Camille가 상점에 가는 시간을 묻고 있다. 제시문에서 Camille가 'on va au magasin vers 14 h pour acheter le cadeau de Daniel 14시쯤에 Daniel의 선물을 사러 상점에 갈 거야'라고 했으므로, 정답은 **C**.
5	제시된 선택지 중에서 Camille가 월요일 저녁에 할 활동과 관련된 사진을 고른다. 제시문에서 Camille가 월요일은 Daniel의 생일이기 때문에 'On va faire la fête chez lui jusqu'à minuit. 우리는 그의 집에서 자정까지 파티를 할 거야.'라고 했다. 따라서 정답은 **B**. 미술관 관람은 월요일 오전에 할 활동이므로 선택지 A를 정답으로 고르지 않도록 주의한다. TIP soir 저녁, 밤 ⇄ minuit 자정

필수 어휘

parce que 왜냐하면 | **exposition** (f.) 전시회 | **spécial** 특별한 | **musée** (m.) 박물관, 미술관 | **lundi** (m.) 월요일 | **visiter** 방문하다, 관람하다 | **tableau** (m.) 그림 | **entrée** (f.) 입장, 관람 | **gratuit** 무료의 | **prendre** 먹다 | **magasin** (m.) 가게, 상점 | **cadeau** (m.) 선물 | **anniversaire** (m.) 기념일, 생일 | **faire la fête** 파티(축제)를 하다 | **jusqu'à** ~까지 | **minuit** (m.) 자정 | **appeler** 전화하다 | **visite** (f.) 방문, 관람

EXCERCICE 1 실전 연습

Étape 1

전략에 따라 문제 8을 풀어 보세요.

Vous recevez ce message de votre ami. *6 points*

Nouveau message

De: paul@mail.fr

Objet: Le voyage

Salut,

Je t'écris pour confirmer le jour de départ du voyage. J'ai réservé deux billets de train pour Paris demain. Le train part à 14 heures, donc tu dois arriver à la gare au moins 30 minutes avant. Est-ce que tu peux apporter des sandwichs ? Moi, je vais préparer des boissons. Téléphone-moi avant d'arriver.

On se voit lundi !

Bises,

Paul

Envoyer

Répondez aux questions.

❶ Paul vous écrit pour … *1 point*

A ☐ vérifier le projet.

B ☐ demander de votre aide.

C ☐ vous proposer un travail.

❷ Quand partez-vous ? *1 point*

A ☐ Aujourd'hui.

B ☐ Demain.

C ☐ Après-demain.

❸ Qu'est-ce que vous prenez ? *1.5 point*

A ☐ B ☐ C ☐

❹ Jusqu'à quelle heure devez-vous arriver à la gare ? *1.5 point*

A ☐ Jusqu'à 13 h.

B ☐ Jusqu'à 13 h 30.

C ☐ Jusqu'à 14 h.

❺ Qu'est-ce que vous devez apporter ? *1 point*

A ☐ B ☐ C ☐

Étape 2

문제 8의 내용을 해석한 후, 문제를 분석해 보세요.

당신은 친구로부터 이 메시지를 받습니다. 6점

새 메시지

-로부터: paul@mail.fr

제목: 여행

안녕,
여행 출발일을 확인하기 위해 너에게 글을 써. 내일 파리행 기차표 두 장을 예약했어. 기차는 14시에 출발하니까 너는 적어도 30분 전에 기차역에 도착해야 해. 네가 샌드위치를 가져올 수 있니? 나는 음료수들을 가져갈게. 도착하기 전에 나에게 전화해 줘.
월요일에 봐!
안녕,
Paul

보내기

질문에 답하세요.

❶ Paul은 … 위해서 당신에게 글을 쓴다. 1점

A □ 계획을 확인하기

B □ 당신의 도움을 부탁하기

C □ 당신에게 일을 제안하기

❷ 당신은 언제 떠나는가? 1점

A □ 오늘

B □ 내일

C □ 모레

❸ 당신은 무엇을 타는가? **1.5점**

A □　　B □　　C □

❹ 당신은 몇 시까지 기차역에 도착해야 하는가? **1.5점**

A □ 13시까지

B □ 13시 30분까지

C □ 14시까지

❺ 당신은 무엇을 가져가야 하는가? 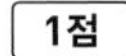 **1점**

A □　　B □　　C □

문제 분석

여행 일정과 관련된 내용을 담은 메시지이다. 1번 문제에서는 Paul이 글을 쓴 이유가 무엇인지 먼저 파악한다. 그리고 여행 일정 및 시간과 관련된 부분을 제시문에서 찾아 관련 내용을 정확히 파악하고, Paul이 부탁 또는 요구하는 내용에 대해서도 신경 써야 한다.

문제 8의 해설을 확인하고, 필수 어휘를 익혀 보세요.

해설

문항	풀이 요령
1	Paul이 글을 쓴 목적을 묻는 문제이다. 'Je t'écris pour confirmer le jour de départ du voyage. 여행 출발일을 확인하기 위해 너에게 편지를 써.'라는 내용에 따라 정답은 **A**.
2	메시지를 받은 사람이 언제 여행을 떠나는지를 묻고 있다. 제시문에서 Paul이 'J'ai réservé deux billets de train pour Paris demain. 내일 파리행 기차표 두 장을 예약했어.'라고 했으므로, 정답은 **B**.
3	제시된 선택지 중에서 여행을 갈 때 이용할 교통편과 관련된 사진을 고른다. 제시문에서 'tu dois arriver à la gare au moins 30 minutes avant. 너는 적어도 30분 전에 기차역에 도착해야 해.'라고 했다. 이를 통해 두 사람이 이용할 교통편은 기차라는 것을 알 수 있다. 따라서 정답은 **C**.
4	메시지를 받은 사람이 기차역에 도착해야 하는 시간을 묻고 있다. 'Le train part à 14 heures, donc tu dois arriver à la gare au moins 30 minutes avant. 기차는 14시에 출발하니까 너는 적어도 30분 전에 기차역에 도착해야 해.'라는 내용이 있는데, 이는 곧 13시 30분까지 도착해야 한다는 의미이므로, 정답은 **B**.
5	제시된 선택지 중에서 메시지를 받은 사람이 가져가야 할 물건과 관련된 사진을 고른다. Paul이 'Est-ce que tu peux apporter des sandwichs ? 네가 샌드위치를 가져올 수 있니?'라고 부탁했으므로, 정답은 **A**. 제시문에서 언급된 'des boissons 음료수들'은 Paul이 가져오는 것이므로, B를 정답으로 고르지 않도록 주의한다.

필수 어휘

voyage (m.) 여행 | **jour** (m.) 날, 날짜 | **départ** (m.) 출발 | **réserver** 예약하다 | **partir** 출발하다, 떠나다 | **gare** (f.) 기차역 | **au moins** 적어도 | **vérifier** 확인하다 | **projet** (m.) 계획 | **après-demain** 모레

문제 9

EXERCICE 1 실전 연습

전략에 따라 문제 9를 풀어 보세요.

Vous recevez ce message de votre amie. *6 points*

Nouveau message

De: mor@mail.fr

Objet: Le devoir

Salut,

Est-ce que tu es libre ce week-end ? J'ai un devoir de français mais c'est trop difficile pour moi. Comme tu parles bien français, tu peux m'aider ? Après le devoir, on va regarder la télé en mangeant une pizza. Michel va aussi venir chez moi à 11 h pour travailler ensemble. Téléphone-moi et merci.

Bises,

Morane

Envoyer

Répondez aux questions.

❶ Morane vous écrit pour … *1 point*

A ☐ vous proposer la sortie.

B ☐ demander de votre aide.

C ☐ parler en français avec vous.

❷ Quand allez-vous chez Morane ? *1 point*

A ☐ Lundi.

B ☐ Mercredi.

C ☐ Samedi.

❸ Qu'est-ce que vous faites après le devoir ? 1.5 point

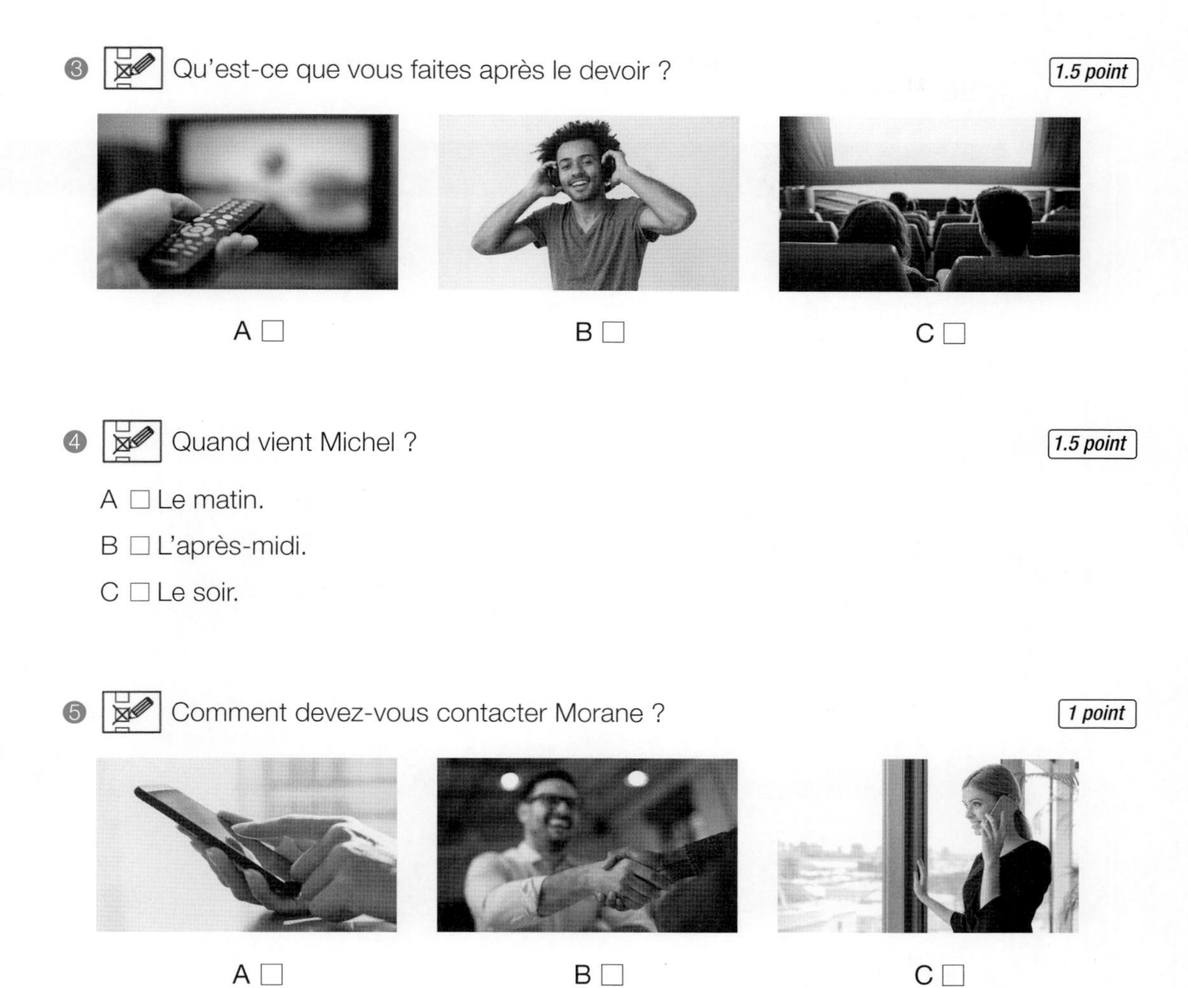

A ☐ B ☐ C ☐

❹ Quand vient Michel ? 1.5 point

A ☐ Le matin.

B ☐ L'après-midi.

C ☐ Le soir.

❺ Comment devez-vous contacter Morane ? 1 point

A ☐ B ☐ C ☐

Étape 2

문제 9의 내용을 해석한 후, 문제를 분석해 보세요.

당신은 친구로부터 이 메시지를 받습니다. 6점

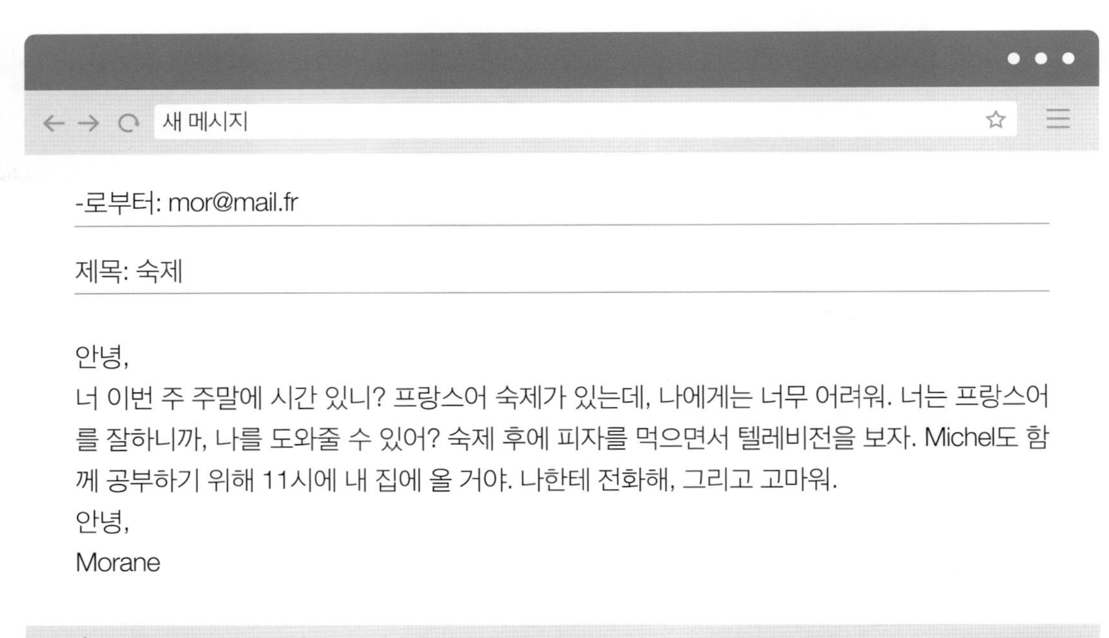
새 메시지

-로부터: mor@mail.fr

제목: 숙제

안녕,
너 이번 주 주말에 시간 있니? 프랑스어 숙제가 있는데, 나에게는 너무 어려워. 너는 프랑스어를 잘하니까, 나를 도와줄 수 있어? 숙제 후에 피자를 먹으면서 텔레비전을 보자. Michel도 함께 공부하기 위해 11시에 내 집에 올 거야. 나한테 전화해, 그리고 고마워.
안녕,
Morane

질문에 답하세요.

❶ Morane은 … 위해서 당신에게 글을 쓴다. 1점

A □ 당신에게 외출을 제안하기

B □ 당신의 도움을 부탁하기

C □ 당신과 프랑스어로 말하기

❷ 당신은 언제 Morane의 집에 가는가? 1점

A □ 월요일

B □ 수요일

C □ 토요일

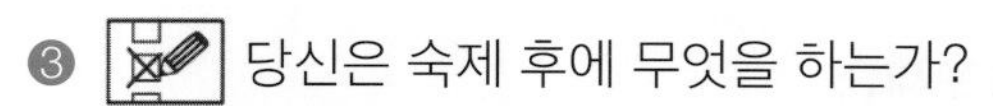

❸ 당신은 숙제 후에 무엇을 하는가? **1.5점**

A ☐ B ☐ c ☐

❹ Michel은 언제 오는가? **1.5점**

A ☐ 오전

B ☐ 오후

C ☐ 저녁

❺ 당신은 어떻게 Morane과 연락하는가? **1점**

A ☐ B ☐ c ☐

문제 분석

친구에게 도움을 요청하는 내용을 담은 메시지이다. 1번 문제에서는 Morane이 글을 쓴 이유가 무엇인지 먼저 파악한다. 그리고 Morane이 제안하는 활동과 그 세부 내용에 초점을 맞추고, 'Michel'이라는 인물과 관련된 내용에도 집중해야 한다. 마지막으로 Morane과의 연락 방법이 언급된 부분을 집중해서 살펴본다.

Étape 3

문제 9의 해설을 확인하고, 필수 어휘를 익혀 보세요.

해설

문항	풀이 요령
1	Morane이 글을 쓴 목적을 묻는 문제이다. 'Comme tu parles bien français, tu peux m'aider ? 너는 프랑스어를 잘하니까, 나를 도와줄 수 있어?'라는 내용이 있는데, 이는 곧 도움이 필요하다는 의미와 같으므로 정답은 **B**.
2	메시지를 받은 사람이 Morane의 집에 가게 될 요일을 묻고 있다. 제시문에서 Morane이 'Est-ce que tu es libre ce week-end ? 너 이번 주 주말에 시간 있니?'라며 이날 자기 집에 올 수 있는지를 물었다. 이를 통해 메시지를 받은 사람은 주말에 Morane의 집에 갈 것임을 알 수 있다. 제시된 선택지 중 주말에 해당하는 요일은 토요일밖에 없으므로, 정답은 **C**.
3	제시된 선택지 중에서 메시지를 받은 사람이 숙제 후에 할 활동과 관련된 사진을 고른다. 'Après le devoir, on va regarder la télé en mangeant une pizza. 숙제 후에 피자를 먹으면서 텔레비전을 보자.'는 내용에 따라 정답은 **A**. 참고로, 프랑스어 문법 중 en + 동사의 어간에 -ant를 붙인 형태를 gérondif(제롱디프)라고 하는데, 일반적으로 두 가지 활동을 동시에 하는 경우에 사용한다.
4	Michel이 오는 시간을 묻고 있다. 제시문에서 'Michel va aussi venir chez moi à 11 h pour travailler ensemble. Michel도 함께 공부하기 위해 11시에 내 집에 올 거야.'라고 했는데, 11시는 오전에 해당하므로 정답은 **A**. TIP matin 오전, 아침 ⇄ à 11 h 11시
5	제시된 선택지 중에서 Morane과 연락하는 방법과 관련된 사진을 고른다. 'Téléphone-moi 나한테 전화해'라고 했으므로, 정답은 **C**.

필수 어휘

devoir (m.) 숙제 | **week-end** (m.) 주말 | **français** (m.) 프랑스어 | **difficile** 어려운 | **comme** ~이니까 | **parler** 말하다 | **aider** 도와주다 | **après** ~ 후에 | **regarder** 보다, 시청하다 | **manger** 먹다 | **travailler** 공부하다, 일하다 | **sortie** (f.) 외출 | **mercredi** (m.) 수요일 | **samedi** (m.) 토요일 | **matin** (m.) 오전, 아침

문제 10

EXERCICE 1 실전 연습

전략에 따라 문제 10을 풀어 보세요.

Vous recevez ce message de votre ami. *6 points*

Nouveau message

De: sam@mail.fr

Objet: Le rendez-vous

Salut,
Je suis rentré du voyage ce matin. Je suis un peu fatigué mais le voyage était bien. J'ai rencontré des gens sympas et j'ai aussi visité des monuments célèbres. Tu es libre à 14 h ? On peut se voir au café. J'ai acheté un cadeau pour toi et je vais te montrer mes photos. Alors, appelle-moi !
Bises,
Samuel

Envoyer

Répondez aux questions.

❶ Samuel est fatigué parce qu'il … *1 point*

A ☐ rentre du voyage.
B ☐ prépare le voyage.
C ☐ n'est pas content de son voyage.

❷ Qu'est-ce que Samuel a fait pendant le voyage ? *1 point*

A ☐ Une étude.
B ☐ Du sport.
C ☐ Des rencontres.

❸ Où rencontrez-vous Samuel ? *1.5 point*

A □

B □

C □

❹ Quand est-ce que Samuel veut vous rencontrer ? *1.5 point*

A □ Ce matin.

B □ Cet après-midi.

C □ Ce soir.

❺ Qu'est-ce que vous pouvez voir ? *1 point*

A □

B □

C □

Étape 2

문제 10의 내용을 해석한 후, 문제를 분석해 보세요.

당신은 친구로부터 이 메시지를 받습니다. 6점

새 메시지

-로부터: sam@mail.fr

제목: 약속

안녕,
나는 오늘 아침에 여행에서 돌아왔어. 약간 피곤하지만 여행은 좋았어. 나는 상냥한 사람들을 만났고, 유명한 유적들도 방문했어. 너 14시에 시간 있어? 우리 카페에서 만날 수 있어. 나는 너를 위해 선물을 샀고, 내 사진들을 너에게 보여 줄게. 그럼 나한테 전화해 줘!
안녕,
Samuel

보내기

질문에 답하세요.

❶ Samuel은 … 때문에 피곤하다. 1점

A □ 여행에서 돌아왔기
B □ 여행을 준비하기
C □ 여행에 대해 만족하지 않기

❷ Samuel은 여행 동안 무엇을 했는가? 1점

A □ 공부
B □ 운동
C □ 만남

❸ 당신은 Samuel을 어디서 만나는가? 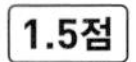

1.5점

A ☐ B ☐ C ☐

❹ Samuel은 언제 당신을 만나고 싶어 하는가? 1.5점

A ☐ 오늘 아침

B ☐ 오늘 오후

C ☐ 오늘 저녁

❺ 당신은 무엇을 볼 수 있는가? 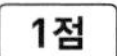

1점

A ☐ B ☐ C ☐

문제 분석

친구에게 만남을 제안하는 내용을 담은 메시지이다. 1번 문제에서는 Samuel이 글을 쓴 이유가 무엇인지 먼저 파악한다. 그리고 Samuel과 관련된 내용과 그가 제안하는 활동이 언급된 부분에 초점을 맞춘다. 또한 제시문에 등장하는 시간을 나타내는 어휘들에 집중한다.

문제 10의 해설을 확인하고, 필수 어휘를 익혀 보세요.

해설

문항	풀이 요령
1	Samuel, 즉 이 메시지를 남긴 사람이 피곤한 이유에 대해 묻고 있다. 'Je suis rentré du voyage ce matin. Je suis un peu fatigué mais le voyage était bien. 나는 오늘 아침에 여행에서 돌아왔어. 약간 피곤하지만 여행은 좋았어.'라고 했으므로, 정답은 **A**.
2	Samuel이 여행하는 동안 했던 활동을 묻는 문제로, 'J'ai rencontré des gens sympas et j'ai aussi visité des monuments célèbres. 나는 상냥한 사람들을 만났고, 유명한 유적들도 방문했어.'라는 내용에 따라 정답은 **C**.
3	제시된 선택지 중에서 메시지를 받은 사람이 Samuel과 만날 장소와 관련된 사진을 고른다. 'On peut se voir au café. 우리 카페에서 만날 수 있어.'라고 했으므로, 정답은 **C**.
4	Samuel이 만나고 싶어 하는 시간을 묻고 있다. 제시문에서 Samuel이 'Tu es libre à 14 h ? 너 14시에 시간 있어?'라고 했는데, 14시는 오후에 해당하므로 정답은 **B**. TIP après-midi 오후 ⇄ à 14 h 14시
5	제시된 선택지 중에서 메시지를 받는 사람이 볼 수 있는 물건과 관련된 사진을 고른다. Samuel이 'je vais te montrer mes photos. 내 사진들을 너에게 보여 줄게.'라고 했으므로, 정답은 **A**.

필수 어휘

fatigué 피곤한 | **rencontrer** 만나다 | **gens** 사람들 | **sympa** 상냥한 | **monument** (m.) 기념물, 유물 | **célèbre** 유명한 | **montrer** 보여 주다 | **photo** (f.) 사진 | **appeler** 전화하다, 부르다 | **préparer** 준비하다 | **être content** 만족하다 | **pendant** ~ 동안 | **étude** (f.) 공부, 연구 | **sport** (m.) 운동 | **rencontre** (f.) 만남

독해 평가

EXERCICE 2

Pour répondre aux questions, cochez [x] la bonne réponse ou écrivez l'information demandée.

답에 [x] 표시하거나 요구되는 정보를 써서 질문에 답하세요.

완전 공략

1 핵심 포인트

기존에 출제되던 유형의 경우 특정 장소와 관련한 장소까지 가는 지도에 초점을 맞추었다면 신 유형에서는 지도는 선택지에 주어져 고르는 문제로 바뀌고, 텍스트의 내용에 대한 질의, 응답이 더 강조되고 있다. 따라서 내용을 이해하는 것에 초점을 맞추어야 한다.

2 출제 유형

강의실, 교습소, 사무실과 같은 특정 장소의 이전이나 운영 시간을 알려 주는 안내문을 토대로, 해당 안내문에서 제공하는 세부 정보들을 묻는 문제가 자주 출제된다. 특히 안내문에서 제시된 지시 사항에 따라 가야 할 길이 정확하게 표시된 지도 이미지를 찾는 문제가 항상 포함된다.

3 고득점 전략

① 길, 방향과 관련된 표현을 익힌다.

위치나 방향을 나타낼 때 사용하는 어휘나 표현들이 있는데, 예를 들어 'aller tout droit 곧장 가다', 'à droite 오른쪽으로', 'à gauche 왼쪽으로', 'traverser 건너다', 'en face de ~ 맞은편에', 'devant ~ 앞에' 등이 있다. 이처럼 방향과 위치를 나타내는 다양한 표현을 숙지해야 한다.

② 기존과 달라진 부분이 무엇인지에 초점을 맞추어야 한다.

제시문 속에서 새롭게 바뀌거나 추가된 내용에 포인트를 맞춘 문제들이 자주 출제되는 편이다. 따라서 'nouvelle adresse 새 주소', 'nouveau numéro de téléphone 새로운 전화번호'와 같이 변경되거나 달라지는 것이 무엇인지를 설명해 주는 부분에 집중해야 한다.

③ 무엇을 해야 하는지에 중점을 둔다.

변경된 장소에서 활동을 하기 위해 미리 준비하거나 가져가야 하는 것이 무엇인지를 묻는 문제가 출제된다. 이때 제시문에 나온 어휘와 의미가 유사한 다른 어휘가 선택지에 제시될 가능성이 높으므로, 의미가 유사한 표현들을 다양하게 학습해 두면 도움이 된다.

④ 시간과 요일에 유의한다.

장소와 관련하여 이용 시간이나 요일에 대한 설명 부분을 신경 써야 하는데, 특히 시작과 끝을 알리는 시간, 휴일 또는 이용할 수 있는 요일 등에 대한 내용을 잘 살펴봐야 한다.

EXERCICE 2 실전 연습

전략에 따라 문제 1을 풀어 보세요.

Vous êtes en France, dans un institut de langues. Vous lisez le panneau suivant.

6 points

> **COURS DE FRANÇAIS**
>
> À partir du 1er juillet, le bureau des inscriptions a une nouvelle adresse :
> 35 rue Saint-Maure (à la sortie du bâtiment, tourner à droite,
> prendre la première rue à gauche, puis continuer tout droit)
> et un nouveau numéro de téléphone : 06 54 86 96 87.
>
> Pour vous inscrire, venez nous voir.
> Pour le premier cours, apportez une pièce d'identité.
>
> **Horaires d'ouverture**
> Du lundi au vendredi : 9 h – 12 h et 14 h – 18 h
> cours@francais.com

Répondez aux questions.

❶ Quel chemin prendre pour aller au bureau des inscriptions ? *2 points*

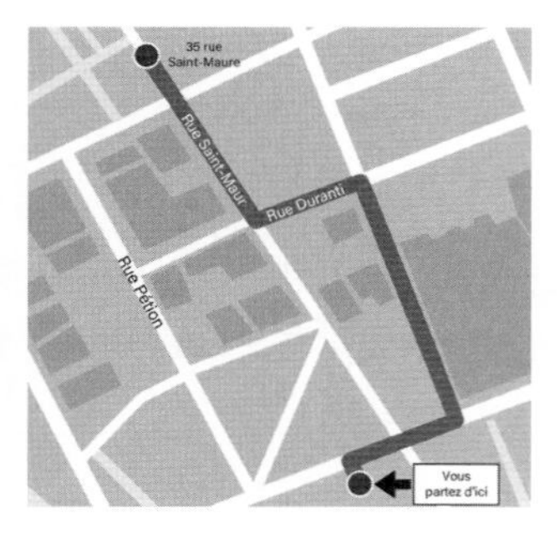

A ☐

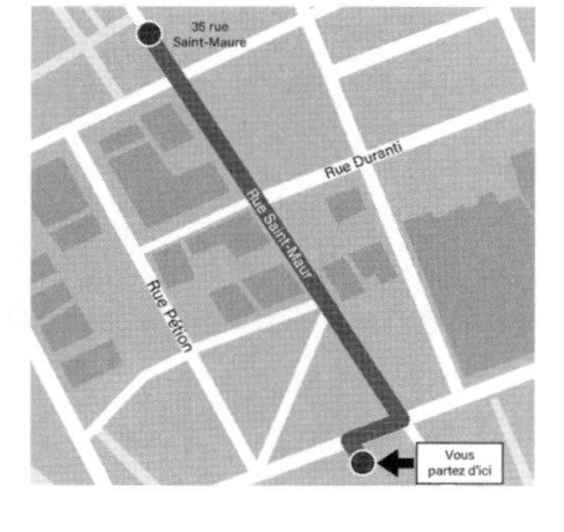

B ☐

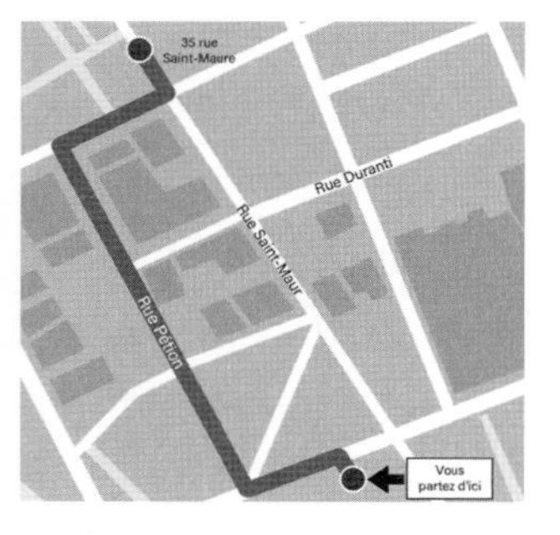

C ☐

❷ Qu'est-ce qui change au bureau des inscriptions ? *1 point*

A ☐ Les numéros de téléphone.

B ☐ Les horaires d'ouverture.

C ☐ Les prix des cours de français.

❸ Pour s'inscrire au cours, il faut … *1 point*

A ☐ téléphoner.

B ☐ aller sur place.

C ☐ envoyer un mail.

❹ Pour le premier cours, vous devez prendre … *1 point*

A ☐ votre diplôme.

B ☐ votre passeport.

C ☐ votre carte bancaire.

❺ À quelle heure ferme le bureau des inscriptions ? *1 point*

A ☐ À 17 h.

B ☐ À 18 h.

C ☐ À 19 h.

Étape 2

문제 1의 내용을 해석한 후, 문제를 분석해 보세요.

당신은 프랑스의 어학원에 있습니다. 다음의 게시판을 읽으세요. 6점

프랑스어 수업

7월 1일부터 등록 사무실이 새로운 주소 :
Saint-Maure 거리 35번지(건물 출구에서 오른쪽으로 돌고,
왼쪽 첫 번째 길로 접어든 후 계속해서 직진)와
새로운 전화번호를 가집니다: 06 54 86 96 87.

등록하려면 방문해 주세요.
첫 번째 수업을 위해 신분증을 가져오세요.

문 여는 시간
월요일부터 금요일까지 : 9시 – 12시 그리고 14시 – 18시
cours@francais.com

질문에 답하세요.

❶ 등록 사무실에 가기 위해 어떤 길을 택해야 하는가? 2점

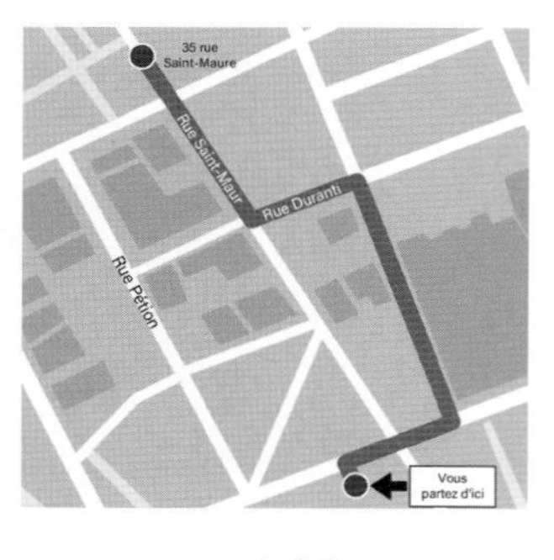

A ☐

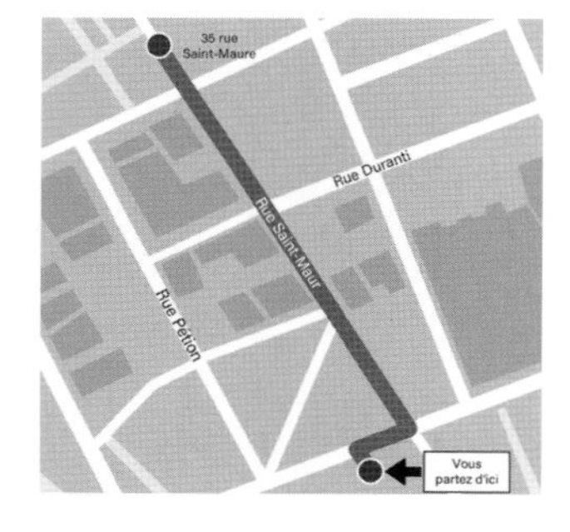

B ☐

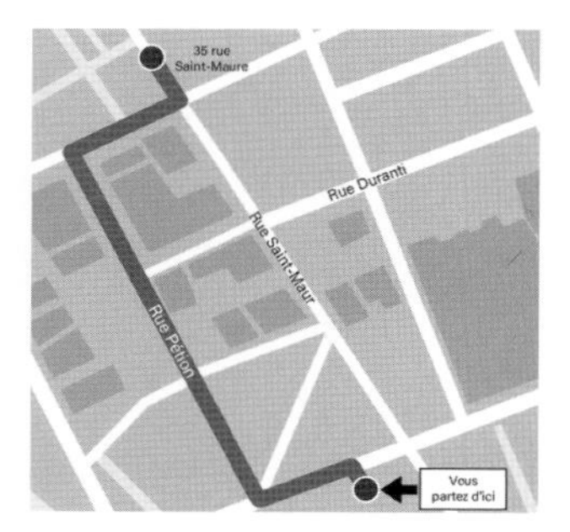

C ☐

❷ 등록 사무실에서 바뀐 것은 무엇인가? **1점**

A □ 전화번호

B □ 문 여는 시간

C □ 프랑스어 수업 가격

❸ 수업에 등록하기 위해서는 … 한다. **1점**

A □ 전화해야

B □ 현장에 가야

C □ 메일을 보내야

❹ 첫 수업을 위해 당신은 …을(를) 챙겨야 한다. **1점**

A □ 당신의 학위증

B □ 당신의 여권

C □ 당신의 은행 카드

❺ 등록 사무실은 몇 시에 문을 닫는가? **1점**

A □ 17시에

B □ 18시에

C □ 19시에

문제 분석

프랑스 어학원의 수업과 관련하여 변경된 사항을 알려 주는 안내문이다. 새로운 등록 사무실 주소로 찾아오는 방법이 안내된 부분을 꼼꼼하게 읽으면서 내용이 일치하는 지도 이미지를 고른다. 그리고 등록 사무실에서 바뀐 것은 무엇인지, 수업에 등록하기 위한 방법은 무엇인지를 설명하는 부분에도 초점을 맞춘다. 마지막으로 첫 수업을 위한 준비물과 등록 사무실의 운영 시간도 정확히 파악해야 한다.

Étape 3

문제 1의 해설을 확인하고, 필수 어휘를 익혀 보세요.

해설

문항	풀이 요령
1	등록 사무실로 가는 방향을 지도에 올바르게 표시한 선택지를 고르는 문제이다. 출발 지점은 선택지 3개가 모두 똑같으며, 가는 방법은 'à la sortie du bâtiment, tourner à droite, prendre la première rue à gauche, puis continuer tout droit 건물 출구에서 오른쪽으로 돌고, 왼쪽 첫 번째 길로 접어든 후 계속해서 직진'이라고 설명되어 있으므로 정답은 **B**.
2	등록 사무실에서 바뀐 점을 묻고 있다. 'le bureau des inscriptions a une nouvelle adresse ... et un nouveau numéro de téléphone 등록 사무실이 새로운 주소와 새로운 전화번호를 가집니다'라고 했으므로, 정답은 **A**.
3	수업에 등록하기 위한 방법을 묻는 문제이다. 제시문에서 'Pour vous inscrire, venez nous voir. 등록하려면 방문해 주세요.'라고 했다. 이는 곧 사무실에 직접 가서 등록해야 한다는 의미이므로, 정답은 **B**.
4	첫 수업을 위해 준비해야 할 사항을 묻고 있다. 제시문에서 'Pour le premier cours, apportez une pièce d'identité. 첫 번째 수업을 위해 신분증을 가져오세요.'라고 했다. 제시된 선택지 중에서 신분증에 해당하는 것은 'passeport 여권'이므로, 정답은 **B**. TIP la pièce d'identité 신분증 ⇄ le passeport 여권
5	등록 사무실이 문 닫는 시간을 묻고 있다. 'Horaires d'ouverture 문 여는 시간'이 월요일부터 금요일 18시까지라는 내용에 따라 정답은 **B**. 참고로 '등록 사무실이 문을 열지 않는 요일을 고르시오'와 같이 요일을 묻는 문제 역시 시험에 출제가 될 수 있다는 점에 신경 써야 한다.

필수 어휘

institut de langues (m.) 어학원 | **lire** 읽다 | **panneau** (m.) 게시판 | **suivant** 다음에 오는 | **cours** (m.) 수업 | **à partir de** ~부터 | **juillet** (m.) 7월 | **bureau des inscriptions** (m.) 등록 사무실 | **nouveau** 새로운 | **adresse** (f.) 주소 | **rue** (f.) 길 | **sortie** (f.) 출구 | **bâtiment** (m.) 건물 | **tourner** 돌다 | **à droite** 오른쪽으로 | **prendre** (길을) 고르다, 지나다 | **premier** 첫 번째 | **à gauche** 왼쪽으로 | **continuer** 계속하다 | **tout droit** 직진 | **numéro de téléphone** (m.) 전화번호 | **s'inscrire** 등록하다 | **pièce d'identité** (f.) 신분증 | **horaire** (m.) 업무 시간, 일정표 | **ouverture** (f.) 열기, 개점 | **chemin** (m.) 길 | **changer** 바뀌다 | **prix** (m.) 가격 | **il faut** ~해야만 한다 | **sur place** 현장에서 | **envoyer** 보내다 | **diplôme** (m.) 학위 | **passeport** (m.) 여권 | **carte bancaire** (f.) 은행 카드 | **fermer** 닫다

문제 2

EXERCICE 2 실전 연습

전략에 따라 문제 2를 풀어 보세요.

Vous êtes en France, dans une école de danse. Vous lisez le panneau suivant.

6 points

COURS DE DANSE

À partir du 1er septembre, la salle de danse a une nouvelle adresse :
12 rue Joinville le pont (à la sortie de l'école, tourner à gauche,
prendre la deuxième rue à droite, puis continuer tout droit)
et un nouveau numéro de téléphone : 06 11 87 96 58.

Pour vous inscrire, venez au bureau des inscriptions.
Pour le premier cours, apportez une pièce d'identité.

Horaires d'ouverture

Du lundi au vendredi : 10 h – 12 h et 14 h – 18 h
ballet@francais.com

Répondez aux questions.

❶ Quel chemin prendre pour aller à la salle de danse ? *2 points*

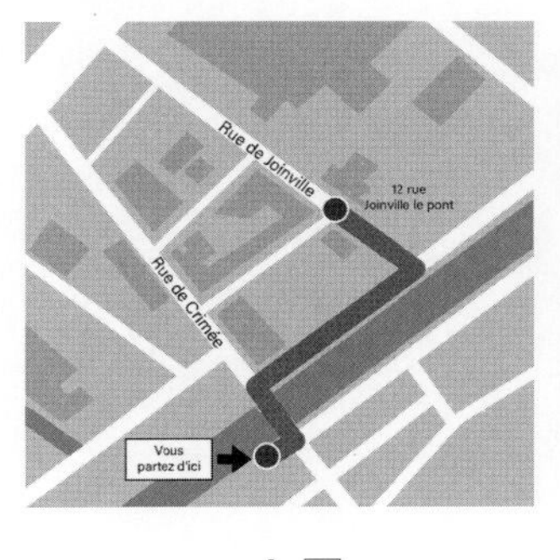

A ☐

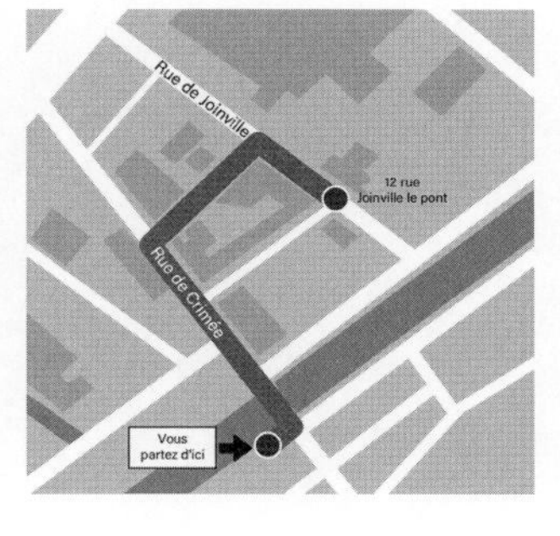

B ☐

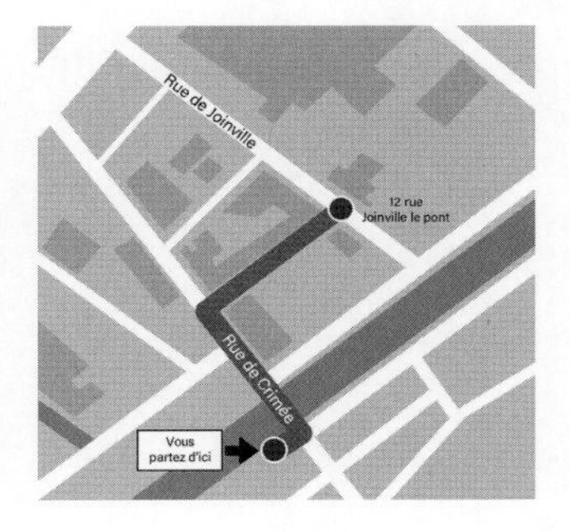

C ☐

❷ Qu'est-ce qui change à la salle de danse ? *1 point*

A ☐ Les numéro de téléphone.

B ☐ Les horaires de fermeture.

C ☐ Les prix des cours de danse.

❸ Pour s'inscrire au cours, il faut ... *1 point*

A ☐ changer d'adresse.

B ☐ aller au bureau.

C ☐ envoyer un mail.

❹ Pour le premier cours, vous devez prendre ... *1 point*

A ☐ votre diplôme.

B ☐ votre permis de conduire.

C ☐ votre carte bancaire.

❺ À quelle heure ouvre la salle de danse ? *1 point*

A ☐ À 10 h.

B ☐ À 13 h.

C ☐ À 18 h.

Étape 2

문제 2의 내용을 해석한 후, 문제를 분석해 보세요.

당신은 프랑스의 무용 학교에 있습니다. 다음의 게시판을 읽으세요. 6점

무용 수업

9월 1일부터 무용실이 새로운 주소 :
Joinville le pont 거리 12번지(학교 출구에서 왼쪽으로 돌고,
오른쪽 두 번째 길로 접어든 후 계속해서 직진)와
새로운 전화번호를 가집니다: 06 11 87 96 58.

등록하려면 등록 사무실로 오세요.
첫 번째 수업을 위해 신분증을 가져오세요.

문 여는 시간

월요일부터 금요일까지 : 10시 – 12시 그리고 14시 – 18시
ballet@francais.com

질문에 답하세요.

❶ 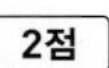 무용실에 가기 위해 어떤 길을 택해야 하는가? 2점

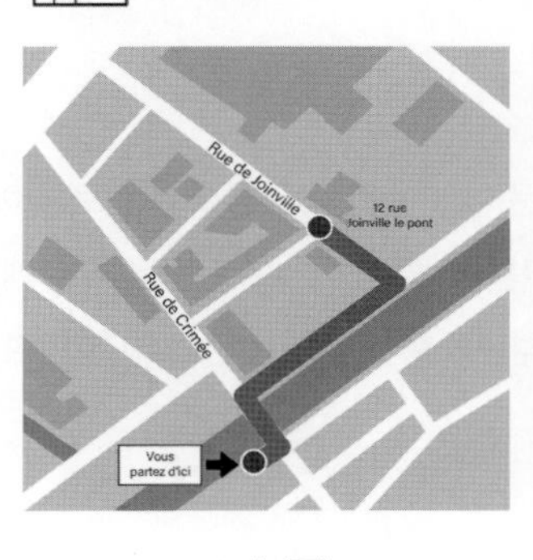

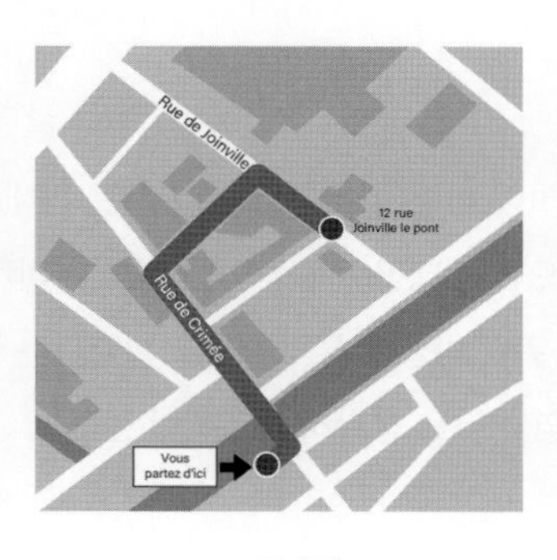

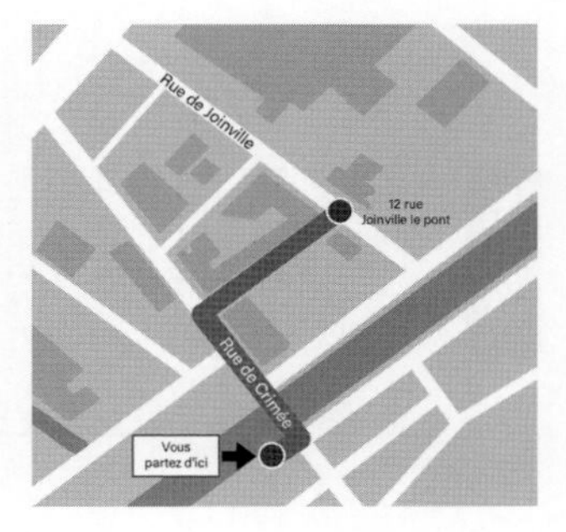

A ☐ B ☐ C ☐

❷ 무용실에서 바뀐 것은 무엇인가? **1점**

A ☐ 전화번호

B ☐ 문 닫는 시간

C ☐ 무용 수업료

❸ 수업에 등록하기 위해서는 … 한다. **1점**

A ☐ 주소를 변경해야

B ☐ 사무실에 가야

C ☐ 메일을 보내야

❹ 첫 수업을 위해 당신은 …을(를) 챙겨야 한다. **1점**

A ☐ 당신의 학위증

B ☐ 당신의 운전 면허증

C ☐ 당신의 은행 카드

❺ 몇 시에 무용실이 문을 여는가? **1점**

A ☐ 10시에

B ☐ 13시에

C ☐ 18시에

문제 분석

무용 학교의 수업과 관련하여 변경된 사항을 알려 주는 안내문이다. 새로운 무용실 주소로 찾아오는 방법이 안내된 부분을 꼼꼼하게 읽으면서 내용이 일치하는 지도 이미지를 고른다. 그리고 등록 사무실에서 바뀐 것은 무엇인지, 수업에 등록하기 위한 방법은 무엇인지를 설명하는 부분에도 초점을 맞춘다. 마지막으로 첫 수업을 위한 준비물과 무용실의 운영 시간도 정확히 파악해야 한다.

Étape 3 문제 2의 해설을 확인하고, 필수 어휘를 익혀 보세요.

해설

문항	풀이 요령
1	무용실로 가는 방향을 지도에 올바르게 표시한 선택지를 고르는 문제이다. 출발 지점은 선택지 3개가 모두 똑같으며, 최종 목적지는 Joinville le pont 거리 12번지로서 'à la sortie de l'école, tourner à gauche, prendre la deuxième rue à droite, puis continuer tout droit 학교 출구에서 왼쪽으로 돌고, 오른쪽 두 번째 길로 접어든 후 계속해서 직진'으로 정답은 **C**.
2	무용실에서 바뀐 점을 묻고 있다. 'la salle de danse a une nouvelle adresse … et un nouveau numéro de téléphone 무용실이 새로운 주소와 새로운 전화번호를 가집니다'라고 했으므로, 정답은 **A**.
3	수업에 등록하기 위한 방법을 묻는 문제이다. 제시문에서 'Pour vous inscrire, venez au bureau des inscriptions. 등록하려면 등록 사무실로 오세요.'라고 했다. 이는 곧 사무실로 직접 가서 등록해야 한다는 의미이므로, 정답은 **B**.
4	첫 수업을 위해 준비해야 할 사항을 묻고 있다. 제시문에서 'Pour le premier cours, apportez une pièce d'identité. 첫 번째 수업을 위해 신분증을 가져오세요.'라고 했다. 제시된 선택지 중에서 신분증에 해당하는 것은 'permis de conduire 운전 면허증'이므로, 정답은 **B**. TIP la pièce d'identité 신분증 ⇄ le permis de conduire 운전 면허증
5	무용실이 문 여는 시간을 묻고 있다. 'Horaires d'ouverture 문 여는 시간'이 월요일부터 금요일 10시부터라는 내용에 따라 정답은 **A**. 참고로 휴일을 물어보는 문제도 출제될 수 있으므로 요일에 대한 어휘들은 반드시 숙지해야 한다.

필수 어휘

école de danse (f.) 무용 학교 | **septembre** (m.) 9월 | **salle de danse** (f.) 무용실 | **nouveau** 새로운 | **deuxième** 두 번째 | **permis de conduire** (m.) 운전 면허증 | **ouvrir** 열다

문제 3

EXERCICE 2 실전 연습

전략에 따라 문제 3을 풀어 보세요.

Vous êtes en France, dans un club de sport. Vous lisez le panneau suivant.

6 points

COURS DE TENNIS

À partir du 15 mars, nous avons un nouveau terrain de tennis :
12 rue Major Allard (à la sortie du club, tourner à droite,
prendre la première rue à droite. Il est en face du café)
et un nouvel entraîneur.

Pour apprendre le tennis, envoyez-nous d'abord un courriel.
Pour le premier cours, apportez votre tenue de tennis.

Horaires d'ouverture
Du lundi au vendredi : 10 h – 12 h et 14 h – 18 h
sport@francais.com

Répondez aux questions.

❶ Quel chemin prendre pour aller au terrain de tennis ? *2 points*

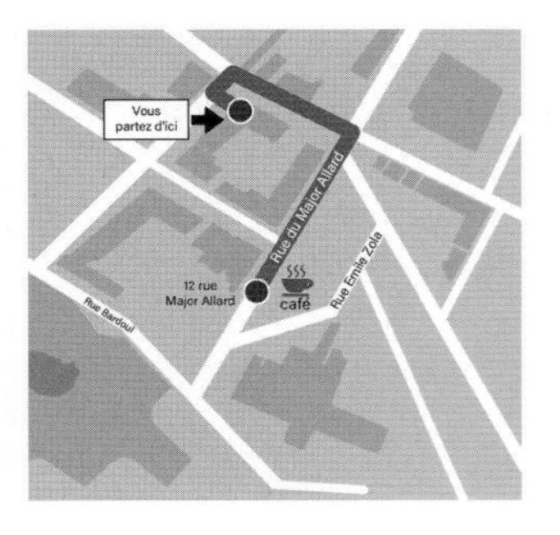

A ☐

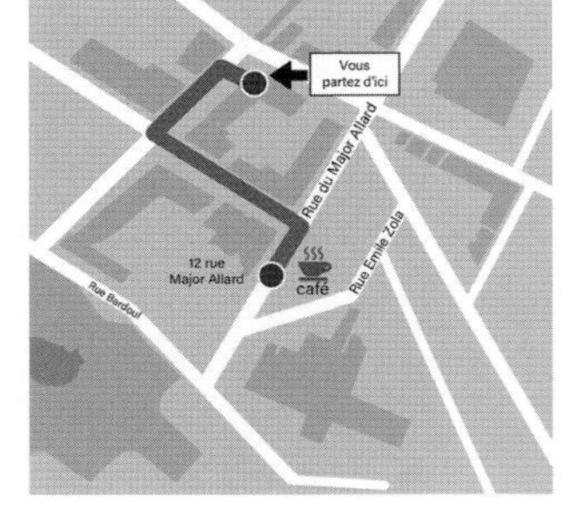

B ☐

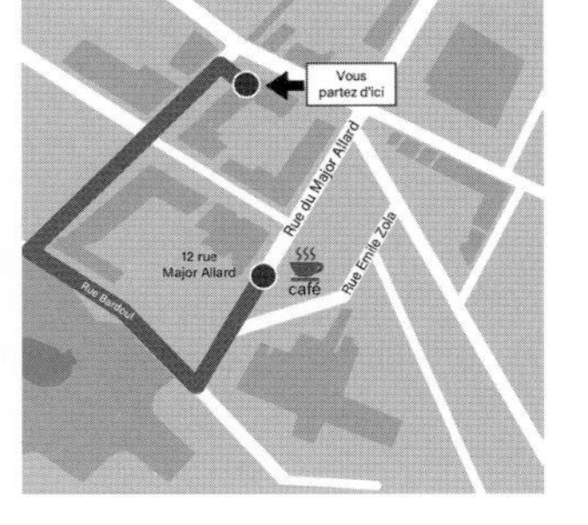

C ☐

❷ Qu'est-ce qui change au club de sport ? 1 point

A □ L'entraîneur.

B □ Les horaires de fermeture.

C □ Le prix des cours de tennis.

❸ Pour apprendre à jouer au tennis, il faut … 1 point

A □ téléphoner.

B □ aller sur place.

C □ envoyer un mail.

❹ Pour le premier cours, vous devez prendre … 1 point

A □ vos balles de tennis.

B □ votre tenue de tennis.

C □ votre raquette de tennis.

❺ À quelle heure ouvre le terrain de tennis ? 1 point

A □ À 10 h.

B □ À 13 h.

C □ À 18 h.

Étape 2

문제 3의 내용을 해석한 후, 문제를 분석해 보세요.

당신은 프랑스의 스포츠 클럽에 있습니다. 다음의 게시판을 읽으세요. 6점

테니스 수업

3월 15일부터 새로운 테니스 코트 :
Major Allard 거리 12 번지(클럽 출구에서 오른쪽으로 돌고,
오른쪽 첫 번째 길로 접어드세요. 그것은 카페 맞은편에 있습니다)와
새로운 코치를 갖게 됩니다.

테니스를 배우려면 우리에게 먼저 메일을 보내세요.
첫 번째 수업을 위해 당신의 테니스옷을 가져오세요.

문 여는 시간

월요일부터 금요일까지 : 10시 – 12시 그리고 14시 – 18시
sport@francais.com

질문에 답하세요.

❶ 테니스 코트로 가기 위해 어떤 길을 택해야 하는가? 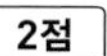

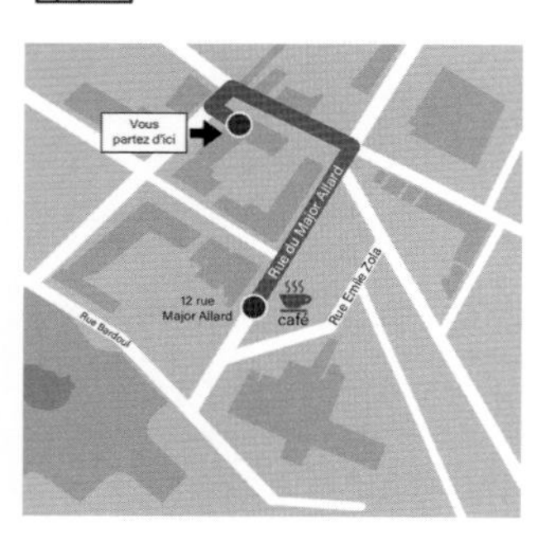

A □

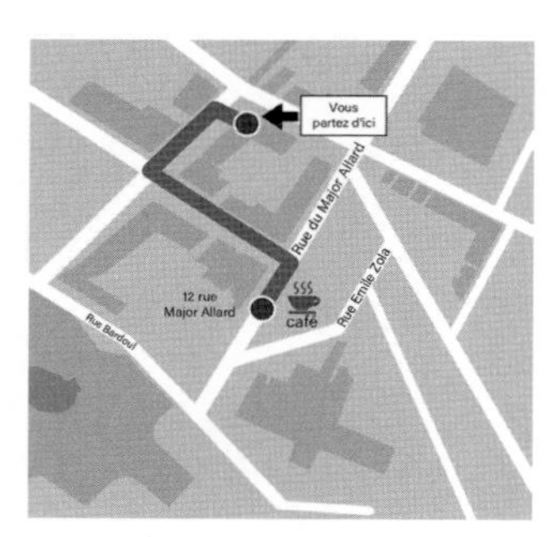

B □

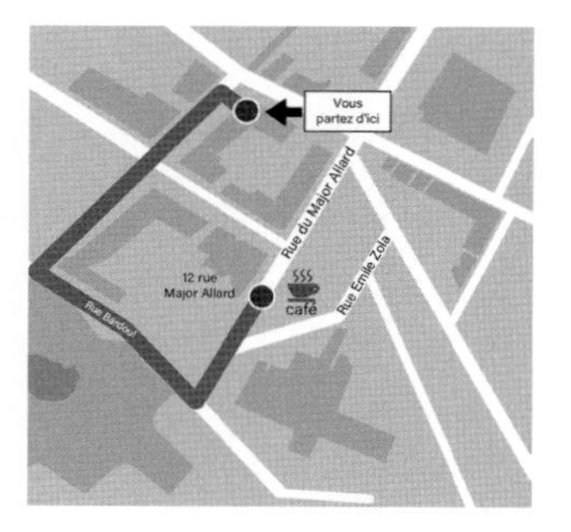

C □

❷ 스포츠 클럽에서 바뀐 것은 무엇인가? **1점**

A □ 코치

B □ 문 닫는 시간

C □ 테니스 수업비

❸ 테니스 치는 것을 배우기 위해서는 … 한다. **1점**

A □ 전화해야

B □ 현장에 가야

C □ 메일을 보내야

❹ 첫 번째 수업을 위해 당신은 …을(를) 챙겨야 한다. **1점**

A □ 당신의 테니스공들

B □ 당신의 테니스옷

C □ 당신의 테니스라켓

❺ 몇 시에 테니스 코트가 문을 여는가? **1점**

A □ 10시에

B □ 13시에

C □ 18시에

문제 분석

스포츠 클럽의 테니스 수업과 관련하여 변경된 사항을 알려 주는 안내문이다. 새로운 테니스 코트 주소로 찾아오는 방법이 안내된 부분을 꼼꼼하게 읽으면서 내용이 일치하는 지도 이미지를 고른다. 그리고 스포츠 클럽에서 바뀐 것은 무엇인지, 테니스 수업에 등록하기 위한 방법은 무엇인지를 설명하는 부분에도 초점을 맞춘다. 마지막으로 첫 수업을 위한 준비물과 테니스 코트의 운영 시간도 정확히 파악해야 한다.

문제 3의 해설을 확인하고, 필수 어휘를 익혀 보세요.

해설

문항	풀이 요령
1	새로운 테니스 코트로 가는 방향을 지도에 올바르게 표시한 선택지를 고르는 문제이다. 출발 지점은 선택지 3개가 모두 똑같으며, 최종 목적지는 Major Allard 거리 12 번지이다. '12 rue Major Allard (à la sortie du club, tourner à droite, prendre la première rue à droite. Il est en face du café) Major Allard 거리 12 번지(클럽 출구에서 오른쪽으로 돌고, 오른쪽 첫 번째 길로 접어드세요. 그것은 카페 맞은편에 있습니다)'라는 내용에 따라 정답은 **A**.
2	스포츠 클럽에서 바뀌는 점을 묻고 있다. 'nous avons un nouveau terrain de tennis … et un nouvel entraîneur. 새로운 테니스 코트와 … 새로운 코치를 갖게 됩니다.'라고 했으므로, 정답은 **A**.
3	테니스 수업에 등록하기 위한 방법을 묻는 문제이다. 제시문에서 'Pour apprendre le tennis, envoyez-nous d'abord un courriel. 테니스를 배우려면 우리에게 먼저 메일을 보내세요.'라는 내용이 있으므로, 정답은 **C**.
4	첫 수업을 위해 준비해야 할 사항을 묻고 있다. 제시문에서 'Pour le premier cours, apportez votre tenue de tennis. 첫 번째 수업을 위해 당신의 테니스옷을 가져오세요.'라고 했으므로, 정답은 **B**.
5	테니스 코트가 문 여는 시간을 묻고 있다. 'Horaires d'ouverture 문 여는 시간'이 월요일부터 금요일 10시부터라는 내용에 따라 정답은 **A**.

필수 어휘

club de sport (m.) 스포츠 클럽 | **mars** (m.) 3월 | **terrain de tennis** (m.) 테니스 코트 | **entraîneur** 코치 | **courriel** (m.) 전자 우편, 이메일 | **balle** (f.) 공 | **tenue** (f.) 유니폼, 복장 | **raquette** (f.) 라켓

EXERCICE 2 실전 연습

Étape 1

전략에 따라 문제 4를 풀어 보세요.

Vous êtes en France, dans une école de cuisine. Vous lisez le panneau suivant.

6 points

COURS DE CUISINE

À partir du 1er avril, la salle de cuisine a une nouvelle adresse :
5 rue Malakoff (à la sortie de la station de métro, aller tout droit,
traverser le pont, puis tourner à la deuxième rue à droite).
Et puis, les frais d'inscription viennent d'augmenter.

Pour vous inscrire, venez directement au bureau.
Pour le premier cours, apportez un couteau.

Horaires d'ouverture

Du mardi au vendredi : 9 h – 11 h 30 et 14 h – 18 h
plat@francais.com

Répondez aux questions.

❶ Quel chemin prendre pour aller à la salle de cuisine ? **2 points**

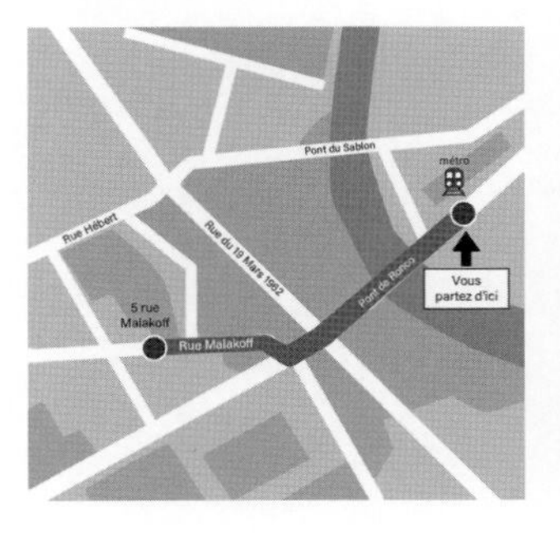

A ☐

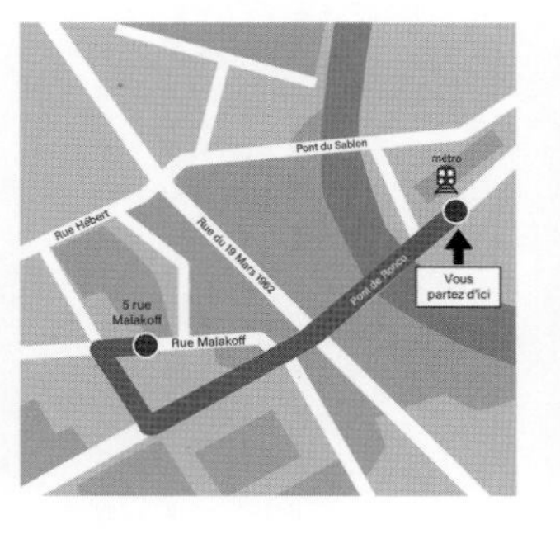

B ☐

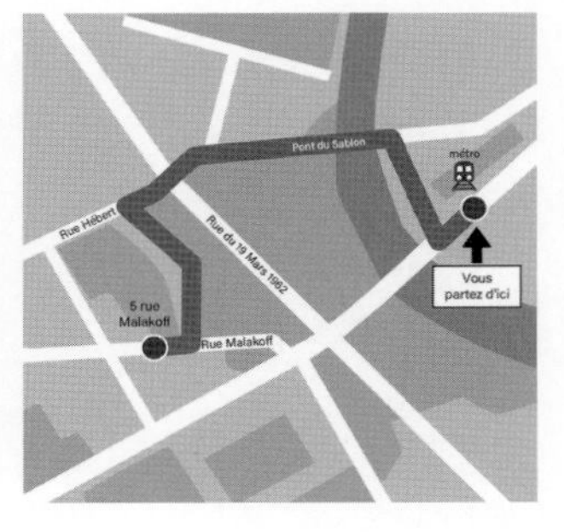

C ☐

❷ Qu'est-ce qui change au cours de cuisine ? *1 point*

A ☐ Le prix.

B ☐ Le numéro de téléphone.

C ☐ Les horaires de fermeture.

❸ Pour s'inscrire au cours, il faut ... *1 point*

A ☐ téléphoner.

B ☐ aller au bureau.

C ☐ envoyer un message électronique.

❹ Pour le premier cours, vous devez prendre ... *1 point*

A ☐ votre plat.

B ☐ votre couteau.

C ☐ votre vaisselle.

❺ À quelle heure ferme la salle de cuisine ? *1 point*

A ☐ À 9 h.

B ☐ À 13 h.

C ☐ À 18 h.

Étape 2

문제 4의 내용을 해석한 후, 문제를 분석해 보세요.

당신은 프랑스 요리 학교에 있습니다. 다음의 게시판을 읽으세요. 6점

요리 수업

4월 1일부터 조리실이 새로운 주소를 갖습니다 :
Malakoff 거리 5번지(지하철역 출구에서 곧장 가다가
다리를 건너고 오른쪽 두 번째 길로 돌아감).
그리고 수업료가 막 인상되었습니다.

등록하기 위해서 사무실로 직접 오세요.
첫 번째 수업을 위해 칼을 가져오세요.

문 여는 시간

화요일부터 금요일까지 : 9시 – 11시 30분 그리고 14시 – 18시
plat@francais.com

질문에 답하세요.

❶ 조리실로 가기 위해 어떤 길을 택해야 하는가? 2점

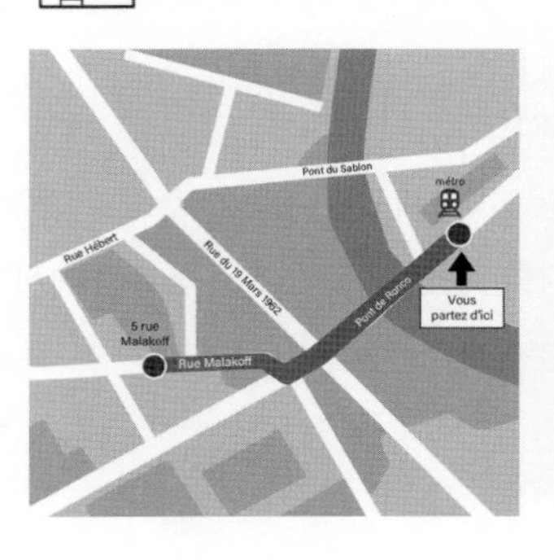

A □

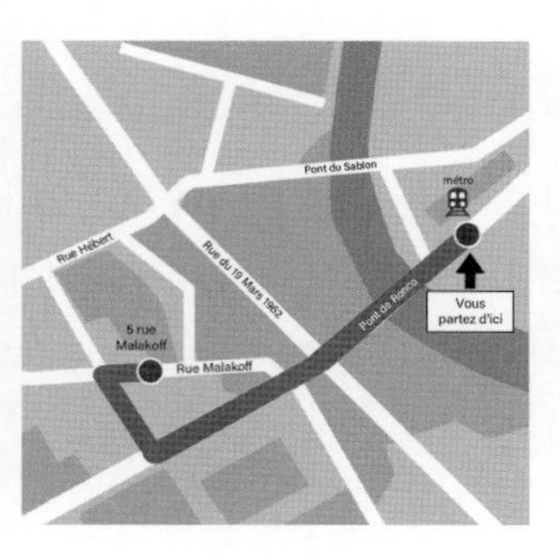

B □

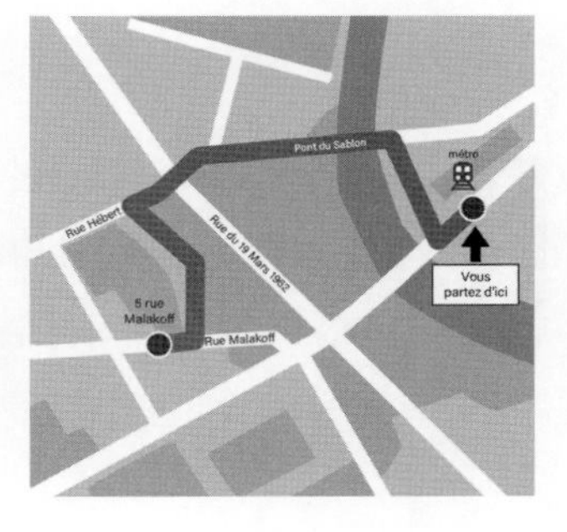

C □

❷ 요리 수업에서 바뀐 것은 무엇인가? **1점**

A ☐ 가격

B ☐ 전화번호

C ☐ 문 닫는 시간

❸ 수업에 등록하기 위해서는 … 한다. **1점**

A ☐ 전화해야

B ☐ 사무실에 가야

C ☐ 메일을 보내야

❹ 첫 수업을 위해 당신은 …을(를) 챙겨야 한다. **1점**

A ☐ 당신의 음식

B ☐ 당신의 칼

C ☐ 당신의 접시

❺ 몇 시에 조리실이 문을 닫는가? **1점**

A ☐ 9시에

B ☐ 13시에

C ☐ 18시에

문제 분석

요리 학교의 수업과 관련하여 변경된 사항을 알려 주는 안내문이다. 새로운 조리실 주소로 찾아오는 방법이 안내된 부분을 꼼꼼하게 읽으면서 내용이 일치하는 지도 이미지를 고른다. 그리고 요리 수업에서 바뀐 것은 무엇인지, 수업에 등록하기 위한 방법은 무엇인지를 설명하는 부분에도 초점을 맞춘다. 마지막으로 첫 수업을 위한 준비물과 조리실의 운영 시간도 정확히 파악해야 한다.

Étape 3

문제 4의 해설을 확인하고, 필수 어휘를 익혀 보세요.

해설

문항	풀이 요령
1	새로운 조리실로 가는 방향을 지도에 올바르게 표시한 선택지를 고르는 문제이다. 출발 지점은 선택지 3개가 모두 똑같으며, 최종 목적지는 Malakoff 거리 5번지이다. 'à la sortie de la station de métro, aller tout droit, traverser le pont, puis tourner à la deuxième rue à droite. 지하철역 출구에서 곧장 가다가 다리를 건너고 오른쪽 두 번째 길로 돌아감'에 따라 정답은 **A**.
2	요리 수업에서 바뀐 점을 묻고 있다. 'la salle de cuisine a une nouvelle adresse … les frais d'inscription viennent d'augmenter. 조리실이 새로운 주소를 갖습니다 … 수업료가 막 인상되었습니다.'라고 했으므로, 정답은 **A**. TIP les frais d'inscription 수업료 ⇄ le prix 가격
3	수업에 등록하기 위한 방법을 묻는 문제이다. 제시문에서 'Pour vous inscrire, venez directement au bureau. 등록하기 위해서 사무실로 직접 오세요.'라고 했으므로, 정답은 **B**.
4	첫 수업을 위해 준비해야 할 사항을 묻고 있다. 제시문에서 'Pour le premier cours, apportez un couteau. 첫 번째 수업을 위해 칼을 가져오세요.'라고 했으므로, 정답은 **B**.
5	조리실이 문을 닫는 시간을 묻고 있다. 문을 닫는 시간이 화요일부터 금요일 18시라는 내용에 따라 정답은 **C**. 참고로 문을 여는 요일 역시 문제로 출제될 수 있다는 점에 신경을 써야 한다.

필수 어휘

école de cuisine (f.) 요리 학교(학원) | avril (m.) 4월 | salle de cuisine (f.) 조리실 | station de métro (f.) 지하철역 | traverser 건너다 | pont (m.) 다리 | frais d'inscription (m.pl.) 등록비, 수강료 | augmenter 증가하다, (값이) 오르다 | directement 직접 | couteau (m.) 칼 | message électronique (m.) 이메일 | plat (m.) 음식 | vaisselle (f.) 접시

EXERCICE 2 실전 연습

Étape 1

전략에 따라 문제 5를 풀어 보세요.

Vous êtes en France, dans l'auto-école. Vous lisez le panneau suivant. 

> **COURS DE CONDUITE**
>
> À partir du 05 décembre, l'auto-école est déplacée :
> 10 rue Saint-Denis (à partir de la mairie, prendre la deuxième rue à gauche, puis continuer tout droit et en face de la librairie).
>
> Pour avoir plus d'informations, consultez notre site internet.
> Pour le premier cours, apportez votre photo en couleur.
>
> **Horaires**
> Du lundi au jeudi : 9 h – 12 h et 14 h – 19 h
> conduire@francais.com

Répondez aux questions.

❶ Quel chemin prendre pour aller à l'auto-école ? 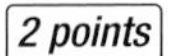

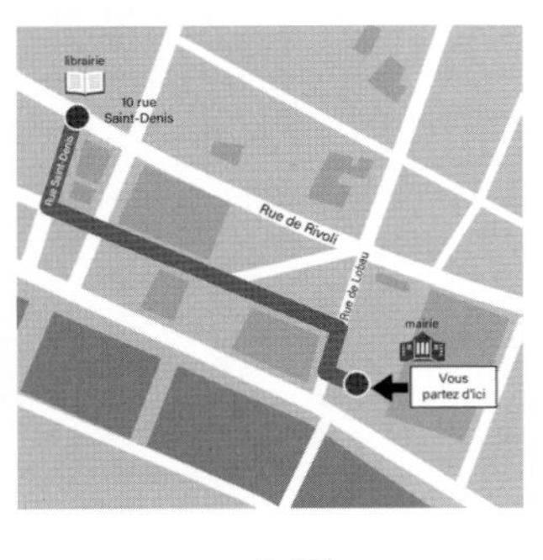

A ☐

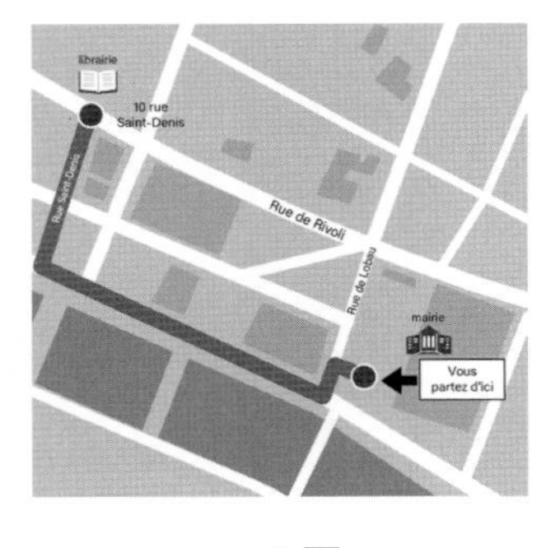

B ☐

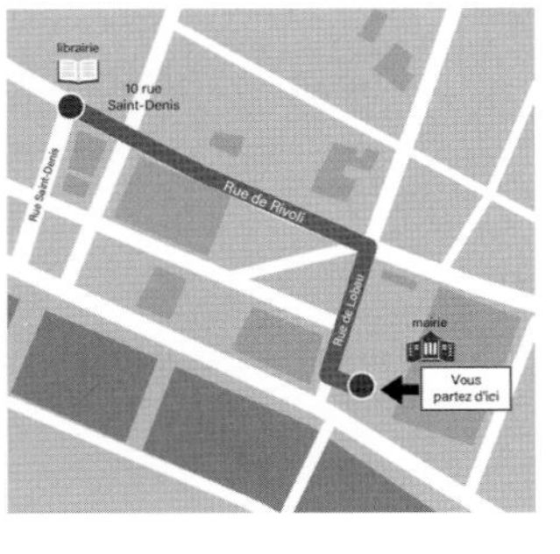

C ☐

❷ Qu'est-ce qui change à l'auto-école ? **1 point**

A □ Le lieu.

B □ L'adresse du courriel.

C □ Les horaires des cours de conduite.

❸ Pour obtenir plus d'informations, vous devez … **1 point**

A □ téléphoner.

B □ aller sur place.

C □ surfer sur Internet.

❹ Pour le premier cours, vous devez prendre … **1 point**

A □ votre photo.

B □ votre passeport.

C □ votre carte bancaire.

❺ Le bureau des inscriptions ferme … **1 point**

A □ à 9 h.

B □ à 13 h.

C □ à 19 h.

Étape 2

문제 5의 내용을 해석한 후, 문제를 분석해 보세요.

당신은 프랑스 운전 학원에 있습니다. 다음의 게시판을 읽으세요. 6점

운전 수업

12월 5일부터 운전 학원이 이전되었습니다 :
Saint-Denis 거리 10번지(시청에서부터 왼쪽 두 번째 길로 접어든 후
계속해서 직진하고 서점 맞은편).

더 많은 정보들을 얻으려면 우리의 인터넷 사이트를 참고하세요.
첫 번째 수업을 위해서 당신의 컬러 사진을 가져오세요

시간

월요일부터 목요일까지 : 9시 – 12시 그리고 14시 – 19시
conduire@francais.com

질문에 답하세요.

❶ 운전 학원에 가기 위해 어떤 길을 택해야 하는가? 2점

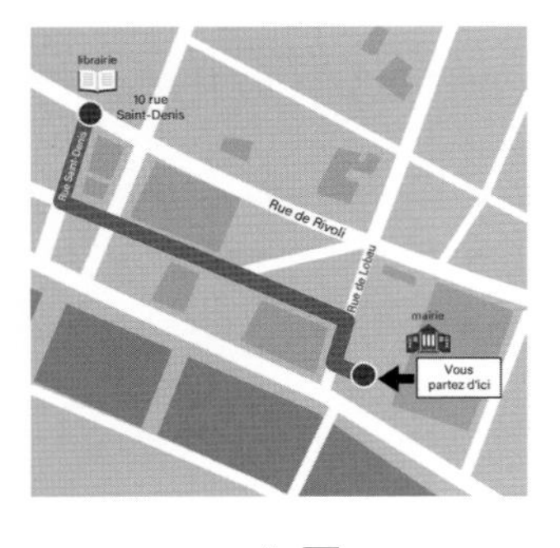

A □

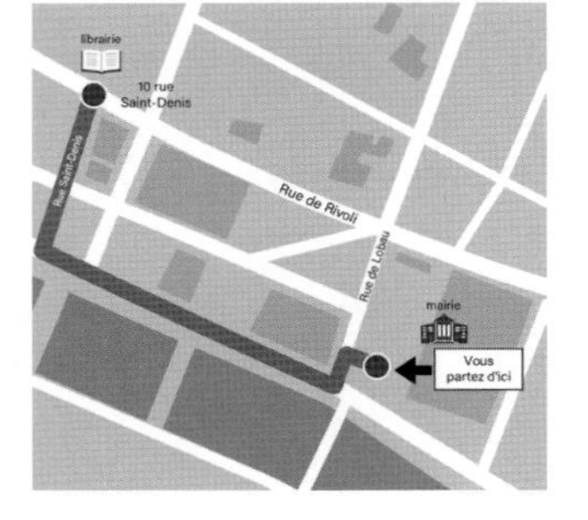

B □

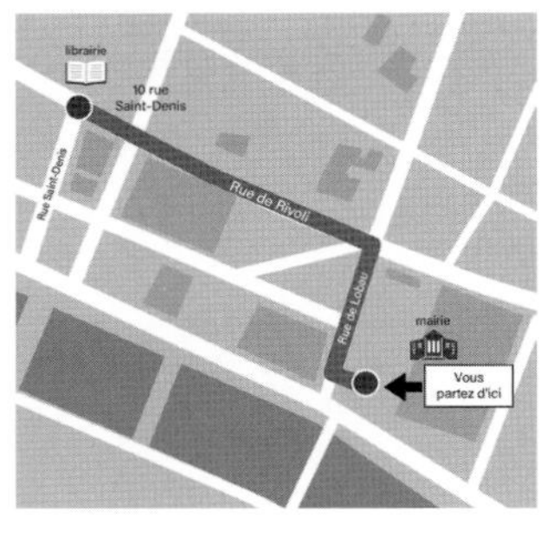

C □

❷ 운전 학원에서 바뀐 것은 무엇인가? **1점**

A □ 장소

B □ 전자 우편 주소

C □ 운전 수업 시간

❸ 더 많은 정보를 얻기 위해서는 당신은 … 한다. **1점**

A □ 전화해야

B □ 현장에 가야

C □ 인터넷을 검색해야

❹ 첫 수업을 위해 당신은 …을(를) 챙겨야 한다. **1점**

A □ 당신의 사진

B □ 당신의 여권

C □ 당신의 은행 카드

❺ 등록 사무실은 … 문을 닫는다. **1점**

A □ 9시에

B □ 13시에

C □ 19시에

문제 분석

운전 학원의 운전 수업과 관련하여 변경된 사항을 알려 주는 안내문이다. 새로운 운전 학원 주소로 찾아오는 방법이 안내된 부분을 꼼꼼하게 읽으면서 내용이 일치하는 지도 이미지를 고른다. 그리고 운전 학원에서 바뀐 것은 무엇인지, 더 많은 정보를 얻기 위한 방법은 무엇인지를 설명하는 부분에도 초점을 맞춘다. 마지막으로 첫 수업을 위한 준비물과 등록 사무실의 운영 시간도 정확히 파악해야 한다.

Étape 3

문제 5의 해설을 확인하고, 필수 어휘를 익혀 보세요.

해설

문항	풀이 요령
1	운전 학원으로 가는 방향을 지도에 올바르게 표시한 선택지를 고르는 문제이다. 출발 지점은 선택지 3개가 모두 똑같으며, 최종 목적지는 Saint-Denis 거리 10번지이다. 'à partir de la mairie, prendre la deuxième rue à gauche, puis continuer tout droit et en face de la librairie. 시청에서부터 왼쪽 두 번째 길로 접어든 후 계속해서 직진하고 서점 맞은편'에 따라 정답은 **C**.
2	운전 학원에서 바뀐 점을 묻고 있다. 'l'auto-école est déplacée 운전 학원이 이전되었다'라고 했으므로 정답은 **A**. 참고로 이메일의 경우 e-mail, courrier électronique, courriel 등 다양하게 표현하기 때문에 알아 두어야 한다.
3	더 많은 정보를 얻기 위한 방법을 묻는 문제이다. 제시문에서 'Pour avoir plus d'informations, consultez notre site internet. 더 많은 정보들을 얻으려면 우리의 인터넷 사이트를 참고하세요.' 라고 했다. 이는 곧 인터넷을 검색해 보라는 의미이므로, 정답은 **C**. TIP consulter le site internet 인터넷 사이트를 참고하다 ⇄ surfer sur Internet 인터넷을 검색하다
4	첫 수업을 위해 준비해야 할 사항을 묻고 있다. 제시문에서 'Pour le premier cours, apportez votre photo en couleur. 첫 번째 수업을 위해서 당신의 컬러 사진을 가져오세요.'라고 했으므로, 정답은 **A**.
5	운전 학원이 문 닫는 시간을 묻고 있다. 안내문에 제시된 'Horaires 시간'이 월요일부터 목요일 9시 - 12시, 14시 - 19시이므로, 정답은 **B**.

필수 어휘

auto-école (f.) 운전 학원 | **décembre** (m.) 12월 | **être déplacé** 이전되다 | **mairie** (f.) 시청 | **librairie** (f.) 서점 | **consulter** 참조하다, 찾다 | **lieu** (m.) 장소 | **surfer** 검색하다

EXERCICE 2 실전 연습

Étape 1

전략에 따라 문제 6을 풀어 보세요.

Vous êtes en France, dans une université. Vous lisez le panneau suivant. 

COURS D'INFORMATIQUE

À partir du 1er septembre, le département d'informatique a une nouvelle adresse : 10 rue Voltaire (à la sortie du bâtiment, traverser le pont, tourner à la deuxième rue à gauche, puis continuer tout droit et juste devant la pharmacie) et une nouvelle assistante.

Pour vous inscrire, venez au secrétariat.
Pour le premier cours, apportez une carte d'étudiant ou une pièce d'identité.

Horaires d'ouverture
Du lundi au vendredi : 9 h – 12 h et 14 h – 18 h
enligne@francais.com

Répondez aux questions.

❶ Quel chemin prendre pour aller au département d'informatique ? 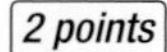

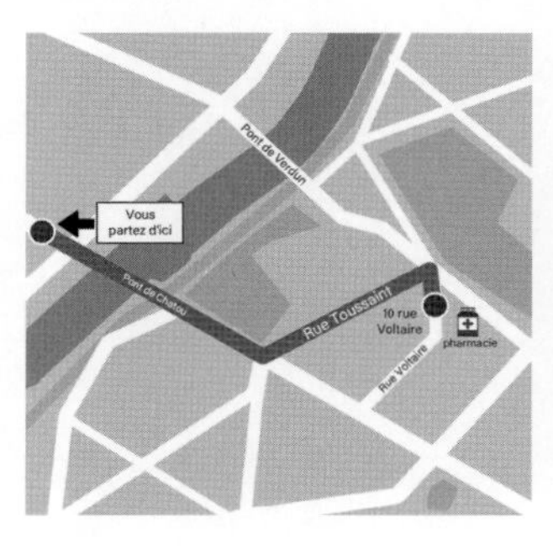

A ☐

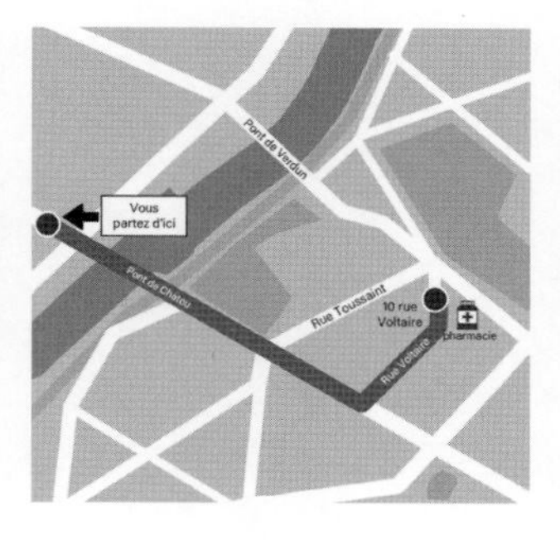

B ☐

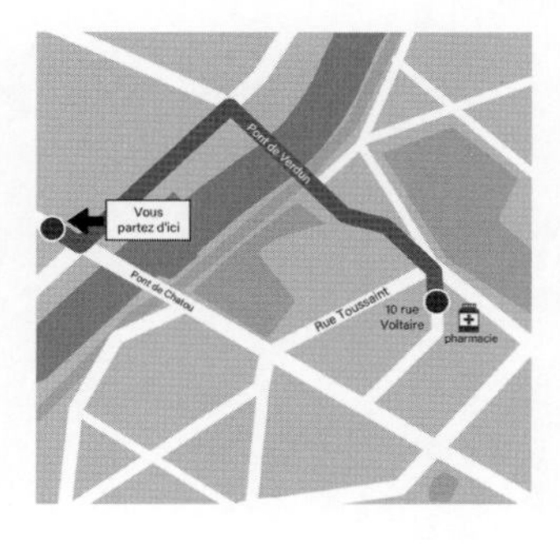

C ☐

❷ Qu'est-ce qui change au département d'informatique ? *1 point*

A ☐ L'employé.

B ☐ Le numéro de téléphone.

C ☐ Le prix des cours d'informatique.

❸ Pour s'inscrire au cours, il faut … *1 point*

A ☐ téléphoner.

B ☐ aller sur place.

C ☐ envoyer un mail.

❹ Pour le premier cours, vous devez prendre … *1 point*

A ☐ votre passeport.

B ☐ votre ordinateur.

C ☐ votre carte de travail.

❺ À quelle heure ferme le secrétariat ? *1 point*

A ☐ À 9 h.

B ☐ À 11 h.

C ☐ À 13 h.

Étape 2 문제 6의 내용을 해석한 후, 문제를 분석해 보세요.

당신은 프랑스 대학교에 있습니다. 다음의 게시판을 읽으세요. 6점

컴퓨터 수업

9월 1일부터 컴퓨터 학과가 새로운 주소 :
Voltaire 거리 10번지(건물 출구에서 다리를 건넌 후
왼쪽 두 번째 길에서 돌고, 계속해서 직진하고 약국 바로 앞)와
새로운 조교를 가집니다.

등록하기 위해서 사무실로 오세요.
첫 번째 수업을 위해 학생증 또는 신분증을 가져오세요.

문 여는 시간

월요일부터 금요일까지 : 9시 – 12시 그리고 14시 – 18시
enligne@francais.com

질문에 답하세요.

❶ 컴퓨터 학과에 가기 위해 어떤 길을 택해야 하는가? 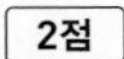 2점

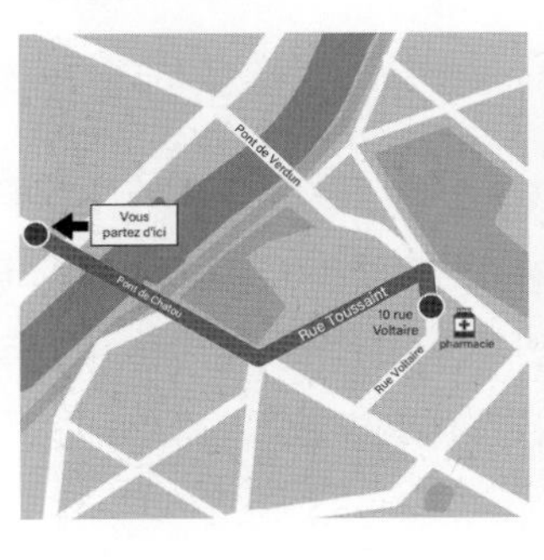

A □

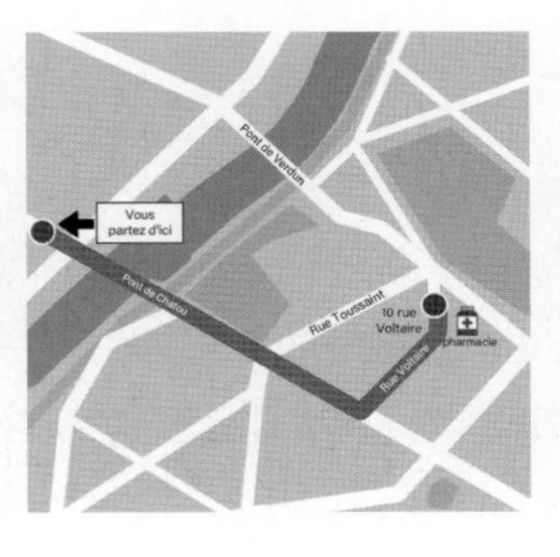

B □

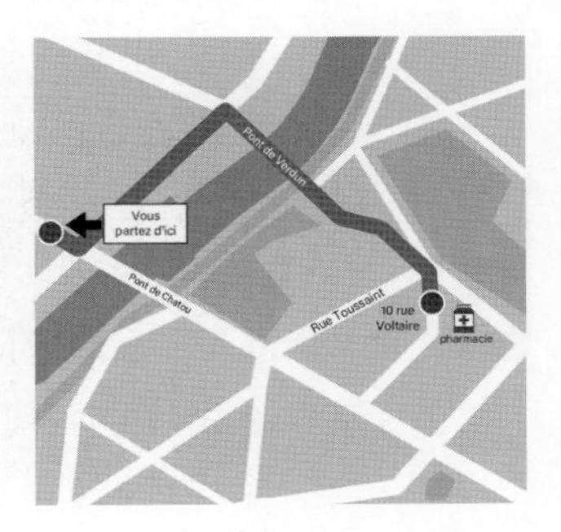

C □

❷ 컴퓨터 학과에서 바뀐 것은 무엇인가? **1점**

A □ 직원

B □ 전화번호

C □ 컴퓨터 수업료

❸ 수업에 등록하기 위해서는 … 한다. **1점**

A □ 전화해야

B □ 현장에 가야

C □ 메일을 보내야

❹ 첫 수업을 위해 당신은 …을(를) 챙겨야 한다. **1점**

A □ 당신의 여권

B □ 당신의 컴퓨터

C □ 당신의 취업 허가증

❺ 몇 시에 사무실이 문을 닫는가? **1점**

A □ 9시에

B □ 11시에

C □ 13시에

문제 분석

프랑스 대학교의 컴퓨터 수업과 관련하여 변경된 사항을 알려 주는 안내문이다. 컴퓨터 학과의 새로운 주소로 찾아오는 방법이 안내된 부분을 꼼꼼하게 읽으면서 내용이 일치하는 지도 이미지를 고른다. 그리고 컴퓨터 학과에서 바뀐 것은 무엇인지, 수업에 등록하기 위한 방법은 무엇인지를 설명하는 부분에도 초점을 맞춘다. 마지막으로 첫 수업을 위한 준비물과 학과 사무실의 운영 시간도 정확히 파악해야 한다.

Étape 3

문제 6의 해설을 확인하고, 필수 어휘를 익혀 보세요.

해설

문항	풀이 요령
1	컴퓨터 학과로 가는 방향을 지도에 올바르게 표시한 선택지를 고르는 문제이다. 출발 지점은 선택지 3개가 모두 똑같으며, 최종 목적지는 Voltaire 거리 10번지이다. 'à la sortie du bâtiment, traverser le pont, tourner à la deuxième rue à gauche, puis continuer tout droit et juste devant la pharmacie 건물 출구에서 다리를 건넌 후 왼쪽 두 번째 길에서 돌고, 계속해서 직진하고 약국 바로 앞'에 따라 정답은 **B**.
2	컴퓨터 학과에서 바뀐 점을 묻고 있다. 'le département d'informatique a une nouvelle adresse … et une nouvelle assistante. 컴퓨터 학과가 새로운 주소와 새로운 조교를 가집니다.'라고 했고 조교는 직원이므로 정답은 **A**. TIP l'assistant(e) 조교 ⇄ l'employé(e) 직원
3	수업에 등록하기 위한 방법을 묻는 문제이다. 제시문에서 'Pour vous inscrire, venez au secrétariat. 등록하기 위해서 사무실로 오세요.'라고 했다. 이는 곧 현장에 가서 등록해야 한다는 의미이므로, 정답은 **B**.
4	첫 수업을 위해 준비해야 할 사항을 묻고 있다. 제시문에서 'Pour le premier cours, apportez une carte d'étudiant ou une pièce d'identité. 첫 번째 수업을 위해 학생증 또는 신분증을 가져오세요.'라고 했다. 제시된 선택지 중에서 신분증에 해당하는 것은 'passeport 여권'이므로, 정답은 **A**. TIP la pièce d'identité 신분증 ⇄ le passeport 여권
5	사무실이 문 닫는 시간을 묻고 있다. 'Horaires d'ouverture 문 여는 시간'이 월요일부터 금요일 9시 – 12시, 14시 – 18시까지라는 내용에 따라 내용에 따라 정답은 **C**.

필수 어휘

université (f.) 대학교 | **département d'informatique** (m.) 컴퓨터 학과 | **bâtiment** (m.) 건물 | **pharmacie** (f.) 약국 | **assistant** 조교 | **secrétariat** (m.) 사무실 | **carte de travail** (f.) 취업 허가증

EXERCICE 2 실전 연습

전략에 따라 문제 7을 풀어 보세요.

Vous êtes en France, dans une mairie. Vous lisez le panneau suivant. *6 points*

LE SERVICE CIVIL

À partir du 1er septembre, le centre de service civil est déplacé :
10 rue Major Allard (à la sortie du bâtiment, traverser la rue,
puis prendre la deuxième rue à droite et en face du restaurant)
et a un nouveau numéro de téléphone : 06 01 52 96 36.

Pour le service civil, appelez avant de venir au bureau.
Votre pièce d'identité est nécessaire.

Horaires d'ouverture
Du lundi au vendredi : 9 h – 11 h 45 et 13 h – 18 h
service@francais.com

Répondez aux questions.

❶ Quel chemin prendre pour aller au centre de service civil ? *2 points*

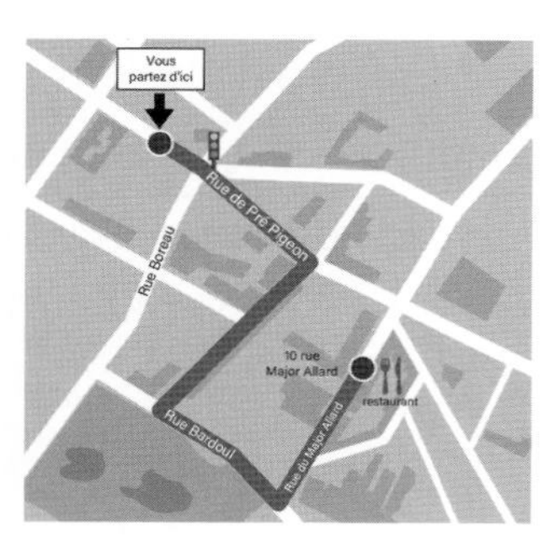

A ☐

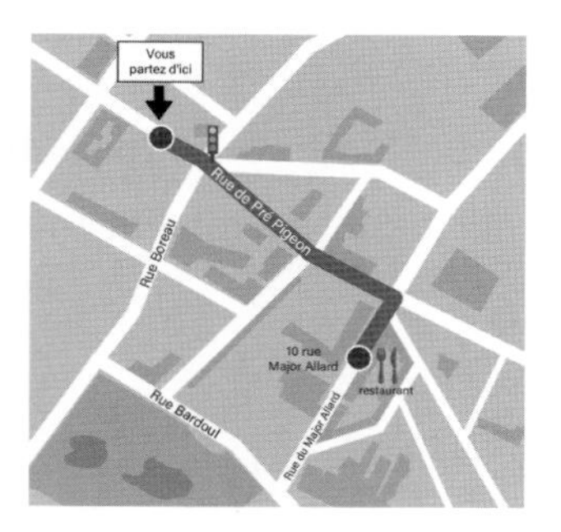

B ☐

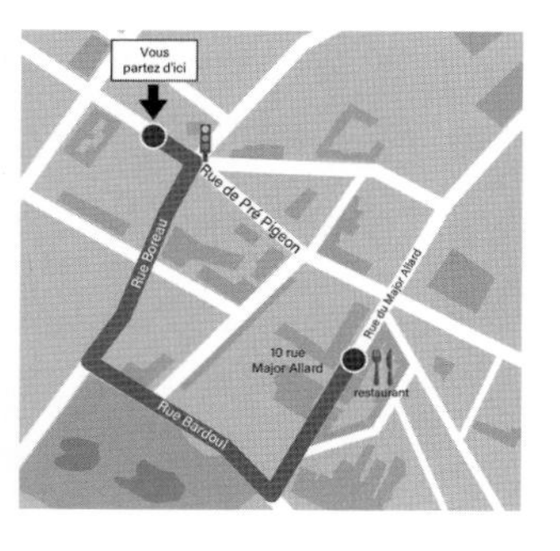

C ☐

❷ Qu'est-ce qui change au centre de service civil ? *1 point*

A ☐ Le numéro de téléphone.

B ☐ Le prix du service civil.

C ☐ Les horaires d'ouverture.

❸ Pour le service civil, il faut … *1 point*

A ☐ téléphoner.

B ☐ envoyer un mail.

C ☐ réserver par Internet.

❹ En ce qui concerne le dossier, vous devez prendre … *1 point*

A ☐ votre diplôme.

B ☐ votre passeport.

C ☐ votre billet d'avion.

❺ À quelle heure ferme le bureau ? *1 point*

A ☐ À 9 h.

B ☐ À 13 h.

C ☐ À 18 h.

Étape 2

문제 7의 내용을 해석한 후, 문제를 분석해 보세요.

당신은 프랑스의 시청에 있습니다. 다음의 게시판을 읽으세요. 6점

> **민원 업무**
>
> 9월 1일부터 민원실이 이전하고 :
> Major Allard 거리 10번지(건물 출구에서 길을 건넌 후
> 오른쪽 두 번째 길로 접어들고, 식당 맞은편)
> 새로운 전화번호를 갖습니다: 06 01 52 96 36.
>
> 민원 업무를 위해서 사무실로 오기 전에 전화하세요.
> 당신의 신분증이 필요합니다.
>
> **문 여는 시간**
> 월요일부터 금요일까지 : 9시 – 11시 45분 그리고 13시 – 18시
> service@francais.com

질문에 답하세요.

❶ 민원실에 가기 위해 어떤 길을 택해야 하는가? **2점**

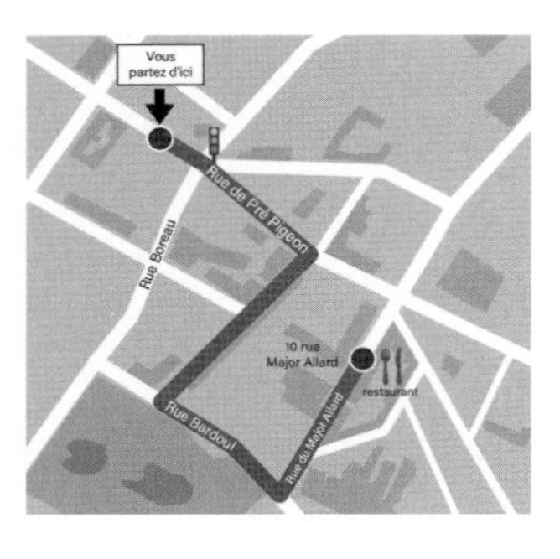

A □

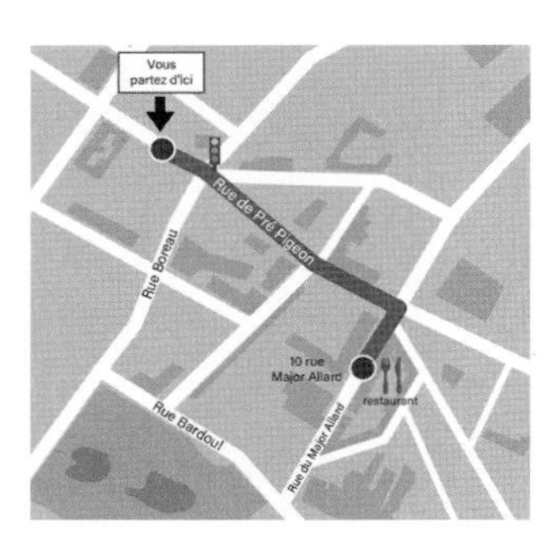

B □

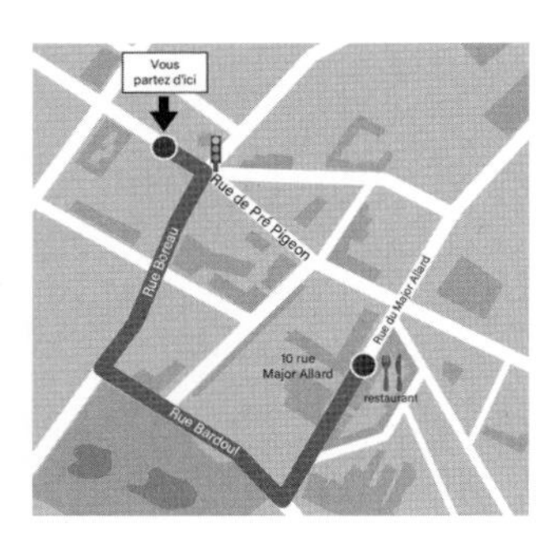

C □

❷ 민원실에서 바뀐 것은 무엇인가? **1점**

A □ 전화번호

B □ 민원 비용

C □ 문 여는 시간

❸ 민원 업무를 위해서는 … 한다. **1점**

A □ 전화해야

B □ 메일을 보내야

C □ 인터넷으로 예약을 해야

❹ 서류와 관련해서 당신은 …을(를) 챙겨야 한다. **1점**

A □ 당신의 학위증

B □ 당신의 여권

C □ 당신의 비행기표

❺ 몇 시에 사무실이 문을 닫는가? **1점**

A □ 9시에

B □ 13시에

C □ 18시에

문제 분석

프랑스 시청의 민원실과 관련하여 변경된 사항을 알려 주는 안내문이다. 새로운 민원실 주소로 찾아오는 방법이 안내된 부분을 꼼꼼하게 읽으면서 내용이 일치하는 지도 이미지를 고른다. 그리고 민원실에서 바뀐 것은 무엇인지, 민원 업무를 처리하기 위한 방법은 무엇인지를 설명하는 부분에도 초점을 맞춘다. 마지막으로 민원 업무를 위한 준비물과 민원실의 운영 시간도 정확히 파악해야 한다.

Étape 3

문제 7의 해설을 확인하고, 필수 어휘를 익혀 보세요.

해설

문항	풀이 요령
1	민원실로 가는 방향을 지도에 올바르게 표시한 선택지를 고르는 문제이다. 출발 지점은 선택지 3개가 모두 똑같으며, 최종 목적지는 Major Allard 거리 10번지 'à la sortie du bâtiment, traverser la rue, puis prendre la deuxième rue à droite et en face du restaurant 건물 출구에서 길을 건넌 후 오른쪽 두 번째 길로 접어들고, 식당 맞은편'으로 정답은 **B**.
2	민원실에서 바뀐 점을 묻고 있다. 'le centre de service civil est déplacé … et a un nouveau numéro de téléphone 민원실이 이전하고 … 새로운 전화번호를 갖습니다'라고 했으므로, 정답은 **A**.
3	민원 업무를 처리하기 위한 방법을 묻는 문제이다. 'Pour le service civil, appelez avant de venir au bureau. 민원 업무를 위해서 사무실로 오기 전에 전화하세요.'라는 내용에 따라 정답은 **A**.
4	서류와 관련해서 준비해야 할 사항을 묻고 있다. 제시문에서 'Votre pièce d'identité est nécessaire. 당신의 신분증이 필요합니다.'라고 했다. 제시된 선택지 중에서 신분증에 해당하는 것은 'passeport 여권'이므로, 정답은 **B**. **TIP** la pièce d'identité 신분증 ⇄ le passeport 여권
5	사무실이 문 닫는 시간을 묻고 있다. 'Horaires d'ouverture 문 여는 시간'이 월요일부터 금요일 18시까지라는 내용에 따라 정답은 **C**.

필수 어휘

mairie (f.) 시청 | **centre de service civil** (m.) 민원실 | **nécessaire** 필요한, 불가피한 (m.) 필요한 것 | **réserver** 예약하다 | **dossier** (m.) 서류 | **billet** (m.) 표

문제 8

EXERCICE 2 실전 연습

전략에 따라 문제 8을 풀어 보세요.

Vous êtes en France, dans une école de dessin. Vous lisez le panneau suivant.

6 points

COURS DE PORTRAIT

À partir du 1er novembre, nous avons un nouvel atelier :
10 rue Maupassant (à la sortie du bâtiment, tourner à la deuxième rue à gauche, prendre la première rue à gauche, puis continuer tout droit et à côté de la gare)
et le jour de fermeture est changé : le lundi.

Pour vous inscrire, contactez-nous par e-mail.
Pour le premier cours, apportez votre photo préférée.

Horaires d'ouverture
Du mardi au vendredi : 10 h – 12 h et 14 h – 17 h
dessin@francais.com

Répondez aux questions.

❶ Quel chemin prendre pour aller à l'atelier ? *2 points*

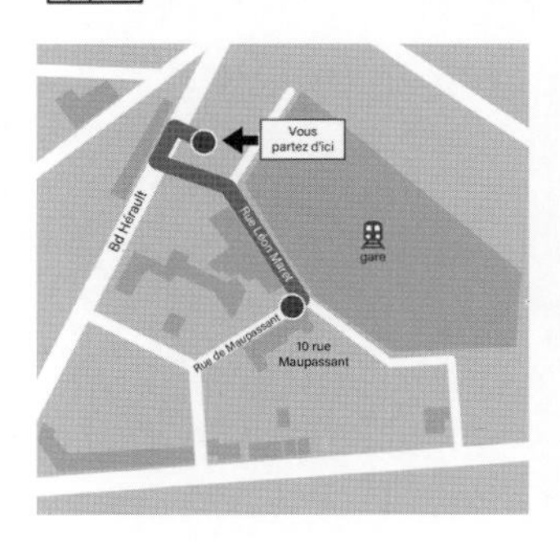

A ☐

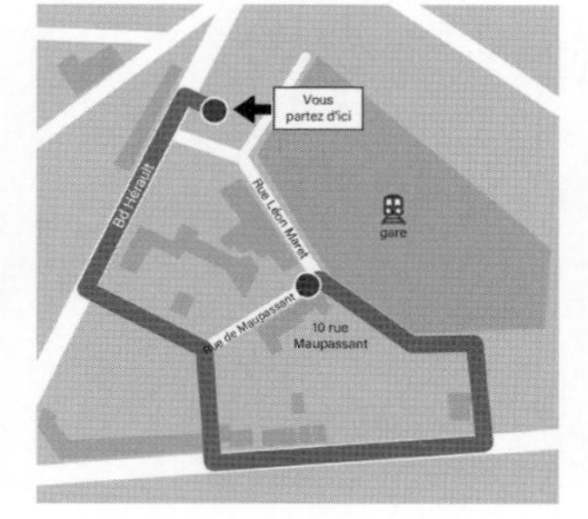

B ☐

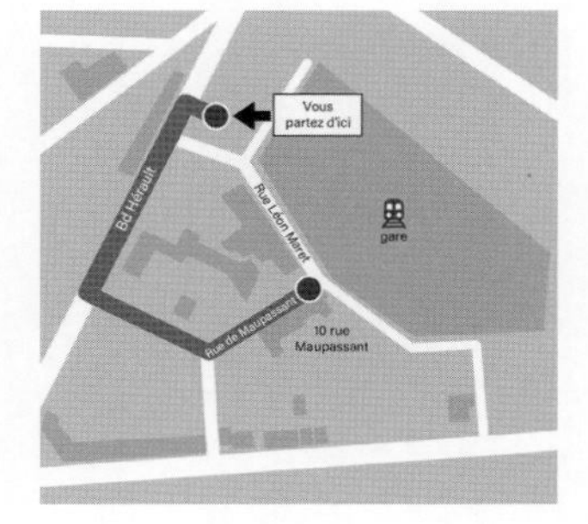

C ☐

❷ Qu'est-ce qui change à l'école de dessin ? *1 point*

A ☐ Elle a un nouvel espace.

B ☐ Il y a des cours supplémentaires.

C ☐ Il y a l'ouverture de cours en ligne.

❸ Pour s'inscrire au cours, il faut … *1 point*

A ☐ téléphoner.

B ☐ aller sur place.

C ☐ envoyer un courriel.

❹ Pour le premier cours, vous devez apporter … *1 point*

A ☐ votre toile.

B ☐ votre photo.

C ☐ votre pinceau.

❺ L'école de dessin ferme … *1 point*

A ☐ le lundi.

B ☐ le mardi.

C ☐ le vendredi.

Étape 2

문제 8의 내용을 해석한 후, 문제를 분석해 보세요.

당신은 프랑스의 미술 학원에 있습니다. 다음의 게시판을 읽으세요. 6점

> **초상화 수업**
>
> 11월 1일부터 저희는 새로운 아틀리에를 갖게 되고 :
> Maupassant 거리 10번지(건물 출구에서 왼쪽 두 번째 길에서 돌고
> 왼쪽 첫 번째 길로 접어든 후 계속해서 직진한 후 역 옆)
> 휴무일이 바뀝니다: 매주 월요일.
>
> 등록하려면 이메일을 통해 연락하세요.
> 첫 번째 수업을 위해 당신이 좋아하는 사진을 가져오세요.
>
> **문 여는 시간**
> 화요일부터 금요일까지 : 10시 – 12시 그리고 14시 – 17시
> dessin@francais.com

질문에 답하세요.

❶ 아틀리에로 가기 위해 어떤 길을 택해야 하는가? 2점

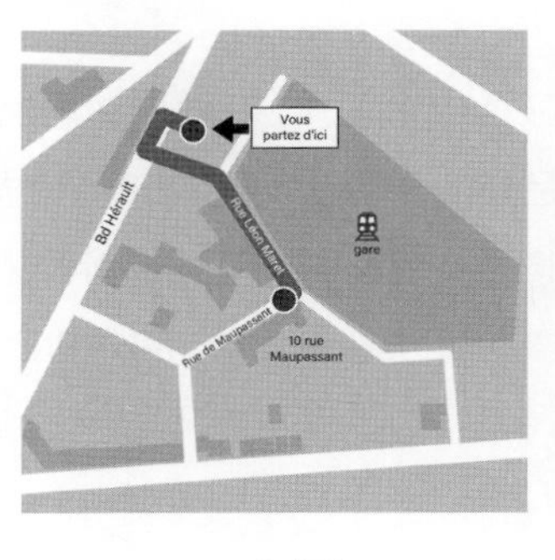

A ☐

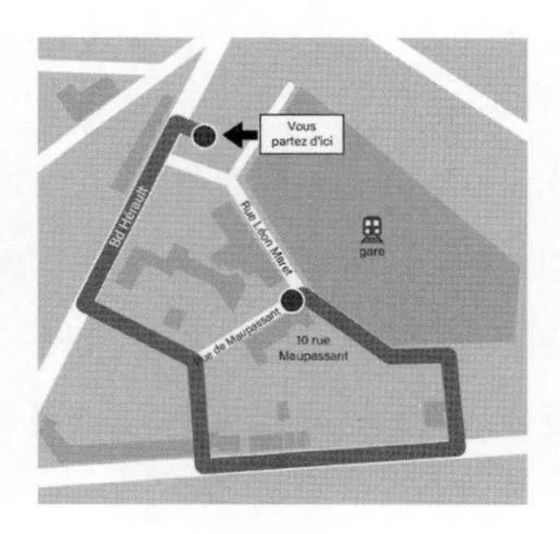

B ☐

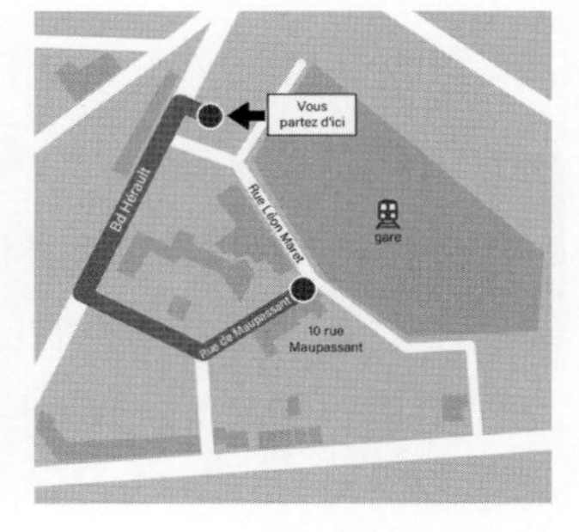

C ☐

❷ 미술 학원에서 바뀐 것은 무엇인가? **1점**

A □ 새로운 공간을 가지게 되었다.

B □ 보충 수업을 한다.

C □ 온라인 수업을 시작한다.

❸ 수업에 등록하기 위해서는 … 한다. **1점**

A □ 전화해야

B □ 현장에 가야

C □ 메일을 보내야

❹ 첫 번째 수업을 위해 당신은 …을(를) 챙겨야 한다. **1점**

A □ 당신의 캔버스

B □ 당신의 사진

C □ 당신의 붓

❺ 미술 학원은 … 에 문을 닫는다. **1점**

A □ 매주 월요일

B □ 매주 화요일

C □ 매주 금요일

문제 분석

미술 학원의 수업과 관련하여 변경된 사항을 알려 주는 안내문이다. 새로운 아틀리에 주소로 찾아오는 방법이 안내된 부분을 꼼꼼하게 읽으면서 내용이 일치하는 지도 이미지를 고른다. 그리고 미술 학원에서 바뀐 것은 무엇인지, 수업에 등록하기 위한 방법은 무엇인지를 설명하는 부분에도 초점을 맞춘다. 마지막으로 첫 수업을 위한 준비물과 미술 학원의 운영 시간도 정확히 파악해야 한다.

문제 8의 해설을 확인하고, 필수 어휘를 익혀 보세요.

해설

문항	풀이 요령
1	아틀리에로 가는 방향을 지도에 올바르게 표시한 선택지를 고르는 문제이다. 출발 지점은 선택지 3개가 모두 똑같으며, 최종 목적지는 Maupassant 거리 10번지로 'à la sortie du bâtiment, tourner à la deuxième rue à gauche, prendre la première rue à gauche, puis continuer tout droit et à côté de la gare 건물 출구에서 왼쪽 두 번째 길에서 돌고, 왼쪽 첫 번째 길로 접어든 후 계속해서 직진한 후 역 옆'으로 정답은 **C**.
2	미술 학원에서 바뀐 점을 묻고 있다. 제시문에서 'nous avons un nouvel atelier … et le jour de fermeture est changé 저희는 새로운 아틀리에를 갖게 되고 … 휴무일이 바뀝니다'라고 했다. 이는 곧 새로운 공간이 생겼다는 의미이므로, 정답은 **A**.
3	수업에 등록하기 위한 방법을 묻는 문제이다. 'Pour vous inscrire, contactez-nous par e-mail. 등록하려면 이메일을 통해 연락하세요.'라는 내용에 따라 정답은 **C**. **TIP** e-mail 이메일 ⇄ le courriel 메일
4	첫 수업을 위해 준비해야 할 사항을 묻고 있다. 'Pour le premier cours, apportez votre photo préférée. 첫 번째 수업을 위해 당신이 좋아하는 사진을 가져오세요.'라는 내용에 따라 정답은 **B**.
5	미술 학원이 문을 닫는 요일을 묻고 있다. 'le jour de fermeture est changé : le lundi 휴무일이 바뀝니다: 매주 월요일'이라는 내용에 따라 정답은 **A**.

필수 어휘

école de dessin (f.) 미술 학원 | **portrait** (m.) 초상화 | **novembre** (m.) 11월 | **atelier** (m.) 아틀리에, 화실 | **préféré** 좋아하는 | **espace** (m.) 공간 | **cours supplémentaires** (m.pl.) 보충 수업 | **ouverture** (f.) 열기, 개시, 시작 | **en ligne** 온라인으로 | **toile** (f.) 캔버스 | **pinceau** (m.) 붓

문제 9

EXERCICE 2 실전 연습

Étape 1

전략에 따라 문제 9를 풀어 보세요.

Vous êtes en France, dans une association de volontariat. Vous lisez le panneau suivant. *6 points*

ACTIVITÉ BÉNÉVOLE

À partir du 15 février, le bureau des inscriptions a une nouvelle adresse :
25 boulevard Victor Hugo (à la sortie du bâtiment, tourner à la première rue à droite,
prendre la deuxième rue à droite, puis continuer tout droit)
et un nouveau numéro de téléphone : 06 10 20 74 21.

Pour vous inscrire, consultez notre site internet.
Pour la première participation, apportez vos gants.

Horaires d'ouverture
Du lundi au vendredi : 9 h – 12 h et 14 h – 18 h
volontaire@francais.com

Répondez aux questions.

❶ Quel chemin prendre pour aller au bureau des inscriptions ? *2 points*

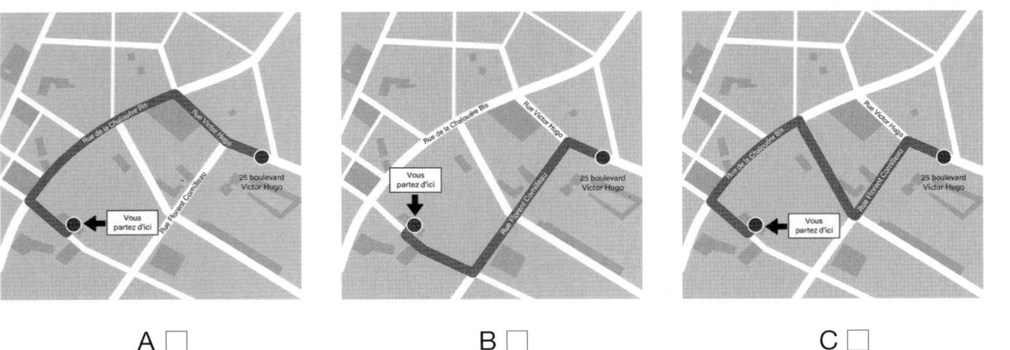

A ☐ B ☐ C ☐

❷ Qu'est-ce qui change au bureau des inscriptions ? *1 point*

A ☐ Le numéro de téléphone.

B ☐ Le prix du service civil.

C ☐ Les horaires d'ouverture.

❸ Pour s'inscrire à cette association, il faut ... *1 point*

A ☐ téléphoner.

B ☐ aller sur place.

C ☐ accéder à l'Internet.

❹ Pour la première participation, vous devez prendre ... *1 point*

A ☐ votre sac.

B ☐ vos gants.

C ☐ vos chaussures.

❺ À quelle heure ferme le bureau ? *1 point*

A ☐ À 9 h.

B ☐ À 13 h.

C ☐ À 18 h.

Étape 2

문제 9의 내용을 해석한 후, 문제를 분석해 보세요.

당신은 프랑스의 봉사 단체에 있습니다. 다음의 게시판을 읽으세요. 6점

봉사 활동

2월 15일부터 등록 사무실이 새로운 주소 :
Victor Hugo 대로 25번지(건물 출구에서 오른쪽 첫 번째 길로 돌고,
오른쪽 두 번째 길로 접어든 후 계속해서 직진)와
새로운 전화번호를 갖습니다: 06 10 20 74 21.

등록하려면 우리의 인터넷 사이트를 참고하세요.
첫 번째 참가를 위해 당신의 장갑을 가져오세요.

문 여는 시간
월요일부터 금요일까지 : 9시 – 12시 그리고 14시 – 18시
volontaire@francais.com

질문에 답하세요.

❶  등록 사무실에 가기 위해 어떤 길을 택해야 하는가? 2점

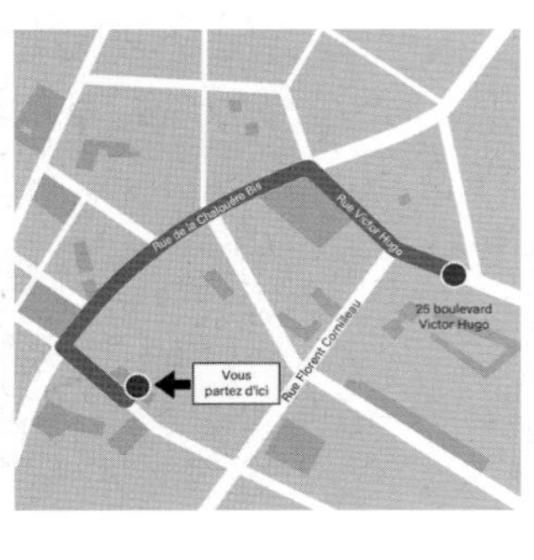

A ☐

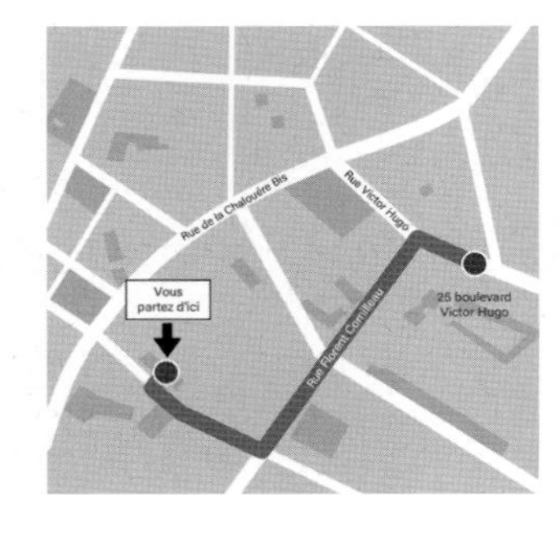

B ☐

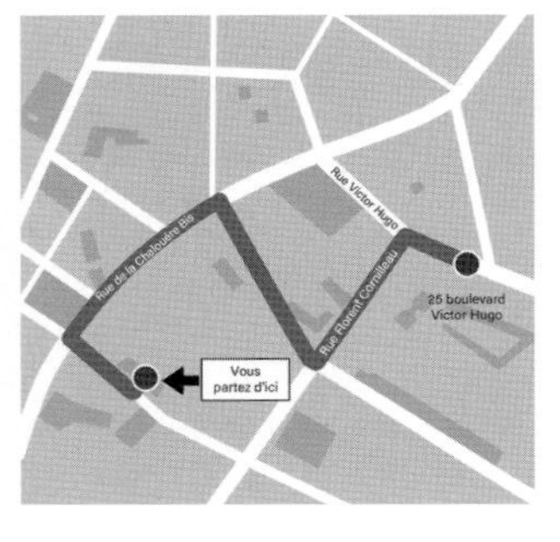

C ☐

❷ 등록 사무실에서 바뀐 것은 무엇인가? **1점**

A □ 전화번호

B □ 민원 업무 비용

C □ 문 여는 시간

❸ 이 단체에 가입하기 위해서는 … 한다. **1점**

A □ 전화해야

B □ 현장에 가야

C □ 인터넷에 접속해야

❹ 첫 번째 참가를 위해 당신은 …을(를) 챙겨야 한다. **1점**

A □ 당신의 가방

B □ 당신의 장갑

C □ 당신의 신발

❺ 몇 시에 사무실이 문을 닫는가? **1점**

A □ 9시에

B □ 13시에

C □ 18시에

문제 분석

봉사 단체의 봉사 활동과 관련하여 변경된 사항을 알려 주는 안내문이다. 새로운 등록 사무실의 주소로 찾아오는 방법이 안내된 부분을 꼼꼼하게 읽으면서 내용이 일치하는 지도 이미지를 고른다. 그리고 등록 사무실에서 바뀐 것은 무엇인지, 해당 단체에 가입하기 위한 방법은 무엇인지를 설명하는 부분에도 초점을 맞춘다. 마지막으로 첫 번째 참가를 위한 준비물과 등록 사무실의 운영 시간도 정확히 파악해야 한다.

Étape 3

문제 9의 해설을 확인하고, 필수 어휘를 익혀 보세요.

해설

문항	풀이 요령
1	등록 사무실로 가는 방향을 지도에 올바르게 표시한 선택지를 고르는 문제이다. 출발 지점은 선택지 3개가 모두 똑같으며, 최종 목적지는 Victor Hugo 대로 25번지 'à la sortie du bâtiment, tourner à la première rue à droite, prendre la deuxième rue à droite, puis continuer tout droit 건물 출구에서 오른쪽 첫 번째 길로 돌고, 오른쪽 두 번째 길로 접어든 후 계속해서 직진'으로 정답은 **A**.
2	등록 사무실에서 바뀐 점을 묻고 있다. 'le bureau des inscriptions a une nouvelle adresse ... et un nouveau numéro de téléphone 등록 사무실이 새로운 주소와 ... 새로운 전화번호를 갖습니다'라고 했으므로 정답은 **A**.
3	봉사 단체에 가입하기 위한 방법을 묻는 문제이다. 제시문에서 'Pour vous inscrire, consultez notre site internet. 등록하려면 우리의 인터넷 사이트를 참고하세요.'라고 했다. 이는 곧 인터넷에 접속해서 등록해야 한다는 의미이므로, 정답은 **C**.
4	첫 번째 참가를 위해 준비해야 할 사항을 묻고 있다. 'Pour la première participation, apportez vos gants. 첫 번째 참가를 위해 당신의 장갑을 가져오세요.'라는 내용에 따라 정답은 **B**.
5	등록 사무실이 문 닫는 시간을 묻고 있다. 'Horaires d'ouverture 문 여는 시간'이 9시부터 18시까지라는 내용에 따라 정답은 **C**. 참고로 문을 여는 요일이나 열지 않는 요일에 대한 문제가 시험에 나올 수도 있으니 요일과 관련된 표현도 잘 익혀 두어야 한다.

필수 어휘

association (f.) 단체 | **volontariat** (m.) 봉사 | **bénévole** 봉사의 | **boulevard** (m.) 큰길, 대로 | **participation** (f.) 참가 | **gants** (m.pl.) 장갑 | **accéder** 접속하다 | **chaussures** (f.pl.) 신발

문제 10

EXERCICE 2 실전 연습

전략에 따라 문제 10을 풀어 보세요.

Vous êtes en France, dans une université. Vous lisez le panneau suivant.

PRÊT DE LIVRES

À partir du 1er octobre, la bibliothèque est déplacée :
10 rue Pasteur (à la sortie du bâtiment, tourner à la première rue à droite, prendre la deuxième rue à gauche, puis continuer tout droit et en face du parc)
et aura plusieurs ordinateurs.

Pour vous inscrire, venez nous voir.
Pour emprunter des livres, apportez votre carte d'étudiant.

Horaires d'ouverture
Du lundi au samedi : 9 h – 12 h et 14 h – 20 h (samedi : jusqu'à 11 h 30)
livre@francais.com

Répondez aux questions.

❶ Quel chemin prendre pour aller à la bibliothèque ?

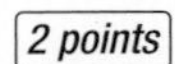

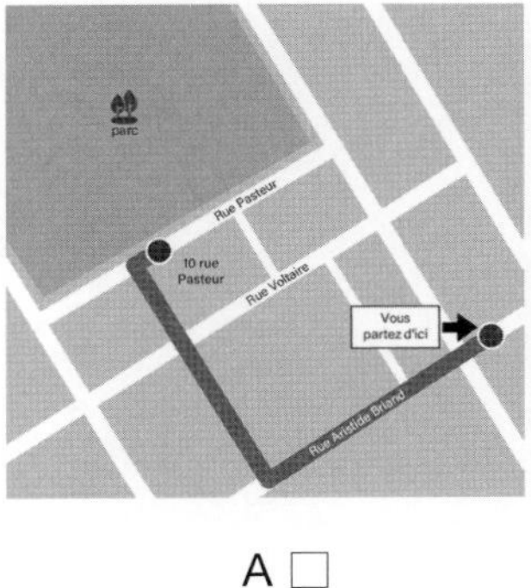

A ☐

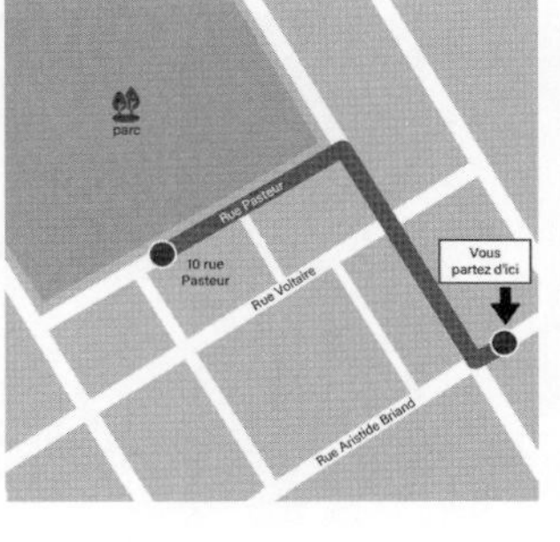

B ☐

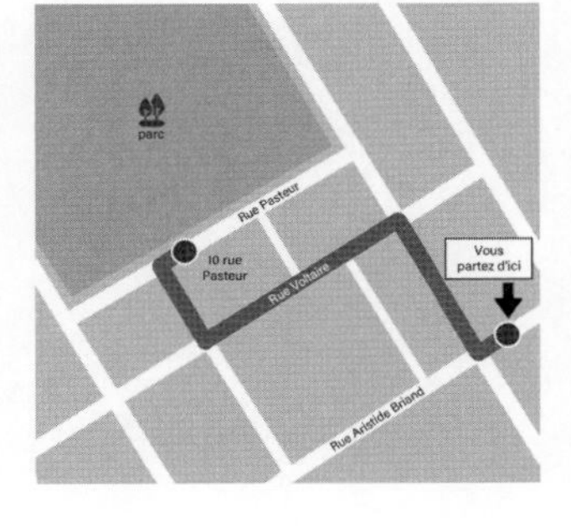

C ☐

❷ Qu'est-ce qui change à la bibliothèque ? *1 point*

A ☐ L'adresse.

B ☐ Le prix du livre.

C ☐ Les horaires d'ouverture.

❸ Pour s'inscrire à la bibliothèque, il faut ... *1 point*

A ☐ aller sur place.

B ☐ envoyer un courriel.

C ☐ payer les frais d'inscription.

❹ Pour emprunter des livres, vous devez apporter votre ... *1 point*

A ☐ photo.

B ☐ bulletin scolaire.

C ☐ carte d'étudiant.

❺ La bibliothèque est ouverte le samedi ... *1 point*

A ☐ matin.

B ☐ après-midi.

C ☐ soir.

Étape 2

문제 10의 내용을 해석한 후, 문제를 분석해 보세요.

당신은 프랑스의 대학교에 있습니다. 다음의 게시판을 읽으세요. 6점

도서 대출

10월 1일부터 도서관이 이전합니다:
Pasteur 거리 10번지(건물 출구에서 오른쪽 첫 번째 길에서 돌고
왼쪽 두 번째 길로 접어든 후 계속해서 직진, 그리고 공원 맞은편)
그리고 여러 대의 컴퓨터를 갖게 됩니다.

등록하려면 우리를 보러 오세요.
책들을 빌리기 위해서 당신의 학생증을 가져오세요.

문 여는 시간

월요일부터 토요일까지 : 9시 – 12시 그리고 14시 – 20시 (토요일 : 11시 30분까지)
livre@francais.com

질문에 답하세요.

❶ 도서관에 가기 위해 어떤 길을 택해야 하는가? 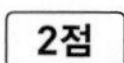

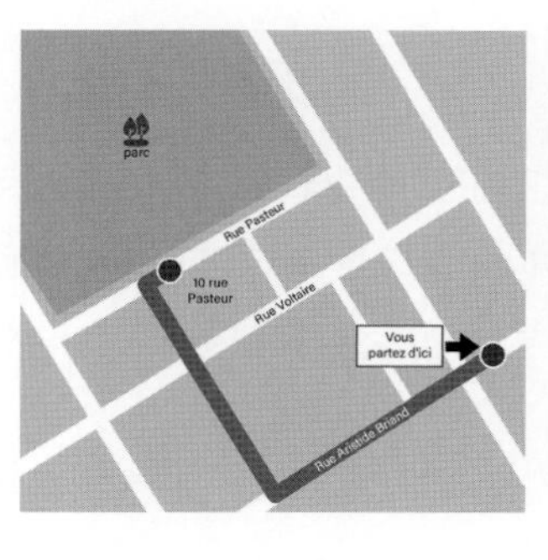

A ☐

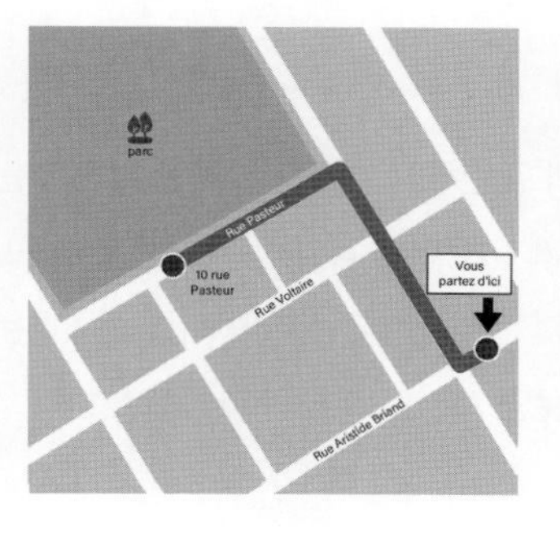

B ☐

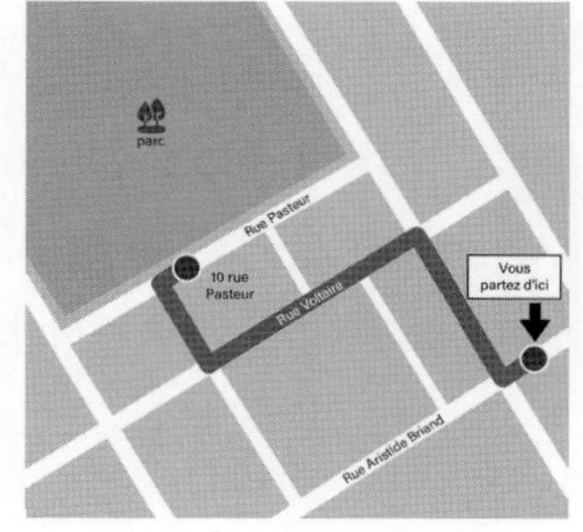

C ☐

❷ 도서관에서 바뀐 것은 무엇인가? **1점**

A □ 주소

B □ 책값

C □ 문 여는 시간

❸ 도서관에 등록하기 위해서는 … 한다. **1점**

A □ 현장에 가야

B □ 메일을 보내야

C □ 등록비를 지불해야

❹ 책들을 빌리기 위해 당신은 당신의 …을(를) 챙겨야 한다. **1점**

A □ 사진

B □ 성적표

C □ 학생증

❺ 도서관은 매주 토요일 ...에 문을 연다. **1점**

A □ 아침

B □ 오후

C □ 저녁

문제 분석

프랑스 대학교의 도서관과 관련하여 변경된 사항을 알려 주는 안내문이다. 새로운 도서관 주소로 찾아오는 방법이 안내된 부분을 꼼꼼하게 읽으면서 내용이 일치하는 지도 이미지를 고른다. 그리고 도서관에서 바뀐 것은 무엇인지, 도서관에 등록하기 위한 방법은 무엇인지를 설명하는 부분에도 초점을 맞춘다. 마지막으로 도서 대출을 위한 준비물과 도서관의 운영 시간도 정확히 파악해야 한다.

Étape 3

문제 10의 해설을 확인하고, 필수 어휘를 익혀 보세요.

해설

문항	풀이 요령
1	도서관으로 가는 방향을 지도에 올바르게 표시한 선택지를 고르는 문제이다. 출발 지점은 선택지 3개가 모두 똑같으며, 최종 목적지는 Pasteur 거리 10번지 'à la sortie du bâtiment, tourner à la première rue à droite, prendre la deuxième rue à gauche, puis continuer tout droit et en face du parc 건물 출구에서 오른쪽 첫 번째 길에서 돌고 왼쪽 두 번째 길로 접어든 후 계속해서 직진, 그리고 공원 맞은편'이므로 정답은 **B**.
2	도서관에서 바뀐 점을 묻고 있다. 제시문에서 'la bibliothèque est déplacée ... et aura plusieurs ordinateurs. 도서관이 이전합니다. 그리고 여러 대의 컴퓨터를 갖게 됩니다.'라고 했다. 이는 곧 도서관의 주소가 바뀐다는 것을 의미하므로, 정답은 **A**.
3	도서관에 등록하기 위한 방법을 묻는 문제이다. 제시문에서 'Pour vous inscrire, venez nous voir. 등록하려면 우리를 보러 오세요.'라고 했다. 이는 곧 현장에 가서 등록해야 한다는 의미이므로, 정답은 **A**.
4	도서관에서 책을 빌리기 위해 챙겨야 하는 것을 묻고 있다. 'Pour emprunter des livres, apportez votre carte d'étudiant. 책들을 빌리기 위해서 당신의 학생증을 가져오세요.'라는 내용에 따라 정답은 **C**.
5	도서관이 문 여는 시간에 대한 문제로, 'samedi : jusqu'à 11 h 30 토요일 : 11시 30분까지'라는 내용에 따라 정답은 **A**.

필수 어휘

prêt (m.) 대출 | **octobre** (m.) 10월 | **bibliothèque** (f.) 도서관 | **plusieurs** 몇몇의, 여러 | **emprunter** 빌리다 | **bulletin scolaire** (m.) 성적표

독해 평가

EXERCICE 3

Pour répondre aux questions, cochez [x] la bonne réponse ou écrivez l'information demandée.

답에 ☒ 표시하거나 요구되는 정보를 써서 질문에 답하세요.

완전 공략

1 핵심 포인트

구인, 집 임대, 수업 등의 다양한 주제와 관련된 5개의 광고 중 문제에서 요구하는 내용과 일치하는 게시판을 선택한 후 정답을 고르는 문제이다. 어떠한 활동을 하게 되는지, 시간과 요일, 하루 어느 순간에 해당하는지를 게시판에서 찾아 정답을 선택해야 하는데, 독해 영역 중 가장 빠른 시간 내에 문제를 풀어야 하기 때문에 최대한 집중해야 한다.

2 빈출 주제

어학연수, 악기나 운동을 배우는 수업, 아르바이트, 휴가 동안 지낼 장소, 가족과 함께 살 집, 취미 생활 등과 관련한 여러 가지 광고가 등장한다.

3 고득점 전략

① 활동과 관련된 사항들에 집중한다.

문제에서 특정 요일이나 달과 관련하여 할 수 있는 활동이나 업무가 무엇인지를 묻기 때문에 기본적으로 할 수 있는 활동(영화 관람, 스포츠, 산책 등)에 대한 기본 사항들을 숙지하고 있어야 한다.

② 요일, 시간, 달, 계절에 초점을 맞춘다.

어떤 활동과 관련하여 시간, 요일, 달, 계절이 밀접하게 연관되어 있기 때문에 문제에서 요구하는 활동과 관련된 시기를 게시판에서 찾아내야 한다. 이를 위해서는 기본적인 어휘들을 익혀야 한다.

③ 동일한 표현에 유의한다.

선택형 문제이기 때문에 최대한 게시판에서 제시된 어휘나 표현들을 되풀이하지 않고 의미가 유사한 방식으로 선택지에 주어지기 때문에 다양한 표현들을 익혀 두어야 한다.

④ 소거법을 활용한다.

각 광고마다 관련된 문제는 1개씩만 출제되므로, 문제를 풀어 가면서 제시문을 하나씩 소거해 나간다면 정답을 고르는 시간을 단축시킬 수 있다.

문제 1 EXERCICE 3 실전 연습

전략에 따라 문제 1을 풀어 보세요.

Vous êtes en France. Vous cherchez du travail. Vous lisez ces annonces dans le journal. *6 points*

<table>
<tr><th colspan="6">Les petites annonces</th></tr>
<tr><td colspan="2">« Élégance » cherche une vendeuse de vêtements à partir de septembre.</td><td colspan="2">Le café « Repos » recherche des serveurs pour l'été.</td><td colspan="2">Médecin recherche une infirmière pour 4 semaines en avril.
Tel : 06 14 58 89 00.</td></tr>
<tr><td colspan="3">URGENT !
Jeune homme cherche un / une professeur(e) de musique pour apprendre le piano avant la cérémonie de mariage, le 30 décembre.
Tel : 06 47 23 98 12.</td><td colspan="3">Le club de tennis de Nice recherche un joueur (16-18 ans) du 1er mai au 30 juin.
Contactez Gérard au 04 58 34 98 58.</td></tr>
</table>

Répondez aux questions.

1. Quand est-ce que vous pouvez travailler au café ? *1 point*

A ☐ Au mois de mai.

B ☐ Au mois d'août.

C ☐ Au mois de novembre.

❷ Avec qui travaillez-vous pendant 4 semaines ? *1 point*

A ☐ Le docteur.

B ☐ La vendeuse.

C ☐ Le professeur.

❸ Qu'est-ce que le jeune homme veut faire avant le 30 décembre ? *1 point*

A ☐ Faire la tournée des spectacles.

B ☐ Inviter des musiciens très célèbres.

C ☐ Apprendre à jouer d'un instrument.

❹ Que pouvez-vous faire à « Élégance » ? *1 point*

A ☐ Vendre des jupes.

B ☐ Vendre des bijoux.

C ☐ Vendre des boissons.

❺ Gérard cherche quelqu'un qui fait ... *2 points*

A ☐ du sport.

B ☐ de la cuisine.

C ☐ de la musique.

Étape 2

문제 1의 내용을 해석한 후, 문제를 분석해 보세요.

당신은 프랑스에 있습니다. 당신은 일을 찾고 있습니다. 신문에서 이 광고들을 읽습니다. 6점

<table>
<tr><th colspan="6">구인 광고</th></tr>
<tr><td colspan="2">« Élégance »는 9월부터
의류 (여)판매원을 찾습니다.</td><td colspan="2">« Repos » 카페는 여름 동안
종업원들을 찾습니다.</td><td colspan="2">의사는 4월에 4주 동안 일할
(여)간호사를 찾습니다.
전화: 06 14 58 89 00.</td></tr>
<tr><td colspan="3">긴급!
젊은 남성이 12월 30일 결혼식 전에 피아노를
배우기 위해 음악 선생님을 찾습니다.
전화: 06 47 23 98 12.</td><td colspan="3">Nice의 테니스 클럽이 5월 1일부터
6월 30일까지 선수(16-18세)를 찾습니다.
Gérard에게 04 58 34 98 58로 연락 주세요.</td></tr>
</table>

질문에 답하세요.

❶ 당신은 언제 카페에서 일할 수 있는가? 1점

A ☐ 5월에

B ☐ 8월에

C ☐ 11월에

❷ 당신은 누구와 4주 동안 일할 수 있는가? **1점**

A □ 의사

B □ 여 판매원

C □ 선생님

❸ 젊은 남자는 12월 30일 전에 무엇을 하기를 원하는가? **1점**

A □ 순회공연하기

B □ 매우 유명한 음악가들을 초대하기

C □ 악기 연주하는 것을 배우기

❹ 당신은 « Élegance »에서 무엇을 할 수 있는가? **1점**

A □ 치마 판매하기

B □ 보석 판매하기

C □ 음료수 판매하기

❺ Gérard는 …을(를) 하는 누군가를 찾고 있다. **2점**

A □ 스포츠

B □ 요리

C □ 음악

문제 분석

구인 광고와 관련된 내용들이다. 어떤 사람이 어떤 조건의 사람을 찾는지를 설명하며 직업, 나이, 경력 등을 언급하는 부분에 집중한다. 그리고 근무 기간과 연락처에 대해서도 신경 써서 살펴봐야 한다.

1	질문에 'café 카페'라는 어휘가 있으므로, 두 번째 제시문에서 관련 내용을 확인한다.
2	질문에 '4 semaines 4주'라는 표현이 있으므로, 세 번째 제시문에서 관련 내용을 확인한다.
3	질문에 'le 30 décembre 12월 30일'이라는 표현이 있으므로, 네 번째 제시문에서 관련 내용을 확인한다.
4	질문에 '« Élégance »'라는 표현이 있으므로, 첫 번째 제시문에서 관련 내용을 확인한다.
5	질문에 'Gérard'라는 이름이 있으므로, 다섯 번째 제시문에서 관련 내용을 확인한다.

Étape 3

문제 1의 해설을 확인하고, 필수 어휘를 익혀 보세요.

해설

문항	풀이 요령
1	카페에서 근무 가능한 시기를 묻고 있다. 제시문에서 'Le café « Repos » recherche des serveurs pour l'été. « Repos » 카페는 여름 동안 종업원들을 찾습니다.'라고 했는데, 제시된 선택지 중에서 여름에 해당하는 달은 'août 8월'이므로 정답은 **B**. 참고로 serveur는 일반적으로 식당이나 카페에서 서빙을 담당하는 사람을 의미한다. TIP été 여름 ⇄ août 8월
2	4주 동안 함께 일하게 될 사람이 누구인지를 묻고 있다. 'Médecin recherche une infirmière pour 4 semaines en avril. 의사는 4월에 4주 동안 일할 (여)간호사를 찾습니다.'라는 내용에 따라 정답은 **A**. 참고로 텍스트의 어휘와 문제의 어휘는 가능한 한 반복하지 않고 의미가 유사한 것을 제시하는 것이 추세이므로 유의해야 한다. TIP le médecin 의사 ⇄ le docteur 의사
3	젊은 남자가 12월 30일 이전에 하려는 활동이 무엇인지를 묻고 있다. 'pour apprendre le piano avant la cérémonie de mariage, le 30 décembre. 12월 30일 결혼식 전에 피아노를 배우기 위해'라는 내용에 따라 정답은 **C**. TIP le piano 피아노 ⇄ l'instrument 악기
4	« Élégance »에서 할 수 있는 업무를 묻는 문제이다. 제시문에서 '« Élégance » cherche une vendeuse de vêtements … « Élégance »는 … 의류 (여)판매원을 찾습니다.'라고 했으므로, 이와 관련된 정답은 **A**. TIP les vêtements 의류 ⇄ la jupe 치마
5	Gérard가 구인 중인 사람과 관련된 분야를 묻는 문제이다. 'Le club de tennis de Nice recherche un joueur (16-18 ans) … Nice의 테니스 클럽이 … 선수(16-18세)를 찾습니다.'라고 했으므로, 여기에서 일하는 사람은 스포츠와 관련이 있는 사람이어야 한다. 따라서 정답은 **A**. TIP le tennis 테니스 ⇄ le sport 스포츠

필수 어휘

vendeuse (f.) (여)판매원 | **vêtement** (m.) 의류 | **rechercher** 찾다 | **serveur** 종업원 | **été** (m.) 여름 | **infirmière** (f.) (여)간호원 | **semaine** (f.) 주 | **apprendre** 배우다 | **cérémonie de mariage** (f.) 결혼식 | **joueur** 선수 | **mai** (m.) 5월 | **août** (m.) 8월 | **docteur** (m.) 의사 | **tournée** (f.) 순회 (공연) | **célèbre** 유명한 | **instrument** (m.) 도구, 악기 | **jupe** (f.) 치마 | **bijou** (m.) 보석

EXERCICE 3 실전 연습

전략에 따라 문제 2를 풀어 보세요.

Vous êtes en France. Vous cherchez du travail. Vous lisez ces annonces dans le journal.

6 points

<table>
<tr><th colspan="6">Les petites annonces</th></tr>
<tr><td colspan="2">« Moisson » cherche un vendeur de fruits à partir de mai.</td><td colspan="2">La boulangerie « Bon pain » recherche un vendeur pour l'été (juillet-août).</td><td colspan="2">Hôpital recherche un médecin pour 3 semaines en décembre.
Tel : 06 00 78 56 34.</td></tr>
<tr><td colspan="3">URGENT !
Jeune femme cherche un / une professeur(e) pour apprendre l'anglais avant la date de la rentrée, le 1er septembre.
Tel : 06 12 78 56 14.</td><td colspan="3">L'agence de voyage de Paris recherche un guide du 1er juin au 30 juillet.
Contactez Véronique au 06 41 78 36 34.</td></tr>
</table>

Répondez aux questions.

1. Que pouvez-vous vendre à « Bon pain » ? *1 point*

A ☐ La pomme.

B ☐ La baguette.

C ☐ Les légumes.

❷ Quand pouvez-vous travailler à l'hôpital ? *1 point*

A ☐ Au printemps.

B ☐ En été.

C ☐ En hiver.

❸ Qu'est-ce que la jeune femme veut apprendre ? *1 point*

A ☐ Le sport.

B ☐ La langue.

C ☐ La musique.

❹ Que faites-vous à « Moisson » ? *1 point*

A ☐ Vendre des fruits.

B ☐ Vendre des pains.

C ☐ Soigner les malades.

❺ Le travail de Véronique concerne … *2 points*

A ☐ le cinéma.

B ☐ la musique.

C ☐ le tourisme.

Étape 2

문제 2의 내용을 해석한 후, 문제를 분석해 보세요.

당신은 프랑스에 있습니다. 당신은 일을 찾고 있습니다. 신문에서 이 광고들을 읽습니다. 6점

<table>
<tr><th colspan="6">구인 광고</th></tr>
<tr><td colspan="2">« Moisson »은 5월부터
과일 판매원을 찾습니다.</td><td colspan="2">« Bon pain » 빵집은 여름
(7-8월)에 일할 판매원을
찾습니다.</td><td colspan="2">병원은 12월에 3주 동안
일할 의사를 찾습니다.
전화: 06 00 78 56 34.</td></tr>
<tr><td colspan="3">긴급!
젊은 여성이 9월 1일 개학일 이전에
영어를 배우기 위해 선생님을 찾습니다.
전화: 06 12 78 56 14.</td><td colspan="3">파리 여행사는 6월 1일부터
7월 30일까지 가이드를 찾습니다.
Véronique에게 06 41 78 36 34로
연락 주세요.</td></tr>
</table>

질문에 답하세요.

❶ 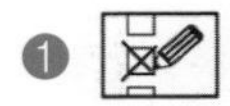 당신은 « Bon pain »에서 무엇을 팔 수 있는가? 1점

A ☐ 사과

B ☐ 바게트

C ☐ 채소들

❷ 당신은 병원에서 언제 일할 수 있는가? **1점**

A □ 봄에

B □ 여름에

C □ 겨울에

❸ 젊은 여자는 무엇을 배우기를 원하는가? **1점**

A □ 운동

B □ 언어

C □ 음악

❹ 당신은 « Moisson »에서 무엇을 하는가? **1점**

A □ 과일을 판매하기

B □ 빵을 판매하기

C □ 환자를 돌보기

❺ Véronique의 일은 …와(과) 관련 있다. **2점**

A □ 영화

B □ 음악

C □ 관광

문제 분석

구인 광고와 관련된 내용들이다. 어떤 회사 또는 기업, 장소에서 어떤 자격을 갖춘 사람을 구하는지와 연락 방식 및 조건에 대해 초점을 맞추어야 한다.

1	질문에 '« Bon pain »'이라는 표현이 있으므로, 두 번째 제시문에서 관련 내용을 확인한다.
2	질문에 'hôpital 병원'이라는 어휘가 있으므로, 세 번째 제시문에서 관련 내용을 확인한다.
3	질문에 'jeune femme 젊은 여자'라는 표현이 있으므로, 네 번째 제시문에서 관련 내용을 확인한다.
4	질문에 '« Moisson »'이라는 표현이 있으므로, 첫 번째 제시문에서 관련 내용을 확인한다.
5	질문에 'Véronique'라는 이름이 있으므로, 다섯 번째 제시문에서 관련 내용을 확인한다.

문제 2의 해설을 확인하고, 필수 어휘를 익혀 보세요.

해설

문항	풀이 요령
1	« Bon pain »에서 어떤 물품을 팔 수 있는지를 묻고 있다. 제시문에서 'La boulangerie « Bon pain » « Bon pain » 빵집'이라고 했는데, 빵집에서 팔 수 있는 물품은 'la baguette 바게트', 'le croissant 크루아상', 'le pain au chocolat 초콜릿 빵'과 같은 빵 종류이므로, 정답은 **B**.
2	병원에서 일할 수 있는 시점을 묻는 문제이다. 제시문에서 'Hôpital recherche un médecin pour 3 semaines en décembre. 병원은 12월에 3주 동안 일할 의사를 찾습니다.'라고 했는데, 제시된 선택지 중에서 12월이 속한 계절은 'hiver 겨울'이므로 정답은 **C**. **TIP** décembre 12월 ⇄ hiver 겨울
3	젊은 여자가 배우고 싶어 하는 것에 대해 묻고 있다. 'Jeune femme cherche un / une professeur(e) pour apprendre l'anglais … 젊은 여성이 … 영어를 배우기 위해 선생님을 찾습니다'라고 했으므로, 젊은 여자가 배우고 싶어 하는 것은 'langue 언어'이다. 따라서 정답은 **B**. 참고로 텍스트의 어휘와 문제의 어휘를 가능한 한 반복하지 않고 유사한 의미의 단어들을 제시한다는 점에 주의해야 한다. **TIP** l'anglais 영어 ⇄ la langue 언어
4	« Moisson »에서 하는 업무가 무엇인지를 묻고 있다. 제시문에서 '« Moisson » cherche un vendeur de fruits … « Moisson »은 … 과일 판매원을 찾습니다.'라고 했으므로, 해당 상점에서는 과일 판매 업무를 한다는 것을 알 수 있다. 따라서 정답은 **A**. 참고로 'la poire 배', 'la cerise 체리' 등과 같은 과일 명칭도 알아 두는 것이 좋다.
5	Véronique의 업무와 관련된 분야를 묻는 문제이다. 제시문에서 'L'agence de voyage de Paris recherche un guide … Contactez Véronique 파리 여행사는 … 가이드를 찾습니다. Véronique에게 … 연락 주세요'라고 했다. 이를 통해 Véronique는 'le tourisme 관광'과 관련된 일을 한다는 것을 알 수 있다. 따라서 정답은 **C**.

필수 어휘

boulangerie (f.) 빵집 | **anglais** (m.) 영어 | **date** (f.) 날짜 | **rentrée** (f.) 개학 | **agence de voyage** (f.) 여행사 | **guide** 가이드 | **pomme** (f.) 사과 | **baguette** (f.) 바게트 | **légume** (m.) 채소 | **printemps** (m.) 봄 | **hiver** (m.) 겨울 | **langue** (f.) 언어 | **soigner** 돌보다, 치료하다 | **malade** 환자 | **tourisme** (m.) 관광

EXERCICE 3 실전 연습

전략에 따라 문제 3을 풀어 보세요.

Vous êtes en France. Vous cherchez du travail. Vous lisez ces annonces dans le journal. *6 points*

<table>
<tr><th colspan="6">Les petites annonces</th></tr>
<tr>
<td colspan="2">Le magasin « Future » cherche un vendeur d'ordinateurs à partir d'avril.
Heures de travail :
13 h - 20 h.</td>
<td colspan="2">Le restaurant « Terrasse » recherche un cuisinier pour l'automne (septembre - octobre).</td>
<td colspan="2">Garage recherche un mécanicien pour 2 semaines en août :
13 h - 18 h.
Tel : 06 11 33 47 97.</td>
</tr>
<tr>
<td colspan="3">URGENT !
Jeune homme cherche un / une professeur(e) de musique pour apprendre à chanter avant le concours, le 15 février.
Tel : 06 23 45 89 67.</td>
<td colspan="3">L'office de tourisme de Montpellier recherche une employée du 1er mars au 30 mai.
Contactez Nadine au 06 14 25 69 47.</td>
</tr>
</table>

Répondez aux questions.

❶ Quand est-ce que vous ne travaillez pas au magasin « Future » ? *1 point*

A ☐ Le matin.

B ☐ L'après-midi.

C ☐ Le soir.

❷ Qu'est-ce que vous devez faire à « Terrasse » ? 1 point

A □ Préparer un plat.

B □ Vendre des fruits.

C □ Réparer une voiture.

❸ Quand est-ce que le concours a lieu ? 1 point

A □ En été.

B □ En automne.

C □ En hiver.

❹ Quand pouvez-vous travailler au garage ? 1 point

A □ En pleine nuit.

B □ En début de matinée.

C □ En début d'après-midi.

❺ Le travail de Nadine concerne … 2 points

A □ la danse.

B □ le voyage.

C □ la peinture.

Étape 2

문제 3의 내용을 해석한 후, 문제를 분석해 보세요.

당신은 프랑스에 있습니다. 당신은 일을 찾고 있습니다. 신문에서 이 광고들을 읽습니다. 6점

구인 광고		
« Future » 상점은 4월부터 컴퓨터 판매원을 찾습니다. 근무 시간: 13-20시.	« Terrasse » 식당은 가을 동안(9-10월) 요리사를 찾습니다.	자동사 정비소는 8월에 2주 동안 일할 정비사를 찾습니다. 13-18시. 전화: 06 11 33 47 97.
긴급! 젊은 남성이 2월 15일 경연 대회 이전에 노래하는 것을 배우기 위해 음악 선생님을 찾습니다. 전화: 06 23 45 89 67.	Montpellier의 여행 안내소가 3월 1일부터 5월 30일까지 여직원을 찾습니다. Nadine에게 06 14 25 69 47로 연락 주세요.	

질문에 답하세요.

❶ 당신은 « Future » 상점에서 언제 일을 하지 않는가? 1점

A ☐ 아침

B ☐ 오후

C ☐ 저녁

❷ 당신은 « Terrasse »에서 무엇을 해야 하는가? **1점**

A □ 음식 준비하기

B □ 과일 판매하기

C □ 자동차 수리하기

❸ 경연 대회는 언제 개최되는가? **1점**

A □ 여름에

B □ 가을에

C □ 겨울에

❹ 당신은 자동차 정비소에서 언제 일을 할 수 있는가? **1점**

A □ 한밤중에

B □ 이른 아침 무렵에

C □ 오후 시작 무렵에

❺ Nadine의 일은 ...와(과) 관계된다. **2점**

A □ 춤

B □ 여행

C □ 그림

문제 분석

구인 광고와 관련된 내용들이다. 근무 기간과 시간, 어떤 일을 해야 하는지, 어떠한 목적을 위해 사람을 구하는 것인지에 대한 내용들을 구체적으로 살펴봐야 한다. 특히 제시문에 있는 어휘들을 선택지에 되풀이하지 않기 위해 특정한 달에 해당하는 계절을 제시할 수 있으므로 이에 유의해야 한다.

1	질문에 '« Future »'라는 표현이 있으므로, 첫 번째 제시문에서 관련 내용을 확인한다.
2	질문에 '« Terrasse »'라는 표현이 있으므로, 두 번째 제시문에서 관련 내용을 확인한다.
3	질문에 'concours 경연 대회'라는 어휘가 있으므로, 네 번째 제시문에서 관련 내용을 확인한다.
4	질문에 'garage 자동차 정비소'라는 어휘가 있으므로, 세 번째 제시문에서 관련 내용을 확인한다.
5	질문에 'Nadine'이라는 이름이 있으므로, 다섯 번째 제시문에서 관련 내용을 확인한다.

Étape 3

문제 3의 해설을 확인하고, 필수 어휘를 익혀 보세요.

해설

문항	풀이 요령
1	« Future » 상점에서 근무하지 않는 시간을 묻고 있다. 'Heures de travail : 13 h - 20 h 근무 시간: 13-20시'라고 했으므로, 오전에는 근무 일정이 없다는 것을 알 수 있다. 따라서 정답은 **A**.
2	« Terrasse »에서 해야 할 업무가 무엇인지 묻는 문제이다. 제시문에서 'Le restaurant « Terrasse » recherche un cuisinier … « Terrasse » 식당은 … 요리사를 찾습니다.'라고 했는데, 요리사의 일은 'préparer un plat 음식 준비하기'이므로 정답은 **A**.
3	경연 대회가 개최되는 시기를 묻고 있다. 제시문에서 'le concours, le 15 février 2월 15일 경연 대회'라고 했는데, 2월이면 계절상 겨울이기 때문에 정답은 **C**. TIP février 2월 ⇄ hiver 겨울
4	자동차 정비소에서 일을 시작할 수 있는 시간을 묻고 있다. 'Garage recherche un mécanicien … 13 h - 18 h. 자동차 정비소는 … 13시에서 18시까지 일할 정비사를 찾습니다.'라고 했는데, 13시에서 18시는 'après-midi 오후'에 해당하므로 정답은 **C**.
5	Nadine의 업무와 관련된 분야를 묻는 문제이다. 제시문에서 'L'office de tourisme de Montpellier recherche une employée … Contactez Nadine au 06 14 25 69 47. Montpellier의 여행 안내소가 … 여직원을 찾습니다. Nadine에게 06 14 25 69 47으로 연락 주세요.'라고 했다. 이를 통해 Nadine은 'le voyage 여행'과 관련된 일을 한다는 것을 알 수 있다. 따라서 정답은 **B**.

필수 어휘

ordinateur (m.) 컴퓨터 | **cuisinier** 요리사 | **garage** (m.) 자동차 정비소 | **mécanicien** 기계공 | **chanter** 노래하다 | **concours** (m.) 경연 대회 | **office de tourisme** (m.) 여행 안내소 | **plat** (m.) 식사 | **réparer** 고치다 | **automne** (m.) 가을 | **matinée** (f.) 아침 나절, 오전 중 | **peinture** (f.) 그림, 그림 그리기

EXERCICE 3 실전 연습

전략에 따라 문제 4를 풀어 보세요.

Vous êtes en France. Vous cherchez du travail. Vous lisez ces annonces dans le journal. *6 points*

<table>
<tr><th colspan="6">Les petites annonces</th></tr>
<tr><td colspan="2">L'épicerie « Santé » cherche une vendeuse en alimentation au mois d'avril.</td><td colspan="2">Le bar « Bonne soirée » recherche des serveurs pour l'été (18 h - 23 h).</td><td colspan="2">La librairie « Bel avenir » recherche une vendeuse pour 4 semaines en novembre.
Tel : 06 99 33 48 12.</td></tr>
<tr><td colspan="3">URGENT !
Jeune maman cherche une étudiante pour garder un enfant de 6 ans après l'école (13 h - 17 h).
Tel : 06 23 45 89 67.</td><td colspan="3">L'entreprise de Besançon recherche un employé du 1er septembre au 30 novembre.
Contactez Florent au 03 44 22 96 14.</td></tr>
</table>

Répondez aux questions.

❶ Quand est-ce que vous travaillez au bar ? *1 point*

A ☐ Le matin.

B ☐ L'après-midi.

C ☐ Le soir.

❷ Que vendez-vous au « Bel avenir » ? *1 point*

A □ Des romans.

B □ Des fleurs.

C □ Des aliments.

❸ Qui cherche une étudiante ? *1 point*

A □ Un père.

B □ Une mère.

C □ Une jeune fille.

❹ Que faites-vous à « Santé » ? *1 point*

A □ Servir les clients à table.

B □ Corriger les devoirs des enfants.

C □ Vendre les produits alimentaires.

❺ Où est-ce que Florent travaille ? *2 points*

A □ Dans une école.

B □ Dans un hôpital.

C □ Dans une entreprise.

Étape 2

문제 4의 내용을 해석한 후, 문제를 분석해 보세요.

당신은 프랑스에 있습니다. 당신은 일을 찾고 있습니다. 신문에서 이 광고들을 읽습니다. 6점

<table>
<tr><th colspan="6">구인 광고</th></tr>
<tr><td colspan="2">식료품점 « Santé »가 4월에 식품 (여)판매원을 찾습니다.</td><td colspan="2">바 « Bonne soirée »가 여름(18-23시)에 일할 종업원들을 찾습니다.</td><td colspan="2">서점 « Bel avenir »가 11월에 4주 동안 일할 (여)판매원을 찾습니다. 전화: 06 99 33 48 12.</td></tr>
<tr><td colspan="3">긴급!
젊은 엄마가 방과 후에 여섯 살 된 아이를 돌볼 여대생을 찾습니다(13-17시).
전화: 06 23 45 89 67.</td><td colspan="3">Besançon의 회사가 9월 1일부터 11월 30일까지 일할 직원을 찾습니다. Florent에게 03 44 22 96 14로 연락 주세요.</td></tr>
</table>

질문에 답하세요.

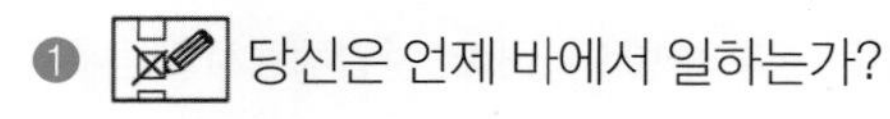

❶ 당신은 언제 바에서 일하는가? 1점

A ☐ 아침

B ☐ 오후

C ☐ 저녁

❷ 당신은 « Bel avenir »에서 무엇을 파는가? **1점**

A ☐ 소설(책)들

B ☐ 꽃들

C ☐ 음식들

❸ 누가 여대생을 찾는가? **1점**

A ☐ 아버지

B ☐ 어머니

C ☐ 어린 소녀

❹ 당신은 « Santé »에서 무엇을 하는가? **1점**

A ☐ 고객들의 식사를 서빙하기

B ☐ 아이들의 과제를 수정하기

C ☐ 식품을 판매하기

❺ Florent은 어디서 일하는가? **2점**

A ☐ 학교에서

B ☐ 병원에서

C ☐ 회사에서

문제 분석

구인 광고와 관련된 내용들이다. 개인적으로 사람을 찾는 경우와 회사나 개인 사업체에서 사람을 구하는 경우를 구분해야 하며, 특히 일할 시간과 요일, 달에 초점을 맞춘다. 그리고 어떤 업무인지 설명하는 부분에 집중한다.

1	질문에 'bar 바'라는 어휘가 있으므로, 두 번째 제시문에서 관련 내용을 확인한다.
2	질문에 '« Bel avenir »'라는 어휘가 있으므로, 세 번째 제시문에서 관련 내용을 확인한다.
3	질문에 'une étudiante 여대생'이라는 표현이 있으므로, 네 번째 제시문에서 관련 내용을 확인한다.
4	질문에 '« Santé »'라는 표현이 있으므로, 첫 번째 제시문에서 관련 내용을 확인한다.
5	질문에 'Florent'이라는 이름이 있으므로, 다섯 번째 제시문에서 관련 내용을 확인한다.

문제 4의 해설을 확인하고, 필수 어휘를 익혀 보세요.

해설

문항	풀이 요령
1	바에서 근무하는 시간을 묻고 있다. 'recherche des serveurs pour l'été (18 h - 23 h) 여름(18-23시)에 일할 종업원들을 찾습니다'라고 했는데, 18시에서 23시는 'le soir 저녁'에 해당하므로 정답은 **C**.
2	판매하는 품목에 관한 문제이다. 'La librairie « Bel avenir » recherche une vendeuse pour 4 semaines en novembre. 서점 « Bel avenir »가 11월에 4주 동안 일할 (여)판매원을 찾습니다.'라고 했는데, 서점은 소설책을 판매하는 곳이므로 정답은 **A**.
3	여대생을 찾는 사람이 누구인지를 묻고 있다. 'Jeune maman cherche une étudiante ... 젊은 엄마가 ... 여대생을 찾습니다'라고 했으므로, 정답은 **B**. **TIP** la maman 엄마 ⇄ la mère 어머니
4	« Santé »에서 하는 업무가 무엇인지를 묻는 문제이다. 'L'épicerie « Santé » cherche une vendeuse en alimentation au mois d'avril. 식료품점 « Santé »가 4월에 식품 (여)판매원을 찾습니다.'라는 내용에 따라 정답은 **C**.
5	Florent이 근무하는 장소를 묻고 있다. 'L'entreprise de Besançan recherche un employé ... Contactez Florent au 03 44 22 96 14. Besançon의 회사가 ... 직원을 찾습니다. Florent에게 03 44 22 96 14로 연락 주세요.'라고 했으므로, 정답은 **C**.

필수 어휘

épicerie (f.) 식료품점 | **alimentation** (f.) 음식, 식료품 | **bar** (m.) 바 | **librairie** (f.) 서점 | **garder** 돌보다 | **roman** (m.) 소설 | **fleur** (f.) 꽃 | **aliment** (m.) 음식 | **servir** 손님을 대하다, 시중을 들다 | **corriger** 고치다, 수정하다

문제 5

EXCERCICE 3 실전 연습

전략에 따라 문제 5를 풀어 보세요.

Vous êtes en France. Vous cherchez du travail. Vous lisez ces annonces dans le journal. *6 points*

<table>
<tr><th colspan="6">Les petites annonces</th></tr>
<tr><td colspan="2">« Pas à Pas » cherche une vendeuse de chaussures à partir de janvier (13 h - 21 h).</td><td colspan="2">L'université recherche une assistante pour le semestre (mars - juin).</td><td colspan="2">L'hôtel « Paradis » recherche un concierge pour 4 semaines en août.</td></tr>
<tr><td colspan="3">Une femme cherche un jeune homme pour aider sa mère de 90 ans pendant 3 heures le soir (18 h - 21 h).
Tel : 06 11 23 47 89.</td><td colspan="3">L'école de Paris recherche une pianiste du 1er janvier au 30 avril.
Contactez Juliette au 03 44 22 96 14.</td></tr>
</table>

Répondez aux questions.

❶ Quand est-ce que vous ne travaillez pas « Pas à Pas » ? *1 point*

A ☐ Le matin.

B ☐ L'après-midi.

C ☐ Le soir.

❷ Pendant combien de temps travaillez-vous à l'université ? *1 point*

A ☐ Deux mois.

B ☐ Quatre mois.

C ☐ Six mois.

❸ Quand travaillez-vous à l'hôtel ? *1 point*

A ☐ En été.

B ☐ En automne.

C ☐ En hiver.

❹ Pourquoi une femme cherche-t-elle un jeune homme ? *1 point*

A ☐ Pour garder son enfant.

B ☐ Pour accompagner son enfant à l'école.

C ☐ Pour donner un coup de main à sa mère.

❺ Où est-ce que Juliette travaille ? *2 points*

A ☐ Dans un club de sport.

B ☐ Dans une école de langues.

C ☐ Dans une école de musique.

Étape 2

문제 5의 내용을 해석한 후, 문제를 분석해 보세요.

당신은 프랑스에 있습니다. 당신은 일을 찾고 있습니다. 신문에서 이 광고들을 읽습니다. 6점

구인 광고

« Pas à Pas »는 1월부터 신발 (여)판매원을 찾습니다 (13-21시).	대학교에서 학기(3-6월)를 위한 (여)조교를 찾습니다.	« Paradis » 호텔은 8월에 4주 동안 관리인을 찾습니다.

한 여성이 저녁 3시간 동안(18-21시) 90세인 그녀의 어머니를 돕기 위한 젊은 남성을 찾습니다. 전화: 06 11 23 47 89.	파리 학교는 1월 1일부터 4월 30일까지 (여)피아니스트를 찾습니다. Juliette에게 03 44 22 96 14로 연락 주세요.

질문에 답하세요.

❶ 당신은 언제 « Pas à Pas »에서 일하지 않는가? 1점

A □ 아침

B □ 오후

C □ 저녁

❷ 당신은 대학교에서 얼마 동안 일하는가? **1점**

A ☐ 두 달

B ☐ 네 달

C ☐ 여섯 달

❸ 당신은 언제 호텔에서 일하는가? **1점**

A ☐ 여름에

B ☐ 가을에

C ☐ 겨울에

❹ 한 여성은 왜 젊은 남자를 찾는가? **1점**

A ☐ 아이를 돌보기 위해

B ☐ 아이를 학교에 데려다주기 위해

C ☐ 그녀의 어머니에게 도움을 주기 위해

❺ Juliette는 어디에서 일하는가? **2점**

A ☐ 스포츠 클럽에서

B ☐ 어학원에서

C ☐ 음악 학교에서

문제 분석

구인 광고와 관련된 내용들이다. 일의 종류와 함께 찾고 있는 사람의 나이, 성, 경력 등과 함께 기간에 대한 부분, 연락 방법(전화, 메일, 방문 등)을 설명하는 내용에 초점을 맞춘다.

1	질문에 '« Pas à Pas »'라는 표현이 있으므로, 첫 번째 제시문에서 관련 내용을 확인한다.
2	질문에 'université 대학교'라는 어휘가 있으므로, 두 번째 제시문에서 관련 내용을 확인한다.
3	질문에 'hôtel 호텔'이라는 어휘가 있으므로, 세 번째 제시문에서 관련 내용을 확인한다.
4	질문에 'une femme 여성, un jeune homme 젊은 남성'이라는 표현이 있으므로, 네 번째 제시문에서 관련 내용을 확인한다.
5	질문에 'Juliette'라는 이름이 있으므로, 다섯 번째 제시문에서 관련 내용을 확인한다.

Étape 3

문제 5의 해설을 확인하고, 필수 어휘를 익혀 보세요.

해설

문항	풀이 요령
1	« Pas à Pas » 상점에서 근무하지 않는 시간을 묻고 있다. 제시문에 따르면 '« Pas à Pas » cherche une vendeuse de chaussures à partir de janvier (13 h - 21 h) « Pas à Pas »는 1월부터 신발 (여)판매원을 찾습니다(13-21시).'로, 근무 시간이 '13 h - 21 h 13-21시'임을 알 수 있다. 따라서 일하지 않는 시간은 'le matin 아침'이라는 것을 알 수 있다. 따라서 정답은 **A**.
2	대학교에서의 근무 기간을 묻는 문제이다. 'L'université recherche une assistante pour le semestre (mars - juin). 대학교에서 학기(3-6월)를 위한 (여)조교를 찾습니다.'의 제시문 내용에 따라, 근무 기간은 'mars - juin 3-6월'이므로, 총 4개월 동안 근무한다는 것을 알 수 있다. 따라서 정답은 **B**.
3	호텔에서 근무하는 계절이 언제인지를 묻고 있다. 제시문에서 'L'hôtel « Paradis » recherche un concierge pour 4 semaines en août. « Paradis » 호텔은 8월에 4주 동안 관리인을 찾습니다.'라고 했는데, 제시된 선택지 중에서 8월에 해당하는 계절은 'été 여름'이므로 정답은 **A**. **TIP** août 8월 ⇄ été 여름
4	한 여성이 젊은 남자를 찾는 이유를 묻고 있다. 'Une femme cherche un jeune homme pour aider sa mère de 90 ans … 한 여성이 … 90세인 그녀의 어머니를 돕기 위한 젊은 남성을 찾습니다.'라고 했으므로, 정답은 **C**. aider와 같은 의미로 쓰일 수 있는 'donner un coup de main 도움을 주다'라는 표현을 알아 두는 것이 중요하다.
5	Juliette가 근무하고 있는 장소를 묻고 있다. 'L'école de Paris recherche une pianiste … Contactez Juliette au 03 44 22 96 14. 파리 학교는 … (여)피아니스트를 찾습니다. Juliette에게 03 44 22 96 14로 연락 주세요.'라고 했으므로, 정답은 **C**.

필수 어휘

chaussures (f.pl.) 신발 | semestre (m.) 학기 | concierge 관리인, 수위 | donner un coup de main 도움을 주다

EXERCICE 3 실전 연습

Étape 1

전략에 따라 문제 1을 풀어 보세요.

Vous êtes en France. Vous cherchez du travail. Vous lisez ces annonces dans le journal. *6 points*

Les petites annonces

« Clean » cherche une vendeuse de machines à laver à partir de janvier (13 h - 17 h).	La piscine cherche un jeune homme pour surveiller les enfants (10 h -11 h 45, 13 h - 16 h).	Cuisinier recherche une assistante pour 4 semaines en janvier. Tel : 06 14 55 15 70.
Une jeune étudiante cherche quelqu'un pour apprendre à faire du ski avant le 30 décembre. Tel : 06 47 78 36 12.	L'orchestre de Bastille recherche un violoniste du 1er mai au 30 juillet. Contactez Carole au 06 77 45 78 38.	

Répondez aux questions.

1. À partir de quand est-ce que vous travaillez à « Clean » ? *1 point*

A ☐ Le matin.

B ☐ L'après-midi.

C ☐ La nuit.

❷ Pendant combien de temps travaillez-vous pour le cuisinier ? *1 point*

A ☐ Une semaine.

B ☐ Un mois.

C ☐ Un an.

❸ Quand est-ce que vous ne travaillez pas à la piscine ? *1 point*

A ☐ Le matin.

B ☐ L'après-midi.

C ☐ Le soir.

❹ Qu'est-ce qu'une jeune étudiante veut faire ? *1 point*

A ☐ Apprendre à faire du sport.

B ☐ Apprendre à faire la cuisine.

C ☐ Apprendre une langue étrangère.

❺ Que pouvez-vous faire à l'orchestre de Bastille ? *2 points*

A ☐ Faire du sport.

B ☐ Jouer d'un instrument.

C ☐ Apprendre à jouer du violon.

Étape 2

문제 6의 내용을 해석한 후, 문제를 분석해 보세요.

당신은 프랑스에 있습니다. 당신은 일을 찾고 있습니다. 신문에서 이 광고들을 읽습니다. 6점

<table>
<tr><th colspan="6">구인 광고</th></tr>
<tr><td colspan="2">« Clean »은 1월부터 세탁기 (여)판매원을 찾습니다 (13-17시).</td><td colspan="2">수영장은 아이들을 감독하기 위해 젊은 남자를 찾습니다 (10-11시 45분, 13-16시).</td><td colspan="2">요리사는 1월에 4주 동안 (여)보조를 찾습니다. 전화: 06 14 55 15 70.</td></tr>
<tr><td colspan="3">젊은 여대생이 12월 30일 전까지 스키를 배우기 위해 사람을 찾습니다. 전화: 06 47 78 36 12.</td><td colspan="3">Bastille 오케스트라가 5월 1일부터 7월 30일까지 바이올린 연주자를 찾습니다. Carole에게 06 77 45 78 38로 연락 주세요.</td></tr>
</table>

질문에 답하세요.

❶  당신은 « Clean »에서 언제부터 일하는가? 1점

A ☐ 아침

B ☐ 오후

C ☐ 밤

❷ 당신은 얼마 동안 요리사를 위해 일하는가? **1점**

A ☐ 일주일

B ☐ 한 달

C ☐ 일 년

❸ 당신은 언제 수영장에서 일하지 않는가? **1점**

A ☐ 아침

B ☐ 오후

C ☐ 저녁

❹ 젊은 여대생은 무엇을 하기를 원하는가? **1점**

A ☐ 운동을 배우기

B ☐ 요리를 배우기

C ☐ 외국어를 배우기

❺ 당신은 Bastille 오케스트라에서 무엇을 할 수 있는가? **2점**

A ☐ 운동하기

B ☐ 악기 연주하기

C ☐ 바이올린 연주를 배우기

문제 분석

구인 광고와 관련하여 요구되는 경력이나 자격증, 직업 또는 나이에 대해 언급하는 부분과 어떤 업무를 어느 시간 또는 기간 동안 하게 되는지, 연락 방법은 무엇인지를 설명하는 내용에 초점을 맞춘다.

1	질문에 '« Clean »'이라는 표현이 있으므로, 첫 번째 제시문에서 관련 내용을 확인한다.
2	질문에 'le cuisinier 요리사'라는 어휘가 있으므로, 세 번째 제시문에서 관련 내용을 확인한다.
3	질문에 'la piscine 수영장'이라는 어휘가 있으므로, 두 번째 제시문에서 관련 내용을 확인한다.
4	질문에 'une jeune étudiante 젊은 여대생'이라는 표현이 있으므로, 네 번째 제시문에서 관련 내용을 확인한다.
5	질문에 'l'orchestre 오케스트라'라는 어휘가 있으므로, 다섯 번째 제시문에서 관련 내용을 확인한다.

Étape 3

문제 6의 해설을 확인하고, 필수 어휘를 익혀 보세요.

해설

문항	풀이 요령
1	« Clean »에서 근무하는 시간을 묻고 있다. '« Clean » cherche une vendeuse … (13 h - 17 h). « Clean »은 … (여)판매원을 찾습니다(13-17시).'라고 했는데, 13시에서 17시는 'l'après-midi 오후'에 해당하므로 정답은 **B**.
2	요리사를 위해 근무하는 기간을 묻고 있다. 'Cuisinier recherche une assistante pour 4 semaines en janvier. 요리사는 1월에 4주 동안 (여)보조를 찾습니다.'라고 했는데, 4주는 'un mois 한 달'을 의미하므로 정답은 **B**. TIP 4 semaines 4주 ⇄ un mois 한 달
3	수영장에서 근무하지 않는 시간을 묻고 있다. 제시문에 나온 근무 시간이 '10 h -11 h 45, 13 h - 16 h 10-11시 45분, 13-16시'이므로, 일하지 않는 시간은 'le soir 저녁'이라는 것을 알 수 있다. 따라서 정답은 **C**.
4	젊은 여대생이 하고 싶어 하는 활동이 무엇인지를 묻는 문제이다. 제시문에서 'jeune étudiante cherche quelqu'un pour apprendre à faire du ski … 젊은 여대생이 … 스키를 배우기 위해 사람을 찾습니다.'라고 했다. 이를 통해 젊은 여대생은 운동을 배우고 싶어 한다는 것을 알 수 있다. 따라서 정답은 **A**. TIP le ski 스키 ⇄ le sport 운동
5	Bastille 오케스트라에서 할 수 있는 것이 무엇인지를 묻고 있다. 제시문에서 'L'orchestre de Bastille recherche un violoniste … Bastille 오케스트라가 … 바이올린 연주자를 찾습니다.'라고 했다. 바이올린 연주자는 악기를 연주하는 일을 하므로 정답은 **B**. 제시문에서 언급된 'un violoniste 바이올린 연주자'를 보고 C를 정답으로 고르지 않도록 주의한다.

필수 어휘

machine à laver (f.) 세탁기 | **piscine** (f.) 수영장 | **surveiller** 감시하다 | **ski** (m.) 스키 | **orchestre** (m.) 오케스트라 | **violoniste** 바이올린 연주자 | **étranger** 외국의

EXERCICE 3 실전 연습

Étape 1

전략에 따라 문제 7을 풀어 보세요.

Vous êtes en France. Vous cherchez du travail. Vous lisez ces annonces dans le journal. *6 points*

<table>
<tr><th colspan="6">Les petites annonces</th></tr>
<tr><td colspan="2">« Vision » cherche un vendeur de téléphones portables à partir de juin (14 h - 20 h).</td><td colspan="2">La café « Sorbonne » recherche des serveurs pour l'été (juillet - août).</td><td colspan="2">Écrivain recherche une assistante pour 4 semaines en décembre.
Tel : 06 88 17 69 10.</td></tr>
<tr><td colspan="3">URGENT !
Jeune femme cherche quelqu'un pour apprendre à cuisiner avant la date du mariage, le 30 octobre.
Tel : 06 47 12 36 73.</td><td colspan="3">Le club de basketball de Briançon recherche un joueur (14-19 ans) du 1er septembre au 28 février.
Contactez Pierre au 04 17 24 13 99.</td></tr>
</table>

Répondez aux questions.

❶ Que pouvez-vous faire à partir du mois de juillet ? *1 point*

A ☐ Servir le café.

B ☐ Faire la cuisine.

C ☐ Écrire un roman.

❷ Pour qui travaillez-vous au mois de décembre ? *1 point*

A □ L'auteur.

B □ Le joueur.

C □ Le musicien.

❸ Quand est-ce que la cérémonie de mariage a lieu ? *1 point*

A □ En été.

B □ En automne.

C □ En hiver.

❹ Que faites-vous à « Vision » ? *1 point*

A □ Écrire un roman.

B □ Jouer au basketball.

C □ Vendre les téléphones mobiles.

❺ Pendant combien de temps travaillez-vous au club de sport ? *2 points*

A □ Trois mois.

B □ Quatre mois.

C □ Six mois.

Étape 2

문제 7의 내용을 해석한 후, 문제를 분석해 보세요.

당신은 프랑스에 있습니다. 당신은 일을 찾고 있습니다. 신문에서 이 광고들을 읽습니다. 6점

구인 광고

« Vision »은 6월부터 휴대폰 판매원을 찾습니다 (14-20시).	« Sorbonne » 카페는 여름(7-8월)을 위한 종업원들을 찾습니다.	작가는 12월에 4주 동안 (여)보조를 찾습니다. 전화: 06 88 17 69 10.

긴급! 젊은 여성이 10월 30일 결혼 날짜 전에 요리를 배우기 위해 사람을 찾습니다. 전화: 06 47 12 36 73.	Briançon의 농구 클럽은 9월 1일부터 2월 28일까지 선수(14-19세)를 찾습니다. Pierre에게 04 17 24 13 99로 연락 주세요.

질문에 답하세요.

1. 당신은 7월부터 무엇을 할 수 있는가? 1점

A □ 커피를 서빙하기

B □ 요리하기

C □ 소설을 쓰기

❷ 당신은 12월에 누구를 위해 일하는가? **1점**

A □ 작가

B □ 선수

C □ 음악가

❸ 결혼식은 언제 진행되는가? **1점**

A □ 여름에

B □ 가을에

C □ 겨울에

❹ 당신은 « Vision »에서 무엇을 하는가? **1점**

A □ 소설을 쓰기

B □ 농구하기

C □ 휴대폰을 판매하기

❺ 당신은 얼마 동안 스포츠 클럽에서 일하는가? **2점**

A □ 세 달

B □ 네 달

C □ 여섯 달

문제 분석

구인 광고와 관련된 내용들이다. 어떤 분야(카페, 휴대폰 상점)에서 어떤 일을 할 사람을 찾는지와 개인적으로 어떤 목적을 위해 사람을 구하는지를 설명하는 부분과 함께 시간, 기간 등에 대해 집중한다.

1	질문에 'juillet 7월'이라는 어휘가 있으므로, 두 번째 제시문에서 관련 내용을 확인한다.
2	질문에 'décembre 12월'이라는 어휘가 있으므로, 세 번째 제시문에서 관련 내용을 확인한다.
3	질문에 'mariage 결혼'이라는 어휘가 있으므로, 네 번째 제시문에서 관련 내용을 확인한다.
4	질문에 '« Vision »'이라는 표현이 있으므로, 첫 번째 제시문에서 관련 내용을 확인한다.
5	질문에 'club 클럽'이라는 어휘가 있으므로, 다섯 번째 제시문에서 관련 내용을 확인한다.

Étape 3

문제 7의 해설을 확인하고, 필수 어휘를 익혀 보세요.

해설

문항	풀이 요령
1	7월부터 할 수 있는 업무가 무엇인지를 묻고 있다. 'La café « Sorbonne » recherche des serveurs pour l'été (juillet - août). « Sorbonne » 카페는 여름(7-8월)을 위한 종업원들을 찾습니다.'라는 내용에 따라 7월에 일을 할 수 있는 곳은 카페라는 것을 알 수 있다. 카페 종업원의 업무는 일반적으로 커피를 서빙하는 것이므로, 정답은 **A**.
2	12월에 사람을 고용하려는 인물이 누구인지를 묻는 문제이다. 'Écrivain recherche une assistante pour 4 semaines en décembre. 작가는 12월에 4주 동안 (여)보조를 찾습니다.'라는 내용에 따라 정답은 **A**. TIP l'écrivain 작가 ⇄ l'auteur 작가
3	결혼식이 진행되는 시기를 묻고 있다. 제시문에서 'Jeune femme cherche quelqu'un … avant la date du mariage, le 30 octobre. 젊은 여성이 10월 30일 결혼 날짜 전에 … 사람을 찾습니다.'라고 했다. 이를 통해 여성의 결혼식은 10월에 진행되는 것을 알 수 있는데, 제시된 선택지 중에 10월이 속한 계절은 'automne 가을'이므로 정답은 **B**. TIP octobre 10월 ⇄ automne 가을
4	« Vision »이라는 상점에서 하는 업무를 묻는 문제이다. 제시문에서 '« Vision » cherche un vendeur de téléphones portables … « Vision »은 … 휴대폰 판매원을 찾습니다'라고 했으므로, « Vision »에서는 휴대폰을 판매하는 업무를 한다는 것을 알 수 있다. 따라서 정답은 **C**.
5	스포츠 클럽에서의 근무 기간을 묻고 있다. 제시문에서 나온 근무 기간이 'du 1er septembre au 28 février 9월 1일부터 2월 28일까지'이므로, 총 6개월 동안 근무한다는 것을 알 수 있다. 따라서 정답은 **C**. TIP le basketball 농구 ⇄ le sport 스포츠

téléphone portable (m.) 휴대폰 | **joueur** 선수 | **auteur** 작가 | **musicien** 음악가 | **cérémonie de mariage** (f.) 결혼식 | **avoir lieu** 개최하다, 일어나다

EXCERCICE 3 실전 연습

Étape 1

전략에 따라 문제 8을 풀어 보세요.

Vous êtes en France. Vous cherchez du travail. Vous lisez ces annonces dans le journal.

6 points

<table>
<tr><th colspan="6">Les petites annonces</th></tr>
<tr><td colspan="2">« Costume » cherche une vendeuse de vêtements à partir de mai.</td><td colspan="2">L'institut « Europa » recherche des professeurs pour enseigner l'anglais (juillet - août).</td><td colspan="2">Dentiste recherche une infirmière pour 4 semaines en novembre.
Tel : 06 08 37 47 89.</td></tr>
<tr><td colspan="3">URGENT !
Groupe de rock cherche un chanteur avant la date du concert, le 25 mai.
Tel : 06 11 89 13 47.</td><td colspan="3">Le club de marathon de Briançon recherche un joueur (14-19 ans) du 1er janvier au 30 mars.
Contactez Nicolas au 04 45 89 23 55.</td></tr>
</table>

Répondez aux questions.

1. Qu'est-ce que vous pouvez enseigner à l'institut « Europa » ? *1 point*

A ☐ Le sport.

B ☐ La langue.

C ☐ La musique.

❷ Pendant combien de temps travaillez-vous chez le dentiste ? *1 point*

A ☐ Une semaine.

B ☐ Un mois.

C ☐ Un an.

❸ Quand est-ce que le concert a lieu ? *1 point*

A ☐ Au printemps.

B ☐ En été.

C ☐ En automne.

❹ Que faites-vous à « Costume » ? *1 point*

A ☐ Soigner les dents.

B ☐ Vendre des bijoux.

C ☐ Vendre des pantalons.

❺ Pendant combien de temps travaillez-vous au club de sport ? *2 points*

A ☐ Un mois.

B ☐ Trois mois.

C ☐ Cinq mois.

Étape 2

문제 8의 내용을 해석한 후, 문제를 분석해 보세요.

당신은 프랑스에 있습니다. 당신은 일을 찾고 있습니다. 신문에서 이 광고들을 읽습니다. 6점

<table>
<tr><th colspan="6">구인 광고</th></tr>
<tr><td colspan="2">« Costume »은 5월부터
의류 (여)판매원을 찾습니다.</td><td colspan="2">« Europa » 학원은 영어를
가르칠 선생님들을 찾습니다
(7-8월).</td><td colspan="2">치과의사는 11월에 4주 동안
(여)간호사를 찾습니다.
전화: 06 08 37 47 89.</td></tr>
<tr><td colspan="3">긴급!
록 그룹이 5월 25일 콘서트 날짜 전에
가수를 찾습니다.
전화: 06 11 89 13 47.</td><td colspan="3">Briançon의 마라톤 클럽이
1월 1일부터 3월 30일까지
선수(14-19세)를 찾습니다.
Nicolas에게 04 45 89 23 55로 연락 주세요.</td></tr>
</table>

질문에 답하세요.

❶ 당신은 « Europa » 학원에서 무엇을 가르칠 수 있는가? 1점

A □ 운동
B □ 언어
C □ 음악

❷ 당신은 얼마 동안 치과에서 일하는가? **1점**

A □ 일주일

B □ 한 달

C □ 일 년

❸ 콘서트는 언제 열리는가? **1점**

A □ 봄에

B □ 여름에

C □ 가을에

❹ 당신은 « Costume »에서 무엇을 하는가? **1점**

A □ 이를 치료하기

B □ 보석을 팔기

C □ 바지를 팔기

❺ 당신은 얼마 동안 스포츠 클럽에서 일하는가? **2점**

A □ 한 달

B □ 세 달

C □ 다섯 달

문제 분석

구인 광고와 관련된 내용들이다. 어떤 사람이 어떤 조건의 사람을 찾는지를 설명하는 부분에서 직업, 나이, 경력 등을 언급하는 부분에 집중한다. 그리고 근무 기간과 연락처에 대해서도 신경을 써서 살펴봐야 한다.

1	질문에 '« Europa »'라는 표현이 있으므로, 두 번째 제시문에서 관련 내용을 확인한다.
2	질문에 'le dentiste 치과의사'라는 어휘가 있으므로, 세 번째 제시문에서 관련 내용을 확인한다.
3	질문에 'le concert 콘서트'라는 어휘가 있으므로, 네 번째 제시문에서 관련 내용을 확인한다.
4	질문에 '« Costume »'이라는 표현이 있으므로, 첫 번째 제시문에서 관련 내용을 확인한다.
5	질문에 'club 클럽'이라는 어휘가 있으므로, 다섯 번째 제시문에서 관련 내용을 확인한다.

Étape 3

문제 8의 해설을 확인하고, 필수 어휘를 익혀 보세요.

해설

문항	풀이 요령
1	« Europa » 학원에서 가르칠 과목이 무엇인지를 묻고 있다. 'L'institut « Europa » recherche des professeurs pour enseigner l'anglais … « Europa » 학원은 … 영어를 가르칠 선생님들을 찾습니다.'라고 했으므로, 정답은 **B**. TIP l'anglais 영어 ⇄ la langue 언어
2	치과에서 근무하는 기간을 묻고 있다. 'Dentiste recherche une infirmière pour 4 semaines en novembre. 치과의사는 11월에 4주 동안 (여)간호사를 찾습니다.'라고 했는데, 4주는 'un mois 한 달'을 의미하므로 정답은 **B**. TIP 4 semaines 4주 ⇄ un mois 한 달
3	콘서트가 열리는 시기를 묻는 문제이다. 제시문에서 'avant la date du concert, le 25 mai 5월 25일 콘서트 날짜 전에'라고 했는데, 제시된 선택지 중에서 5월이 속하는 계절은 'le printemps 봄'이므로 정답은 **A**. TIP mai 5월 ⇄ le printemps 봄
4	« Costume »에서 하는 업무가 무엇인지를 묻는 문제이다. '« Costume » cherche une vendeuse de vêtements … « Costume »은 … 의류 (여)판매원을 찾습니다.'라고 했으므로, 해당 상점에서는 의류 판매 업무를 한다는 것을 알 수 있다. 따라서 정답은 **C**. 참고로 'la chemise 셔츠', 'la jupe 치마' 등과 같은 의류 명칭도 알아 두는 것이 좋다. TIP les vêtements 의류 ⇄ le pantalon 바지
5	스포츠 클럽에서의 근무 기간을 묻는 문제이다. 제시문에서 나온 근무 기간이 'du 1er janvier au 30 mars 1월 1일부터 3월 30일까지'이므로, 총 3개월 동안 근무한다는 것을 알 수 있다. 따라서 정답은 **B**. TIP le marathon 마라톤 ⇄ le sport 스포츠

필수 어휘

institut (m.) 학원 | **enseigner** 가르치다 | **dentiste** 치과의사 | **rock** (m.) 록 | **concert** (m.) 콘서트 | **marathon** (m.) 마라톤 | **soigner** 돌보다, 치료하다 | **pantalon** (m.) 바지

문제 9

EXERCICE 3 실전 연습

전략에 따라 문제 9를 풀어 보세요.

Vous êtes en France. Vous cherchez du travail. Vous lisez ces annonces dans le journal. *6 points*

Les petites annonces		
« La vie » cherche une vendeuse de fleurs à partir d'avril.	L'usine « Miracle » recherche des ouvriers pour le printemps (mars - mai).	Le cinéma « Rêve » recherche quelqu'un pour 2 semaines en juin (19 h - 24 h). Tel : 06 11 99 78 81.
URGENT ! Un jeune homme cherche un / une magicien(ne) pour apprendre la magie avant la date des fiançailles, le 1er octobre. Tel : 06 78 23 55 64.	Le club de golf de Paris recherche un joueur (45-60 ans) du 1er juin au 30 juillet. Contactez Olivier au 06 11 68 57 23.	

Répondez aux questions.

❶ Pendant combien de temps travaillez-vous à « Miracle » ? *1 point*

A ☐ Deux mois.

B ☐ Trois mois.

C ☐ Quatre mois.

❷ Quand est-ce que vous travaillez à « Rêve » ? *1 point*

A ☐ Le matin.

B ☐ L'après-midi.

C ☐ Le soir.

❸ Quand est-ce que les fiançailles ont lieu ? *1 point*

A ☐ En été.

B ☐ En automne.

C ☐ En hiver.

❹ Que faites-vous à « La vie » ? *1 point*

A ☐ Vendre les roses.

B ☐ Vendre la viande.

C ☐ Pratiquer la magie.

❺ Qui est-ce que le club de sport recherche ? *2 points*

A ☐ Un enfant.

B ☐ Un adulte.

C ☐ Un adolescent.

Étape 2

문제 9의 내용을 해석한 후, 문제를 분석해 보세요.

당신은 프랑스에 있습니다. 당신은 일을 찾고 있습니다. 신문에서 이 광고들을 읽습니다. 6점

구인 광고		
« La vie »는 4월부터 꽃 (여)판매원을 찾습니다.	공장 « Miracle »은 봄에 근무할 근로자들을 찾습니다 (3-5월).	« Rêve » 영화관은 6월에 2주 동안 일할 사람을 찾습니다 (19-24시). 전화: 06 11 99 78 81.
긴급! 젊은 남자가 10월 1일 약혼식 날짜 전까지 마술을 배우기 위해 마술사를 찾습니다. 전화: 06 78 23 55 64.	파리의 골프 클럽은 6월 1일부터 7월 30일까지 선수(45-60세)를 찾습니다. Olivier에게 06 11 68 57 23으로 연락 주세요.	

질문에 답하세요.

❶ 당신은 얼마 동안 « Miracle »에서 일하는가? 1점

A □ 두 달

B □ 세 달

C □ 네 달

❷ 당신은 언제 « Rêve »에서 일하는가? **1점**

A □ 아침

B □ 오후

C □ 저녁

❸ 약혼식은 언제 거행되는가? **1점**

A □ 여름에

B □ 가을에

C □ 겨울에

❹ 당신은 « La vie »에서 무엇을 하는가? **1점**

A □ 장미를 팔기

B □ 고기를 팔기

C □ 마술을 하기

❺ 스포츠 클럽은 누구를 찾고 있는가? **2점**

A □ 아이

B □ 성인

C □ 청소년

문제 분석

구인 광고로서 특정 회사나 개인이 어떤 목적으로 어떤 능력이나 자격을 갖춘 사람을 찾는지를 설명하는 부분에 초점을 맞춘다. 또한 일하는 기간과 연락 방법 등에 대해 설명하는 부분에 집중한다.

1	질문에 '« Miracle »'이라는 표현이 있으므로, 두 번째 제시문에서 관련 내용을 확인한다.
2	질문에 '« Rêve »'라는 표현이 있으므로, 세 번째 제시문에서 관련 내용을 확인한다.
3	질문에 'les fiançailles 약혼식'이라는 어휘가 있으므로, 네 번째 제시문에서 관련 내용을 확인한다.
4	질문에 '« La vie »'라는 표현이 있으므로, 첫 번째 제시문에서 관련 내용을 확인한다.
5	질문에 'le club de sport 스포츠 클럽'이라는 어휘가 있으므로, 다섯 번째 제시문에서 관련 내용을 확인한다.

Étape 3

문제 9의 해설을 확인하고, 필수 어휘를 익혀 보세요.

해설

문항	풀이 요령
1	« Miracle »에서의 근무 기간을 묻는 문제이다. 제시문의 'L'usine « Miracle » recherche des ouvriers pour le printemps (mars - mai). 공장 « Miracle »은 봄에 근무할 근로자들을 찾습니다(3-5월).'에 따라, 근무 기간은 'mars - mai 3-5월'이며, 총 3개월 동안 근무한다는 것을 알 수 있다. 따라서 정답은 **B**.
2	« Rêve »에서 근무하는 시간을 묻고 있다. 'Le cinéma « Rêve » recherche quelqu'un pour 2 semaines en juin (19 h - 24 h). « Rêve » 영화관은 6월에 2주 동안 일할 사람을 찾습니다(19-24시).'라고 했는데, 19시에서 24시는 'soir 저녁'에 해당하므로 정답은 **C**.
3	약혼식이 거행되는 시기를 묻는 문제이다. 제시문에서 'avant la date des fiançailles, le 1er octobre. 10월 1일 약혼식 날짜 전까지'라고 했는데, 10월이면 계절상 가을이기 때문에 정답은 **B**. TIP octobre 10월 ⇄ l'automne 가을
4	« La vie »에서 하는 업무가 무엇인지를 묻는 문제이다. '« La vie » cherche une vendeuse de fleurs … « La vie »는 … 꽃 (여)판매원을 찾습니다.'라고 했으므로, 해당 상점에서는 꽃을 판매하는 일을 한다는 것을 알 수 있다. 따라서 정답은 **A**. 참고로 'la tulipe 튤립', 'le lis/lys 백합' 등과 같은 꽃 명칭도 알아 두는 것이 좋다. TIP la fleur 꽃 ⇄ la rose 장미
5	스포츠 클럽에서 찾는 사람의 연령대를 묻는 문제이다. 제시문에서 'Le club de golf de Paris recherche un joueur (45-60 ans) … 파리의 골프 클럽은 … 선수(45-60세)를 찾습니다.'라고 했다. 45-60세는 'un adulte 성인'에 해당하므로 정답은 **B**. TIP le golf 골프 ⇄ le sport 스포츠

필수 어휘

usine (f.) 공장 | **ouvrier** 노동자, 근로자 | **magicien** 마술사 | **magie** (f.) 마술 | **fiançailles** (f.pl.) 약혼식 | **rose** (f.) 장미 | **viande** (f.) 고기 | **pratiquer** 실행하다, 실시하다 | **adulte** 성인 | **adolescent** 청소년

EXERCICE 3 실전 연습

전략에 따라 문제 10을 풀어 보세요.

Vous êtes en France. Vous cherchez du travail. Vous lisez ces annonces dans le journal. *6 points*

<table>
<tr><th colspan="6">Les petites annonces</th></tr>
<tr><td colspan="2">« Meilleur goût » cherche un vendeur de gâteaux à partir de mai.</td><td colspan="2">Le jardin des plantes « Promenade » recherche des fleuristes pour le printemps.</td><td colspan="2">L'hôtelier recherche une secrétaire pour 4 semaines en juillet.
Tel : 06 99 45 36 55.</td></tr>
<tr><td colspan="3">URGENT !
Un jeune homme cherche un / une spécialiste pour apprendre à nager avant les vacances d'été.
Tel : 06 78 23 55 64.</td><td colspan="3">Le club de football recherche un manager (30-40 ans) du 1er janvier au 30 février.
Contactez Roland au 06 77 69 12 34.</td></tr>
</table>

Répondez aux questions.

❶ Quand est-ce que vous pouvez travailler à « Promenade » ? *1 point*

A ☐ Au mois de mars.

B ☐ Au mois de juillet.

C ☐ Au mois de décembre.

❷ L'hôtelier offre un travail pour combien de temps ? *1 point*

A ☐ Une semaine.

B ☐ Un mois.

C ☐ Un an.

❸ Qu'est-ce qu'un jeune homme veut apprendre ? *1 point*

A ☐ La langue.

B ☐ La natation.

C ☐ La conduite.

❹ Que pouvez-vous faire à « Meilleur goût » ? *1 point*

A ☐ Faire du shopping.

B ☐ Vendre des gâteaux.

C ☐ Faire de la cuisine française.

❺ Quand est-ce que vous commencez le travail au club de football ? *2 points*

A ☐ À partir de l'été.

B ☐ À partir de l'automne.

C ☐ À partir de l'hiver.

Étape 2

문제 10의 내용을 해석한 후, 문제를 분석해 보세요.

당신은 프랑스에 있습니다. 당신은 일을 찾고 있습니다. 신문에서 이 광고들을 읽습니다. 6점

구인 광고

« Meilleur goût »는 5월부터 케이크 판매원을 찾습니다.	식물원 « Promenade »는 봄에 일할 플로리스트들을 찾습니다.	호텔업자는 7월에 4주 동안 일할 (여)비서를 찾습니다. 전화: 06 99 45 36 55.

긴급! 젊은 남자가 여름 바캉스 전에 수영을 배우기 위해 전문가를 찾습니다. 전화: 06 78 23 55 64.	축구 클럽은 1월 1일부터 2월 30일까지 매니저(30-40세)를 찾습니다. Roland에게 06 77 69 12 34로 연락 주세요.

질문에 답하세요.

❶ 당신은 언제 « Promenade »에서 일할 수 있는가? 1점

A ☐ 3월

B ☐ 7월

C ☐ 12월

❷ 호텔업자는 얼마 동안 일을 제안하는가? **1점**

A □ 일주일

B □ 한 달

C □ 일 년

❸ 젊은 남자는 무엇을 배우기를 원하는가? **1점**

A □ 언어

B □ 수영

C □ 운전

❹ 당신은 « Meilleur goût »에서 무엇을 할 수 있는가? **1점**

A □ 쇼핑하기

B □ 케이크를 팔기

C □ 프랑스 음식을 요리하기

❺ 당신은 언제 축구 클럽에서 일을 시작하는가? **2점**

A □ 여름부터

B □ 가을부터

C □ 겨울부터

문제 분석

구인 광고로 누가 어떤 분야에서 또는 어떤 목적으로 사람을 찾고 있는지를 설명하는 내용과 자격이나 나이 등의 개인적인 인적 사항과 더불어 기간, 시간, 연락 방법에 대해 기술하는 부분에 초점을 맞춘다.

1	질문에 '« Promenade »'라는 표현이 있으므로, 두 번째 제시문에서 관련 내용을 확인한다.
2	질문에 'L'hôtelier 호텔업자'라는 어휘가 있으므로, 세 번째 제시문에서 관련 내용을 확인한다.
3	질문에 'un jeune homme 젊은 남자'라는 표현이 있으므로, 네 번째 제시문에서 관련 내용을 확인한다.
4	질문에 '« Meilleur goût »'이라는 표현이 있으므로, 첫 번째 제시문에서 관련 내용을 확인한다.
5	질문에 'club de football 축구 클럽'이라는 어휘가 있으므로, 다섯 번째 제시문에서 관련 내용을 확인한다.

Étape 3

문제 10의 해설을 확인하고, 필수 어휘를 익혀 보세요.

해설

문항	풀이 요령
1	« Promenade »에서 근무 가능한 시기를 묻는 문제이다. '« Promenade » recherche des fleuristes pour le printemps. « Promenade »는 봄에 일할 플로리스트들을 찾습니다.'라고 했는데, 제시된 선택지 중에서 봄에 해당하는 달은 'mars 3월'이므로 정답은 **A**. TIP printemps 봄 ⇄ mars 3월
2	호텔업자가 제안한 근무 기간이 얼마나 되는지를 묻고 있다. 'L'hôtelier recherche une secrétaire pour 4 semaines en juillet. 호텔업자는 7월에 4주 동안 일할 (여)비서를 찾습니다.'라는 내용에 따라 정답은 **B**. TIP 4 semaines 4주 ⇄ un mois 한 달
3	젊은 남자가 배우고 싶어 하는 것에 대해 묻고 있다. 'Un jeune homme cherche un / une spécialiste pour apprendre à nager … 젊은 남자가 … 수영을 배우기 위해 전문가를 찾습니다.'라고 했으므로 정답은 **B**. TIP nager 수영하다 ⇄ la natation 수영
4	« Meilleur goût »에서 할 수 있는 업무를 묻는 문제이다. 제시문에서 '« Meilleur goût » cherche un vendeur de gâteaux … « Meilleur goût »는 … 케이크 판매원을 찾습니다.'라고 했으므로, 이와 관련된 정답은 **B**.
5	'du 1er janvier au 30 février 1월 1일부터 2월 30일까지'라고 했는데, 이에 해당하는 계절은 겨울이므로 정답은 **C**. TIP janvier 1월 ⇄ hiver 겨울

필수 어휘

jardin des plantes (m.) 식물원 | **fleuriste** 플로리스트 | **hôtelier** 호텔업자 | **secrétaire** 비서 | **spécialiste** 전문가 | **nager** 수영하다 | **vacances** (f.pl.) 휴가 | **manager** 매니저 | **au mois de** ~월에 | **offrir** 제공하다, 제안하다 | **natation** (f.) 수영 | **conduite** (f.) 운전

독해 평가

EXERCICE 4

Pour répondre aux questions, cochez [x] la bonne réponse ou écrivez l'information demandée.

답에 ⊠ 표시하거나 요구되는 정보를 써서 질문에 답하세요.

완전 공략

1 핵심 포인트

프랑스어권 지역에서의 신문, 인터넷 기사를 중심으로 특정 행사나 장소 등에 대해 르포 형식으로 내용을 기술하는 텍스트를 보고 문제를 푸는 방식으로 진행된다. 특히 기간과 관련된 문제와 함께 어떠한 활동을 하고 있는지를 설명하는 부분에 초점을 맞추어야 한다. 그리고 예약 또는 방문 방법에 대한 부분 역시 집중해야 한다.

2 빈출 주제

매년 진행되는 특정 도시의 행사(전시회, 카니발, 축제, 박람회 등)나 여행지로서 추천할 만한 장소, 사회적으로 이슈가 되고 있는 문제들(인터넷, 청소년, 재택근무 등)이 주로 텍스트로 주어진다.

3 고득점 전략

① 기간과 관련된 어휘들을 숙지한다.

5문제 중 2문제 정도가 요일, 달과 관련된 문제이므로 이와 관련된 어휘들을 사전에 알고 있어야 한다.

② 활동과 관련된 표현들을 숙지한다.

방문객이나 초대받은 사람들이 특정 행사나 장소에서 할 수 있는 활동들에 대한 문제가 출제되기 때문에 문화적 차원에서의 관람 또는 운동이나 여가활동 등과 연관된 일상생활에서 자주 사용되는 내용들을 숙지해야 한다.

③ 예약 또는 방문 방법에 대해 숙지한다.

특정 행사나 장소를 찾아갈 때 예약을 해야 하는 경우 어떤 방식으로 진행되는지와 교통편과 관련된 문제가 출제될 확률이 높기 때문에 이와 연관된 기본 어휘나 표현들을 알아야 한다.

문제 1

EXERCICE 4 실전 연습

전략에 따라 문제 1을 풀어 보세요.

Vous suivez des cours à Paris. Vous voulez faire une sortie avec d'autres étudiants. Vous lisez cet article sur le site internet de l'université. *7 points*

> **Que faire à Paris ?**
>
> Pour commencer la journée, « La Joconde » du célèbre Léonard de Vinci vous attend au Louvre. S'il fait beau, l'après-midi, vous pouvez vous promener au jardin des Tuileries et le soir, vous faites un dîner-croisière sur la Seine.
> S'il pleut, allez assister à un concert de jazz au Petit Journal Saint-Michel. Au Moulin Rouge, près de la butte Montmartre, vous pouvez voir des spectacles et manger pour 30 €.
> Pour réserver, téléphonez-nous avant mercredi.

Répondez aux questions.

❶ L'après-midi, s'il y a du soleil, on vous conseille ... *1 point*

A ☐ de faire du shopping.
B ☐ de visiter une exposition.
C ☐ de faire une promenade.

❷ Que pouvez-vous faire le soir sur la Seine ? *1 point*

A ☐ Le repas.
B ☐ Le spectacle.
C ☐ La promenade.

❸ Quelle activité pouvez-vous faire le soir s'il ne fait pas beau ? *1.5 point*

A ☐ Voir un film.

B ☐ Faire du sport.

C ☐ Écouter de la musique.

❹ Qu'est-ce que vous pouvez faire au Moulin Rouge ? *2 points*

A ☐ B ☐ C ☐

❺ Comment est-ce que vous réservez ? *1.5 point*

A ☐ Par mail.

B ☐ Sur place.

C ☐ Par téléphone.

Étape 2

문제 1의 내용을 해석한 후, 문제를 분석해 보세요.

당신은 파리에서 수업을 듣습니다. 당신은 다른 학생들과 외출을 하기를 원합니다. 당신은 대학교 인터넷 사이트에서 이 기사를 읽습니다. 7점

파리에서 무엇을 할까?

하루를 시작하기 위해 유명한 Léonard de Vinci의 «모나리자»가 루브르에서 당신을 기다리고 있습니다. 날씨가 좋다면 오후에 당신은 Tuileries 공원을 산책할 수 있으며, 저녁에는 Seine 강에서 선상 저녁 식사를 합니다.
비가 온다면 Petit Journal Saint-Michel의 재즈 공연을 관람하세요. Montmartre 언덕 가까이에 있는 Moulin Rouge에서 당신은 30유로에 공연을 보고 식사를 할 수 있습니다.
예약하기 위해서는 수요일 전에 우리에게 전화 주세요.

질문에 답하세요.

❶ 만일 오후에 해가 나면, 당신에게 …을 권한다. 1점

A ☐ 쇼핑할 것
B ☐ 전시회를 방문할 것
C ☐ 산책할 것

❷ 당신은 저녁에 Seine강에서 무엇을 할 수 있는가? 1점

A ☐ 식사
B ☐ 공연
C ☐ 산책

❸ 만일 저녁에 날씨가 좋지 않다면 당신은 어떤 활동을 할 수 있는가? **1.5점**

A □ 영화 보기

B □ 운동하기

C □ 음악 듣기

❹ 당신은 Moulin Rouge에서 무엇을 할 수 있는가? **2점**

A  □ B  □ C □

❺ 당신은 어떻게 예약할 수 있는가? **1.5점**

A □ 메일로

B □ 현장에서

C □ 전화로

문제 분석

Paris 관광에 대한 다양한 방법을 소개하는 기사문이다. 우선 어느 장소에서 어떤 활동을 할 수 있는지를 설명하는 부분에 초점을 맞춰야 하고, 날씨나 시간에 따라 제안하는 내용들도 주의 깊게 살펴야 한다. 또한 비용과 예약에 관한 부분 역시 놓쳐서는 안 된다.

문제 1의 해설을 확인하고, 필수 어휘를 익혀 보세요.

해설

문항	풀이 요령
1	오후에 날씨가 좋을 경우 해당 기사에서 제안하는 활동이 무엇인지를 묻고 있다. 'S'il fait beau, l'après-midi vous pouvez vous promener au jardin des Tuileries 날씨가 좋다면 오후에 당신은 Tuileries 공원을 산책할 수 있으며'라고 했으므로, 정답은 **C**. TIP il fait beau 날씨가 좋다 ⇄ il y a du soleil 해가 난다
2	저녁에 Seine강에서 무엇을 할 수 있는지를 묻고 있다. 'le soir, vous faites un dîner-croisière sur la Seine. 저녁에는 Seine강에서 선상 저녁 식사를 합니다.'라는 내용에 따라 정답은 **A**. TIP le dîner 저녁 식사 ⇄ le repas 식사
3	저녁에 날씨가 좋지 않을 경우 할 수 있는 활동을 묻는 문제이다. 제시문에서 'S'il pleut, allez assister à un concert de jazz au Petit Journal Saint-Michel. 비가 온다면 Petit Journal Saint-Michel의 재즈 공연을 관람하세요.'라고 했다. 재즈 공연은 음악을 듣는 활동과 연관이 있으므로, 정답은 **C**. TIP il pleut 비가 오다 ⇄ il ne fait pas beau 날씨가 좋지 않다
4	Moulin Rouge에서 할 수 있는 활동과 관련된 사진을 선택지에서 고르는 문제이다. 'Au Moulin Rouge, … vous pouvez voir des spectacles et manger pour 30 €. … Moulin Rouge에서 당신은 30유로에 공연을 보고 식사를 할 수 있습니다.'라는 내용에 따라 정답은 **A**.
5	예약 방법을 묻는 문제이다. 'Pour réserver, téléphonez-nous avant mercredi. 예약하기 위해서는 수요일 전에 우리에게 전화 주세요.'라는 내용에 따라 정답은 **C**.

필수 어휘

site internet (m.) 인터넷 사이트 | **La Joconde** 모나리자 | **célèbre** 유명한 | **attendre** 기다리다 | **beau** 날씨가 좋은, 맑은 | **croisière** (f.) 유람선 | **pleuvoir** 비가 오다 | **assister à** ~을 관람하다 | **près de** ~ 가까이에 | **butte** (f.) 언덕 | **spectacle** (m.) 공연 | **réserver** 예약하다 | **soleil** (m.) 해, 햇볕 | **conseiller** 충고하다, 조언하다 | **faire une promenade** 산책하다 | **se reposer** 쉬다 | **écouter** 듣다

문제 2

EXCERCICE 4 실전 연습

Étape 1

전략에 따라 문제 2를 풀어 보세요.

Vous visitez Paris. Vous voulez faire une sortie avec votre femme. Vous lisez cet article sur le site internet. *7 points*

Visitez le Panthéon !

Comme chaque année, au mois de décembre, nous vous invitons à la Journée Portes ouvertes du Panthéon, le plus vieux cinéma de la ville. Mardi prochain, de 14 h à 20 h, venez voir de grands films en noir et blanc et rencontrez vos acteurs préférés ! Vous pouvez vous prendre en photo avec eux et recevoir des autographes des célébrités. Attention, il est interdit de téléphoner ou de manger dans le cinéma ! La réservation en ligne est obligatoire.

Répondez aux questions.

❶ La Journée Portes ouvertes du Panthéon a lieu … *1 point*

A □ en été.

B □ en automne.

C □ en hiver.

❷ Pendant combien de temps le Panthéon est-il ouvert aux visiteurs ? *1 point*

A □ Un jour.

B □ Deux jours.

C □ Trois jours.

❸ Au Panthéon, les visiteurs peuvent aussi … 1.5 point

A ☐ rencontrer des acteurs.

B ☐ prendre un cours de cinéma.

C ☐ voir une exposition de photos.

❹ Qu'est-ce qui est interdit dans la salle de cinéma ? 2 points

A ☐ B ☐ C ☐

❺ Comment est-ce que vous réservez ? 1.5 point

A ☐ Sur place.

B ☐ Par Internet.

C ☐ Par téléphone.

Étape 2

문제 2의 내용을 해석한 후, 문제를 분석해 보세요.

당신은 파리를 방문합니다. 당신은 당신의 아내와 외출을 하기를 원합니다. 당신은 인터넷 사이트에서 이 기사를 읽습니다.

7점

Panthéon을 방문하세요!

매년 그랬듯이 12월에 우리는 여러분을 도시에서 가장 오래된 극장인 Panthéon 오픈 행사 날에 초대합니다. 다음 주 화요일 14시부터 20시까지 위대한 흑백영화들을 보러 오시고, 당신이 좋아하는 배우들과 만나세요! 당신은 그들과 사진을 찍고 스타들의 사인을 받을 수 있습니다. 주의하세요, 극장 안에서 전화하거나 먹는 것은 금지입니다! 온라인 예약은 필수입니다.

질문에 답하세요.

❶ Panthéon 오픈 행사 날은 … 열린다. 1점

A ☐ 여름에

B ☐ 가을에

C ☐ 겨울에

❷ 얼마 동안 Panthéon은 방문객들에게 개방되는가? 1점

A ☐ 하루

B ☐ 이틀

C ☐ 사흘

❸ Panthéon에서, 방문객들은 또한 … 수 있다. **1.5점**

A □ 배우들을 만날

B □ 영화 수업을 들을

C □ 사진 전시회를 볼

❹ 영화관 안에서 금지되는 것은 무엇인가? **2점**

A □　　B □　　C □

❺ 당신은 어떻게 예약하는가? **1.5점**

A □ 현장에서

B □ 인터넷을 통해

C □ 전화로

문제 분석

Panthéon 극장의 오픈 행사를 소개하는 기사문이다. 우선 Panthéon이 언제 오픈하는지 확인해야 하고, 이곳에서 할 수 있는 활동과 금지되는 활동이 무엇인지를 설명하는 부분에 초점을 맞춰야 한다. 또한 예약에 관한 부분 역시 놓쳐서는 안 된다.

Étape 3

문제 2의 해설을 확인하고, 필수 어휘를 익혀 보세요.

해설

문항	풀이 요령
1	Panthéon 오픈 행사가 열리는 시기를 묻고 있다. 'au mois de décembre, nous vous invitons à la Journée Portes ouvertes du Panthéon 12월에 우리는 여러분을 … Panthéon 오픈 행사 날에 초대합니다'라고 했는데, 12월은 겨울에 해당하므로 정답은 **C**. TIP décembre 12월 ⇄ l'hiver 겨울
2	Panthéon이 방문객들에게 개방되는 기간을 묻는 문제이다. 제시문에서 'Mardi prochain, de 14 h à 20 h 다음 주 화요일 14시부터 20시까지'라고 했는데, 이를 통해 하루 동안만 대중에게 공개하는 것임을 알 수 있다. 따라서 정답은 **A**.
3	Panthéon에서 방문객들이 할 수 있는 활동이 무엇인지를 묻고 있다. 'venez voir de grands films en noir et blanc et rencontrez vos acteurs préférés ! 위대한 흑백영화들을 보러 오시고 당신이 좋아하는 배우들과 만나세요!'라는 내용에 따라 정답은 **A**.
4	영화관 안에서 금지되는 행동과 관련된 사진을 선택지에서 고르는 문제이다. 'il est interdit de téléphoner ou de manger dans le cinéma ! 극장 안에서 전화하거나 먹는 것은 금지입니다!'라고 했으므로 정답은 **B**.
5	예약 방법을 묻는 문제이다. 'La réservation en ligne est obligatoire. 온라인 예약은 필수입니다.'라는 내용에 따라 정답은 **B**. TIP en ligne 온라인 ⇄ Internet 인터넷

필수 어휘

faire une sortie 나들이 가다, 외출하다 | **chaque** 각각의, 매(每) | **journée portes ouvertes** (f.) (시설 따위의) 일반 공개일 | **film en noir et blanc** (m.) 흑백영화 | **acteur** 배우 | **prendre en photo** 사진을 찍다 | **autographe** (m.) 사인 | **célébrité** (f.) 유명인 | **il est interdit de** ~ 하는 것은 금지다 | **obligatoire** 의무적인, 필수적인 | **visiteur** 관람객, 방문객 | **prendre un cours** 수강하다 | **salle de cinéma** (f.) 영화관

문제 3

EXERCICE 4 실전 연습

전략에 따라 문제 3을 풀어 보세요.

Vous restez chez votre ami qui habite en Normandie. Vous voulez visiter cette région. Vous lisez cet article sur le site internet. *7 points*

Que voir en Normandie ?

S'il fait beau, le matin, vous pouvez aller à l'Orne en Normandie pour faire une balade à cheval ou vous pouvez faire du vélo entre amis.
L'après-midi, allez visiter le Château de Caen. C'est l'un des plus grands châteaux d'Europe. S'il pleut, vous pouvez visiter le musée de la Tapisserie de Bayeux et finir la journée avec une pièce de théâtre au Théâtre de la Foudre.
Au restaurant La Rapière, près de la gare, vous pourrez déguster une cuisine gastronomique française traditionnelle pour 30 €.
On vous conseille de téléphoner pour réserver une table.

Répondez aux questions.

❶ Le matin, s'il y a du soleil, vous pouvez … *1 point*

A ☐ visiter le musée.
B ☐ prendre un bateau.
C ☐ faire de la bicyclette.

❷ Quand est-ce que vous pouvez visiter le château ? *1 point*

A ☐ Vers 10 h.
B ☐ Vers 14 h.
C ☐ Vers 20 h.

❸ Vous pouvez visiter le musée quand il ... **1.5 point**

A ☐ neige.

B ☐ fait beau.

C ☐ fait mauvais.

❹ Qu'est-ce que vous pouvez faire à La Rapière ? **2 points**

A ☐ B ☐ C ☐

❺ Qu'est-ce qu'on vous conseille avant d'aller au restaurant ? **1.5 point**

A ☐ De payer.

B ☐ De réserver.

C ☐ De commander le repas.

Étape 2

문제 3의 내용을 해석한 후, 문제를 분석해 보세요.

당신은 Normandie에 살고 있는 당신 친구의 집에 머물고 있습니다. 당신은 이 지역을 방문하기를 원합니다. 당신은 인터넷 사이트에서 이 기사를 읽습니다. 7점

Normandie에서 무엇을 볼 수 있는가?

아침에 날씨가 좋으면, 당신은 말을 타고 산책을 하거나 친구들끼리 자전거를 타기 위해 Normandie의 Orne으로 갈 수 있습니다.
오후에는 Caen의 성을 방문하러 가세요. 이것은 유럽에서 가장 큰 성들 중의 하나입니다. 만일 비가 온다면, 당신은 Bayeux의 타피스리 박물관을 방문할 수 있으며 Foudre의 극장에서 연극을 보며 하루를 마칠 수 있습니다.
기차역 가까이에 있는 La Rapière 식당에서 당신은 30유로에 프랑스 전통 미식을 맛볼 수 있습니다.
자리를 예약하기 위해서는 전화하시기를 권합니다.

질문에 답하세요.

❶ 아침에 해가 나면, 당신은 … 수 있다. 1점

A ☐ 박물관을 방문할
B ☐ 배를 탈
C ☐ 자전거를 탈

❷ 당신은 언제 성을 방문할 수 있는가? 1점

A ☐ 10시경
B ☐ 14시경
C ☐ 20시경

❸ 당신은 … 때 박물관을 방문할 수 있다. **1.5점**

A □ 눈이 올

B □ 날씨가 좋을

C □ 날씨가 나쁠

❹ 당신은 La Rapière에서 무엇을 할 수 있는가? **2점**

A □

B □

C □

❺ 식당에 가기 전에 당신에게 무엇을 권하는가? **1.5점**

A □ 계산하는 것

B □ 예약하는 것

C □ 식사를 주문하는 것

문제 분석

Normandie 관광에 대한 다양한 방법을 소개하는 기사문이다. 우선 시간이나 날짜, 날씨에 따라 할 수 있는 활동들이 어떤 것인지를 정확히 확인해야 한다. 그리고 어느 장소에서 어떠한 활동을 할 수 있는지를 설명하는 부분에도 집중한다. 그리고 방문 장소의 특색과 더불어 예약 방식에 대해 설명하는 내용에 초점을 맞춘다.

Étape 3 문제 3의 해설을 확인하고, 필수 어휘를 익혀 보세요.

해설

문항	풀이 요령
1	날씨가 좋은 아침에 할 수 있는 활동을 묻고 있다. 'S'il fait beau, le matin, vous pouvez aller à l'Orne en Normandie pour … faire du vélo entre amis. 아침에 날씨가 좋으면, 당신은 친구들끼리 자전거를 타기 위해 Normandie의 Orne으로 갈 수 있습니다.'라는 내용에 따라 정답은 **C**. TIP le vélo 자전거 ⇄ la bicyclette 자전거
2	성을 방문할 수 있는 시간을 묻는 문제이다. 제시문에서 'L'après-midi, allez visiter le Château de Caen. 오후에는 Caen의 성을 방문하러 가세요.'라고 했는데, 제시된 선택지 중에서 오후에 해당하는 시간은 '14 h 14시'이므로 정답은 **B**. TIP l'après-midi 오후 ⇄ 14 h 14시
3	박물관에 방문할 수 있는 시기를 묻는 문제이다. 제시문에서 'S'il pleut, vous pouvez visiter le musée de la Tapisserie de Bayeux 만일 비가 온다면, 당신은 Bayeux의 타피스리 박물관을 방문할 수 있으며'라고 했는데, 이를 통해 비가 오는 경우 박물관에 방문할 수 있다는 것을 알 수 있다. 비가 내리는 것은 날씨가 나쁜 경우에 해당하므로 정답은 **C**. TIP il pleut 비가 온다 ⇄ il fait mauvais 날씨가 나쁘다
4	'La Rapière'라는 장소에서 할 수 있는 활동과 관련된 사진을 선택지에서 고르는 문제이다. La Rapière는 식당으로, 'Au restaurant La Rapière, … vous pourrez déguster une cuisine gastronomique française traditionnelle pour 30 €. La Rapière 식당에서 당신은 30유로에 프랑스 전통 미식을 맛볼 수 있습니다.'라는 내용에 따라 정답은 **A**.
5	식당에 가기 전에 어떤 것을 제안하는지를 묻고 있다. 제시문에서 La Rapière 식당과 관련하여 'On vous conseille de téléphoner pour réserver une table. 자리를 예약하기 위해서는 전화하시기를 권합니다.'라고 했으므로 정답은 **B**.

habiter 살다 | **région** (f.) 지방, 지역 | **balade** (f.) 산책 | **cheval** (m.) 말 | **château** (m.) 성 | **tapisserie** (f.) 장식 융단, 타피스리 | **pièce de théâtre** (f.) 연극 | **théâtre** (m.) 극장 | **déguster** 맛보다 | **gastronomique** 미식의, 식도락의 | **traditionnel** 전통적인 | **bateau** (m.) 배 | **bicyclette** (f.) 자전거 | **neiger** 눈이 오다 | **mauvais** 나쁜 | **payer** 돈을 내다, 지불하다 | **commander** 주문하다

문제 4

EXERCICE 4 실전 연습

Étape 1

전략에 따라 문제 4를 풀어 보세요.

Vous faites un stage à Montpellier. Vous voulez faire des activités avec vos collègues. Vous lisez cet article sur le site internet. *7 points*

Idées de sorties pas chères entre amis

Vous pouvez louer des vélos ou faire une balade en plein air dans la matinée. Vous aimez la nature ? Dans ce cas-là, vous pouvez photographier les fleurs. S'il pleut, profitez de passer un moment avec vos amis en cuisinant votre plat préféré. Et si vous préférez les films, vous allez au cinéma pour voir des films des années 80 après le dîner. Ou bien, vous et vos amis pouvez aller aux concerts, festivals, ou événements gratuits.
Inscrivez-vous à notre site internet pour partager des activités et des loisirs avec eux.

Répondez aux questions.

❶ Quand pouvez-vous faire de l'exercice ? *1 point*

A ☐ Le matin.
B ☐ L'après-midi.
C ☐ Le soir.

❷ Si vous adorez la nature, que pouvez-vous faire ? *1 point*

A ☐ Faire la cuisine.
B ☐ Faire des études.
C ☐ Prendre des photos.

③ On vous conseille de voir des films … *1.5 point*

A □ avant le dîner.

B □ après le dîner.

C □ après l'activité sportive.

④ Qu'est-ce que vous pouvez faire avec vos amis ? *2 points*

A  □ B  □ C □

⑤ Pour partager vos idées, vous pouvez utiliser. … *1.5 point*

A □ l'Internet.

B □ le téléphone.

C □ la carte postale.

Étape 2

문제 4의 내용을 해석한 후, 문제를 분석해 보세요.

당신은 Montpellier에서 인턴을 합니다. 당신은 동료들과 활동하기를 원합니다. 당신은 인터넷 사이트에서 이 기사를 읽습니다.

7점

친구들과의 비싸지 않은 나들이에 관한 아이디어들

당신은 아침나절에 자전거를 빌리거나 야외로 산책을 할 수 있습니다. 당신은 자연을 좋아하나요? 그렇다면 당신은 꽃 사진을 찍을 수 있습니다. 비가 온다면, 당신이 좋아하는 음식을 요리하면서 친구들과 시간을 보내세요. 그리고 영화를 좋아한다면 저녁 식사 후에 80년대 영화들을 보기 위해 영화관에 갈 수 있습니다. 그렇지 않으면 여러분(당신과 당신 친구들)은 콘서트, 페스티벌 또는 무료 행사에 갈 수 있습니다.
친구들과 함께 활동과 여가를 공유하기 위해 우리 인터넷 사이트에 가입하세요.

질문에 답하세요.

❶ 당신은 언제 운동을 할 수 있는가? 1점

A □ 아침
B □ 오후
C □ 저녁

❷ 만일 당신이 자연을 아주 좋아한다면, 무엇을 할 수 있는가? 1점

A □ 요리하기
B □ 공부하기
C □ 사진 찍기

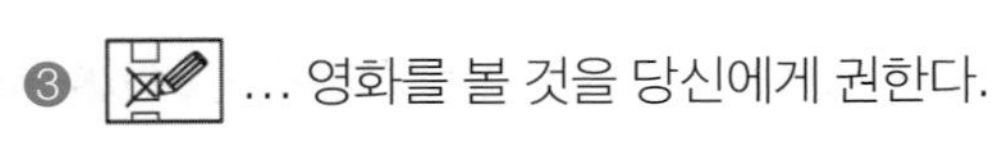

❸ ... 영화를 볼 것을 당신에게 권한다. **1.5점**

A □ 저녁 식사 전에

B □ 저녁 식사 후에

C □ 스포츠 활동 후에

❹ 당신은 친구들과 무엇을 할 수 있는가? **2점**

A □

B □

C □

❺ 당신의 생각들을 공유하기 위해서 당신은 ...을(를) 이용할 수 있다. **1.5점**

A □ 인터넷

B □ 전화

C □ 엽서

문제 분석

Montpellier 관광에 대한 다양한 방법을 소개하는 기사문이다. 우선 여가활동(운동, 영화 관람, 산책, 식도락 등)을 할 수 있는 장소나 관광지에 대한 설명 부분을 중점적으로 살펴본다. 그리고 예약, 가격, 교통편 등과 관련한 사항과 시간, 요일, 달에 대해 언급하는 부분에 초점을 맞춘다.

문제 4의 해설을 확인하고, 필수 어휘를 익혀 보세요.

해설

문항	풀이 요령
1	운동을 할 수 있는 시간을 묻는 문제이다. 제시문에서 'Vous pouvez louer des vélos ou faire une balade en plein air dans la matinée. 당신은 아침 나절에 자전거를 빌리거나 야외로 산책을 할 수 있습니다.'라고 했다. 자전거를 타거나 산책을 하는 행동은 운동과 관련이 있으므로, 운동을 할 수 있는 시간은 아침 나절에 해당한다는 것을 알 수 있다. 따라서 정답은 **A**. TIP la matinée 아침나절 ⇄ le matin 아침
2	자연을 아주 좋아할 경우 할 수 있는 활동이 무엇인지 묻고 있다. 'Vous aimez la nature ? Dans ce cas-là, vous pouvez photographier les fleurs. 당신은 자연을 좋아하나요? 그렇다면 당신은 꽃 사진을 찍을 수 있습니다.'라는 내용에 따라 정답은 **C**. TIP photographier 사진을 찍다 ⇄ prendre des photos 사진을 찍다
3	기사에서 제안하는 영화 관람 시간을 묻는 문제이다. 'vous allez au cinéma pour voir des films des années 80 après le dîner. 저녁 식사 후에 80년대 영화들을 보기 위해 영화관에 갈 수 있습니다.'라는 내용에 따라 정답은 **B**.
4	친구들과 함께할 수 있는 활동과 관련된 사진을 선택지에서 고르는 문제이다. 'vous et vos amis pouvez aller aux concerts, festivals, ou événements gratuits. 여러분(당신과 당신 친구들)은 콘서트, 페스티벌 또는 무료 행사에 갈 수 있습니다.'라는 내용에 따라 정답은 **A**.
5	당신의 생각들을 공유할 수 있도록 기사에서 어떤 방법을 제안하고 있는지를 묻고 있다. 'Inscrivez-vous à notre site internet pour partager des activités et des loisirs avec eux. 친구들과 함께 활동과 여가를 공유하기 위해 우리 인터넷 사이트에 가입하세요.'라는 내용에 따라 정답은 **A**.

필수 어휘

stage (m.) 인턴 | **collègue** 동료 | **sortie** (f.) 외출 | **cher** 비싼 | **louer** 빌리다, 임대하다 | **vélo** (m.) 자전거 | **en plein air** 야외에서 | **dans ce cas-là** 그런 경우에는 | **photographier** 사진을 찍다 | **passer** (시간을) 보내다 | **événement** (m.) 행사 | **gratuit** 무료의 | **partager** 공유하다 | **exercice** (m.) 운동 | **carte postale** (f.) 우편 엽서

문제 5

EXERCICE 4 실전 연습

전략에 따라 문제 5를 풀어 보세요.

C'est bientôt la fête des pères et vous voulez acheter un cadeau avec votre frère. Vous lisez cet article sur le site internet. *7 points*

Cadeau idéal pour la fête des pères

Que pensez-vous offrir pour la fête des pères ? Vous souhaitez offrir un cadeau inoubliable à votre père mais vous ne savez pas quoi faire ? Vous pouvez bien sûr acheter un cadeau classique, comme une cravate. Les chaussures sont aussi une bonne idée.
Cependant, votre père aime les bonnes surprises. Vous pouvez le surprendre en lui faisant des cadeaux originaux comme un voyage en famille.
N'hésitez pas à demander conseil à votre ami ou à votre proche. Votre mère pourra également donner son avis et vous permettre de commander en ligne.

Répondez aux questions.

❶ Pour qui voulez-vous acheter un cadeau ? *1 point*

A ☐ Pour papa.
B ☐ Pour maman.
C ☐ Pour grand-père.

❷ À quelle occasion voulez-vous acheter un cadeau ? *1 point*

A ☐ Pour une fête familiale.
B ☐ La fête du cinéma.
C ☐ La fête de la musique.

❸ Le cadeau classique, c'est … *1.5 point*

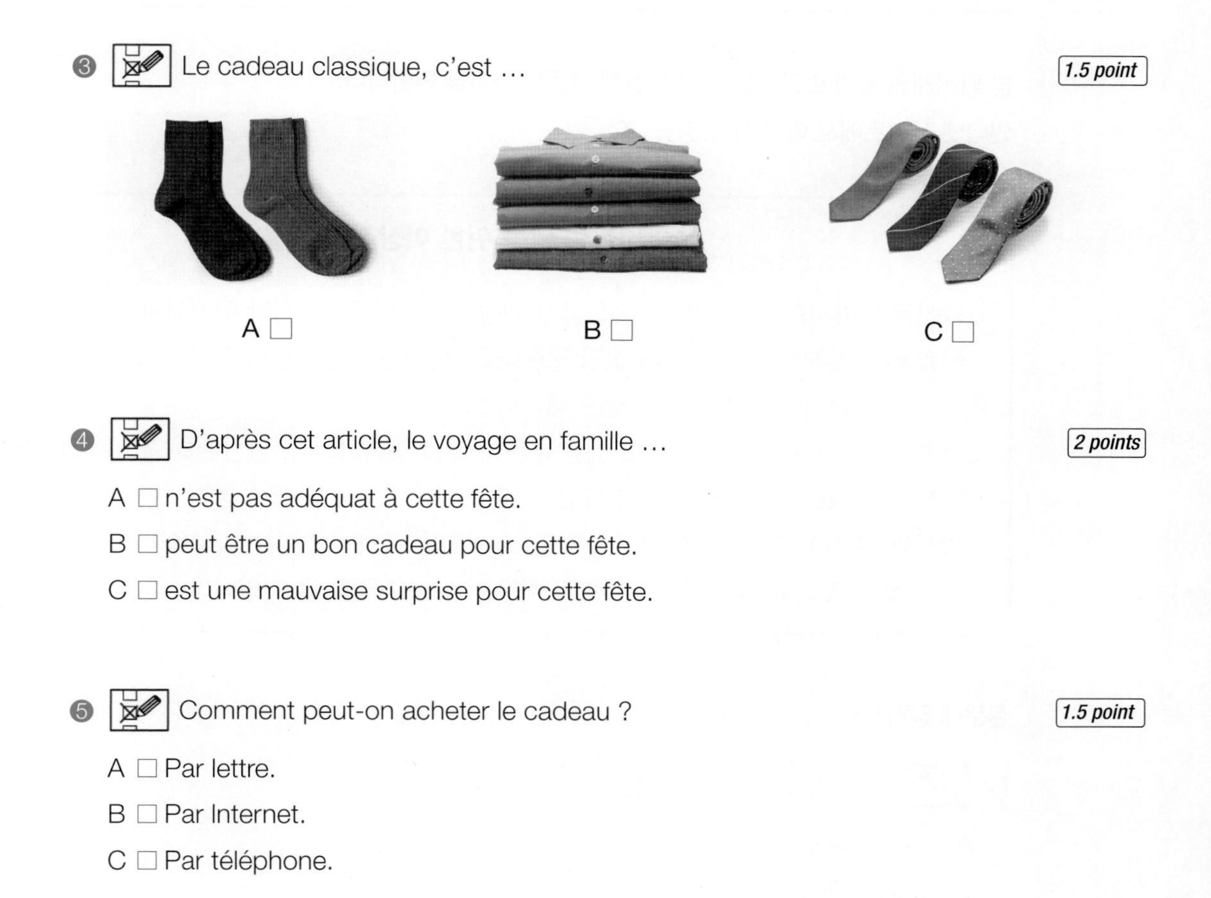

A ☐ B ☐ C ☐

❹ D'après cet article, le voyage en famille … *2 points*

A ☐ n'est pas adéquat à cette fête.

B ☐ peut être un bon cadeau pour cette fête.

C ☐ est une mauvaise surprise pour cette fête.

❺ Comment peut-on acheter le cadeau ? *1.5 point*

A ☐ Par lettre.

B ☐ Par Internet.

C ☐ Par téléphone.

Étape 2

문제 5의 내용을 해석한 후, 문제를 분석해 보세요.

곧 아버지의 날이고 당신은 형제와 함께 선물을 사기를 원합니다.
인터넷 사이트에서 이 기사를 읽습니다. 7점

아버지의 날을 위한 이상적인 선물

당신은 아버지의 날에 무엇을 선물할지 생각하고 있나요? 당신의 아버지에게 잊지 못할 선물을 주고 싶지만 어떻게 해야 할지 모르나요? 당신은 물론 넥타이와 같은 전통적인 선물을 살 수도 있습니다. 신발도 역시 좋은 생각이죠.
그러나 당신의 아버지는 멋지고 예상치 못한 것을 좋아합니다. 당신은 가족 여행과 같은 독창적인 선물을 통해 그를 놀라게 해 줄 수 있습니다.
당신의 친구나 가까운 사람에게 주저 말고 조언을 구하세요. 당신의 어머니도 또한 의견을 줄 수 있을 것이고, 당신이 인터넷으로 주문할 수 있도록 해 줄 것입니다.

질문에 답하세요.

❶ 당신은 누구를 위해 선물을 사기를 원하는가? 1점

A □ 아빠를 위해
B □ 엄마를 위해
C □ 할아버지를 위해

❷ 당신은 어떤 기회를 맞아 선물을 사기를 원하는가? 1점

A □ 가족 기념일
B □ 영화 축제
C □ 음악 축제

❸ 전통적인 선물, 그것은 … **1.5점**

A ☐ B ☐ C ☐

❹ 이 기사에 따르면 가족 여행은 … **2점**

A ☐ 이 기념일에 적합하지 않다.

B ☐ 이 기념일에 좋은 선물이 될 수 있다.

C ☐ 이 기념일에 나쁜 선물이 될 수 있다.

❺ 어떻게 선물을 살 수 있는가? **1.5점**

A ☐ 편지로

B ☐ 인터넷으로

C ☐ 전화로

문제 분석

아버지의 날을 위한 다양한 선물을 추천해 주는 기사문이다. 먼저 전통적인 선물은 어떠한 것이 있는지에 대한 설명과 아버지가 좋아하는 선물과 관련하여 어떠한 것이 예상치 못한 선물이 될 수 있는지를 설명하는 내용에 초점을 맞춘다. 그리고 조언을 해 줄 사람들과 선물을 살 수 있는 방법에 대해 언급하는 부분에 집중한다.

Étape 3

문제 5의 해설을 확인하고, 필수 어휘를 익혀 보세요.

해설

문항	풀이 요령
1	선물을 받을 대상이 누구인지를 묻는 문제이다. 기사 제목의 'Cadeau idéal pour la fête des pères 아버지의 날을 위한 이상적인 선물'이라는 문구를 통해 아버지가 선물을 받을 대상임을 알 수 있다. 따라서 정답은 **A**. 참고로 'père 아버지'라는 단어를 반복하지 않기 위해 'papa 아빠'를 썼다는 점에 유의한다. TIP le père 아버지 ⇄ le papa 아빠
2	선물을 하는 계기를 묻는 문제이다. 'Que pensez-vous offrir pour la fête des pères ? 당신은 아버지의 날에 무엇을 선물할지 생각하고 있나요?'라고 했으므로 정답은 **A**. 참고로 행사와 관련하여 'l'événement 이벤트', 'la journée 하루'와 같은 어휘도 함께 숙지해야 한다.
3	전통적인 선물과 관련된 사진을 선택지에서 고르는 문제이다. 'Vous pouvez bien sûr acheter un cadeau classique, comme une cravate. 당신은 물론 넥타이와 같은 전통적인 선물을 살 수도 있습니다.'는 내용에 따라 정답은 **C**.
4	아버지의 날과 관련해서 가족 여행이 어떤 선물이 될 것인지를 묻는 문제이다. 제시문에서 'Vous pouvez le surprendre en lui faisant des cadeaux originaux comme un voyage en famille. 당신은 가족 여행과 같은 독창적인 선물을 통해 그를 놀라게 해 줄 수 있습니다.'라고 했다. 이를 통해 가족 여행은 아버지의 날을 위한 좋은 선물이 될 것임을 알 수 있다. 따라서 정답은 **B**.
5	선물을 살 수 있는 방법을 묻고 있다. 'Votre mère pourra … vous permettre de commander en ligne. 당신의 어머니도 … 당신이 인터넷으로 주문할 수 있도록 해 줄 것입니다.'라는 내용에 따라 정답은 **B**. TIP en ligne 온라인 ⇄ Internet 인터넷

필수 어휘

bientôt 곧 | **fête (f.)** 축제, 기념일 | **cadeau (m.)** 선물 | **frère (m.)** 남자 형제 | **idéal** 이상적인 | **offrir** 제공하다 | **souhaiter** 바라다, 원하다 | **inoubliable** 잊을 수 없는 | **savoir** 알다 | **bien sûr** 물론 | **classique** 전통적인 | **cravate (f.)** 넥타이 | **cependant** 그러나 | **surprise (f.)** 놀람 | **surprendre** 깜짝 놀라게 하다 | **original** 독창적인 | **voyage en famille (m.)** 가족 여행 | **hésiter** 주저하다 | **conseil (m.)** 조언 | **proche** 가까운, 친구 | **également** 똑같이, 마찬가지로 | **permettre** 허락하다 | **grand-père (m.)** 할아버지 | **occasion (f.)** 기회, 경우 | **d'après** ~에 따르면 | **adéquat** 적합한 | **lettre (f.)** 편지

EXERCICE 4 실전 연습

전략에 따라 문제 6을 풀어 보세요.

Vous vous intéressez à l'art. Vous lisez cet article dans un journal. *7 points*

Venez à l'atelier !

Dessin le jeudi après-midi
À partir du 1er septembre, la direction de l'école propose aux élèves un nouvel atelier d'art après les cours. Vous pouvez visiter le musée chaque samedi. L'art apprend aux élèves à comprendre le monde de l'art mais aussi à développer leur créativité.
Demandez vite au secrétariat votre fiche d'inscription (groupe de 10 élèves maximum) !
Apportez des crayons de couleur.
Le premier atelier a lieu ce jeudi de 19 h à 20 h dans la salle 404 avec M. Bellier.

Répondez aux questions.

❶ Qu'est-ce que la direction de l'école propose ? *1 point*

A ☐ La danse.

B ☐ La cuisine.

C ☐ La peinture.

❷ Quand est-ce que l'atelier commence ? *1 point*

A ☐ En été.

B ☐ En automne.

C ☐ En hiver.

❸ Quel est l'avantage de l'art pour les élèves ? 1.5 point

A ☐ Ils perdent leur créativité.

B ☐ Ils découvrent le monde de l'art.

C ☐ Ils obtiennent de bonnes notes scolaires.

❹ Qu'est-ce que vous devez apporter ? 2 points

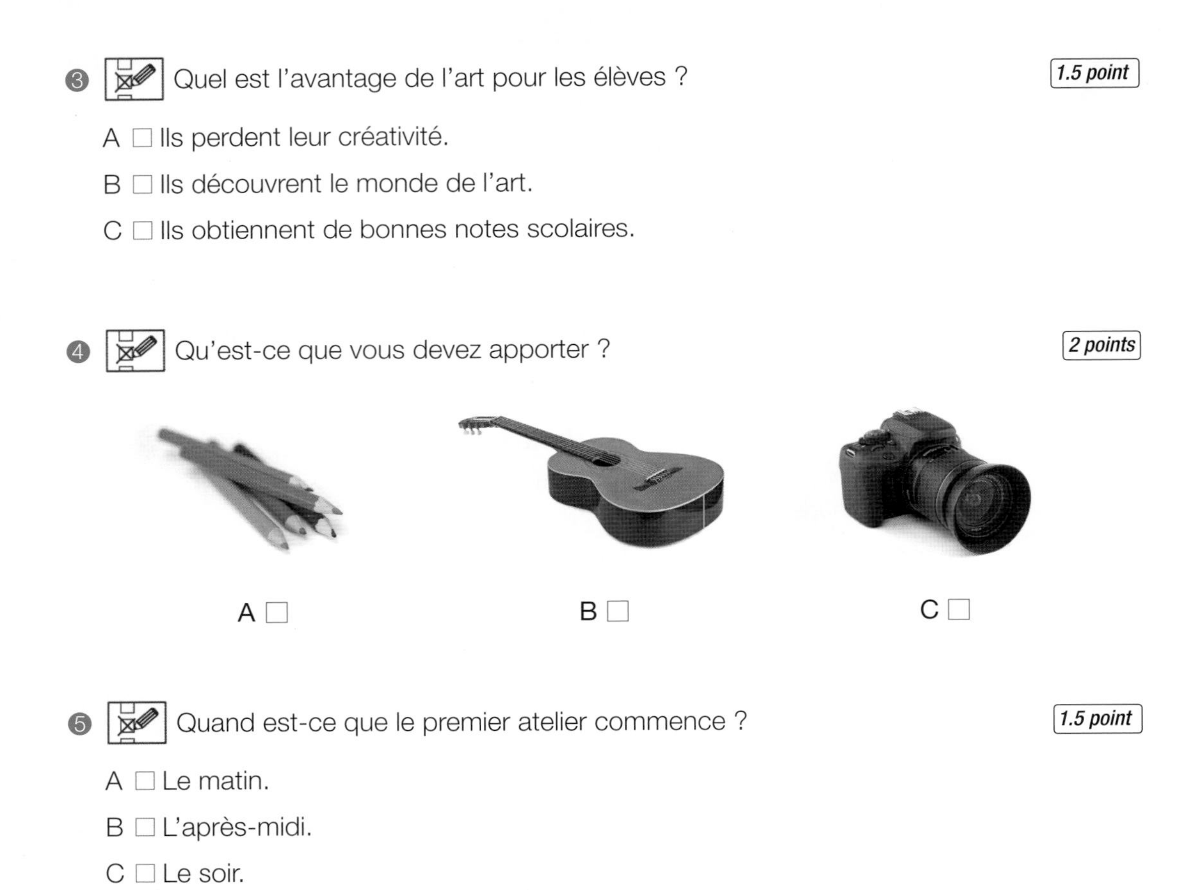

A ☐ B ☐ C ☐

❺ Quand est-ce que le premier atelier commence ? 1.5 point

A ☐ Le matin.

B ☐ L'après-midi.

C ☐ Le soir.

Étape 2

문제 6의 내용을 해석한 후, 문제를 분석해 보세요.

당신은 미술에 관심이 있습니다. 신문에서 이 기사를 읽습니다. 7점

아틀리에로 오세요!

목요일 오후 그림

9월 1일부터 학교 운영회는 학생들에게 방과 후에 새로운 미술 아틀리에를 제안합니다. 여러분은 매주 토요일에 미술관을 방문할 수 있습니다. 미술은 학생들에게 예술의 세계를 이해하도록 가르칠 뿐 아니라 그들의 창의성을 키우는 것도 가르칩니다.

당신의 등록 서류를 서둘러서 사무실에 요청하세요(최대 10명의 학생 그룹)!

색연필들을 가져오세요.

첫 번째 아틀리에는 이번 주 목요일 19시부터 20시까지 Bellier 선생님과 함께 404호에서 열립니다.

질문에 답하세요.

❶ 학교 운영회는 무엇을 제안하는가? 1점

A □ 춤

B □ 요리

C □ 그림

❷ 아틀리에는 언제 시작하는가? 1점

A □ 여름에

B □ 가을에

C □ 겨울에

❸ 학생들을 위한 예술의 장점은 무엇인가? **1.5점**

A □ 그들은 그들의 창의성을 잃는다.

B □ 그들은 예술의 세계를 발견한다.

C □ 그들은 좋은 학교 성적을 얻는다.

❹ 당신은 무엇을 가져가야 하는가? **2점**

A □ B □ C □

❺ 첫 번째 아틀리에는 언제 시작하는가? **1.5점**

A □ 아침

B □ 오후

C □ 저녁

문제 분석

방과 후 미술 아틀리에 활동을 소개하는 기사문이다. 우선 어느 장소에서 어떠한 활동을 할 수 있는지를 설명하는 부분에 초점을 맞춘다. 특히 주의 사항과 관련한 내용들을 주의 깊게 살펴야 한다. 또한 등록에 관한 부분 역시 놓쳐서는 안 된다.

문제 6의 해설을 확인하고, 필수 어휘를 익혀 보세요.

해설

문항	풀이 요령
1	방과 후 활동이 무엇인지를 묻고 있다. 'la direction de l'école propose aux élèves un nouvel atelier d'art après les cours. 학교 운영회는 학생들에게 방과 후에 새로운 미술 아틀리에를 제안합니다.'라고 했으므로 정답은 **C**.
2	아틀리에가 시작하는 시기를 묻고 있다. 'À partir du 1er septembre, la direction de l'école propose aux élèves un nouvel atelier d'art 9월 1일부터 학교 운영회는 학생들에게 새로운 미술 아틀리에를 제안합니다.'라고 했는데, 9월이 속한 계절은 'automne 가을'이므로 정답은 **B**. TIP septembre 9월 ⇄ automne 가을
3	학생들을 위한 예술의 장점을 묻는 문제이다. 'L'art apprend aux élèves à comprendre le monde de l'art 미술은 학생들에게 예술의 세계를 이해하도록 가르칩니다.'라고 했으므로, 정답은 **B**. TIP comprendre 이해하다 ⇄ découvrir 발견하다
4	아틀리에에 가져가야 하는 물품과 관련된 사진을 선택지에서 고르는 문제이다. 'Apportez des crayons de couleur. 색연필들을 가져오세요.'라는 내용에 따라 정답은 **A**.
5	첫 번째 아틀리에가 시작하는 시간을 묻고 있다. 'Le premier atelier a lieu ce jeudi de 19 h à 20 h … 첫 번째 아틀리에는 이번 주 목요일 19시부터 20시까지 … 열립니다.'라고 했는데, 19시는 저녁에 해당하므로 정답은 **C**.

필수 어휘

s'intéresser à ~에 관심이 있다 | **dessin (m.)** 그림 | **direction de l'école (f.)** 학교 운영회 | **élève** 학생 | **apprendre** 가르치다, 알려 주다 | **comprendre** 이해하다 | **monde (m.)** 세계 | **développer** 발전시키다 | **créativité (f.)** 창의성 | **secrétariat (m.)** 사무실 | **fiche d'inscription (f.)** 등록 서류 | **crayon de couleur (m.)** 색연필 | **perdre** 잃어버리다 | **découvrir** 발견하다 | **obtenir** 얻다 | **note scolaire (f.)** 성적

EXERCICE 4 실전 연습

전략에 따라 문제 7을 풀어 보세요.

Vous voulez déménager avec votre famille et vous cherchez un logement dans Paris. Vous lisez cet article sur le site internet. *7 points*

> **Appartement dans Saint-Germain**
>
> Ce bel appartement a été entièrement refait en 2015. Il se situe dans l'un des quartiers les plus agréables de Paris. Vous pouvez entrer dans cet immeuble avec une carte d'entrée sécurisée. C'est un quartier très pratique en raison de plusieurs parcs et restaurants. Et puis, il y a de nombreux sites touristiques accessibles à pied. Il y a aussi 2 lignes de métro et 12 lignes de bus près de cet appartement pour vous déplacer rapidement.
>
> https://www.airbnb.fr

Répondez aux questions.

❶ Avec qui allez-vous vivre ? *1 point*

A ☐ Vos amis.
B ☐ Vos parents.
C ☐ Vos collègues.

❷ Quelle est l'ambiance du quartier ? *1 point*

A ☐ C'est très sale.
B ☐ Il y fait bon vivre.
C ☐ Il y a beaucoup de problèmes.

❸ Qu'est-ce qui est nécessaire pour entrer dans les lieux ? 1.5 point

A ☐ La clé.

B ☐ La carte.

C ☐ La pièce d'identité.

❹ Il y a beaucoup de … dans ce quartier. 2 points

A 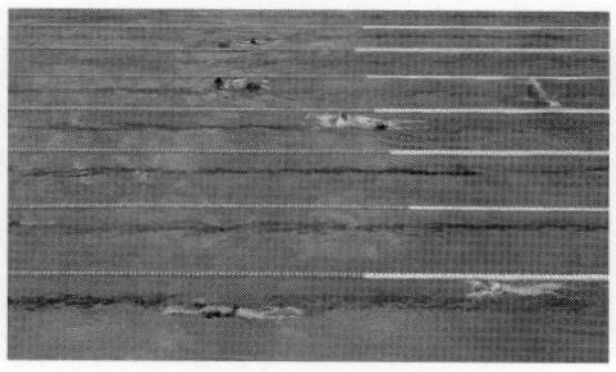 ☐ B  ☐ C ☐

❺ Comment pouvez-vous visiter les monuments ? 1.5 point

A ☐ À pied.

B ☐ En vélo.

C ☐ En voiture.

Étape 2

문제 7의 내용을 해석한 후, 문제를 분석해 보세요.

당신은 가족과 함께 이사하기를 원하고, 파리에서 집을 찾습니다. 인터넷에서 이 기사를 읽습니다.

7점

Saint-Germain에 있는 아파트

이 아름다운 아파트는 2015년에 완전히 리모델링했습니다. 이 아파트는 파리에서 가장 쾌적한 동네들 중 한 곳에 자리 잡고 있습니다. 보안 출입 카드를 가지고 이 건물에 들어갈 수 있습니다. 이곳은 여러 개의 공원과 식당으로 인해 매우 편리한 동네입니다. 그리고 많은 관광지들이 도보 거리에 있습니다. 또한 빠른 이동을 위해 아파트 가까이에 지하철 노선 2개와 버스 노선 12개가 있습니다.

https://www.airbnb.fr

질문에 답하세요.

❶ 당신은 누구와 살 것입니까? 1점

A ☐ 당신의 친구들

B ☐ 당신의 부모

C ☐ 당신의 동료들

❷ 동네의 분위기는 어떠한가? 1점

A ☐ 매우 더럽다.

B ☐ 살기에 좋다.

C ☐ 많은 문제가 있다.

❸ 장소에 들어가기 위해서 무엇이 필요한가? **1.5점**

A □ 열쇠

B □ 카드

C □ 신분증

❹ 이 동네에는 많은 ...이 있다. **2점**

A □ B □ C □

❺ 유적지들은 어떻게 방문할 수 있는가? **1.5점**

A □ 걸어서

B □ 자전거로

C □ 자동차로

문제 분석

임차인을 구하고 있는 한 아파트의 정보를 소개하고 있는 기사문이다. 우선 아파트의 상태는 어떠하며, 인근 지역의 분위기와 주변에 있는 것들은 무엇인지를 설명하는 부분에 초점을 맞춘다. 그리고 특정 장소들을 방문하는 방법과 교통편은 어떠한지를 기술하는 내용에 집중한다.

Étape 3 문제 7의 해설을 확인하고, 필수 어휘를 익혀 보세요.

해설

문항	풀이 요령
1	함께 거주할 사람이 누구인지를 묻고 있다. 'Vous voulez déménager avec votre famille 당신은 가족과 함께 이사하기를 원한다'는 내용에 따라 정답은 **B**. TIP la famille 가족 ⇄ les parents 부모님
2	동네의 분위기를 묻는 문제이다. 'Il se situe dans l'un des quartiers les plus agréables de Paris. 이 아파트는 파리에서 가장 쾌적한 동네들 중 한 곳에 자리 잡고 있습니다.'라고 했으므로, 이 아파트는 살기 좋은 동네에 위치하고 있음을 알 수 있다. 따라서 정답은 **B**.
3	해당 장소, 즉 이 아파트에 출입하기 위해 필요한 것을 묻고 있다. 'Vous pouvez entrer dans cet immeuble avec une carte d'entrée sécurisée. 보안 출입 카드를 가지고 이 건물에 들어갈 수 있습니다.'라는 내용에 따라 정답은 **B**.
4	이 동네에 있는 장소와 관련된 사진을 선택지에서 고르는 문제이다. 'C'est un quartier très pratique en raison de plusieurs parcs et restaurants. 이곳은 여러 개의 공원과 식당으로 인해 매우 편리한 동네입니다.'라는 내용에 따라 정답은 **C**.
5	유적지들을 방문하는 방법에 대해 묻고 있다. 'il y a de nombreux sites touristiques accessibles à pied. 많은 관광지들이 도보 거리에 있습니다.'라고 했으므로, 유적지까지 걸어서 갈 수 있다는 것을 알 수 있다. 따라서 정답은 **A**. TIP les sites touristiques 관광지 ⇄ le monument 유적

필수 어휘

déménager 이사하다 | **logement (m.)** 숙소, 집 | **entièrement** 완전히 | **refait** 보수한 | **se situer** 위치하다 | **quartier (m.)** 동네 | **agréable** 기분 좋은, 유쾌한 | **immeuble (m.)** 건물, 빌딩 | **carte d'entrée (f.)** 출입 카드 | **sécurisé** 안전한, 보안된 | **pratique** 편리한 | **en raison de** ~ 때문에 | **site touristique (m.)** 관광지 | **accessible** 접근할 수 있는 | **à pied** 걸어서 | **ligne (f.)** 선, 노선 | **se déplacer** 이동하다 | **rapidement** 빨리 | **ambiance (f.)** 분위기 | **sale** 더러운 | **clé (f.)** 열쇠

EXERCICE 4 실전 연습

Étape 1

전략에 따라 문제 8을 풀어 보세요.

Vos enfants sont en vacances scolaires et vous voulez faire des activités avec eux. Vous lisez cet article sur le site internet du journal. *7 points*

Les différents loisirs pour les familles

La promenade en famille permet aux enfants d'observer la nature et de partir à la découverte de beaux paysages. Il y a une piscine ouverte et la natation permet de garder la forme et de se détendre.

La sortie au musée est l'une des plus classiques des activités culturelles. Il est aussi possible pour les parents d'accompagner leurs enfants au spectacle de magie. Et vous pouvez aussi jouer aux jeux-vidéo avec vos enfants à la maison.

Pour avoir plus d'informations, consultez notre site Web : https://www.avantages-familles.ch

Répondez aux questions.

❶ Qu'est-ce que vous pouvez faire dans la nature ? *1 point*

A ☐ Lire.

B ☐ Nager.

C ☐ Découvrir des fleurs.

❷ Qu'est-ce que vous pouvez faire pour vous relaxer ? *1 point*

A ☐ Voir un film.

B ☐ Faire du sport.

C ☐ Apprécier de beaux paysages.

❸ Quelle est l'activité culturelle ? *1.5 point*

A ☐ Regarder la télévision.

B ☐ Voir un spectacle de magie.

C ☐ Visiter une exposition de peinture.

❹ Qu'est-ce que vous pouvez faire avec vos enfants à la maison ? *2 points*

A ☐ B ☐ C ☐

❺ Vous pouvez vous renseigner … *1.5 point*

A ☐ par lettre.

B ☐ par Internet.

C ☐ par téléphone.

Étape 2

문제 8의 내용을 해석한 후, 문제를 분석해 보세요.

당신의 아이들이 방학이고, 당신은 그들과 활동하기를 원합니다. 당신은 신문 인터넷 사이트에서 이 기사를 읽습니다.

7점

가족들을 위한 다양한 여가들

가족이 함께하는 산책은 아이들이 자연을 관찰하고, 풍경의 아름다움을 발견할 수 있게 합니다. 야외 수영장이 있는데, 수영은 건강을 유지하게 해 주고 긴장을 풀게 해 줍니다.
미술관 나들이는 가장 고전적인 문화 활동들 중 하나입니다. 또한 부모들은 아이들을 마술 공연에 동반할 수 있습니다. 여러분은 아이들과 함께 집에서 비디오게임 또한 할 수 있습니다.
더 많은 정보를 얻고 싶다면, 저희 웹사이트 https://www.avantages-familles.ch를 방문해 주세요.

질문에 답하세요.

❶ 당신은 자연에서 무엇을 할 수 있는가? 1점

A □ 독서하기
B □ 수영하기
C □ 꽃들을 발견하기

❷ 긴장을 풀기 위해 당신은 무엇을 할 수 있는가? 1점

A □ 영화 보기
B □ 운동하기
C □ 아름다운 경치를 감상하기

❸ 문화 활동은 무엇인가? **1.5점**

A □ 텔레비전을 시청하기

B □ 마술 공연을 보기

C □ 그림 전시회를 방문하기

❹ 당신은 집에서 아이들과 무엇을 할 수 있는가? **2점**

A □ B □ C □

❺ 당신은 … 문의할 수 있다. **1.5점**

A □ 편지로

B □ 인터넷으로

C □ 전화로

문제 분석

가족을 위한 다양한 여가 활동 방법을 소개하고 있는 기사문이다. 우선 어떤 활동이 아이들에게 어떤 장점이 되는지를 설명하는 부분에 초점을 맞춘다. 또한 실내와 실외에서 하는 활동의 종류와 함께 정보를 문의하는 방법에 대해 기술하는 부분에 집중한다.

Étape 3 문제 8의 해설을 확인하고, 필수 어휘를 익혀 보세요.

해설

문항	풀이 요령
1	자연에서 할 수 있는 활동이 무엇인지를 묻고 있다. 제시문에서 'La promenade en famille permet aux enfants d'observer la nature et de partir à la découverte de beaux paysages. 가족이 함께하는 산책은 아이들이 자연을 관찰하고, 풍경의 아름다움을 발견할 수 있게 합니다.' 라고 했다. 이를 통해 자연에서 할 수 있는 활동은 산책이라는 것을 알 수 있다. 제시된 선택지 중에 산책과 가장 관련이 있는 활동은 자연에서 꽃을 발견하는 것이므로, 정답은 **C**.
2	긴장을 풀기 위해 할 수 있는 활동이 무엇인지를 묻고 있다. 'la natation permet de garder la forme et de se détendre. 수영은 건강을 유지하게 해 주고 긴장을 풀게 해 줍니다.'라고 했는데, 수영은 스포츠 활동에 해당하므로 정답은 **B**. TIP la natation 수영 ⇄ le sport 스포츠
3	문화 활동에 속하는 것을 묻는 문제이다. 'La sortie au musée est l'une des plus classiques des activités culturelles. 미술관 나들이는 가장 고전적인 문화 활동들 중 하나입니다.'라는 내용에 따라 정답은 **C**. TIP le musée 미술관 ⇄ l'exposition de peinture 그림 전시회
4	집에서 아이들과 함께할 수 있는 활동과 관련된 사진을 선택지에서 고르는 문제이다. 'vous pouvez aussi jouer aux jeux-vidéo avec vos enfants à la maison. 여러분은 아이들과 함께 집에서 비디오게임 또한 할 수 있습니다.'라고 했으므로 정답은 **A**.
5	더 많은 정보를 얻을 수 있는 방법을 묻는 문제이다. 'Pour avoir plus d'informations, consultez notre site Web 더 많은 정보를 얻고 싶다면, 저희 웹사이트를 방문해 주세요'라는 내용에 따라 정답은 **B**.

필수 어휘

différent 다양한 | **loisirs** (m.pl.) 여가 | **observer** 관찰하다 | **découverte** (f.) 발견 | **paysage** (m.) 풍경 | **piscine ouverte** (f.) 야외 수영장 | **garder** 유지하다 | **forme** (f.) 신체 상태, 컨디션 | **se détendre** 긴장을 풀다 | **culturel** 문화적인 | **lire** 독서하다 | **apprécier** 감상하다

문제 9

EXERCICE 4 실전 연습

전략에 따라 문제 9를 풀어 보세요.

Vous voulez apprendre à nager et vous lisez cet article sur le site internet de l'université. *7 points*

Natation le mercredi soir !

À partir du 1er février, la direction de l'université propose aux étudiants une leçon de natation après les cours. C'est un sport très important pour la santé et vous pouvez vous amuser avec des amis à la piscine.

Venez vite au secrétariat pour votre inscription (groupe de 8 élèves maximum) !

Apportez votre maillot de bain.

La première leçon a lieu ce mercredi de 19 h à 20 h à la piscine avec M. Gérard.

Répondez aux questions.

❶ Cette affiche propose une leçon de … *1 point*

A ☐ sport.

B ☐ langue.

C ☐ musique.

❷ Quand est-ce que la leçon commence ? *1 point*

A ☐ En été.

B ☐ En automne.

C ☐ En hiver.

❸ Que devez-vous faire pour votre inscription ? *1.5 point*

A ☐ Aller au secrétariat.

B ☐ Envoyer de l'argent au secrétariat.

C ☐ Demander de l'aide au professeur.

❹ Qu'est-ce que vous devez apporter ? *2 points*

A  ☐ B 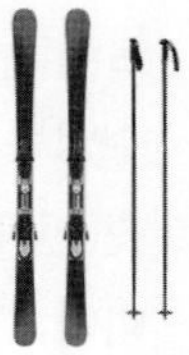 ☐ C ☐

❺ Quand est-ce que la première leçon commence ? *1.5 point*

A ☐ Le matin.

B ☐ L'après-midi.

C ☐ Le soir.

Étape 2

문제 9의 내용을 해석한 후, 문제를 분석해 보세요.

당신은 수영하는 것을 배우길 원하며, 대학교 인터넷 사이트에서 이 기사를 읽습니다. 7점

매주 수요일 저녁 수영!

2월 1일부터 대학 운영회는 학생들에게 방과 후에 새로운 수영 강습을 제안합니다. 이것은 건강을 유지하기 위한 매우 중요한 운동이며, 당신은 수영장에서 친구들과 재미있게 지낼 수 있습니다.
등록을 위해 서둘러서 행정실로 오세요(최대 8명의 학생 그룹)!
수영복을 가져오세요.
첫 번째 강습은 이번 주 수요일 19시부터 21시까지 Gérard 선생님과 함께 수영장에서 열립니다.

질문에 답하세요.

❶ 이 게시판은 ... 수업을 제안한다. 1점

A □ 스포츠
B □ 언어
C □ 음악

❷ 언제 수업이 시작하는가? 1점

A □ 여름에
B □ 가을에
C □ 겨울에

❸ 등록을 위해 당신은 무엇을 해야 하는가? **1.5점**

A □ 행정실에 가기

B □ 행정실에 돈을 보내기

C □ 선생님께 도움을 청하기

❹ 당신은 무엇을 가져와야 하는가? **2점**

A □ B □ C □

❺ 첫 번째 수업은 언제 시작하는가? **1.5점**

A □ 아침

B □ 오후

C □ 저녁

문제 분석

방과 후 수영 강습에 대한 정보를 알려 주는 기사문이다. 우선 누가 수영 강습을 주최하는지와 수영의 필요성 또는 중요성을 설명하는 부분에 집중한다. 그리고 등록과 관련하여 준비해야 할 사항과 함께 등록 방법에 대해 기술하는 부분에 초점을 맞춘다.

Étape 3

문제 9의 해설을 확인하고, 필수 어휘를 익혀 보세요.

해설

문항	풀이 요령
1	해당 게시판에서 제안하는 수업이 어떤 활동인지를 묻고 있다. 'la direction de l'université propose aux étudiants une leçon de natation 대학 운영회는 학생들에게 … 새로운 수영 강습을 제안합니다'라고 했는데, 수영은 스포츠 활동에 해당하므로 정답은 **A**.
2	수영 강습이 시작하는 시기를 묻고 있다. 'À partir du 1er février 2월 1일부터'라고 했고, 이는 겨울에 해당하므로 정답은 **C**.
3	수업에 등록하기 위한 방법이 무엇인지를 묻는 문제이다. 'Venez vite au secrétariat pour votre inscription 등록을 위해 서둘러서 행정실로 오세요'라는 내용에 따라 정답은 **A**.
4	수업에 가지고 가야 할 물품과 관련된 사진을 선택지에서 고르는 문제이다. 'Apportez votre maillot de bain. 수영복을 가져오세요.'라는 내용에 따라 정답은 **B**.
5	첫 번째 수업이 시작하는 시간을 묻고 있다. 'La première leçon a lieu ce mercredi de 19 h à 21 h 첫 번째 강습은 이번 주 수요일 19시부터 21시까지 … 열립니다.'라고 했는데, 19시는 저녁에 해당하므로 정답은 **C**. TIP 19 h 19시 ⇄ le soir 저녁

필수 어휘

s'amuser 즐기다 | piscine (f.) 수영장 | maillot de bain (m.) 수영복 | argent (m.) 돈 | aide (f.) 도움

문제 10

EXERCICE 4 실전 연습

전략에 따라 문제 10을 풀어 보세요.

Vous préparez tout ce qui est nécessaire au voyage à l'étranger. Vous avez un peu peur de ce voyage car c'est la première fois que vous voyagez seul. Vous lisez cet article sur le site internet. *7 points*

Conseils pour partir en voyage sans stress

1. Prendre le temps
En préparant votre voyage plusieurs semaines en avance, vous éviterez pas mal de stress avant de partir.

2. Faire des listes
Faites des listes de ce que vous souhaitez mettre dans la valise (habits, pharmacie).

3. Se renseigner sur les transports
Vérifier comment aller au logement depuis l'aéroport permet de gagner du temps.

4. Se faire aider
Si vous partez seul, demandez des conseils à ceux qui ont déjà visité le pays.

5. Se renseigner sur la situation
Avant de partir, vérifiez bien ce qu'il est interdit de faire. Pour la monnaie, le plus simple est de retirer une fois arrivé à l'aéroport du pays.

<https://www.lespauline.com>

Répondez aux questions.

❶ Que doit-on faire pour éviter le stress avant le départ du voyage ? *1 point*

A ☐ Il vaut mieux prendre des médicaments.
B ☐ Il faut préparer le voyage le plus tard possible.
C ☐ Il faut préparer le voyage avec suffisamment de temps.

❷ Que doit-on mettre dans la valise ? **1 point**

A ☐ B ☐ C ☐

❸ Si on vérifie le transport pour aller au logement, on peut ... **1.5 point**

A ☐ gagner de l'argent.

B ☐ gagner du temps.

C ☐ réserver une chambre plus confortable.

❹ Dans quel cas peut-on demander des conseils ? **2 points**

A ☐ Quand on voyage seul.

B ☐ Quand on voyage en famille.

C ☐ Quand on voyage en groupe.

❺ Il vaut mieux retirer de l'argent ... **1.5 point**

A ☐ durant le voyage dans le pays.

B ☐ avant d'arriver à l'aéroport du pays.

C ☐ dès qu'on arrive à l'aéroport du pays.

Étape 2

문제 10의 내용을 해석한 후, 문제를 분석해 보세요.

당신은 외국 여행에 필요한 모든 것을 준비합니다. 당신은 이 여행이 약간 두려운데, 왜냐하면 혼자 여행하는 것이 처음이기 때문입니다. 당신은 인터넷 사이트에서 이 기사를 읽습니다. 7점

스트레스 없이 여행을 떠나기 위한 조언들

1. 시간을 가질 것
미리 여러 주에 걸쳐 여행을 준비하면 떠나기 전에 적지 않은 스트레스를 피할 수 있을 것이다.

2. 목록을 작성하기
여행 가방에 넣고자 하는 것들의 목록을 작성하라(옷, 상비약).

3. 교통편 알아 두기
공항에서 숙소까지 어떻게 가는지를 확인하는 것은 시간을 벌 수 있게 해 준다.

4. 도움받기
만일 당신이 혼자 떠난다면, 이미 그 나라를 방문했던 이들에게 조언을 부탁하라.

5. 상황에 대해 알아 두기
떠나기 전에 어떤 행동을 하면 안 되는지에 대해 잘 확인하라. 화폐의 경우 가장 간단한 것은 그 나라 공항에 도착하자마자 돈을 찾는 것이다.

<https://www.lespauline.com>

질문에 답하세요.

❶ 여행 출발 전에 스트레스를 피하기 위해 무엇을 해야 하는가? 1점

A □ 약을 먹는 것이 좋다.
B □ 최대한 늦게 여행을 준비해야 한다.
C □ 충분한 시간을 가지고 여행을 준비해야 한다.

❷ 여행 가방에 무엇을 넣어야 하는가? **1점**

A □ B □ C □

❸ 만일 숙소에 가기 위한 교통을 확인한다면, 우리는 … 수 있다. **1.5점**

A □ 돈을 벌
B □ 시간을 절약할
C □ 좀 더 편안한 방을 예약할

❹ 어떤 경우에 조언을 부탁할 수 있는가? **2점**

A □ 혼자 여행할 때
B □ 가족 여행을 할 때
C □ 단체 여행을 할 때

❺ … 돈을 인출하는 것이 좋다. **1.5점**

A □ 나라를 여행하는 동안
B □ 나라의 공항에 도착하기 전에
C □ 나라의 공항에 도착하자마자

문제 분석

여행을 떠나기 위해 미리 준비해야 할 사항들을 알려 주는 기사문이다. 먼저 출발 전에 해야 할 것들과 숙소 및 교통 등에 대해 주의할 사항이나 해야 할 사항들을 설명하는 데 초점을 맞춘다. 그리고 환전과 관련하여 어떤 방법이 제일 효과적인지를 기술하는 부분에 집중한다.

문제 10의 해설을 확인하고, 필수 어휘를 익혀 보세요.

해설

문항	풀이 요령
1	여행 출발 전에 스트레스를 피하기 위한 방법을 묻는 문제이다. 제시문에서 'En préparant votre voyage plusieurs semaines en avance, vous éviterez pas mal de stress avant de partir. 미리 여러 주에 걸쳐 여행을 준비하면 떠나기 전에 적지 않은 스트레스를 피할 수 있을 것이다.'라고 했다. 이는 여행을 준비할 때 충분한 시간을 가져야 한다는 의미이므로, 정답은 **C**.
2	여행 가방에 넣어야 하는 물품과 관련된 사진을 선택지에서 고르는 문제이다. 'Faire des listes 목록을 작성하기' 항목에서 'habits 옷', 'pharmacie 상비약'이 언급되었으므로, 정답은 **A**.
3	숙소에 가기 위한 교통편을 확인할 경우 얻을 수 있는 장점을 묻는 문제이다. 'Vérifier comment aller au logement depuis l'aéroport permet de gagner du temps. 공항에서 숙소까지 어떻게 가는지를 확인하는 것은 시간을 벌 수 있게 해 준다.'라는 내용에 따라 정답은 **B**.
4	조언을 부탁할 수 있는 경우가 언제인지를 묻는 문제이다. 'Si vous partez seul, demandez des conseils … 만일 당신이 혼자 떠난다면, … 조언을 부탁하라.'라는 내용에 따라 정답은 **A**.
5	돈을 인출하기에 좋은 시기가 언제인지를 묻고 있다. 'Pour la monnaie, le plus simple est de retirer une fois arrivé à l'aéroport du pays. 화폐의 경우 가장 간단한 것은 그 나라 공항에 도착하자마자 돈을 찾는 것이다.'라는 내용에 따라 정답은 **C**.

필수 어휘

à l'étranger 해외에 | **avoir peur de** ~을 겁내다 | **premier** 첫 번째의 | **fois** (f.) 번, 회(回) | **seul** 혼자 | **sans** ~없이 | **stress** (m.) 스트레스 | **en avance** 미리 | **éviter** 피하다 | **pas mal** 적잖이 | **liste** (f.) 목록 | **mettre** 넣다, 두다 | **valise** (f.) 가방 | **habit** (m.) 옷 | **pharmacie** (f.) 상비약 | **se renseigner** ~에 대해 문의하다, 조회하다 | **transport** (m.) 교통 | **logement** (m.) 숙소 | **depuis** ~부터 | **aéroport** (m.) 공항 | **permettre de** ~할 수 있게 하다 | **gagner** 벌다 | **déjà** 이미 | **pays** (m.) 나라 | **situation** (f.) 상황 | **interdit** 금지된 | **monnaie** (f.) 동전, 화폐 | **retirer** 인출하다 | **une fois + 과거분사** ~하자마자 | **départ** (m.) 출발 | **Il vaut mieux + 동사원형** ~하는 것이 낫다 | **médicament** (m.) 약 | **tard** 늦게 | **suffisamment de** 충분한 | **chambre** (f.) 방 | **confortable** 편안한 | **cas** (m.) 경우 | **durant** ~ 동안 | **dès que** ~하자마자

작문 평가

Production écrite

1 작문 완전 분석

A1 작문 평가는 총 2가지 유형으로 구성 되는데, 1번 유형은 서식이나 양식을 작성하는 방식이다. 구체적으로 살펴보면, 특정 상황에 따른 여권, 학생증, 등록증 등의 구체적인 서식이나 양식을 제시하고 해당하는 항목을 정확하게 기입하는 방식으로 진행된다. 2번 유형은 이메일이나 편지, 엽서 등을 작성하는 문제로서 지시 사항에 언급된 내용들을 구체적으로 반영하여 글을 작성하는 유형이다.

2 작문 유형 파악 [30분, 총 25점]

유형	특징
1 서식, 양식 작성 (10점)	주어진 상황에 따라 다양한 서식이나 양식을 작성하는 방식으로 진행된다. 양식의 종류로는 어학원 등록, 스포츠 클럽 가입, 호텔 등록, 임차인 서류, 세관 작성 서류 등으로 다양한 편이지만 기본적으로 작성해야 할 성, 이름, 생년월일, 국적, 주소 등은 변하지 않으므로 본인에 대한 신상을 프랑스어로 작성할 수 있으면 무난하게 점수를 얻을 수 있다. 비교적 단순하고 난이도가 낮은 유형이므로 빠르게 작성하고 다음 문제로 넘어가는 전략을 세우도록 한다.
2 이메일, 편지 작성 (15점)	일상생활과 밀접한 다양한 주제(생일 초대, 여행 제안, 부탁 등)에 대해 이메일이나 편지를 작성하는 문제이다. 이메일과 편지는 정해진 형식이 있기 때문에, 반드시 형식에 맞춰서 지시 사항에서 언급하고 있는 내용들을 모두 다루어야 한다. 이때 작성하는 답안 내용은 최소 단어 수인 40개 단어를 넘게 써야 한다는 점을 유의해야 한다.

3 작문 평가 이것만은 꼭!

❶ 인적 사항과 관련된 기본 어휘를 숙지해야 한다.

EXERCICE 1의 경우 기본적으로 이름, 국적, 직업, 생년월일, 거주지 등 인적 사항에 관련된 어휘들이 제시된다. 따라서 이와 관련된 기본 어휘들을 반드시 숙지해야만 양식이나 서식을 채워 넣을 수 있다.

❷ 지시 사항에 대해 정확하게 이해해야 한다.

EXERCICE 2의 경우 지시 사항에서 언급한 내용들을 다루지 않으면 감점이 된다는 사실에 주의해야 한다. 따라서 지시 사항에 있는 조건들과 관련된 사항을 작성한 후 혹시라도 누락된 것이 없는지 확인하는 작업이 필요하다.

❸ 글자 수를 넘겨도 무방하다.

EXERCICE 2는 최소 40자 이상을 작성해야 하는데, 최소 글자 수를 넘기지 못하면 감점이 되지만, 글자 수를 초과했다고 해서 감점이 되지는 않는다. 글의 내용을 많이 쓰다 보면 자연스럽게 글자 수를 초과하게 되는데, 이는 작성할 내용이 많다는 것을 의미하므로 글자 수 제한에 너무 신경 쓸 필요는 없다. 글자 수가 부족한 것은 감점 요인이지만, 넘치는 것은 감점 요인이 아니기 때문에 가능한 한 충실하게 내용을 작성하도록 하자.

❹ 답안지 교체가 어려울 경우를 대비한다.

시험장에서 작문 연습용 종이를 배부하지만, 시간 제한의 부담 때문에 답안지에 바로 답안을 작성하는 응시자도 있다. 답안을 한 번에 완벽하게 작성하는 것은 한계가 있으므로 앞에 썼던 내용을 지우거나 수정해가면서 답안을 작성하게 되는데, 이때 연필로 먼저 내용을 적은 후 최종 답안을 펜으로 작성하면 비교적 안전하게 답안을 작성할 수 있다. 수정 테이프 또한 사용할 수 있으므로 본인의 습관이나 취향에 맞게 필기구를 준비하는 것이 좋다.

작문 평가

EXERCICE 1

Épreuve en deux parties :

- **compléter une fiche, un formulaire ;**
- rédiger des phrases simples (cartes postales, messages, légendes, etc.) sur des sujets de la vie quotidienne.

두 유형으로 구분 :

- **서식, 양식 작성**
- 일상적인 주제에 대해서 간단한 문장 작성하기(엽서, 메시지 등)

완전 공략

❶ 핵심 포인트

서식이나 양식을 작성하는 유형의 문제이다. 어떤 유형의 양식이건 간에 기본적인 인적 사항(이름, 나이, 국적, 거주지, 직업 등)은 필수적으로 채워야 하는 요소들이다. 그러므로 이와 관련한 기본 어휘들을 사전에 숙지하고 있어야 한다. 또한 주소의 경우 한국과는 달리 작은 단위부터 큰 단위 순서로 작성한다는 점에 유의해야 한다.

❷ 빈출 주제

등록 서류, 여권, 학생증 등의 서식이 주로 등장한다. 1개의 질문당 1점씩으로 11개 정도의 질문이 나오는데, 작성해야 되는 내용당 1점인 데 반해 총 점수는 10점이기 때문에 Nom의 경우 'XXX'로 표시하여 답을 작성할 필요가 없게 만들어 10점 점수를 유지한다.
응시자는 가장 기본적인 내용(성, 이름, 국적, 나이, 직업, 가족 상황, 거주지 주소, 이메일 주소 등)을 숙지하고, 해당하는 질문에 따라 답을 작성한다.

❸ 고득점 전략

① 시간을 효과적으로 안배한다.

EXERCICE 1은 빈칸을 채우는 매우 단순한 방식으로 진행되는 반면, EXERCICE 2는 특정 주제를 중심으로 작문을 해야 하기 때문에 답안을 작성하는 데 시간이 필요하다. 따라서 EXERCICE 1을 빠른 시간 내에 먼저 끝낸 후, EXERCICE 2를 더 집중적으로 작성하는 전략이 필요하다.

② 기본 어휘를 충실하게 준비한다.

인적 사항과 관련된 어휘들은 구술 평가에서도 사용할 수 있고, A2, B1 단계에서도 활용이 가능하다. 따라서 이름, 국적, 직업 등의 기본 어휘를 철저하게 준비하면, 다음 단계 시험에 응시할 때에도 매우 유용하다.

작문 평가

EXERCICE 1

1. 기본 인적 사항 관련 답안 작성법

답안 작성 예시

FICHE D'INSCRIPTION

❶ Nom : *KIM* ❷ ☐ M ☐ Mme ☒ Mlle

❸ Prénom : *So Ra*

❹ Nationalité : *Coréenne*

❺ Date de naissance : *le 20 juillet 1995*

❻ Situation familiale : *Célibataire*

❼ Nombre d'enfants : *0*

❽ Profession : *Étudiante*

답안 작성법

① Nom 성

성은 모두 대문자로 작성한다. 이름과 같이 쓸 경우 이름을 먼저 쓰고, 뒤에 성을 적는다.

② 존칭

응시자에게 해당하는 존칭을 물어보는 항목이다. M.(= Monsieur)는 남성 존칭, Mme(= Madame)은 결혼한 여성이나 나이 많은 여성 존칭, 그리고 Mlle(= Mademoiselle)은 결혼하지 않은 젊은 여성에 대한 존칭이므로, 응시자에게 해당하는 칸에 ☒ 표시를 하면 된다.

③ Prénom 이름

이름은 첫 글자만 대문자로 작성한다.

④ Nationalité 국적

응시자가 남성일지라도 여성형으로 쓴다.

* 'Coréenne 한국인', 'Française 프랑스인' 등의 어휘를 알아 둔다.

⑤ Date de naissance 생년월일

정관사 'le'를 쓰고 그 뒤에 날짜, 달, 연도 순으로 작성한다. 생년월일과 관련하여 'janvier 1월', 'février 2월', 'mars 3월', 'avril 4월', 'mai 5월', 'juin 6월', 'juillet 7월', 'août 8월', 'septembre 9월', 'octobre 10월', 'novembre 11월', 'décembre 12월'을 반드시 기억해야 한다.

* 'Je suis né(e)...'의 형태로 생년월일을 물어볼 수도 있다.

⑥ Situation familiale 가족 상황

미혼인 경우 Célibataire, 결혼한 경우 Marié(e)로 적는다.

⑦ Nombre d'enfants 자녀 수

아라비아 숫자로 기입한다.

⑧ Profession 직업

'étudiant 학생', 'salarié 직장인' 등으로 작성한다. 직업과 관련해서는 'employé 직장인', 'fonctionnaire 공무원', 'écrivain 작가', 'professeur 선생님' 정도의 어휘를 알아 둔다. 응시자가 여성이라면 여성형으로 쓴다.

EXERCICE 1

2. 기타 서류 관련 답안 작성법

답안 작성 예시

❶ Courriel : *abc123@gmail.com*

❷ Adresse : *15, rue des Martyrs 75001 Paris*

❸ Ville : *Paris*

❹ Code postal : *23568*

❺ Téléphone : *06 12 58 91 00*

❻ N° de passeport : *AB0114785*

❼ Langue parlée : *L'anglais*

❽ Loisirs : *Natation*

답안 작성법

① Courriel 이메일

실제 이메일 또는 가상의 이메일 모두 작성 가능하다

② Adresse 주소

가상의 주소로 적어도 무방하나 동 → 구 → 시와 같이 작은 단위부터 프랑스어로 작성한다.

③ Ville 도시

자신이 거주하고 있는 도시, 또는 임의의 도시명을 프랑스어로 작성한다.

④ Code postal 우편번호

실제 우편번호를 쓰거나 가상으로 써도 된다. 우편번호는 아라비아 숫자로 작성한다.

⑤ Téléphone 전화번호

실제 전화번호를 쓰기보다는 가상으로 번호 수만 맞추어 적는다.

⑥ N° de passeport 여권 번호

해당 항목이 무엇을 의미하는지만 파악하면 되므로, 본인의 진짜 여권 번호가 아니라 아무 숫자나 영문을 섞어 쓰면 된다.

⑦ Langue parlée 구사하는 언어

'le français 프랑스어', 'l'anglais 영어'와 같이 '정관사 le + 언어명'을 소문자로 쓴다. 구사 가능한 언어와 관련해서는 'le coréen 한국어', 'l'italien 이탈리아어', 'l'espagnol 스페인어', 'le japonais 일본어', 'le chinois 중국어' 등을 함께 알아 두자.

⑧ Loisirs 여가 활동

'sport 운동', 'cinéma 영화', 'promenade 산책'과 같은 무난한 어휘를 활용한다. 그 외에도 'football 축구', 'tennis 테니스'와 같은 운동 종목과 'lecture 독서' 등의 어휘도 함께 알아 두어야 한다.

EXERCICE 1 실전 연습

전략에 따라 작문해 보세요.

Vous vous inscrivez dans une école de musique et on vous demande de remplir ce formulaire pour avoir la carte d'étudiant. 10 points

1 point par bonne réponse

Fiche d'inscription

Nom : XXXXXXXXXXXXXXXXXXXXXXXXXXXXXXXXXXXXXXXXXXXXXXX

Prénom : .... / 1

Date de naissance : .... / 1

Nationalité : .... / 1

Courriel : .... / 1

Profession : .... / 1

Situation familiale : .... / 1

Nombre d'enfants : .... / 1

Adresse : .... / 1

Lieu de naissance : .... / 1

Téléphone : .... / 1

Étape 2 문제 1의 해석과 모범 답안을 확인하세요.

당신은 음악 학교에 등록을 하는데, 학생증을 갖기 위해 이 양식을 작성할 것이 요구됩니다. **10점**

정답 하나당 1점

모범 답안

등록 서류

성 : XXXXXXXXXXXXXXXXXXXXXXXXXXXXXXXXXXXXXXXXXXXXXXXXXXXXXX

이름 : **Xavier**

생년월일 : **Le 6 juillet 2001** (2001년 7월 6일)

국적 : **Française** (프랑스인)

이메일 : **xavierfr@hanmail.net**

직업 : **Étudiant** (학생)

가족 상황 : **Célibataire** (미혼)

자녀 수 : **0**

주소 : **14 rue Henri Barbusse 94030 Paris**

출생지 : **Lyon** (리옹)

전화번호 : **06 14 25 36 14**

Étape 3 문제 1의 작문 요령과 필수 어휘를 익히세요.

학생증 발급을 위한 등록 서류를 작성하는 문제이다. 대부분 기본적인 인적 사항을 묻고 있기 때문에 이와 관련된 내용을 응시자의 상황에 맞게 작성하면 되는데, 해당 양식이 음악 학교의 학생증을 발급하기 위한 것임을 고려하여 'Profession 직업' 항목에는 'étudiant 학생'을 적는 것이 좋다. 'adresse 주소' 항목에서는 allée (골목길) < rue (거리) < boulevard (큰 길) < avenue (대로) 순으로 작성해야 한다는 것도 기억해 둔다.

s'inscrire 등록하다 | **école de musique** (f.) 음악 학교 | **remplir** 채우다 | **formulaire** (m.) 서식 | **carte d'étudiant** (f.) 학생증 | **fiche** (f.) 표, 차트 | **inscription** (f.) 등록 | **naissance** (f.) 탄생 | **nationalité** (f.) 국적 | **courriel** (m.) 이메일 | **profession** (f.) 직업 | **situation familiale** (f.) 가족 상황, 결혼 유무 | **nombre** (m.) 수 | **lieu** (m.) 장소

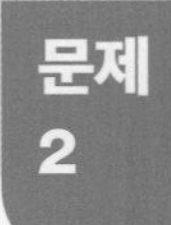

문제 2

EXERCICE 1 실전 연습

Étape 1

전략에 따라 작문해 보세요.

Vous êtes à la mairie pour obtenir le passeport. Vous remplissez ce formulaire.

10 points

1 point par bonne réponse

Demande de passeport

Nom : .... / 1

Prénom : .... / 1

Né(e) le : .... / 1

Lieu de naissance : .... / 1

Adresse actuelle : .... / 1

Code postal : .... / 1 Ville : .... / 1

E-mail : .... / 1

Profession : .... / 1

Téléphone : .... / 1

Étape 2

문제 2의 해석과 모범 답안을 확인하세요.

당신은 여권을 취득하기 위해 시청에 있습니다. 이 서식을 작성합니다. 10점

정답 하나당 1점

모범 답안

여권 신청서

성 : **DUPONT**

이름 : **Muriel**

생년월일 : **Le 7 décembre 2000** (2000년 12월 7일)

출생지 : **Paris** (파리)

실거주지: **84, rue Major Allard**

우편 번호: **31000** 도시: **Toulouse** (툴루즈)

이메일 : **bellevie@fr.com**

직업 : **Fonctionnaire** (공무원)

전화번호 : **05 45 48 13 24**

Étape 3

문제 2의 작문 요령과 필수 어휘를 익히세요.

여권을 취득하기 위한 신청서를 작성하는 문제로, 대부분 기본적인 인적 사항을 묻고 있으므로 이와 관련된 내용을 응시자의 상황에 맞게 작성하면 된다. A1 수준의 학습자들에게 'adresse actuelle 실거주지'라는 항목이 낯설게 느껴질 수도 있는데, 원래 실거주지는 현재 사는 곳을 의미하지만 시험에서는 기본적인 주소를 작성하면 된다. 여기서 주의할 점은 도시명은 실거주지 항목에 쓰면 안 되고 'ville 도시' 항목에서 써야 한다는 것이다.

필수 어휘

mairie (f.) 시청 | obtenir 얻다 | passeport (m.) 여권 | actuel 실제적인 | fonctionnaire 공무원

EXERCICE 1 실전 연습

전략에 따라 작문해 보세요.

Vous arrivez dans un hôtel en France avec votre femme. Vous remplissez ce formulaire. 10 points

1 point par bonne réponse

Formulaire de réservation d'hôtel

Nom : .... / 1

Prénom : .... / 1

E-mail : .... / 1

Nombre de personnes : .... / 1

Date d'arrivée : .... / 1

Date de départ : .... / 1

Adresse actuelle : .... / 1

Avez-vous un animal ? : ☐ oui ☐ non / 1

Profession : .... / 1

Téléphone : .... / 1

Étape 2

문제 3의 해석과 모범 답안을 확인하세요.

당신은 아내와 함께 프랑스에 있는 한 호텔에 도착했습니다. 이 서식을 작성합니다. 10점

정답 하나당 1점

모범 답안

호텔 예약 서식

성 : **JUNG**

이름 : **Il Young**

이메일 : **197554@daum.net**

인원수 : **2**

도착 날짜 : **le 2 mars 2024** (2024년 3월 2일)

출발 날짜 : **le 5 mars 2024** (2024년 3월 5일)

실거주지 : **19 Pousang Dong Dong-Gu**

동물이 있습니까? : ☒ 예 ☐ 아니오

직업 : **Professeur** (교수)

전화 : **010-1234-5678**

Étape 3

문제 3의 작문 요령과 필수 어휘를 익히세요.

호텔 예약 서류를 작성하는 문제로 기본적인 인적 사항은 응시자의 상황에 맞춰서 적되, 제시문에서 아내와 함께 호텔에 도착한 상황이 제시되었으므로 인원수는 2명으로 기입해야 한다. 그리고 도착 날짜와 출발 날짜를 적을 때 논리적으로 출발 날짜는 도착 날짜보다 늦어야 한다는 점에 유의해야 한다. 또한 반려동물을 데리고 있으면 oui, 그렇지 않으면 non에 ☒ 표시한다. 마지막으로 직업의 경우 결혼을 한 상태임을 고려하여 학생보다는 'salarié 직장인', 'fonctionnaire 공무원' 등으로 작성하는 편이 좋다.

필수 어휘

réservation (f.) 예약 | date (f.) 날짜 | arrivée (f.) 도착 | départ (m.) 출발 | animal (m.) 동물 | professeur 교수, 선생님

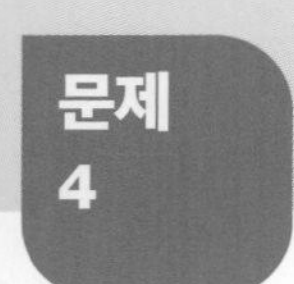

EXERCICE 1 실전 연습

전략에 따라 작문해 보세요.

Complétez votre fiche d'inscription à l'institut de langues. *10 points*

1 point par bonne réponse

Fiche d'inscription

Nom : .... / 1

Prénom : .... / 1

Date de naissance : .... / 1

Nationalité : .... / 1

Adresse personnelle : .... / 1

Date d'inscription : .... / 1

Profession : .... / 1

Langue parlée : .... / 1

E-mail : .... / 1

Téléphone : .... / 1

Étape 2

문제 4의 해석과 모범 답안을 확인하세요.

어학원의 등록 서식을 완성하세요. 10점

정답 하나당 1점

모범 답안

등록 서식

성 : **SONG**

이름 : **So Ra**

생년월일 : **le 1er décembre 1999** (1999년 12월 1일)

국적 : **Coréenne** (한국인)

개인 주소 : **148 Yong-Hyun Dong, Nam Gu, Incheon**

등록 날짜 : **le 1er décembre 2024** (2024년 12월 1일)

직업 : **Étudiante** (학생)

구사하는 언어 : **le coréen, l'anglais** (한국어, 영어)

이메일 : **sora@gmail.com**

전화 : **06 02 75 46 78**

Étape 3

문제 4의 작문 요령과 필수 어휘를 익히세요.

작문 요령

어학원의 등록 서류를 작성하는 문제로, 대부분 기본적인 인적 사항을 묻고 있으므로 이와 관련된 내용을 응시자의 상황에 맞게 작성하면 된다. 'Adresse personnelle 개인 주소'라는 항목이 낯설게 느껴질 수도 있지만 기본적인 주소를 작성하면 된다. 또 'Date d'inscription 등록 날짜'는 어학원 등록일을 의미하는데, 시험에서는 임의의 날짜로 작성하면 된다. 그리고 'Langue parlée 구사하는 언어'는 응시자가 작성한 국적에 맞춰 1개 또는 2개의 언어를 작성하도록 한다.

필수 어휘

compléter 완성하다 | institut (m.) 학원 | langue (f.) 언어 | langue parlée (f.) 할 줄 아는 언어

EXERCICE 1 실전 연습

전략에 따라 작문해 보세요.

Vous voulez vous inscrire à la bibliothèque. Remplissez ce formulaire. *10 points*

1 point par bonne réponse

Fiche d'inscription

Nom : .... / 1

Prénom : .... / 1

Date de naissance : .... / 1

Nationalité : .... / 1

Adresse : .... / 1

Code postal : .... / 1

Date d'inscription : .... / 1

N° de carte d'étudiant : .... / 1

Adresse mail : .... / 1

Téléphone : .... / 1

Étape 2

문제 5의 해석과 모범 답안을 확인하세요.

당신은 도서관에 등록하기를 원합니다. 이 서식을 작성하세요. 10점

정답 하나당 1점

모범 답안

등록 서식

성 : **MARTIN**

이름 : **Léo**

생년월일 : **le 1er avril 1998** (1998년 4월 1일)

국적 : **Française** (프랑스인)

주소 : **12 boulevard Saint-Michel, 75012 Paris**

우편번호: **750000**

등록 날짜 : **le 24 septembre 2024** (2024년 9월 24일)

학생증 번호 : **1945861**

메일 주소 : **belavenir@gmail.com**

전화 : **06 78 52 96 00**

Étape 3

문제 5의 작문 요령과 필수 어휘를 익히세요.

도서관 등록을 위한 서류를 작성하는 문제로, 대부분 기본적인 인적 사항을 묻고 있으므로 이와 관련된 내용을 응시자의 상황에 맞게 작성하면 된다. 다만 제시된 문제에 도시(ville)나 국가(pays)를 기입하는 항목이 없기 때문에, 'adresse 주소'는 최소한 도시명까지는 써야 한다. 그리고 'N° de carte d'étudiant 학생증 번호'는 임의의 숫자로 작성하면 된다.

필수 어휘

bibliothèque (f.) 도서관 | **boulevard** (m.) 큰길

EXERCICE 1 실전 연습

전략에 따라 작문해 보세요.

Vous voulez vous inscrire à un concours de danse pour un programme de télévision française. Remplissez ce formulaire. *10 points*

1 point par bonne réponse

Fiche d'inscription

Nom : .... / 1

Prénom : .... / 1

Date de naissance : .... / 1

Nationalité : .... / 1

Courriel : .... / 1

Nombre de participants : .... / 1

Loisir préféré : .... / 1

Style de musique préféré : .... / 1

Vous dansez depuis l'âge de : .... / 1

Téléphone : .... / 1

Étape 2

문제 6의 해석과 모범 답안을 확인하세요.

당신은 프랑스 TV 프로그램의 댄스 경연대회에 등록하기를 원합니다. 이 서식을 작성하세요. 10점

정답 하나당 1점

모범 답안

등록 서식

성 : **BÉDIER**

이름 : **Marie**

생년월일 : **le 5 novembre 2002** (2002년 11월 5일)

국적 : **Française** (프랑스인)

이메일 : **danse@gmail.com**

참가 인원 수 : **1**

좋아하는 여가 : **promenade** (산책)

좋아하는 음악 종류 : **jazz** (재즈)

...세부터 춤을 추었다 : **10 ans** (10살)

전화 : **06 74 89 56 01**

Étape 3

문제 6의 작문 요령과 필수 어휘를 익히세요.

작문 요령

TV 프로그램 참가 신청을 위한 등록 서류를 작성하는 문제이다. 'Nombre de participants 참가 인원 수'에는 개인이라면 1, 두 명 이상의 팀이라면 1보다 큰 숫자를 적는다. 좋아하는 여가 항목에는 'sport 운동', 'promenade 산책' 등을 기입하고, 좋아하는 음악 종류와 관련해서는 'jazz 재즈', 'hip-hop 힙합', 'musique classique 고전 음악' 등에서 선택하여 기입한다. 나이와 관련해서는 프랑스어로 쓰라는 말이 없기 때문에 굳이 철자가 틀릴 우려가 있는 프랑스어로 쓰기보다는 '숫자 + ans' 형태로 쓰는 것이 좋다. 참고로 'vingt 20', 'vingt et un 21', 'vingt-deux 22', 'vingt-trois 23' 정도를 알아 두고 이 중에서 골라 프랑스어로 써도 된다.

필수 어휘

concours (m.) 경연 대회 | programme (m.) 프로그램 | nombre (m.) 숫자, 수 | participant 참가자 | loisir (m.) 여가 | préféré 좋아하는 | depuis ~ 이래로 | âge (m.) 나이

EXERCICE 1 실전 연습

전략에 따라 작문해 보세요.

Vous êtes en France et vous voulez recevoir un cadeau offert par un grand magasin. Complétez la fiche.

10 points

1 point par bonne réponse

Bulletin d'adhésion

Nom : .... / 1

Prénom : .... / 1

Âge : .... / 1

Nationalité : .... / 1

Courriel : .... / 1

Adresse actuelle : .... / 1

Code postal : .... / 1 Ville .... / 1

N° de téléphone : .... / 1

Date : .... / 1

Étape 2

문제 7의 해석과 모범 답안을 확인하세요.

당신은 프랑스에 있고, 백화점에서 제공하는 선물을 받기 원합니다. 이 양식을 작성하세요. **10점**

정답 하나당 1점

모범 답안

가입 신청서

성 : **MAILLOT**

이름 : **Thomas**

나이 : **30 ans** (30세)

국적 : **Française** (프랑스인)

이메일 : **bonheur@gmail.com**

실거주지 : **1 place de la Gourmette**

우편번호 : **01550** 도시 : **Collonges** (콜롱주)

전화번호 : **04 50 59 61 25**

날짜 : **le 11 juillet 2024** (2024년 7월 11일)

Étape 3

문제 7의 작문 요령과 필수 어휘를 익히세요.

작문 요령

백화점에서 제공하는 선물을 받기 위한 등록 서류를 작성하는 문제로, 대부분 기본적인 인적 사항을 묻고 있으므로 이와 관련된 내용을 응시자의 상황에 맞게 작성하면 된다. 다만 'Adresse actuelle 실거주지' 항목을 기입할 때, 설령 'Nationalité 국적' 항목에 프랑스인이라고 기입하지 않았더라도 프랑스에 살면서 이 서류를 작성하는 것이므로 프랑스 거주지 주소를 써야 한다. 그리고 여기에서 'date 날짜'는 이 양식을 작성하는 날짜를 의미하는 것임에 유의해야 한다.

필수 어휘

recevoir 받다 | cadeau (m.) 선물 | offert 제공된 | grand magasin (m.) 백화점 | bulletin (m.) 표 | adhésion (f.) 가입

EXERCICE 1 실전 연습

전략에 따라 작문해 보세요.

Vous voulez voyager en France et la douane vous demande de remplir cette fiche.

10 points

1 point par bonne réponse

Fiche de douane

Genre : ☐ Homme ☐ Femme /1

Nom de famille : .... /1

Prénom : .... /1

Date de naissance : .... /1

Ville de naissance : .... /1

Pays de naissance : .... /1

Nationalité : .... /1

N° de passeport : .... /1

Date de délivrance du passeport : .... /1

Date d'expiration du passeport : .... /1

Étape 2 문제 8의 해석과 모범 답안을 확인하세요.

당신은 프랑스를 여행하는데, 세관이 당신에게 이 양식을 작성할 것을 요구합니다. 10점

정답 하나당 1점

모범 답안

세관 서류

성별 : □ 남성 ☒ 여성

성 : **CHOI**

이름 : **Ye Jin**

생년월일 : **le 12 août 1995** (1995년 8월 12일)

태어난 도시 : **Séoul** (서울)

태어난 나라 : **Corée du Sud** (한국)

국적 : **Coréenne** (한국인)

여권 번호 : **1275114**

여권 발급 날짜 : **le 30 avril 2020** (2020년 4월 30일)

여권 만료일 : **le 30 avril 2025** (2025년 4월 30일)

Étape 3 문제 8의 작문 요령과 필수 어휘를 익히세요.

작문 요령

프랑스 세관에 제출하는 서류를 작성하는 문제로, 'Genre 성별'을 표기할 때는 본인의 성에 해당하는 칸에 ☒표시를 한다. 그리고 'naissance'라는 어휘가 들어간 항목이 3개 있는데, 각 항목에 기입할 내용을 혼동해서는 안 된다. 특히 'pays'의 경우 '고장, 지방'이라는 뜻도 있지만 실제 프랑스에서는 국가라는 의미로 사용되며, 'ville de naissance'가 태어난 도시를 의미한다. 또한 여권과 관련해서는 자신의 실제 여권 번호에 맞추어 쓸 필요는 없고, 여권 발급 날짜와 여권 만료일 역시 임의로 작성하면 된다.

필수 어휘

voyager 여행하다 | douane (f.) 세관 | genre (m.) 성별 | homme (m.) 남성 | femme (f.) 여성 | délivrance (f.) 발급 | expiration (f.) 만기, 만료

EXERCICE 1 실전 연습

Étape 1

전략에 따라 작문해 보세요.

Vous êtes en France. Vous allez à la poste pour envoyer un cadeau à votre ami. On vous demande de remplir la fiche suivante : 10 points

1 point par bonne réponse

Formulaire de description de poste

Nom : .... / 1

Prénom : .... / 1

Adresse de destination : .... / 1

Pays : .... / 1

Contenu : ☐ Cadeau ☐ Document ☐ Échantillon commercial ☐ Autre / 1

Quantité et description du contenu :

Poids (kg) : .... / 1

Valeur (euros) : .... / 1

Type de livraison : ☐ avion ☐ bateau / 1

Date de livraison souhaitée : .... / 1

Téléphone de contact : .... / 1

Étape 2 문제 9의 해석과 모범 답안을 확인하세요.

당신은 프랑스에 있습니다. 당신은 당신의 친구에게 선물을 보내기 위해 우체국에 갑니다. 당신에게 다음과 같은 서식을 작성할 것을 요구합니다. 10점

정답 하나당 1점

모범 답안

우체국 기재 양식

성: **NA**

이름: **Min Jung**

받을 주소: **14 GouWelong-dong, Namdong-gu, Incheon**

국가: **Corée du Sud** (한국)

내용물: ☒ 선물 ☐ 서류 ☐ 상품 견본 ☐ 기타

내용물 수량과 설명:

무게 (kg): **10**

가격 (유로): **1150**

배송 유형: ☒ 비행기 ☐ 배

희망 배송 날짜: **le 10 janvier 2024** (2024년 1월 10일)

연락처: **06 12 45 78 59**

Étape 3 문제 9의 작문 요령과 필수 어휘를 익히세요.

우체국 소포 발송용 서류를 작성하는 문제이다. 물건을 부칠 때 유의해야 할 사항은 'Adresse de destination 받을 주소'가 외국일 때 'pays 국가'를 기입하는 항목이 따로 있으면, 'Adresse de destination'에 작성하는 주소에는 국가는 빼고 도시까지만 적어야 한다는 점이다. 그리고 'Contenu 내용물'의 경우 주어진 항목에 체크 표시를 하는 대신 직접 답안을 작성하라고 할 수도 있기 때문에 'cadeau 선물' 등의 어휘를 숙지하는 것이 좋다.

poste (f.) 우체국 | envoyer 보내다 | cadeau (m.) 선물 | description (f.) 서술, 설명 | contenu (m.) 내용물 | document (m.) 서류 | échantillon (m.) 견본 | commercial 상업적인 | autre 그 외의 | quantité (f.) 양 | poids (m.) 무게 | valeur (f.) 가치, 가격 | type (m.) 유형 | bateau (m.) 배 | livraison (f.) 배송 | souhaiter 바라다 | contact (m.) 연락

EXERCICE 1 실전 연습

전략에 따라 작문해 보세요.

Vous êtes mariée et vous cherchez un travail en France. On vous demande de remplir cette fiche.

10 points

1 point par bonne réponse

Informations personnelles

Nom : .... / 1

Nom de jeune fille : .... / 1

Prénom : .... / 1

Nombre d'enfants : .... / 1

Téléphone portable : .... / 1

Adresse permanente : .... / 1

Code postal : .... / 1 Ville : .... / 1

Nom de contact d'urgence : .... / 1

Votre relation : ☐ conjoint ☐ parent ☐ ami(e) / 1

Étape 2

문제 10의 해석과 모범 답안을 확인하세요.

당신은 결혼했고, 프랑스에서 일자리를 찾고 있습니다. 당신에게 다음과 같은 서식을 작성할 것을 요구합니다.

10점

정답 하나당 1점

모범 답안

개인 정보

성 : **HENRY**

결혼 전 성 : **PENNAC**

이름 : **Aurélie**

자녀 수 : **1**

휴대폰 전화번호 : **06 76 89 88 41**

본적지 : **68 rue de l'Abattoir**

우편번호 : **38100** 도시 : **Grenoble** (그르노블)

긴급 연락처의 이름 : **Marco**

당신과의 관계 : ☒ 배우자 ☐ 부모 ☐ 친구

Étape 3

문제 10의 작문 요령과 필수 어휘를 익히세요.

작문 요령

직업을 구하기 위해 작성하는 개인 정보 서식을 완성하는 문제이다. 우선 문제에서 'Vous êtes mariée'라고 여성형을 썼기 때문에 서식을 작성하는 사람이 여성이어야 함을 숙지한다. 프랑스 여성의 경우 결혼하면 남편의 성을 따르기 때문에 결혼 전 성과 결혼 후의 성이 다르다는 것에 유의해야 한다. 또 유의할 사항은 양식에 모르는 어휘들이 나왔다고 해서 당황할 필요가 없다는 것인데, 답을 작성할 수 있는 열쇠가 되는 어휘가 항상 따라 나오기 때문이다. 예를 들어 'Adresse permanente'의 경우 본적지라고 해석되지만 어디까지나 가상으로 묻는 것이기 때문에 실제 거주하고 있는 집 주소로 써도 무방하다. 마지막으로 'Votre relation 당신과의 관계'라는 항목은 바로 위 '긴급 연락처'에 적은 사람과의 관계를 묻는 것인데, 결혼을 한 상태를 고려하여 'conjoint 배우자' 항목에 표시하면 된다.

필수 어휘

marié 결혼한 | **chercher** 찾다 | **travail** (m.) 일 | **information personnelle** (f.) 개인 정보 | **nom de jeune fille** (m.) 여자의 결혼 전 성 | **adresse permanente** (f.) 본적지 | **urgence** (f.) 긴급 | **relation** (f.) 관계 | **conjoint** 배우자 | **parent** 부모 | **téléphone portable** (m.) 휴대폰

작문 평가

EXERCICE 2

Épreuve en deux parties :

- compléter une fiche, un formulaire ;
- **rédiger des phrases simples (cartes postales, messages, légendes, etc.) sur des sujets de la vie quotidienne.**

두 유형으로 구분 :

- 서식, 양식 작성
- **일상적인 주제에 대해서 간단한 문장 작성하기(엽서, 메시지 등)**

완전 공략

1 핵심 포인트

지시 사항에 따라 편지 또는 이메일을 간단하게 작성해야 한다. 프랑스인들이 사용하는 편지나 이메일 구성 방법에 따라 작문을 진행해야 하며, 편지나 이메일을 받는 대상에도 신경을 써야 한다. 왜냐하면 글을 쓰는 사람과 받는 사람의 관계와 어울리지 않는 인칭대명사를 사용하는 경우 작문 전체 점수에서 큰 손해를 보기 때문이다.

2 빈출 주제

주어진 글 없이 바로 작성하는 방식이 주를 이룬다. (답신의 형태로 작성하는 방식은 A2 레벨에서 출제) 초대, 제안, 부탁, 안부 등의 주제로 출제되는 경향이 강하다.

3 고득점 전략

① 지시 사항에 충실해야 한다.

무엇보다도 지시 사항에서 언급하고 있는 내용을 빠짐없이 다루어야 한다. 만약 지시 사항에 있는 내용을 누락한 채 작문하는 경우, 감점의 대상이 되므로 주의해야 한다.

② 해당 양식에 적합하게 답안을 작성해야 한다.

편지의 경우 양식을 지켜서 작성해야 하므로 편지의 기본 요소인 인사말과 작별 인사, 편지를 보내는 사람의 이름 등을 반드시 적어야 한다. 또한 오른쪽 상단에는 편지 쓰는 장소, 날짜, 달 등을 기입해야 한다.

③ 최소 단어 수를 넘기는 편이 좋다.

최소 단어 수에 맞추어 작문을 하면 내용 면에서 많은 것을 담을 수 없는 경우가 많다. 따라서 점수를 높게 받기 위해서는 좀 더 충실한 구성이 필요하다. 단어 수를 넘겨서 답안을 작성하는 것이 감점 요소로 작용하지는 않으므로 이에 대해 불안감을 가질 필요는 없다. 오히려 충분한 내용을 다루어 높은 점수를 획득하는 것을 목표로 삼도록 하자.

EXERCICE 2

답안 작성 예시

Paris, le 01 mai ❶

Salut,

Comment vas-tu ? Moi, je vais bien. Ça fait déjà six mois que je suis venue en France. ❷

J'ai trouvé un petit appartement dans Paris et j'ai des cours tous les jours sauf le week-end. Les cours sont très difficiles mais heureusement, mes camarades m'aident beaucoup. J'ai visité le château de Versailles la semaine dernière et il y avait beaucoup de monde. Demain, je vais aller à la tour Eiffel avec mes amis. ❸

Je vais rester à Paris jusqu'à la fin de cette année, alors tu peux venir me voir. On va bien s'amuser.

Bises, ❹

Patricia

답안 작성법

① 장소 및 날짜

메일의 오른쪽 상단에는 이메일 또는 편지를 쓰는 장소와 날짜, 달 순으로 기입한다.

② 시작 부분

편지의 시작 부분에서는 안부 인사를 반드시 적어야 한다. 상대방의 안부를 묻고 자신의 안부에 대해 간략하게 적도록 한다. 비록 어휘 한두 개이기는 하지만 인사말은 편지 양식의 일부분이므로, 이를 잘못 사용하면 여러 부분에서 크게 감점이 된다는 사실을 꼭 기억하도록 하자.

③ 본문

지시 사항에서 언급하고 있는 주제(생일 초대, 학교 행사, 여행 제안 등)를 정확히 파악해야 하며, 특히 어떤 활동을 하게 되는지에 대한 부분을 반드시 기입해야 한다. 작문이 끝난 후 지시 사항에서 요구하는 사항들을 다 언급했는지 다시 한번 확인해야 하는데, 왜냐하면 누락된 경우 감점을 당하기 때문이다.

④ 끝부분

편지의 형식에 따라 끝부분에는 간단한 작별 인사와 함께 본인의 이름을 서명한다.

TIP 답안 작성 시 활용할 수 있는 표현

① 인사말(메일의 처음과 끝에 사용하는 표현)
Salut, 안녕
à bientôt 곧 다시 보자.

② 시간이 있는지 물어볼 때
Tu es libre ? 너 시간 있니?
Qu'est-ce que tu fais pendant les vacances ? 너 방학 때 뭐 하니?

③ 초대, 제안, 부탁할 때
Je t'invite. 네가 너를 초대할게.
Je te propose ... 내가 너에게 ...을 제안할게.
J'ai quelque chose à te demander. 내가 너에게 부탁할 것이 있어.
Je te demande un service. 내가 너에게 부탁 좀 할게.
Tu peux m'aider ? 너 나를 도와줄 수 있니?

EXERCICE 2 실전 연습

Étape 1

전략에 따라 작문해 보세요.

Vous habitez à la campagne et vous écrivez une lettre à un(e) ami(e) français(e) pour l'inviter chez vous pendant les vacances. Vous lui parlez des activités que vous pouvez faire ensemble. *15 points*

40 mots minimum

Nombre de mots : ....

Étape 2

문제 1의 해석을 확인한 후, 작문 풀이 요령을 파악하세요.

문제 해석

당신은 시골에 살고 있고 방학 동안 당신의 집에 프랑스 친구를 초대하기 위해 편지를 씁니다. 그(그녀)에게 여러분이 함께할 수 있는 활동들에 대해 말합니다. (최소 40개 단어) 15점

풀이 요령

STEP 1 문제의 지시 사항을 읽은 후, 작문 내용에 포함해야 할 내용들을 빠르게 체크한다.

편지를 쓰는 사람	시골에 거주
편지를 받는 사람	프랑스 친구 1명
편지를 쓰는 목적	방학 때 자신의 집으로 친구를 초대하려고
편지에 쓸 내용	친구와 함께할 수 있는 활동 소개 (최소 2개 이상)

STEP 2 STEP 1에서 파악한 내용을 토대로 아래와 같이 답안을 구성한다.

장소 및 날짜	편지를 쓰는 사람이 시골에 거주하고 있으므로, 프랑스 남부의 'Nice 니스'를 장소로 적는다. 그리고 방학 때 친구를 초대하기 위한 편지이므로 여름방학이나 겨울방학이 시작되기 전의 날짜를 임의로 작성한다.
시작 부분	친구에게 안부를 전하면서, 현재 본인은 시골에 살고 있다는 정보를 함께 언급한다. 이 때 편지를 받는 사람은 1명이므로 상대방을 지칭할 때는 tu 또는 toi를 사용한다.
본문 1	편지를 쓰게 된 이유에 대해 구체적으로 밝혀야 한다. 지시 사항에 따라서 방학 동안 자신의 집으로 친구를 초대하기 위해 편지를 썼다고 적되, 지시 사항에 있는 어휘나 표현을 그대로 사용하기보다는 가급적 비슷한 의미를 지닌 다른 표현으로 바꿔 적는 편이 높은 점수를 얻는 데 유리하다.
본문 2	친구와 함께할 수 있는 활동들에 대해 2개 이상 기술해야 한다. 친구를 초대하는 시기가 방학이라는 점을 고려하여 여름방학이나 겨울방학 기간에 어울리는 활동들을 제시하는 것이 좋다. 그리고 친구에게 이 활동들을 같이하자는 제안도 함께 덧붙인다.
끝부분	간단한 작별 인사를 쓰고, 마지막에 자신의 이름을 적는다. 비록 간략한 내용이기는 하지만 편지 형식에서 반드시 있어야 할 부분이기 때문에 꼭 적어야 한다.

해석과 함께 모범 답안을 확인한 후, 필수 어휘를 익혀 보세요.

모범 답안

장소 및 날짜	Nice, le 04 mai 니스, 5월 4일
시작 부분	Salut, Comment vas-tu ? Moi, je vais très bien. J'habite à la campagne depuis six mois et tout se passe bien. 안녕, 너 어떻게 지내니? 나는 아주 잘 지내고 있어. 나는 6개월 전부터 시골에 살고 있는데, 모든 것이 좋아.
본문 1	Tu sais ? Cela fait déjà un an que je ne t'ai pas vu et tu me manques. Comme c'est bientôt les vacances d'été, je te propose de passer quelques jours chez moi. 너 그거 알아? 내가 너를 못 본 지 벌써 일 년이고, 네가 보고 싶어. 곧 여름방학이니까 우리 집에서 며칠 보낼 것을 너에게 제안해.
본문 2	Il y a un joli parc près de chez moi et on peut se promener. Et puis, la mer n'est pas très loin de chez moi et on peut prendre un bain de soleil. Je suis sûr qu'on va bien s'amuser. Qu'est-ce que tu en penses ? J'attends ta réponse. 우리 집 가까이에 예쁜 공원이 있는데, 우리는 산책할 수 있어. 그리고 바다가 우리 집에서 그리 멀리 떨어져 있지 않아서 우리는 일광욕을 할 수 있어. 나는 우리가 아주 재미있게 놀 것이라고 확신해. 너는 이것에 대해 어떻게 생각하니? 너의 답변을 기다릴게.
끝부분	À très bientôt, Xavier 빠른 시일 내에 보자, Xavier

단어 수 : 126

필수 어휘

habiter 살다 | **campagne** (f.) 시골 | **écrire** 쓰다 | **lettre** (f.) 편지 | **ami** 친구 | **inviter** 초대하다 | **chez** ~의 집에 | **pendant** ~ 동안 | **parler** 말하다 | **activité** (f.) 활동 | **faire** ~하다 | **mot** (m.) 단어 | **minimum** 최소의 | **mai** (m.) 5월 | **depuis** ~ 이래로 | **six** 6 | **mois** (m.) 달, 월 | **se passer** 일어나다, (시간이) 지나다 | **manquer** 부족하다, 보고 싶다 | **bientôt** 곧 | **été** (m.) 여름 | **proposer** 제안하다 | **joli** 예쁜 | **parc** (m.) 공원 | **près de** ~에서 가까운 | **se promener** 산책하다 | **mer** (f.) 바다 | **loin de** ~에서 멀리 떨어진 | **bain de soleil** (m.) 일광욕 | **sûr** 확신하는 | **s'amuser** 즐기다 | **attendre** 기다리다 | **réponse** (f.) 답변

EXERCICE 2 실전 연습

Étape 1

전략에 따라 작문해 보세요.

Vous restez à Paris depuis six mois pour vos études. Vous envoyez un courriel à un(e) ami(e) pour lui raconter votre nouvelle vie. Vous lui expliquez ce que vous faites et vous lui demandez de ses nouvelles. *15 points*

40 mots minimum

Nombre de mots : ....

Étape 2

문제 2의 해석을 확인한 후, 작문 풀이 요령을 파악하세요.

문제 해석

당신은 공부 때문에 6개월 전부터 파리에 머물고 있습니다. 친구에게 당신의 새로운 삶에 대해 이야기하기 위해 이메일을 보냅니다. 그(그녀)에게 당신이 하는 것에 대해 설명하고 그(그녀)의 소식을 물어봅니다. (최소 40개 단어) 15점

풀이 요령

STEP 1 문제의 지시 사항을 읽은 후, 작문 내용에 포함해야 할 내용들을 빠르게 체크한다.

편지를 쓰는 사람	파리에 머무르고 있는 학생
편지를 받는 사람	친구 1명
편지를 쓰는 목적	친구에게 파리에서의 생활을 이야기하기 위해
편지에 쓸 내용	1. 파리에서 하고 있는 활동들에 관한 설명 2. 친구의 소식 묻기

STEP 2 STEP 1에서 파악한 내용을 토대로 아래와 같이 답안을 구성한다.

장소 및 날짜	편지를 쓰는 사람이 파리에 거주하고 있으므로, 'Paris 파리'를 장소로 적는다. 지시 사항에서 날짜와 관련해서 특별히 언급된 내용이 없으므로, 날짜는 응시자가 원하는 날짜로 적으면 된다.
시작 부분	친구에게 안부를 전하면서, 자신은 현재 공부 때문에 파리에 머물고 있다는 내용도 함께 언급한다. 이때 편지를 받는 사람은 1명이므로 상대방을 지칭할 때는 tu 또는 toi를 사용한다.
본문 1	이메일을 쓰는 목적에 따라 본인의 새로운 삶에 대해 구체적으로 이야기해야 한다. 파리에 머물고 있는 이유가 공부와 관련이 있으므로, 공부할 때 어떤 어려움이 있었고, 이를 어떻게 극복했는지를 중점적으로 언급한다.
본문 2	공부 외에 새롭게 경험하는 활동들에 대해 추가적으로 언급한다. 평상시에 할 수 있는 다양한 활동들, 또는 파리라는 도시의 특성에 맞춰 유명한 관광지에 방문한다는 내용을 언급하는 편이 좋다.
본문 3	지시 사항에 따라 상대방의 소식에 대해서도 물어봐야 한다. 방학 동안 무엇을 했는지, 현재 어떤 활동이나 공부를 하고 있는지 등에 대해 의문문의 형식으로 간략하게 묻는 것이 효율적이다.
끝부분	간단한 작별 인사와 함께 자신의 이름을 마지막에 적는다.

Étape 3

해석과 함께 모범 답안을 확인한 후, 필수 어휘를 익혀 보세요.

모범 답안

장소 및 날짜	Paris, le 04 septembre 파리, 9월 4일
시작 부분	Salut, Comment ça va ? Cela fait six mois que j'habite à Paris. Comme tu le sais bien, je suis venue en France pour continuer mes études. 안녕, 어떻게 지내니? 내가 파리에 산 지 6개월이 되었어. 너도 잘 알다시피 나는 학업을 계속하기 위해 프랑스에 왔어.
본문 1	Quand je me suis inscrite à l'institut de langues, j'avais beaucoup de problèmes. Heureusement, le professeur m'a bien encouragée et mes camarades de classe étaient gentils avec moi. 내가 어학원에 등록했을 때 나는 많은 문제가 있었어. 다행히도 선생님이 나를 많이 격려해 주셨고, 학급 친구들은 나에게 친절했어.
본문 2	Quand je n'ai pas de cours, je visite des monuments célèbres avec mes amis. Je suis allée au musée du Louvre et à la tour Eiffel plusieurs fois. Je vais aussi souvent au cinéma et je joue au tennis une fois par semaine. 나는 수업이 없을 때 친구들과 유명한 기념물들을 방문해. 루브르 박물관과 에펠탑에 여러 번 갔어. 또 영화관에도 자주 가고, 일주일에 한 번 테니스를 쳐.
본문 3	Et toi ? Qu'est-ce que tu as fait pendant les vacances d'été ? Tu travailles encore au café de ta mère ? Et tes études ? J'espère que tu viendras à Paris l'année prochaine. J'ai beaucoup de choses à te raconter. 너는 어때? 여름방학 동안 뭐 했니? 여전히 네 어머니의 카페에서 일하고 있니? 네 공부는? 나는 네가 내년에 파리에 왔으면 좋겠어. 너에게 말해 줄 것이 많거든.
끝부분	À bientôt, Isabelle 곧 보자, Isabelle

단어 수 : 162

필수 어휘

rester 머물다 | **étude** (f.) 공부 | **envoyer** 보내다 | **courriel** (m.) 이메일 | **raconter** 말하다 | **nouveau** 새로운 | **vie** (f.) 삶, 인생 | **expliquer** 설명하다 | **nouvelle** (f.) 소식 | **venir** 오다 | **continuer** 계속하다 | **s'inscrire à** ~에 등록하다 | **institut de langues** (m.) 어학원 | **problème** (m.) 문제 | **heureusement** 다행히도 | **encourager** 격려하다 | **camarade de classe** 학급 친구 | **gentil** 친절한 | **cours** (m.) 수업 | **visiter** 방문하다 | **monument** (m.) 기념물 | **célèbre** 유명한 | **musée** (m.) 미술관 | **cinéma** (m.) 영화관 | **jouer à** (놀이·게임·경기를) 하다 | **année prochaine** (f.) 내년

문제 3

EXERCICE 2 실전 연습

Étape 1

전략에 따라 작문해 보세요.

Vous écrivez à votre correspondant(e) français(e) pour la première fois. Vous vous décrivez et vous lui parlez de votre famille. Vous lui posez des questions sur son pays.

15 points

40 mots minimum

Nombre de mots : ....

Étape 2

문제 3의 해석을 확인한 후, 작문 풀이 요령을 파악하세요.

문제 해석

당신은 처음으로 당신의 프랑스 펜팔 상대에게 글을 씁니다. 당신을 소개하고 당신의 가족에 대해 그에게 말합니다. 그(그녀)에게 그(그녀)의 나라에 대해 질문들을 합니다. (최소 40개 단어) 15점

풀이 요령

STEP 1 문제의 지시 사항을 읽은 후, 작문 내용에 포함해야 할 내용들을 빠르게 체크한다.

편지를 쓰는 사람	한국에 거주하는 학생 (가정)
편지를 받는 사람	프랑스 펜팔 상대 1명
편지를 쓰는 목적	펜팔 상대에게 처음으로 연락하기 위해
편지에 쓸 내용	1. 자신과 가족 소개 2. 프랑스와 관련된 질문

STEP 2 STEP 1에서 파악한 내용을 토대로 아래와 같이 답안을 구성한다.

장소 및 날짜	편지를 쓰는 사람을 한국에 거주하는 학생으로 가정하고, 'Séoul 서울'과 같은 한국의 지명을 장소로 적는다. 또 지시 사항에서 날짜와 관련해서 특별히 언급된 내용이 없으므로, 날짜는 응시자가 원하는 날짜로 적으면 된다.
시작 부분	안부 인사와 함께 어떻게 메일을 보내게 되었는지에 대한 경위를 밝힌다. 처음 보내는 메일이라는 점을 고려하여 상대방을 어떻게 알게 되었는지도 함께 설명하는 것이 논리적인 전개에 유리하다. 이때 편지를 받는 사람은 1명이므로 상대방을 지칭할 때는 tu 또는 toi를 사용한다.
본문 1	지시 사항에 따라 자신과 가족에 대해 소개한다. 이때 가장 기본적인 인적 사항과 함께 좋아하는 활동에 대해서도 꼭 적어야 한다. 또한 가족과 관련해서는 최대한 간략하게 정리해서 적는다.
본문 2	이어서 상대방에게 프랑스와 관련된 질문을 해야 한다. 이때 너에게 질문이 있다고 직설적으로 말하는 것보다는 궁금한 사항이 생긴 이유를 먼저 설명하는 것이 논리적인 전개상 바람직하다. 문장은 의문문의 형식으로 쓰며 일상생활과 밀접한 관련이 있는 날씨, 거주지 등을 묻는다. 그리고 질문이 많아 미안하다는 말과 함께 앞으로 자주 연락하고 싶다는 마음을 전한다.
끝부분	마지막에 작별 인사와 함께 자신의 이름을 적는다. 이때 편지를 쓰는 사람을 한국에 거주하는 학생으로 설정했으므로, 한국인 이름으로 적는 편이 좋다.

Étape 3

해석과 함께 모범 답안을 확인한 후, 필수 어휘를 익혀 보세요.

모범 답안

장소 및 날짜	Séoul, le 11 avril 서울, 4월 11일
시작 부분	Salut, Comment vas-tu ? Je crois que tu connais bien Sora. Elle m'a souvent parlé de toi et elle m'a donné ton adresse e-mail. Alors, je t'écris pour la première fois. 안녕, 어떻게 지내니? 나는 네가 소라를 잘 아는 걸로 알고 있어. 그녀가 내게 너에 대해 자주 말했고 너의 이메일 주소를 나에게 알려 줬어. 그래서 처음으로 너에게 글을 써.
본문 1	Je m'appelle Il Young et je suis coréen. J'ai 24 ans et j'habite à Séoul. Je suis étudiant du département de français. J'aime faire du sport et je m'intéresse beaucoup à la culture française. Mon père a 55 ans et il est fonctionnaire. Ma mère a 50 ans et elle travaille dans une grande entreprise. 내 이름은 일영이고 한국인이야. 나는 24세이고 서울에 살고 있어. 나는 프랑스학과 학생이야. 나는 운동하는 것을 좋아하고 프랑스 문화에 관심이 많아. 내 아버지는 55세이시고 공무원이야. 내 어머니는 50세이시고 대기업에 다니셔.
본문 2	Comme je vais voyager en France pendant les vacances, j'ai quelques questions à te poser. Tout d'abord, quel temps fait-il en été chez vous ? Il pleut beaucoup ? Est-ce qu'il est difficile de trouver un logement ? Et quelles sont les activités préférées des Français ? Excuse-moi de te poser beaucoup de questions et je vais te donner mes nouvelles plus souvent par e-mail. 내가 방학 동안 프랑스를 여행할 것이기 때문에 너에게 묻고 싶은 몇 가지 질문이 있어. 무엇보다도 먼저 너희 나라는 여름에 날씨가 어때? 비가 많이 오니? 숙소를 구하는 것이 어렵니? 프랑스인들이 좋아하는 활동들은 뭐야? 너에게 너무 많은 질문을 해서 미안하고 이메일을 통해 내 소식들을 너에게 더 자주 전할게.
끝부분	Bien à toi, Il Young 그럼 안녕, 일영

단어 수 : 180

필수 어휘

correspondant 펜팔 상대 | **se décrire** 자신을 묘사하다 | **poser** 문제를 내다, 제기하다, 질문하다 | **connaître** 알다 | **département de français** (m.) 프랑스학과 | **s'intéresser à** ~에 관심이 있다 | **culture** (f.) 문화 | **père** (m.) 아버지 | **fonctionnaire** 공무원 | **mère** (f.) 어머니 | **grande entreprise** (f.) 대기업 | **temps** (m.) 날씨 | **pleuvoir** 비가 오다 | **logement** (m.) 숙소

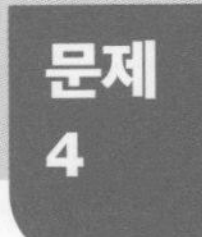

EXERCICE 2 실전 연습

Étape 1

전략에 따라 작문해 보세요.

Vous habitez en France. Vous aimez le football et vous êtes inscrit(e) dans un club de sport. Vous écrivez un courriel à un(e) ami(e) francophone. Vous lui dites quel(s) sport(s) vous faites, où, quand et avec qui. *15 points*

40 mots minimum

Nombre de mots : ....

Étape 2 문제 4의 해석을 확인한 후, 작문 풀이 요령을 파악하세요.

문제 해석

당신은 프랑스에 거주합니다. 당신은 축구를 좋아하고 스포츠 클럽에 가입합니다. 프랑스어권 친구에게 메일을 씁니다. 그(그녀)에게 당신이 어떤 운동을 하고 어디서, 언제, 누구와 함께하는지를 말합니다. (최소 40개 단어) 15점

풀이 요령

STEP 1 문제의 지시 사항을 읽은 후, 작문 내용에 포함해야 할 내용들을 빠르게 체크한다.

편지를 쓰는 사람	프랑스에 거주하는 사람
편지를 받는 사람	프랑스어권 친구 1명
편지를 쓰는 목적	스포츠 클럽에 가입한 사실을 알려 주기 위해
편지에 쓸 내용	1. 자신이 하는 운동에 대한 설명 2. 해당 운동을 언제, 어디서, 누구와 함께하는지

STEP 2 STEP 1에서 파악한 내용을 토대로 아래와 같이 답안을 구성한다.

장소 및 날짜	편지를 쓰는 사람이 프랑스에 거주하고 있으므로, 가장 오른쪽 상단에는 'Paris 파리'나 'Nice 니스'와 같은 곳을 장소로 적는다. 또 지시 사항에서 날짜와 관련해서 특별히 언급된 내용이 없으므로, 날짜는 응시자가 원하는 날짜로 적으면 된다.
시작 부분	친구에게 전하는 인사말과 함께 최근 스포츠 클럽에 가입했다는 내용을 쓴다. 내용을 보다 짜임새 있게 하기 위해 스포츠 클럽에 가입한 시기, 스포츠 클럽의 위치 등도 함께 적는다. 이때 편지를 받는 사람은 1명이므로 상대방을 지칭할 때는 tu 또는 toi를 사용한다.
본문 1	지시 사항에 언급된 내용에 따라, 축구 활동과 관련된 내용을 구체적으로 작성한다. 가령 스포츠 클럽에 축구팀이 있어서 그곳에서 축구팀 사람들과 함께 운동을 한다는 식으로 쓸 수 있다.
본문 2	축구 외에 스포츠 클럽에서 할 수 있는 운동으로 수영을 추가적으로 언급하고, 이와 함께 운동이 필요한 이유에 대해서도 적는다. 그리고 상대방에게 운동을 권장하는 문장으로 끝맺음한다.
끝부분	작별 인사를 적은 후, 마지막에는 자신의 이름을 적는다.

해석과 함께 모범 답안을 확인한 후, 필수 어휘를 익혀 보세요.

모범 답안

장소 및 날짜	Nice, le 15 mars 니스, 3월 15일
시작 부분	Salut, Comment ça va ? Moi, je vais bien. Les vacances viennent de commencer. Qu'est-ce que tu fais ces jours-ci ? Moi, je viens de m'inscrire au club de sports qui est près de chez moi. 안녕, 어떻게 지내니? 나는 잘 지내. 방학이 막 시작했어. 요즘 너 뭐 하니? 나는 집 가까이에 있는 스포츠 클럽에 등록했어.
본문 1	Il y a une équipe de football dans ce club, et j'y joue une fois par semaine car j'adore le football. Il y a un match amical de football avec les autres clubs de sports une fois par an. 이 클럽에 축구팀이 있어서 나는 거기서 일주일에 한 번 축구를 해. 왜냐하면 나는 축구를 아주 좋아하기 때문이야. 일 년에 한 번 다른 스포츠 클럽들과 친선 축구 경기가 있어.
본문 2	Et puis, il y a aussi une piscine couverte et j'y nage avec mes amis du club quand il pleut. Faire du sport est une activité amusante et c'est très important pour la santé, n'est-ce pas ? J'espère que tu pourras aussi faire du sport. 그리고 실내 수영장도 있어서 비가 올 때 내 클럽 친구들과 이곳에서 수영을 해. 운동을 하는 것은 재미있는 활동일 뿐 아니라 건강을 위해 매우 중요해, 그렇지 않아? 나는 너 또한 운동을 할 수 있기를 바라.
끝부분	Bises, Laurent 안녕, Laurent

단어 수 : 141

필수 어휘

football (m.) 축구 | **francophone** 프랑스어권의 | **mars** (m.) 3월 | **venir de + 동사원형** 이제 막 ~하다 | **commencer** 시작하다 | **ces jours-ci** 요즘, 최근 | **équipe** (f.) 팀 | **adorer** 아주 좋아하다 | **match amical** (m.) 친선 경기 | **piscine couverte** (f.) 실내 수영장 | **nager** 수영하다 | **amusant** 재미있는 | **santé** (f.) 건강

EXERCICE 2 실전 연습

Étape 1

전략에 따라 작문해 보세요.

Vous écrivez à votre correspondant(e) français(e). Vous lui parlez de vos amis, de vos goûts et de vos activités. Vous lui posez des questions sur ses loisirs. *15 points*

40 mots minimum

Nombre de mots : ....

Étape 2

문제 5의 해석을 확인한 후, 작문 풀이 요령을 파악하세요

문제 해석

당신은 프랑스 펜팔 친구에게 글을 씁니다. 그(그녀)에게 당신의 친구들, 당신의 취미 그리고 당신의 활동들에 대해 말합니다. 그(그녀)의 여가에 대해 그에게 질문합니다. (최소 40개 단어) 15점

풀이 요령

STEP 1 문제의 지시 사항을 읽은 후, 작문 내용에 포함해야 할 내용들을 빠르게 체크한다.

편지를 쓰는 사람	한국에 거주하는 사람 (가정)
편지를 받는 사람	프랑스 펜팔 친구 1명
편지를 쓰는 목적	자신의 근황을 이야기하기 위해
편지에 쓸 내용	1. 나의 친구들에 관한 내용 2. 나의 취미 및 활동들에 관한 내용 3. 편지를 받는 사람의 여가에 대한 질문

STEP 2 STEP 1에서 파악한 내용을 토대로 아래와 같이 답안을 구성한다.

장소 및 날짜	편지를 쓰는 사람을 한국에 거주하는 사람으로 가정하고, 'Séoul 서울'이나 'Incheon 인천'과 같은 한국의 지명을 장소로 적는다. 또 지시 사항에서 날짜와 관련해서 특별히 언급된 내용이 없으므로, 답안지에는 응시자가 원하는 날짜로 적으면 된다.
시작 부분	친구에게 전하는 안부 인사와 함께 친구들에 대한 이야기를 꺼내야 하는데, 현재 친구들과 함께 지내고 있다는 내용을 적으면 편지에 써야 할 내용들을 자연스럽게 이끌어 낼 수 있다. 참고로 편지를 받는 사람은 1명이므로 상대방을 지칭할 때는 tu 또는 toi를 사용한다.
본문 1	지시 사항에 따라 나의 친구들에 대한 이야기를 먼저 적는다. 이때 친구들의 취미를 설명하고, 그와 연관될 수 있는 활동들을 제시한다.
본문 2	지시 사항에 따라 응시자가 좋아하는 취미와 활동들에 대해 적어야 한다. 앞에서 친구들에 대한 이야기를 했으므로, 이 친구들과 함께할 수 있는 활동들로 언급한다면 좀 더 논리적인 작문이 가능하다.
본문 3	편지를 받는 사람의 여가에 대해 질문해야 하는데, 의문문의 형식을 통해 여행이나 운동, 또는 방학 동안 할 수 있는 일과 관련된 내용을 물어 본다.
끝부분	간단한 작별 인사와 함께 마지막에는 자신의 이름을 적는다. 이때 편지를 쓰는 사람을 한국에 거주하는 학생으로 설정했으므로, 한국인 이름으로 적는 편이 좋다.

해석과 함께 모범 답안을 확인한 후, 필수 어휘를 익혀 보세요.

모범 답안

장소 및 날짜	Incheon, le 02 août 인천, 8월 2일
시작 부분	Salut, Comment vas-tu ? Mes amis d'enfance sont venus chez moi et j'ai passé un moment agréable avec eux. 안녕, 어떻게 지내고 있니? 나의 어릴 적 친구들이 우리 집(내 집)에 와서 나는 그들과 좋은 순간을 보내고 있어.
본문 1	Ils adorent les tableaux alors je suis allé au musée avec eux. Et puis, comme ils sont sportifs, on fait du jogging au parc tous les matins. 그들은 그림들을 아주 좋아해서 나는 그들과 함께 미술관에 갔어. 그리고 그들은 운동을 좋아하기 때문에 우리는 매일 아침 공원에서 조깅을 해.
본문 2	J'aime la musique et je vais souvent au concert avec eux. Et on dîne dans de bons restaurants car je suis gourmand. 나는 음악을 좋아해서 그들과 함께 콘서트에 자주 가. 그리고 내가 미식가이기 때문에 좋은 식당에서 우리는 저녁을 먹어.
본문 3	Qu'est-ce que tu aimes faire quand tu es libre ? Si tu t'intéresses au voyage, nous pourrons voyager ensemble en Europe un jour. 너 시간이 있을 때 무엇을 하는 것을 좋아하니? 만일 네가 여행에 관심이 있다면, 우리는 언젠가 유럽을 함께 여행할 수 있을 거야.
끝부분	À bientôt, Jin Tae 곧 보자, 진태

단어 수 : 111

goût (m.) 취미 | **loisirs** (m.pl.) 여가 | **ami d'enfance** 소꿉친구, 죽마고우 | **agréable** 안락한, 편안한 | **tableau** (m.) 그림 | **musée** (m.) 미술관 | **faire du jogging** 조깅하다 | **parc** (m.) 공원 | **gourmand** 미식가 | **argent de poche** (m.) 용돈 | **prends soin de** ~을 돌보다 | **santé** (f.) 건강

EXERCICE 2 실전 연습

Étape 1

전략에 따라 작문해 보세요.

Vous êtes à Paris, en France en tant qu'étudiant(e) en échange et c'est votre premier jour à l'université. Vous écrivez à un(e) ami(e) français(e). Vous parlez de vos cours et de votre professeur. Vous lui demandez il(elle) fait ce week-end.

15 points

40 mots minimum

Nombre de mots : ....

Étape 2

문제 6의 해석을 확인한 후, 작문 풀이 요령을 파악하세요.

문제 해석

당신은 교환학생으로 프랑스 파리에 있고 대학교에서의 첫날입니다. 당신은 프랑스 친구에게 글을 씁니다. 당신의 수업과 선생님에 대해 말합니다. 그(그녀)에게 주말에 무엇을 할 것인지를 물어봅니다. (최소 40개 단어)

15점

풀이 요령

STEP 1 문제의 지시 사항을 읽은 후, 작문 내용에 포함해야 할 내용들을 빠르게 체크한다.

편지를 쓰는 사람	프랑스 파리 대학에서 공부하는 교환학생
편지를 받는 사람	프랑스 친구 1명
편지를 쓰는 목적	대학에서 참석한 첫 번째 수업에 대해 이야기하려고
편지에 쓸 내용	1. 첫 번째 수업과 선생님에 관한 내용 2. 친구의 주말 계획에 대한 질문

STEP 2 STEP 1에서 파악한 내용을 토대로 아래와 같이 답안을 구성한다.

장소 및 날짜	편지를 쓰는 사람이 파리에 거주하고 있으므로, 'Paris 파리'를 장소로 적는다. 날짜를 적을 때에는 지시 사항에서 대학에서의 첫날이라고 언급한 내용을 참고하여, 일반적인 개강일인 9월 정도로 작성한다.
시작 부분	친구에게 전하는 안부 인사를 전한 후, 본인이 왜 프랑스에 있는지에 대해 먼저 설명하는 것이 논리적인 전개에 유리하다. 그리고 지시 사항에서 첫날이라고 했기 때문에 수업에 처음 참여했다는 내용을 언급한다. 참고로 편지를 받는 사람은 1명이므로 상대방을 지칭할 때는 tu 또는 toi를 사용한다.
본문 1	지시 사항에 따라 수업과 관련된 내용을 적어야 한다. 첫 번째 날이어서 수업이 힘들었지만 선생님이 배려를 해 주었다는 식으로 쓰는 것이 바람직하다. 이때 수업에서 느꼈던 어려운 점과 선생님이 준 도움이 무엇이었는지를 구체적으로 기술한다.
본문 2	상대방에게 주말에 대한 계획을 물어야 한다. 자신을 만나러 와 달라는 부탁 또는 제안을 먼저 한 후, 이에 대한 친구의 의견을 묻는 방식으로 작성한다.
끝부분	간단한 작별 인사와 함께 마지막에는 자신의 이름을 적는다. 이때 편지를 쓰는 사람을 교환학생으로 설정했으므로, 한국인 이름으로 적는 편이 좋다.

Étape 3

해석과 함께 모범 답안을 확인한 후, 필수 어휘를 익혀 보세요.

모범 답안

장소 및 날짜	Paris, le 01 septembre 파리, 9월 1일
시작 부분	Salut, Comment ça va ? Comme tu le sais bien, je suis venue en France pour suivre les cours. Cela fait une semaine que je suis à Paris et aujourd'hui, c'était mon premier jour à l'université. 안녕, 어떻게 지내니? 너도 잘 알다시피 나는 수업을 듣기 위해 프랑스에 왔어. 내가 파리에 온 지 일주일이 되었고, 오늘은 대학교에서 나의 첫날이었어.
본문 1	Il y avait dix étudiants dans la salle de classe et j'étais très tendue. La grammaire n'était pas très difficile mais le problème était la prononciation. Heureusement, le professeur était gentil et il m'a parlé doucement. 교실에는 10명의 학생이 있었고, 나는 매우 긴장했어. 문법은 그렇게 어렵지는 않았지만 문제는 발음이었어. 다행히 선생님께서 친절하셨고, 나에게 천천히 말씀하셨어.
본문 2	Qu'est-ce que tu fais pendant le week-end ? Tu peux venir me voir à Paris ? Je vais te préparer un repas coréen. Réponds-moi ! 너 주말 동안 뭐 할 거니? 너 파리에 나를 보러 올 수 있어? 너를 위해 한국 식사를 준비할 게. 내게 답변해 줘!
끝부분	Bonne journée, Ji Hye 좋은 하루 보내, 지혜

단어 수 : 127

en tant que + 무관사 명사 ~로서 | **étudiant en échange** 교환학생 | **premier** 첫 번째의 | **cours (m.)** 수업 | **suivre un cours** 강의를 듣다 | **dix** 10 | **salle de classe (f.)** 교실 | **tendu** 긴장한 | **grammaire (f.)** 문법 | **difficile** 어려운 | **prononciation (f.)** 발음 | **doucement** 천천히 | **préparer** 준비하다 | **repas (m.)** 식사

문제 7

EXERCICE 2 실전 연습

Étape 1

전략에 따라 작문해 보세요.

Vous vivez en France et vous allez inviter votre ami(e) pour fêter votre anniversaire. Vous lui écrivez un courriel. Vous lui dites où et quand est le rendez-vous. Vous lui demandez d'apporter quelque chose (à boire, à manger, etc).

15 points

40 mots minimum

Nombre de mots : ....

Étape 2

문제 7의 해석을 확인한 후, 작문 풀이 요령을 파악하세요.

문제 해석

당신은 프랑스에 살고 있고, 당신의 생일을 축하하기 위해 친구를 초대하려고 합니다. 그(그녀)에게 메일을 씁니다. 그(그녀)에게 약속 장소와 일시를 말합니다. 그(그녀)에게 무엇인가를 가져올 것을 부탁합니다(마실 것, 먹을 것 등). (최소 40개 단어) 15점

풀이 요령

STEP 1 문제의 지시 사항을 읽은 후, 작문 내용에 포함해야 할 내용들을 빠르게 체크한다.

편지를 쓰는 사람	프랑스에 거주하는 사람
편지를 받는 사람	(프랑스) 친구 1명
편지를 쓰는 목적	자신의 생일에 친구를 초대하기 위해
편지에 쓸 내용	1. 약속 장소와 일시 2. 친구에게 가져와 달라고 부탁할 것(마실 것, 먹을 것 등)

STEP 2 STEP 1에서 파악한 내용을 토대로 아래와 같이 답안을 구성한다.

장소 및 날짜	편지를 쓰는 사람이 프랑스에 거주하고 있으므로, 프랑스의 'Paris 파리'나 'Rouen 루앙'과 같은 지역을 장소로 적는다. 또 지시 사항에서 날짜와 관련해서 특별히 언급된 내용이 없으므로, 답안지에는 응시자가 원하는 날짜로 적으면 된다.
시작 부분	인사말과 함께 친구에게 특정 날짜에 시간이 있는지를 먼저 묻는다. 그리고 그날이 본인의 생일이기 때문에, 이날 친구를 자신의 집으로 초대하고 싶다는 의사를 같이 밝힌다. 참고로 편지를 받는 사람은 1명이므로 상대방을 지칭할 때는 tu 또는 toi를 사용한다.
본문 1	편지를 받는 친구가 초대에 응하도록 하기 위해 다른 친구들을 초대할 것이고, 좋은 시간을 보낼 것이라는 부분을 강조한다. 따라서 자신의 생일에 어떤 활동들을 할 것인지를 구체적으로 적는 편이 좋다.
본문 2	지시 사항에서 요구하는 내용에 따라 친구에게 가져와 달라고 부탁할 것들을 이야기해야 한다. 내용을 좀 더 자연스럽게 만들기 위해 친구가 제과점에서 일하고 있으니 생일 케이크를 가져와 달라는 흐름으로 적는다.
끝부분	간단한 작별 인사와 함께 마지막에는 자신의 이름을 적는다.

Étape 3

해석과 함께 모범 답안을 확인한 후, 필수 어휘를 익혀 보세요.

모범 답안

장소 및 날짜	Rouen, le 25 janvier 루앙, 1월 25일
시작 부분	Salut, Tu vas bien ? Tu es libre ce samedi ? C'est mon anniversaire et je vais inviter mes amis chez moi. Tu peux venir ? Les anciens camarades de lycée vont venir et tu pourras passer une belle soirée avec eux. 안녕, 너 잘 지내지? 이번 주 토요일에 시간 있니? 내 생일이라 내가 집에 친구들을 초대할 거야. 너 올 수 있어? 고등학교 친구들도 오는데, 너는 그들과 좋은 저녁 시간을 보낼 수 있어.
본문 1	On va commander des plats italiens et on va regarder la télé avec un grand écran après le dîner. Et puis, on va au karaoké pour chanter. Je suis sûr qu'on va bien s'amuser. 이탈리아 음식을 주문하고, 저녁 식사 후에 큰 화면으로 텔레비전을 볼 거야. 그리고 노래하러 노래방에 갈 거야. 나는 우리가 즐거울 것이라고 확신해.
본문 2	Comme tu travailles dans une boulangerie, tu peux apporter un gâteau d'anniversaire ? Réponds-moi vite. 네가 제과점에서 일을 하니까, 네가 생일 케이크를 가져올 수 있니? 나에게 빨리 답변해 줘.
끝부분	À bientôt, Fabien 곧 보자, Fabien

단어 수 : 109

vivre 살다 | **inviter** 초대하다 | **fêter** 축하하다 | **anniversaire (m.)** 생일, 기념일 | **apporter** 가져오다 | **boire** 마시다 | **manger** 먹다 | **libre** 시간이 있는 | **samedi (m.)** 토요일 | **ancien** 이전의 | **camarade** 친구 | **lycée (m.)** 고등학교 | **commander** 주문하다 | **plat (m.)** 식사 | **italien** 이탈리아의 | **regarder** 보다 | **écran (m.)** 화면 | **dîner (m.)** 저녁식사 | **karaoké (m.)** 노래방 | **chanter** 노래하다 | **boulangerie (f.)** 빵 가게 | **gâteau (m.)** 케이크 | **vite** 빨리

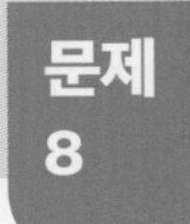

EXERCICE 2 실전 연습

Étape 1

전략에 따라 작문해 보세요.

Vous habitez en France et c'est la fête du cinéma du 30 juin au 04 juillet. Vous écrivez un courriel à un(e) ami(e) français(e) et vous lui proposez d'aller au cinéma. Vous lui dites le nom du film, le prix, le lieu et l'heure de rendez-vous.

15 points

40 mots minimum

Nombre de mots : ....

Étape 2 문제 8의 해석을 확인한 후, 작문 풀이 요령을 파악하세요.

문제 해석

당신은 프랑스에 살고 있고, 6월 30일부터 7월 4일까지 영화제입니다. 당신은 프랑스 친구에게 메일을 쓰고, 그(그녀)에게 영화관에 갈 것을 제안합니다. 그(그녀)에게 영화 제목, 가격, 만날 장소와 시간에 대해 말합니다. (최소 40개 단어) 15점

풀이 요령

STEP 1 문제의 지시 사항을 읽은 후, 작문 내용에 포함해야 할 내용들을 빠르게 체크한다.

편지를 쓰는 사람	프랑스에 거주하는 사람
편지를 받는 사람	프랑스 친구 1명
편지를 쓰는 목적	영화제 기간에 영화관에 갈 것을 제안하려고
편지에 쓸 내용	1. 영화 제목 2. 가격 3. 만날 장소와 시간

STEP 2 STEP 1에서 파악한 내용을 토대로 아래와 같이 답안을 구성한다.

장소 및 날짜	편지를 쓰는 사람이 프랑스에 거주하고 있으므로, 프랑스의 'Paris 파리'나 'Lyon 리옹'과 같은 지역을 장소로 적는다. 또 지시 사항에서 영화제가 6월 30일부터 7월 4일까지 열린다고 했으므로, 편지를 쓰는 날짜를 6월 말로 작성하는 편이 좋다.
시작 부분	안부 인사를 한 뒤, 친구가 있는 도시를 곧 방문하게 될 것이라고 적는다. 내용을 자연스럽게 만들기 위해 영화제가 열리는 도시를 가상으로 선정하고, 친구가 그 도시에 살고 있다고 가정한다. 참고로 편지를 받는 사람은 1명이므로 상대방을 지칭할 때는 tu 또는 toi를 사용한다.
본문 1	영화제 기간 동안 영화를 같이 보자고 제안한다. 친구가 제안을 수락할 수 있도록 조건을 형성하는 것이 중요한데, 친구가 영화를 아주 좋아한다는 점과 재미있는 영화가 최근 개봉되었다는 것을 언급할 수 있다. 그리고 지시 사항에 따라서 영화 제목과 종류, 가격을 언급한다. 영화에 관한 정보는 가상으로 작성해도 무방하다.
본문 2	이어서 만날 장소와 시간에 대해 적어야 한다. 영화를 같이 보자고 제안을 했으니 약속 장소를 영화관으로 작성하면 무난하며, 영화관 이름도 가상으로 작성하면 된다. 마지막으로 영화 관람 후에 할 활동에 대해 언급하면서 작별 인사와 함께 글을 끝맺는다.
끝부분	곧 만나자는 작별 인사와 함께 마지막에는 자신의 이름을 적는다.

Étape 3 해석과 함께 모범 답안을 확인한 후, 필수 어휘를 익혀 보세요.

모범 답안

장소 및 날짜	Lyon, le 29 juin 리옹, 6월 29일
시작 부분	Salut, Comment ça va ? Voilà, mon grand frère va partir en voyage et je vais à Paris demain pour garder sa maison pendant un mois. 안녕, 어떻게 지내니? 다름이 아니라 오빠가 여행을 떠날 것이고 나는 한 달 동안 그의 집을 보기 위해 내일 파리에 가.
본문 1	C'est bientôt la fête du cinéma et je sais que tu adores les films. Alors, j'aimerais voir un film avec toi. Un film très intéressant vient de sortir. Le titre de ce film est « Je suis tombé amoureux d'elle ». C'est un film de science-fiction et on peut le voir à moitié prix pendant la fête du cinéma. 곧 영화제이고 나는 네가 영화들을 아주 좋아한다는 것을 알아. 그래서 너와 함께 영화를 보고 싶어. 매우 흥미로운 영화가 막 개봉되었어. 이 영화 제목은 '나는 그녀와 사랑에 빠졌어'야. 공상과학영화이고 영화제 동안 반값에 볼 수 있어.
본문 2	Le cinéma Gaumont n'est pas loin de chez toi, et on peut se voir après-demain devant le cinéma à 16 h. On va dîner ensemble après le cinéma. Qu'est-ce que tu en penses ? Réponds-moi. Gaumont 영화관이 네 집에서 멀지 않으니 우리는 모레 16시에 영화관 앞에서 만날 수 있어. 영화를 본 후에 함께 저녁을 먹자. 너는 이것에 대해 어떻게 생각해? 내게 답변해 줘.
끝부분	À bientôt, Véronique 곧 보자, Véronique

단어 수 : 142

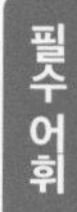

fête du cinema (f.) 영화제 | cinéma (m.) 영화, 영화관 | proposer 제안하다 | prix (m.) 가격 | lieu (m.) 장소 | grand frère (m.) 형, 오빠 | partir en voyage 여행을 떠나다 | garder 지키다, 돌보다 | mois (m.) 달, 월 | intéressant 흥미로운 | sortir 개봉하다 | tomber amoureux de + 사람 ~와 사랑에 빠지다 | film de science-fiction (m.) 공상과학영화 | à moitié prix 반값에 | se voir 만나다 | après-demain 모레

EXERCICE 2 실전 연습

Étape 1

전략에 따라 작문해 보세요.

Vous suivez les cours de français à Besançon, en France. C'est bientôt l'examen du DELF A1 et vous écrivez à un(e) ami(e) français(e) pour lui demander de l'aide. Parlez-lui de cet examen. Vous lui dites où, quand et avec qui vous étudiez.

15 points

40 mots minimum

Nombre de mots : ....

Étape 2

문제 9의 해석을 확인한 후, 작문 풀이 요령을 파악하세요.

문제 해석

당신은 프랑스 Besançon에서 프랑스어 수업을 듣고 있습니다. 곧 DELF A1 시험이고 당신은 프랑스인 친구에게 도움을 청하기 위해 글을 씁니다. 그(그녀)에게 이 시험에 대해 말하세요. 그(그녀)에게 어디서, 언제 그리고 누구와 함께 공부할 것인지를 말합니다. (최소 40개 단어) 15점

풀이 요령

STEP 1 문제의 지시 사항을 읽은 후, 작문 내용에 포함해야 할 내용들을 빠르게 체크한다.

편지를 쓰는 사람	프랑스에 거주하는 학생
편지를 받는 사람	프랑스인 친구 1명
편지를 쓰는 목적	DELF A1 시험 공부를 제안하기 위해
편지에 쓸 내용	1. DELF 시험에 대한 언급 2. 언제, 어디서, 누구와 함께 공부할 것인지

STEP 2 STEP 1에서 파악한 내용을 토대로 아래와 같이 답안을 구성한다.

장소 및 날짜	지시 사항에서 편지를 쓰는 사람이 프랑스 Besançon에서 프랑스어 공부를 하고 있다고 했으므로, 'Besançon 브장송'을 오른쪽 상단에 적는다. 또 지시 사항에서 날짜와 관련해서 특별히 언급된 내용이 없으므로, 답안지에는 응시자가 원하는 날짜로 적으면 된다.
시작 부분	작문 주제가 DELF A1에 대한 것이므로, 인사말과 함께 프랑스어 학습과 관련된 이야기를 먼저 꺼내는 것이 자연스럽다. 프랑스에서 공부한 기간을 적으면 무난한데, 편지를 받는 사람은 1명이므로 상대방을 지칭할 때는 tu 또는 toi를 사용한다.
본문 1	지시 사항에 따라 곧 DELF A1 시험이 있다는 사실을 밝히고, 본인이 초보자라 시험에 자신이 없기 때문에 도와달라는 부탁을 한다.
본문 2	지시 사항에 따라 공부하는 장소와 시기 그리고 함께 공부하면 메일을 받는 사람에게 어떤 장점이 있는지를 이야기한다. 친구에게 식사, 영화 관람 등의 보상을 해 줄 것임을 부각시킴으로써 제안을 수락하게끔 내용을 구성하는 것이 중요하다.
끝부분	곧 만나자는 작별 인사와 함께 마지막에는 자신의 이름을 적는다.

Étape 3

해석과 함께 모범 답안을 확인한 후, 필수 어휘를 익혀 보세요.

모범 답안

장소 및 날짜	Besançon, le 15 novembre 브장송, 11월 15일
시작 부분	Salut, Comment vas-tu ? Moi, je vais bien. Cela fait six mois que je suis les cours de français en France. 안녕, 너 어떻게 지내니? 나는 잘 지내. 내가 프랑스에서 프랑스어 수업을 들은 지 6개월이 되었어.
본문 1	Comme tu le sais bien, c'est bientôt l'examen du DELF A1. J'ai un peu peur de cet examen car je suis débutante. Alors, j'ai besoin de ton aide. Tu peux m'aider ? 너도 잘 알다시피 곧 DELF A1 시험이야. 나는 이 시험에 대해 약간 두려운데, 왜냐하면 초보자이기 때문이야. 그래서 너의 도움이 필요해. 나를 도와줄 수 있어?
본문 2	Comme il y a beaucoup d'étudiants à la bibliothèque, nous pouvons étudier chez moi ce week-end. Qu'est-ce que tu en penses ? Je sais que tu aimes le plat italien et je vais commander une pizza pour toi. Et puis, je vais t'offrir deux billets de cinéma. Réponds-moi. 도서관에는 많은 학생들이 있기 때문에 우리는 이번 주말에 우리 집에서 공부할 수 있어. 이것에 대해 너는 어떻게 생각하니? 나는 네가 이탈리아 음식을 좋아한다는 것을 알고 그래서 너를 위해 피자 한 판을 주문할 거야. 그리고 너에게 영화표 2장을 줄게. 나에게 답변해 줘.
끝부분	À bientôt, Isabelle 곧 보자, Isabelle

단어 수 : 125

필수 어휘

examen (m.) 시험 | **suivre les cours** 수업을 듣다 | **avoir peur de** ~을 겁내다, 걱정하다 | **débutant** 시작하는, 초보자 | **avoir besoin de** ~이 필요하다 | **offrir** 제공하다

문제 10

EXERCICE 2 실전 연습

Étape 1

전략에 따라 작문해 보세요.

Vous voulez partir en voyage pendant les vacances d'été. Vous écrivez à un(e) ami(e) francophone pour lui proposer de venir avec vous. Vous lui dites le lieu, la date et les activités que vous allez faire. *15 points*

40 mots minimum

Nombre de mots : ....

Étape 2 문제 10의 해석을 확인한 후, 작문 풀이 요령을 파악하세요.

문제 해석

당신은 여름방학 동안 여행을 떠나기를 원합니다. 프랑스어권 친구에게 함께 갈 것을 제안하기 위해 글을 씁니다. 그(그녀)에게 장소, 날짜와 당신이 할 활동들을 이야기합니다. (최소 40개 단어) 15점

풀이 요령

STEP 1 문제의 지시 사항을 읽은 후, 작문 내용에 포함해야 할 내용들을 빠르게 체크한다.

편지를 쓰는 사람	프랑스에 거주하는 사람 (가정)
편지를 받는 사람	프랑스어권 친구 1명
편지를 쓰는 목적	여름방학 때 여행을 함께 가자고 제안하기 위해
편지에 쓸 내용	1. 여행 장소 및 날짜 2. 여행지에서 할 활동들 (최소 2개 이상)

STEP 2 STEP 1에서 파악한 내용을 토대로 아래와 같이 답안을 구성한다.

장소 및 날짜	편지를 쓰는 사람이 프랑스에 거주하고 있다고 가정하고, 'Paris 파리'나 'Nice 니스'와 같은 지역을 장소로 적는다. 날짜를 적을 때에는 지시 사항을 참고하여, 여름방학 시기와 관련된 7월 정도로 작성한다.
시작 부분	안부 인사와 함께 여름방학 동안 여행할 계획임을 밝힌다.
본문 1	여행을 함께 하자는 제안을 해야 하는데, 상대방이 제안을 수락할 수 있는 합당한 이유들로 혼자 여행하는 것에 대한 두려움이나 함께 좋은 시간을 보낼 수 있는 기회라는 점을 부각시킨다.
본문 2	지시 사항에 따라 여행 계획에 대해 적어야 하는데, 상대방에게 부담을 주지 않기 위해 날짜는 여지를 남겨 두는 것이 좋다. 또한 활동과 관련해서는 구체적인 내용들을 적는 것이 A1 단계에서는 부담이 될 수 있으므로 여행에서 할 수 있는 일반적인 내용들로 2개 이상 쓴다.
끝부분	간단한 작별 인사와 함께 자신의 이름을 마지막에 적는다.

Étape 3

해석과 함께 모범 답안을 확인한 후, 필수 어휘를 익혀 보세요.

모범 답안

장소 및 날짜	Paris, le 14 juillet 파리, 7월 14일
시작 부분	Salut, Comment ça va ? Moi, ça va. Qu'est-ce que tu vas faire pendant les vacances d'été ? Je vais voyager en Europe pendant un mois. 안녕, 어떻게 지내니? 나는 잘 지내. 너는 여름방학 동안 무엇을 할 거야? 나는 한 달 동안 유럽을 여행할 거야.
본문 1	Comme c'est la première fois que je voyage seul, j'ai un peu peur. Alors, tu viens avec moi ? Je sais que tu aimes voyager et c'est une bonne occasion de passer un bon moment ensemble. 내가 혼자 여행하는 것이 처음이기 때문에 나는 약간 두려워. 그러니까 나랑 같이 갈래? 나는 네가 여행을 좋아한다는 것을 알고 있고, 함께 좋은 시간을 보낼 수 있는 좋은 기회야.
본문 2	Je n'ai pas encore décidé la date de départ mais on peut la fixer ensemble. Nous allons visiter beaucoup de monuments célèbres et nous pourrons goûter des plats très délicieux. Qu'est-ce que tu en penses ? Réponds-moi vite. 내가 아직 출발 날짜를 정하지 않아서, 우리가 그것을 함께 정할 수 있어. 우리는 유명한 기념물들을 방문하고 매우 맛있는 음식들을 맛볼 수 있어. 너는 이것에 대해 어떻게 생각하니? 빨리 내게 답변해 줘.
끝 부분	Bon weekend ! Thierry 주말 잘 보내! Thierry

단어 수 : 120

필수 어휘

occasion (f.) 기회 | **décider** 결정하다 | **départ** (m.) 출발 | **fixer** 정하다 | **goûter** 맛보다 | **délicieux** 맛있는

구술 평가

Production orale

1 구술 완전 분석

A1 구술 평가는 총 3가지 유형으로 구성된다. 1번 유형은 질의 및 응답(entretien dirigé), 2번 유형은 정보 교환(échange d'informations), 3번 유형은 역할 분담(dialogue simulé ou jeu de rôle)이다. 구술 평가에 소요되는 시간은 대략 5~7분 사이이며, 2번과 3번 유형의 경우 준비실에서 10분간 준비를 할 수 있다는 점을 참고하도록 하자.

2 구술 유형 파악 [약 5~7분(준비 시간 10분), 총 25점]

유형	특징
1 질의 및 응답 (약 1분)	감독관의 질문에 답하는 방식으로 진행되는데, 질문의 유형은 매우 다양하다. 개별적인 인적 사항(나이, 이름, 거주지, 직업, 국적 등)을 시작으로 취미(goûts), 활동(activités), 가족(famille) 등을 예로 들 수 있다. 원칙적으로 응시자는 이에 대해 준비하는 것이 아니라 즉석에서 생각해 답변하는 방식이다.
2 정보 교환 (약 2분)	준비실에서 선택한 카드에 있는 단어들을 가지고 감독관에게 질문하는 방식으로 진행된다. 고른 카드와 관련하여 자신의 경우를 먼저 말하고 질문하는 방식을 취해야 한다.
3 역할 분담 (약 2분)	제시된 특정 상황(제과점, 상점, 서점, 식당, 카페 등)을 중심으로 지시 사항에 언급되어 있는 내용들(가격, 양 등)을 가지고 감독관과 대화를 진행하는 방식이다. 주로 물건을 사고파는 상황이 많이 제시되고, 응시자는 고객의 입장일 경우가 대부분이므로 물건을 고른 후 가격에 대해 묻고, 감독관 앞 책상에 있는 동전과 지폐들을 선택하여 감독관에게 주면 된다.

3 구술 평가 이것만은 꼭!

❶ 평가에 들어가기 전 준비

첫 번째 평가를 시작하기 전, 감독관은 처음 만난 응시생의 긴장을 풀어 주기 위해 가벼운 안부 인사를 먼저 건넨다. 이때 간단한 답변이나 인사말을 제대로 말하지 못할 경우 응시생의 기본적인 의사소통 능력에 대해 감독관이 의구심을 가질 수 있기 때문에, 기본적인 인사 표현들을 사전에 숙지하고 자신감 있는 태도로 감독관의 질문에 대답해야 한다.

❷ 질문 내용 확실히 이해하기

감독관이 한 질문의 의미를 제대로 파악하지 못한 경우 응시자는 망설이지 말고 다시 한번 말해 달라는 표현을 사용해야 한다. A1은 가장 기초 단계이기 때문에 응시자가 질문 내용을 다시 한번 물어보는 것은 감점 요소가 되지 않는다. 오히려 내용을 이해하지 못한 상태에서 엉뚱한 답변을 한다면 감점이 크게 발생하므로, 질문 내용을 확실히 이해하고 답변을 하는 것이 중요하다.

TIP 구술 시험과 관련한 Tip

* 접수증에 구술 시험을 보는 시간과 고사장이 명시되어 있는데, 고사장에는 최소 30분 전에 도착하는 것이 좋다. 왜냐하면 시험 준비실에 2분 이상 늦으면 출입이 제한되고, 자칫 시험 자체를 치르지 못할 수 있기 때문이다.

* 준비실에 들어가면 구술 평가 두 번째 유형(정보 교환)과 세 번째 유형(역할 분담)을 위한 카드들이 책상 위에 뒤집혀 있다. 특히 세 번째 유형의 경우 2개의 선택지 중에서 하나를 선택해야 하는데, 지시 사항을 다 읽기에는 시간이 부족하므로 어떤 장소에서 벌어지는 대화인지 알려 주는 첫 줄을 보고 직관적으로 선택해야 한다.

* 시간이 되면 고사실로 향한다. 접수증에 적힌 시간이 되면 고사장 문을 열고 들어가야 한다. 한 고사실에서 보통 3~4명이 시험을 치르게 되는데 설사 앞 응시자의 시험이 끝나지 않았다고 해도 잠시 자리를 비우거나 하면 안 된다. 원칙적으로 감독관은 응시자가 왔는지 확인하기 위해 밖으로 나오지 않고 자리에 앉아 있기 때문에 시험 시간이 2분 정도 지나면 응시자가 오지 않은 것으로 간주한다는 점을 유의해야 한다.

구술 평가

EXERCICE 1

잠깐 **구술 평가 EXERCICE 1을 시작하기 전, 아래 지시문을 확인하세요.**

Entretien dirigé sans préparation *1 minute environ*

Vous répondez aux questions de l'examinateur sur vous, votre famille, vos goûts ou vos activités.
Exemples : « Comment vous vous appelez ? », « Quelle est votre nationalité ? », etc.

질의 및 응답(준비 시간 없음) *약 1분*

당신은 당신과 당신의 가족, 당신의 취미나 활동에 대한 감독관의 질문에 대답합니다.
예시 : '당신의 이름은 무엇인가요?', '당신은 어느 나라 사람인가요? (당신의 국적은 무엇인가요?)' 등

완전 공략

1 핵심 포인트

응시자의 인적 사항이나 개인 활동, 관심사 등에 대해 감독관이 질문하고 응시자는 대답하는 방식으로 진행된다. 3가지 구술 유형 중 응시 시간이 가장 짧은 편이지만, 답변 준비 시간 없이 감독관의 질문에 바로 대답해야 하기 때문에 응시자가 심리적으로 부담을 느낄 가능성이 높다. 하지만 기본적인 인적 사항에 대한 질문이 대다수이기 때문에 빈출 주제를 파악하고 이와 관련된 답변을 철저히 준비해서 자신감을 키우도록 하자.

2 빈출 주제

인적 사항을 묻고 답하는 유형은 출제될 가능성이 매우 높다. 또한 어떠한 대상에 대한 기호도를 묻고 답하는 유형, 종합적인 소개에 대한 질문이 자주 등장하므로 이에 초점을 맞추어 시험을 준비하도록 한다.

3 고득점 전략

① 꼬리 물기 질문에 대비한다.

감독관의 질문이 한 번에 끝나는 게 아니라 응시자의 답변 내용에 따라 꼬리 물기 질문이 이어질 수도 있다. 따라서 본인의 답변 내용과 관련된 추가 질문에 대비해서 구체적인 내용까지 답변을 미리 준비해야 한다.

② 반복과 실전 훈련만이 답이다.

특히 구술 시험은 감독관의 질문에 바로 답변을 해야 한다는 압박감 때문에 본인의 실력을 마음껏 펼치지 못하는 경우가 많다. 하지만 이러한 긴장감은 평상시에 실전 훈련을 자주 함으로써 극복할 수 있다. 본 교재에서는 EXERCICE 1에 단골로 출제되는 문제들을 제공하기 때문에 이를 바탕으로 충분히 반복 연습한다면 실제 시험장에서 그다지 긴장하지 않고 술술 말할 수 있을 것이다.

문제 1

EXERCICE 1 실전 연습

Track 6-01 

Étape 1 주제에 따른 필수 표현을 익혀 보세요.

comment 어떻게 | s'appeler ~라고 불리다 | nom (m.) 이름 | s'écrire 쓰이다, 철자되다

Étape 2 주제에 따른 빈출 질문 형태와 답변 구성 요령을 참고하세요.

질문 형태

1	Comment vous appelez-vous ? Vous vous appelez comment ? Quel est votre nom ?	당신의 이름은 무엇입니까?
2	Votre nom, comment ça s'écrit ?	당신의 이름 철자가 어떻게 되나요?

답변 구성 요령

이름을 묻는 방식이 여러 가지이기 때문에 응시자는 이에 대해 숙지해야 한다. 구술 평가이므로 성 다음에 이름을 말해도 무방하지만, 가장 기초가 되는 시험이기 때문에 원칙에 충실하여 이름을 먼저 말하고 뒤에 성을 말하는 것이 좋다. 또한 이름의 철자를 묻는 경우도 많으므로 자신의 철자를 프랑스어 알파벳으로 읽는 연습을 해야 한다.

1	Je m'appelle [이름+성].	내 이름은 ○○입니다.
2	Moi, c'est [이름+성].	나는 ○○입니다.

Étape 3 모범 답안을 참조하여 실전처럼 연습해 보세요.

E : Examinateur 감독관 C : Candidat 응시자

모범 답안

E Comment vous appelez-vous ?
당신의 이름은 무엇입니까?

C Je m'appelle So Ra SONG.
내 이름은 소라 송입니다.

E Votre nom, comment ça s'écrit ?
당신의 이름 철자가 어떻게 되나요?

C S O R A, S O N G.
S O R A, S O N G 입니다.

주제 2 나이 묻고 답하기

Étape 1 주제에 따른 필수 표현을 익혀 보세요.

quel 몇, 어떤 | **âge (m.)** 나이 | **quand** 언제 | **né** 태어난 | **date de naissance (f.)** 생년월일 | **janvier** 1월 | **février** 2월 | **mars** 3월 | **avril** 4월 | **mai** 5월 | **juin** 6월 | **juillet** 7월 | **août** 8월 | **septembre** 9월 | **octobre** 10월 | **novembre** 11월 | **décembre** 12월

Étape 2 주제에 따른 빈출 질문 형태와 답변 구성 요령을 참고하세요.

질문 형태

1	Quel âge avez-vous ? Vous avez quel âge ?	몇 살입니까?
2	Quand est-ce que vous êtes né(e) ?	언제 태어났죠?
3	Quelle est votre date de naissance ?	당신의 생년월일이 어떻게 되죠?

답변 구성 요령

숫자를 사용하는 부분이기 때문에 자신의 나이에 해당하는 숫자를 프랑스어로 말할 수 있도록 암기해야 한다. 직설적으로 나이를 묻기도 하지만 생년월일을 묻기도 하기 때문에 이런 경우에는 일, 월, 연도에 해당하는 표현까지 숙지해야 한다.

1	J'ai [나이] ans.	나는 ○○ 살입니다.
2	Je suis né(e) le [일+월+연도].	나는 ○○년 ○○월 ○○일에 태어났어요.

Étape 3

모범 답안을 참조하여 실전처럼 연습해 보세요.

E : Examinateur 감독관　C : Candidat 응시자

모범 답안

E Quel âge avez-vous ?
몇 살입니까?

C J'ai 20 (vingt) ans.
나는 20살입니다.
J'ai 21 (vingt et un) ans.
나는 21살입니다.
J'ai 30 (trente) ans.
나는 30살입니다.

E Quand est-ce que vous êtes né(e) ?
언제 태어났죠?

C Je suis né(e) le 6 juillet 1996 (mille neuf cent quatre-vingt-seize).
나는 1996년 7월 6일에 태어났어요.

주제 3 국적 묻고 답하기

Track 6-03 

Étape 1

주제에 따른 필수 표현을 익혀 보세요.

nationalité (f.) 국적 | **coréen(ne)** 한국인의 | **venir** 오다 | **où** 어디 | **chinois(e)** 중국인의 | **japonais(e)** 일본인의 | **français(e)** 프랑스인의 | **italien(ne)** 이탈리아인의 | **canadien(ne)** 캐나다인의 | **espagnol(e)** 스페인 사람의

주제에 따른 빈출 질문 형태와 답변 구성 요령을 참고하세요.

1	Quelle est votre nationalité ?	당신의 국적은 무엇입니까?
2	Vous êtes coréen(ne) ?	당신은 한국인입니까?
3	Vous venez d'où ?	어디서 오셨습니까(어디 출신이세요)?

답변 구성 요령

시험을 보는 응시자의 대부분은 한국인이기 때문에 이 질문을 감독관이 하지 않을 수 있다고 생각할 수 있지만 실제로 프랑스어권 지역에 사는 사람들도 한국에서 시험을 보는 경우가 있다. 또한 인적 사항에 대한 기초적인 내용이기 때문에 응시자들은 이 주제에 대한 질문과 답변 요령을 익혀야 한다. 구어체 방식으로 어디 출신인지, 어디에서 왔는지를 물어볼 수도 있는데, 답변은 'Je suis + 국적 형식'으로 대답하면 된다.

1	Je suis [국적].	나는 ○○인입니다.
2	Je viens de [나라].	나는 ○○에서 왔어요.

Étape 3 모범 답안을 참조하여 실전처럼 연습해 보세요.

E : Examinateur 감독관 C : Candidat 응시자

모범 답안

E Quelle est votre nationalité ?
당신의 국적은 무엇입니까?

C Je suis coréen(ne).
나는 한국인입니다.

E Vous êtes coréen(ne) ?
당신은 한국인입니까?

C Oui, je suis coréen(ne).
네, 나는 한국인입니다.

E Vous êtes chinois(e) ?
당신은 중국인입니까?

C Non, je suis coréen(ne).
아니요, 나는 한국인입니다.

E Vous venez d'où ?
어디서 오셨습니까(어디 출신이세요)?

C Je suis coréen(ne).
나는 한국인입니다.
Je viens de Corée.
나는 한국에서 왔습니다.

주제 4 거주지 묻고 답하기

Track 6-04 

Étape 1 주제에 따른 필수 표현을 익혀 보세요.

où 어디에 | habiter 살다 | loin de ~에 멀리 | près de ~가까이에 | métro (m.) 지하철 | quartier (m.) 구역, 동네 | appartement (m.) 아파트 | maison (f.) 주택 | résidence universitaire (f.) 대학 기숙사

Étape 2 주제에 따른 빈출 질문 형태와 답변 구성 요령을 참고하세요.

질문 형태

1	Où habitez-vous ? Vous habitez où ?	당신은 어디에 살고 있나요?
2	Quelle est votre ville d'origine ?	당신의 출신 도시는 어디인가요?
3	Vous habitez loin/près d'ici ?	여기서 멀리/가까이 살고 있나요?
4	Vous êtes venu(e) ici comment ?	여기에 어떻게 오셨죠?
5	Ça prend combien de temps pour venir ici ?	여기 오는 데 얼마나 걸렸나요?

답변 구성 요령

실제 살고 있는 곳을 묻는 질문이다. 답변 방식은 'J'habite à 도시.'. 예를 들어 'Séoul 서울', 'Incheon 인천', 'Busan 부산', 'Daejeon 대전' 등을 말하면 된다. 특히 이와 관련하여 감독관이 질문 방식을 바꿀 수도 있는데, 원래 구술 평가는 감독관이 질문하는 내용을 응시자가 알아듣고 즉석에서 답하는 능력을 보는 것이다. 그러나 대부분 인적 사항의 경우 감독관이 무엇을 질문할지 노출된 상태이므로 응시자들이 답변을 다 암기하는 편이다. 따라서 감독관은 응시자의 듣고 이해하는 능력을 평가하기 위해 거주지와 관련하여 여기서 멀리 사는지 아니면 가까이 사는지, 그리고 이용한 교통편은 무엇인지, 집에서 시험장까지 시간은 얼마나 걸리는지 등을 묻는 방식을 택할 수도 있다.

1	J'habite à [도시].	○○에 살고 있습니다.
2	Je suis venu(e) en [교통수단].	○○을 타고 왔습니다.
3	(Ça prend) [시간].	시간이 ○○ 걸렸습니다.

Étape 3

모범 답안을 참조하여 실전처럼 연습해 보세요.

E : Examinateur 감독관 C : Candidat 응시자

모범 답안

E Où habitez-vous ? (Vous habitez où ?)
당신은 어디에 살고 있나요?

C J'habite à Séoul/Incheon.
서울/인천에 살고 있습니다.

E Quelle est votre ville d'origine ?
당신의 출신 도시는 어디인가요?

C Je suis né(e) à Séoul.
나는 서울에서 태어났어요.

E Vous habitez loin/près d'ici ?
여기서 멀리/가까이 살고 있나요?

C Oui, j'habite loin/près d'ici.
네, 여기서 멀리/가까이 살아요.

E Vous êtes venu(e) ici comment ?
여기에 어떻게 오셨죠?

C Je suis venu(e) en bus/métro.
버스/지하철을 타고 왔어요.

E Ça prend combien de temps pour venir ici ?
여기 오는 데 얼마나 걸렸나요?

C (Ça prend) une heure.
1시간 걸렸어요.

E Est-ce qu'il y a un lieu spécial près de chez vous ?
당신 집 가까이에 특별한 장소가 있나요?

C Il y a un grand parc tout près de chez moi et je m'y promène souvent.
우리 집 아주 가까이에 큰 공원이 있는데, 나는 자주 그곳에서 산책합니다.

주제 5 직업 묻고 답하기

Track 6-05

Étape 1 주제에 따른 필수 표현을 익혀 보세요.

profession (f.) 직업 | faire ~하다 | vie (f.) 인생 | étudiant(e) 학생, 대학생 | travailler 일하다 | lycéen(ne) 고등학생 | professeur 선생님 | salarié(e) 직장인 | employé(e) 직원 | fonctionnaire 공무원 | médecin 의사 | infirmier(ère) 간호사 | journaliste 기자 | musicien(ne) 음악가 | homme d'affaires 사업가 | artiste 예술가 | peintre 화가 | photographe 사진작가 | femme[mère] au foyer 가정(전업) 주부 | entreprise (f.) 회사, 기업

Étape 2 주제에 따른 빈출 질문 형태와 답변 구성 요령을 참고하세요.

질문 형태

1	Quelle est votre profession ? Qu'est-ce que vous faites dans la vie ?	당신의 직업은 무엇입니까?
2	Vous êtes étudiant(e) ?	당신은 학생인가요?
3	Où travaillez-vous ?	어디서 일하고 있나요?

답변 구성 요령

하는 일이 무엇인지를 묻는 질문이다. 응시자가 고등학생인 경우 lycéen(ne), 대학생인 경우 étudiant(e)이라고 대답하면 된다. 학생이 아닌 경우 자신의 직업과 관련한 어휘를 암기해서 말해야 한다. 근무하는 장소를 묻는다면 'chez + 회사명'을 쓰거나 'dans + 업종'을 말하면 된다.

1	Je suis [직업].	나는 ○○입니다.
2	Je travaille chez [회사명].	나는 ○○에서 일합니다.
3	Je travaille dans [업종].	나는 ○○에서 일합니다.

Étape 3

모범 답안을 참조하여 실전처럼 연습해 보세요.

E : Examinateur 감독관 C : Candidat 응시자

모범 답안

E Quelle est votre profession ?
당신의 직업은 무엇입니까?

C Je suis étudiant(e)/professeur.
나는 학생/선생님입니다.

E Qu'est-ce que vous faites dans la vie ?
당신의 직업은 무엇입니까?

C Je cherche du travail.
일자리를 찾는 중입니다.

E Vous êtes étudiant(e)/professeur ?
당신은 학생/선생님인가요?

C Oui/Non, je suis étudiant(e).
네/아니요, 나는 학생입니다.

E Où travaillez-vous ?
어디서 일하고 있나요?

C Je travaille dans une société française.
나는 프랑스 회사에서 일합니다.
Je travaille dans une agence de publicité.
나는 광고 회사에서 일합니다.

E Vous aimez votre travail ?
당신은 당신의 일을 좋아하나요?

C Oui, j'en suis très content(e).
네, 나는 그것에 대해 매우 만족합니다.

Track 6-06 

Étape 1 주제에 따른 필수 표현을 익혀 보세요.

parler de ~에 대해 말하다 | frère (m.) 남자 형제 | sœur (f.) 여자 형제 | marié 결혼한 | enfant 어린이, 자식 | père (m.) 아버지 | mère (f.) 엄마 | cousin(e) 사촌 | oncle (m.) 삼촌 | tante (f.) 숙모 | salarié(e) 직장인 | travailler 일하다 | grande entreprise (f.) 대기업 | lycéen(ne) 고등학생 | s'occuper de ~을 맡다 | maison (f.) 집 | célibataire 미혼의

Étape 2 주제에 따른 빈출 질문 형태와 답변 구성 요령을 참고하세요.

질문 형태

1	Parlez-moi de votre famille.	당신의 가족에 대해 말해 보세요.
2	Vous avez des frères et sœurs ?	당신은 형제와 자매가 있나요?
3	Vous êtes marié(e) ?	당신은 결혼했나요?
4	Vous avez des enfants ?	당신은 자녀가 있나요?

답변 구성 요령

가족에 대한 질문은 크게 세 가지로 나뉘는데 첫 번째는 가족 전체 구성원에 대해 묻는 방법(parlez-moi de votre famille)이다. 이럴 경우는 아버지, 어머니, 형제자매의 나이와 직업을 말한다. 가족에 대한 두 번째 질문 방식은 형제자매가 있는지를 묻는 것으로 이때 나이와 직업을 말하면 된다. 세 번째는 결혼 유무에 대한 질문과 자녀들이 있는지, 그리고 있다면 몇 살인지를 묻게 된다.

1	Mon père a [나이] ans et il est [직업].	아빠는 ○○세이시고, 직업은 ○○입니다.
2	J'ai [형제자매].	저는 ○○가 있습니다.

Étape 3

모범 답안을 참조하여 실전처럼 연습해 보세요.

E : Examinateur 감독관 C : Candidat 응시자

모범 답안

E Parlez-moi de votre famille.
가족에 대해 말해 보세요.

C Mon père a 50 (cinquante) ans et il travaille dans une grande entreprise.
아버지는 50세이시고, 대기업에서 근무하고 계십니다.

Ma mère a 42 (quarante-deux) ans et elle est professeur/elle s'occupe de la maison.
어머니는 42세이고, 선생님이세요/가정주부이십니다.

E Vous avez des frères et sœurs ?
당신은 형제와 자매가 있나요?

C Oui, j'ai un petit/grand frère. Il a 18 (dix-huit) ans et il est lycéen.
예, 나는 남동생/형(오빠)가 있습니다. 그는 18세이고, 고등학생입니다.

Oui, j'ai une petite/grande sœur. Elle a 24 (vingt-quatre) ans et elle est étudiante.
예, 나는 여동생/언니(누나)가 있습니다. 그녀는 24세이고, 대학생입니다.

Non, je n'ai ni frère ni sœur.
아니요, 나는 형제도 자매도 없습니다.

E Vous êtes marié(e) ?
당신은 결혼했나요?

C Non, je suis célibataire.
아니요, 난 독신입니다.

Oui, je suis marié(e).
예, 난 결혼했어요.

E Vous avez des enfants ?
당신은 자녀가 있나요?

C Non, je n'ai pas d'enfant.
아니요, 아이가 없습니다.

Oui, j'ai un fils/une fille.
예, 아들/딸이 한 명 있습니다.

주제 7 기호도 묻고 답하기 (1) – 운동

Étape 1

주제에 따른 필수 표현을 익혀 보세요.

aimer 좋아하다 | sport (m.) 운동 | genre (m.) 종류 | souvent 자주 | joueur 선수 | adorer 아주 좋아하다 | natation (f.) 수영 | football (m.) 축구 | tennis (m.) 테니스 | jogging (m.) 조깅 | base-ball (m.) 야구 | basketball (m.) 농구 | fois (f.) 번 | semaine (f.) 주 | ami 친구

Étape 2

주제에 따른 빈출 질문 형태와 답변 구성 요령을 참고하세요.

질문 형태

1	Vous aimez le sport ?	운동을 좋아하세요?
2	Quel genre de sport aimez-vous ?	어떤 종류의 운동을 좋아하세요?
3	Vous en faites souvent ? Avec qui ?	그것을 자주 하시나요? 누구와 함께하시나요?
4	Quel joueur aimez-vous et pourquoi ?	어떤 선수를 좋아하시고, 이유는요?

답변 구성 요령

개인적인 취미 활동이나 좋아하는 활동과 관련하여 감독관의 질문에 답해야 하는데, 신체적 활동과 관련된 운동의 경우 좋아하는 종목, 누구와 함께하는지, 일주일에 몇 번 즐기는지에 대해서도 미리 숙지할 필요가 있다.

1	J'adore [운동 종목].	○○을 좋아합니다.
2	J'en fais [횟수] fois par semaine avec mes amis.	친구들과 일주일에 ○○번 합니다.

Étape 3

모범 답안을 참조하여 실전처럼 연습해 보세요.

E : Examinateur 감독관 C : Candidat 응시자

모범 답안

E Qu'est-ce que vous aimez ?
무엇을 좋아하세요?

C J'aime le sport.
운동을 좋아합니다.

E Vous aimez le sport ?
운동을 좋아하세요?

C Oui, j'adore ça.
네, 아주 좋아합니다.

E Quel genre de sport aimez-vous ?
어떤 종류의 운동을 좋아하세요?

C J'adore le football/le tennis/la natation.
축구/테니스/수영을 좋아합니다.

E Vous en faites souvent ? Avec qui ?
그것을 자주 하시나요? 누구와 함께 하시나요?

C J'en fais une/deux/trois fois par semaine avec mes amis.
친구들과 일주일에 한 번/두 번/세 번 합니다.

E Quel joueur aimez-vous et pourquoi ?
어떤 선수를 좋아하시고, 이유는요?

C J'aime bien ○○. Il(Elle) est beau(belle) et il(elle) joue très bien.
나는 ○○을 아주 좋아합니다. 그(그녀)는 잘생겼고(예쁘고), 매우 잘합니다.

주제 8 기호도 묻고 답하기 (2) – 음악

주제에 따른 필수 표현을 익혀 보세요.

musique (f.) 음악 | **écouter** 듣다 | **chanteur(se)** 가수 | **préféré** 좋아하는 | **tranquille** 고요한, 평온한 | **classique** 고전의 | **tous les jours** 매일 | **chanter** 노래하다 | **bien** 잘

Étape 2

주제에 따른 빈출 질문 형태와 답변 구성 요령을 참고하세요.

질문 형태

1	Vous aimez la musique ?	음악을 좋아하세요?
2	Quel genre de musique aimez-vous ?	어떤 종류의 음악을 좋아하세요?

3	Vous en écoutez souvent ? Où ?	그것을 자주 듣나요? 어디서요?
4	Quel est votre chanteur ou chanteuse préféré(e) et pourquoi ?	좋아하는 가수는 누구이고, 그 이유는요?

답변 구성 요령

좋아하는 것을 음악으로 설정하는 경우 응시자는 어떤 음악을 좋아하는지, 평소 음악을 어디에서 듣는지, 좋아하는 가수는 누구이며, 그 이유는 무엇인지에 대해 사전에 숙지하고 있어야 한다.

1	J'aime [음악 장르] car [이유].	나는 ○○을 좋아하는데, 왜냐하면 ○○하기 때문입니다.
2	J'en écoute [빈도수] dans [장소].	그것을 ○○마다 ○○에서 들어요.

Étape 3 모범 답안을 참조하여 실전처럼 연습해 보세요.

E : Examinateur 감독관 C : Candidat 응시자

모범 답안

E Qu'est-ce que vous aimez ?
무엇을 좋아하세요?

C J'aime la musique.
나는 음악을 좋아합니다.

E Vous aimez la musique ?
당신은 음악을 좋아하세요?

C Oui, j'adore ça.
예, 그것을 아주 좋아합니다.

E Quel genre de musique aimez-vous et pourquoi ?
어떤 종류의 음악을 좋아하고, 이유는요?

C J'aime la musique classique car elle me rend tranquille.
나는 고전 음악을 좋아하는데, 왜냐하면 마음이 차분해지기 때문입니다.

E Vous en écoutez souvent ? Où ?
그것(음악)을 자주 듣나요? 어디서요?

C Oui, j'en écoute tous les jours dans le métro ou le bus.
네, 그것(음악)을 지하철이나 버스에서 매일 들어요.

E Quel est votre chanteur ou chanteuse préféré(e) et pourquoi ?
좋아하는 가수는 누구이고, 그 이유는요?

C J'aime bien ○○ parce qu'il(elle) est beau(belle) et il(elle) chante bien.
나는 ○○을 아주 좋아하는데, 그(그녀)는 잘생겼고(예쁘고), 노래를 잘하기 때문입니다.

주제 9 기호도 묻고 답하기 (3) – 영화

Track 6-09 

Étape 1 주제에 따른 필수 표현을 익혀 보세요.

cinéma (m.) 영화관, 영화 | **film** (m.) 영화 | **acteur(rice)** 배우 | **aventure** (f.) 모험, 어드벤처 | **horreur** (f.) 공포 | **action** (f.) 액션 | **guerre** (f.) 전쟁 | **comédie** (f.) 코미디 | **famille** (f.) 가족 | **jouer** 연기하다 | **vraiment** 정말로

Étape 2 주제에 따른 빈출 질문 형태와 답변 구성 요령을 참고하세요.

질문 형태

1	Vous aimez le cinéma ?	영화를 좋아하세요?
2	Quel genre de film aimez-vous ?	어떤 장르의 영화를 좋아하세요?
3	Vous allez souvent au cinéma ?	영화관에 자주 가세요?
4	Qui est votre acteur ou actrice préféré(e) ?	당신이 가장 좋아하는 배우는 누구입니까?

답변 구성 요령

영화에 대한 기호도를 물어볼 경우 영화를 좋아하는지 싫어하는지에 대해 먼저 대답한다. 영화를 좋아한다고 답변하는 경우에는 얼마나 자주 영화를 보며 누구와 함께 관람하고 어떤 종류의 영화를 좋아하는지와 같은 추가 질문이 이어질 수 있으니, 이에 대한 답변을 미리 준비해 둔다. 그리고 좋아하는 영화나 배우는 누구이며 그 이유는 무엇인지에 대한 질문에도 대비해야 한다.

1	J'aime [영화 장르] car [이유].	나는 ○○을 좋아하는데, 왜냐하면 ○○하기 때문입니다.
2	J'y vais [횟수] par mois avec mes amis ou ma famille.	한 달에 ○○ 번 친구들이나 가족과 그곳에 함께 갑니다.

모범 답안을 참조하여 실전처럼 연습해 보세요.

E : Examinateur 감독관 C : Candidat 응시자

모범 답안

E Qu'est-ce que vous aimez ?
당신은 무엇을 좋아하세요?

C J'aime le cinéma.
나는 영화를 좋아합니다.

E Vous aimez le cinéma ?
영화를 좋아하세요?

C Oui, j'adore ça.
네, 그것(영화)을 아주 좋아합니다.

E Quel genre de film aimez-vous ?
어떤 장르의 영화를 좋아하세요?

C J'aime beaucoup les films d'aventure/d'horreur/d'action/de guerre/de comédie.
나는 어드벤처/공포/액션/전쟁/코미디 영화를 매우 좋아합니다.

E Vous allez souvent au cinéma ? Avec qui ?
영화관에 자주 가세요? 누구와 가죠?

C J'y vais deux fois par mois avec mes amis ou ma famille.
네, 한 달에 두 번 친구들이나 가족과 그곳에 함께 갑니다.

E Qui est votre acteur ou actrice préféré(e) et pourquoi ?
좋아하는 배우는 누구이며, 그 이유는요?

C J'adore ○○. C'est un acteur coréen(une actrice coréenne). Il(Elle) n'est pas très beau(belle), mais il(elle) joue vraiment bien.
나는 ○○을 좋아합니다. 그(녀)는 한국 배우입니다. 아주 잘생기지는(예쁘지는) 않지만 연기를 아주 잘합니다.

주제 10 기호도 묻고 답하기 (4) – 텔레비전

Track 6-10

주제에 따른 필수 표현을 익혀 보세요.

regarder 보다 | télévision (f.) 텔레비전 | émission (f.) 방송 | heure (f.) 시간 | jour (m.) 날 | émission de variétés (f.) 예능 프로그램(버라이어티 쇼) | parce que 왜냐하면 | pouvoir ~할 수 있다 | voir 보다 | célébrité (f.) 유명인, 명사

Étape 2

주제에 따른 빈출 질문 형태와 답변 구성 요령을 참고하세요.

질문 형태

1	Vous aimez regarder la télévision ?	텔레비전 보는 것을 좋아하세요?
2	Vous regardez souvent la télévision ?	TV를 자주 보나요?
3	Quelle est votre émission préférée et pourquoi ?	당신이 좋아하는 방송은 무엇이고, 왜 좋아하나요?

답변 구성 요령

텔레비전 시청에 대한 기호도를 물었을 때, 텔레비전을 시청하는 것을 좋아한다고 답변한다면 하루에 몇 시간 정도 시청하는지, 누구와 어떤 경우에 시청하는지 등에 대해 추가적인 답변을 준비해야 한다. 그리고 특정 프로그램을 언급할 경우 해당 프로그램에 대한 간단한 소개와 함께 좋아하는 이유를 설명한다.

1	Je la regarde [시간] par jour.	나는 그것(TV)을 하루에 ○○ 시간 봅니다.
2	J'adore l'émission qui s'appelle [프로그램명].	나는 ○○이라는 방송을 아주 좋아합니다.

Étape 3

모범 답안을 참조하여 실전처럼 연습해 보세요.

E : Examinateur 감독관 C : Candidat 응시자

모범 답안

E Qu'est-ce que vous aimez ?
당신은 무엇을 좋아하세요?

C J'aime regarder la télé.
나는 텔레비전 보는 것을 좋아합니다.

E Vous aimez regarder la télévision ?
텔레비전 보는 것을 좋아하세요?

C Oui, j'adore ça.
예, 그것을 아주 좋아합니다.

E Vous regardez souvent la télévision ?
TV를 자주 보나요?

C Oui, je la regarde deux/trois heures par jour.
네, 나는 그것(TV)을 하루에 두/세 시간 봅니다.

E Quelle est votre émission préférée et pourquoi ?
당신이 좋아하는 방송은 무엇이고, 왜 좋아하나요?

C J'adore l'émission qui s'appelle ○○. C'est une émission de variétés et je l'aime bien parce que je peux voir beaucoup de célébrités.
나는 ○○이라는 방송을 아주 좋아합니다. 예능 프로그램이고, 많은 유명한 연예인들을 볼 수 있어서 좋아합니다.

주제 11 기호도 묻고 답하기 (5) – 독서

Track 6-11 

Étape 1 주제에 따른 필수 표현을 익혀 보세요.

lire 읽다 | **combien** 얼마나 | **livre (m.)** 책 | **contenu (m.)** 내용 | **au moins** 적어도 | **titre (m.)** 제목 | **favori** 좋아하는 | **roman (m.)** 소설 | **essai (m.)** 수필 | **quotidien** 매일의, 일상의 | **encourager** 용기를 돋우다 | **isolé** 외로운, 고독한

Étape 2 주제에 따른 빈출 질문 형태와 답변 구성 요령을 참고하세요.

질문 형태

1	Vous aimez lire ?	독서를 좋아하세요?
2	Combien de livres lisez-vous par mois ?	한 달에 몇 권의 책을 읽나요?
3	Quel genre de livre aimez-vous et pourquoi ?	어떤 장르의 책을 좋아하고, 이유는요?

4	Quel est votre livre préféré et quel est son contenu ?	당신이 좋아하는 책은 무엇이고, 내용은 무엇인가요?

답변 구성 요령

독서 또한 개인의 기호와 연관 지어 이야기할 수 있는 내용이다. 이와 관련하여 감독관은 일주일 또는 한 달에 책을 몇 권 읽는지에 대해 질문할 수 있으며, 좀 더 구체적으로 어떤 종류의 책을 좋아하는지, 그 책을 왜 좋아하는지에 대해서도 물어볼 수 있다. 따라서 기호와 관련하여 독서를 답변으로 준비하는 경우 구체적인 책의 내용까지 간략하게 설명할 수 있도록 사전에 준비해야 한다. 그런데 책의 내용을 짧은 시간에 요약해서 말하기란 결코 쉽지 않으므로, 자신이 할 수 있는 한도 내에서 최대한 간결하게 요약한 책 내용을 암기하는 것도 한 가지 방법이 될 수 있다.

1	Je lis au moins [책 수] par mois.	적어도 한 달에 ○○ 권은 읽습니다.
2	J'aime [책 장르].	나는 ○○을 좋아합니다.
3	Le titre de mon livre favori est [책 이름].	내가 좋아하는 책의 제목은 ○○입니다.

Étape 3 모범 답안을 참조하여 실전처럼 연습해 보세요.

E : Examinateur 감독관 C : Candidat 응시자

모범 답안

E Qu'est-ce que vous aimez ?
당신은 무엇을 좋아하세요?

C J'aime lire.
나는 독서를 좋아합니다.

E Vous aimez lire ?
독서를 좋아하세요?

C Oui, j'aime bien ça.
예, 그것을 꽤 좋아합니다.

E Combien de livres lisez-vous par mois ?
한 달에 몇 권의 책을 읽나요?

C Je lis au moins un livre par mois.
적어도 한 달에 한 권은 읽습니다.

E Quel genre de livre aimez-vous et pourquoi ?
어떤 장르의 책을 좋아하고, 이유는요?

C J'aime les romans/les essais car ils parlent de la vie quotidienne.
나는 소설/수필을 좋아하는데, 왜냐하면 그것들은 일상생활에 대해 이야기하기 때문입니다.

E Quel est votre livre préféré et quel est son contenu ?
당신이 좋아하는 책은 무엇이고, 내용은 무엇인가요?

C Le titre de mon livre favori est «La vie continue». Il encourage les gens isolés de la société.
내가 좋아하는 책의 제목은 '인생은 계속된다'입니다. 이 책은 사회로부터 소외된 사람들을 격려합니다.

주제 12 기호도 묻고 답하기 (6) – 계절

Étape 1 주제에 따른 필수 표현을 익혀 보세요.

saison (f.) 계절 | **printemps** (m.) 봄 | **été** (m.) 여름 | **automne** (m.) 가을 | **hiver** (m.) 겨울 | **il fait doux** 날씨가 온화하다 | **fleur** (f.) 꽃 | **soleil** (m.) 해, 태양 | **il fait beau** 날씨가 좋다 | **neige** (f.) 눈 | **en général** 일반적으로 | **se promener** 산책하다 | **forêt** (f.) 숲 | **apprécier** 감상하다 | **sauvage** 야생의 | **se baigner** 해수욕하다 | **bain de soleil** (m.) 일광욕 | **plage** (f.) 해변 | **ski** (m.) 스키

Étape 2 주제에 따른 빈출 질문 형태와 답변 구성 요령을 참고하세요.

질문 형태

1	Quelle saison aimez-vous et pourquoi ?	당신은 어떤 계절을 좋아하고, 그 이유는 무엇입니까?
2	Qu'est-ce que vous faites en général ?	일반적으로 무엇을 하나요?

감독관은 먼저 좋아하는 계절과 그 이유를 묻는다. 조금 더 나아가면 그 계절에 하는 활동이 무엇인지를 물을 수도 있다. 만약 여름에 대해 말한다면 해변에서 할 수 있는 활동을 답변으로 준비하는 것이 무난하며, 겨울이라면 스키나 스케이트를 탄다는 정도로 준비하면 된다.

1	J'aime [계절].	나는 ○○을 좋아합니다.
2	Je me promène dans la forêt.	나는 숲속을 산책합니다.
3	Je prends un bain de soleil sur la plage.	나는 해변에서 일광욕을 합니다.
4	Je fais du ski.	나는 스키를 탑니다.

Étape 3 모범 답안을 참조하여 실전처럼 연습해 보세요.

E : Examinateur 감독관 C : Candidat 응시자

모범 답안

E Quelle saison aimez-vous et pourquoi ?
당신은 어떤 계절을 좋아하고, 그 이유는 무엇입니까?

C J'aime le printemps car il fait doux et j'adore les fleurs.
나는 봄을 좋아하는데, 왜냐하면 날씨가 온화하고 꽃들을 아주 좋아하기 때문입니다.
J'aime l'été car j'adore le soleil.
나는 여름을 좋아하는데, 왜냐하면 나는 태양을 아주 좋아하기 때문입니다.
J'aime l'automne car il fait très beau et il y a des fruits de saison.
나는 가을을 좋아하는데, 왜냐하면 날씨가 매우 좋고 제철 과일들이 있기 때문입니다.
J'aime l'hiver parce que j'adore la neige.
나는 겨울을 좋아하는데, 왜냐하면 눈을 아주 좋아하기 때문입니다.

E Qu'est-ce que vous faites en général ?
일반적으로 무엇을 하나요?

C Je me promène dans la forêt et j'apprécie les fleurs sauvages.
나는 숲속을 산책하고, 야생화들을 감상합니다.
Je me baigne sous le beau soleil et je prends un bain de soleil sur la plage.
나는 작열하는 태양 아래서 해수욕을 하고, 해변에서 일광욕을 합니다.
Je fais du ski avec ma famille(mes amis).
나의 가족(친구들)과 스키를 탑니다.

주제 13 하루 일과 묻고 답하기

Étape 1 주제에 따른 필수 표현을 익혀 보세요.

se lever 일어나다 | rentrer 귀가하다 | dormir 자다 | manger 먹다 | petit-déjeuner (m.) 아침 식사 | soir (m.) 저녁 | se coucher 눕다, 자다 | jus d'orange (m.) 오렌지주스 | devoir (m.) 숙제, 과제 | surfer 서핑하다 | minuit (m.) 자정

Étape 2 주제에 따른 빈출 질문 형태와 답변 구성 요령을 참고하세요.

질문 형태

1	Vous vous levez/rentrez/dormez à quelle heure ?	몇 시에 일어나죠/귀가하죠/잠을 자죠?
2	Qu'est-ce que vous mangez pour le petit-déjeuner ?	아침 식사로 무엇을 먹습니까?
3	Qu'est-ce que vous faites le soir ?	저녁에 뭐 하세요?

답변 구성 요령

주로 하루 일과에 대해서 묻고 답하는 항목으로, 감독관의 꼬리 질문이 가능한 주제이기 때문에 사전에 철저한 준비가 필요하다. 우선 기상 시간, 귀가 시간, 잠자리에 드는 시간 등과 관련된 질문에 대비해서 시간을 나타내는 표현을 미리 암기해야 한다. 그리고 특정 시간대에 무엇을 하며 시간을 보내는지 등을 묻는 방식으로 꼬리 질문이 이어질 수 있으므로 이에 대한 답변도 준비해야 한다.

1	Je me lève à [시간].	나는 ○○시에 일어납니다.
2	Je rentre à [시간].	나는 ○○시에 귀가합니다.
3	Je me couche à [시간].	나는 ○○시에 잠자리에 듭니다.
4	Je fais [행동].	나는 ○○을 합니다.

Étape 3

모범 답안을 참조하여 실전처럼 연습해 보세요.

E : Examinateur 감독관 C : Candidat 응시자

모범 답안

E Vous vous levez à quelle heure ?
몇 시에 일어나죠?

C Je me lève à 6 h.
6시에 일어납니다.

E Qu'est-ce que vous mangez pour le petit-déjeuner ?
아침 식사로 무엇을 먹습니까?

C Je prends des salades et un jus d'orange.
샐러드와 오렌지주스 한 잔을 먹습니다.

E Vous rentrez à quelle heure ?
몇 시에 귀가합니까?

C Je rentre à 17 h.
17시에 귀가합니다.

E Qu'est-ce que vous faites le soir ?
저녁에 뭐 하세요?

C Je fais mes devoirs ou je surfe sur Internet.
숙제를 하거나 인터넷을 서핑합니다.

E Vous dormez à quelle heure ?
몇 시에 잠을 잡니까?

C Je me couche à minuit.
자정에 잠자리에 듭니다.

Track 6-14

Étape 1 주제에 따른 필수 표현을 익혀 보세요.

travail (m.) 일, 업무 | **difficulté** (f.) 어려움 | **tard** 늦게

Étape 2 주제에 따른 빈출 질문 형태와 답변 구성 요령을 참고하세요.

질문 형태

1	Vous aimez votre travail ?	당신의 일을 좋아하나요?
2	Quelle est la difficulté de votre travail ?	당신의 일의 어려움은 무엇인가요?

답변 구성 요령

응시자의 직장에 대해서도 질문을 할 수 있는데, 이때 업무상 어려운 점이 무엇인가를 감독관이 묻기 쉽다. 직장의 경우 초과 업무에 대해 언급하고, 학생의 경우는 아르바이트 일이 많아서 바쁘다는 내용을 언급한다.

1	Je travaille tard.	나는 늦게까지 일합니다.
2	Je vais souvent au travail le week-end.	나는 주말에도 자주 직장에 갑니다.
3	Je suis occupé(e) parce que j'ai beaucoup de travail.	일이 많아서 바쁩니다.

Étape 3 모범 답안을 참조하여 실전처럼 연습해 보세요.

E : Examinateur 감독관 C : Candidat 응시자

모범 답안

E Vous aimez votre travail ?
당신의 일을 좋아하나요?

C Oui, je l'aime.
예, 좋아합니다.

E Quelle est la difficulté de votre travail ?
당신의 일의 어려움은 무엇인가요?

C Je travaille tard et je vais souvent au travail le week-end.
나는 늦게까지 일하고, 주말에도 자주 직장에 갑니다.

주제 15 공부

Track 6-15

Étape 1

주제에 따른 필수 표현을 익혀 보세요.

depuis ~이래로 | apprendre 배우다 | français (m.) 프랑스어 | étude (f.) 공부 | grammaire (f.) 문법 | compliqué 복잡한 | prononciation (f.) 발음 | difficile 어려운 | six 6 | an (m.) 연(年), 해 | vouloir 원하다 | voyager 여행하다 | vacances (f.pl.) 휴가, 방학

Étape 2

주제에 따른 빈출 질문 형태와 답변 구성 요령을 참고하세요.

질문 형태

1	Depuis quand apprenez-vous le français ?	언제부터 프랑스어를 배우고 있나요?
2	Pourquoi apprenez-vous le français ?	왜 프랑스어를 배우세요?
3	Quelles sont vos difficultés ?	당신의 어려운 점들은 무엇인가요?

답변 구성 요령

학습과 관련해서 감독관은 주로 프랑스어에 대해 질문하게 된다. 구체적으로 프랑스어를 언제부터 공부하게 되었는지, 그 이유는 무엇인지를 묻는다. A1 단계라는 점을 감안하여 공부한 기간은 6개월 정도에서 최대 1년까지라고 답하는 게 좋다. 프랑스어를 공부하게 된 계기를 묻는 질문에서 대부분의 응시자들은 프랑스 문화를 좋아하기 때문이라고 답변을 하는 경향이 있다. 감독관은 하루에 수십 명의 응시자들을 대해야 하고 질문하는 내용은 거의 비슷하기 때문에 어느 정도 응시자들과 대화를 하다 보면 이 답변에 식상해하는 경우를 볼 수 있으므로 프랑스를 여행하고 싶어서 정도의 이유를 대는 것도 좋은 답변이 될 수 있다.

1	J'étudie [학습 내용].	나는 ○○을 공부합니다.
2	Je l'apprends depuis [기간].	○○ 전부터 그것을 배우고 있어요.
3	Parce que je veux voyager en France.	왜냐하면 프랑스를 여행하고 싶기 때문입니다.

Étape 3

모범 답안을 참조하여 실전처럼 연습해 보세요.

E : Examinateur 감독관 C : Candidat 응시자

모범 답안

E Vous êtes content(e) de votre étude ?
당신의 공부에 만족하나요?

C Oui, j'aime.
예, 좋아합니다.

E Quelles sont vos difficultés ?
당신의 어려운 점들은 무엇인가요 ?

C J'étudie le français. La grammaire est trop compliquée et la prononciation est difficile.
나는 프랑스어를 공부합니다. 문법이 너무 복잡하고 발음이 어려워요.

E Depuis quand apprenez-vous le français ?
언제부터 프랑스어를 배우고 있나요?

C Je l'apprends depuis six mois/un an.
6개월/일 년 전부터 그것(프랑스어)을 배우고 있어요.

E Pourquoi apprenez-vous le français ?
왜 프랑스어를 배우세요?

C Parce que je veux voyager en France pendant les vacances.
왜냐하면 방학 동안 프랑스를 여행하고 싶기 때문입니다.

주제 16 주말, 방학, 휴가

Track 6-16

Étape 1

주제에 따른 필수 표현을 익혀 보세요.

voir 보다, 만나다 | **prendre un verre** 술 한잔하다 | **dîner (m.)** 저녁 식사 | **gagner** 벌다 | **argent de poche (m.)** 용돈

Étape 2 주제에 따른 빈출 질문 형태와 답변 구성 요령을 참고하세요.

질문 형태

1	Qu'est-ce que vous faites le week-end ?	주말에는 뭐 하세요?
2	Qu'est-ce que vous allez faire pendant les vacances ?	방학(휴가) 동안 무엇을 할 것입니까?

답변 구성 요령

주말에 하는 활동과 관련해서도 질문을 할 수 있다. 구체적으로 누구와 무엇을 하면서 주말을 보내는지를 묻는 경우가 많은데, 응시자가 학생이나 직장인일 경우 학교 수업이나 직장 때문에 평일에는 할 수 없는 여가 활동을 말하는 편이 좋다. 방학이나 휴가와 관련해서는 주로 앞으로의 계획에 대해 질문하는데, 주말에 비해 상대적으로 기간이 길기 때문에 이에 알맞게 여행을 하거나 아르바이트를 한다는 식으로 답변한다.

1	Je vois mes amis.	친구들을 만나요.
2	Je vais voyager en Europe pendant les vacances.	나는 휴가 동안 유럽을 여행할 거예요.
3	Je vais travailler au café pendant les vacances.	나는 방학 동안 카페에서 일할 거예요.

Étape 3 모범 답안을 참조하여 실전처럼 연습해 보세요.

E : Examinateur 감독관 C : Candidat 응시자

모범 답안

E Qu'est-ce que vous faites le week-end ?
주말에는 뭐 하세요?

C Je vois mes amis.
친구들을 만나요.

E Qu'est-ce que vous faites avec eux ?
그들과 무엇을 하죠?

C On déjeune au fast-food et on va au café. On se parle des études / de l'école / de l'université ou de la vie quotidienne. Et on prend souvent un verre après le dîner.
우리는 패스트푸드점에서 점심을 먹고 카페에 갑니다. 우리는 학업 / 학교 / 대학교 또는 일상생활에 대해 서로 이야기합니다. 그리고 저녁 식사 후에 자주 술 한잔합니다.

E Qu'est-ce que vous allez faire pendant les vacances ?
방학(휴가) 동안 무엇을 할 것입니까?

C J'aime le voyage, alors je vais voyager en Europe pendant les vacances.
나는 여행을 좋아해서 휴가 동안 유럽을 여행할 거예요.
Je vais travailler au café pendant les vacances pour gagner de l'argent de poche.
나는 용돈을 벌기 위해서 방학 동안 카페에서 일할 거예요.

주제 17 집, 아파트 묘사

Track 6-17 

Étape 1 주제에 따른 필수 표현을 익혀 보세요.

maison (f.) 집 | **appartement** (m.) 아파트 | **habiter** 살다, 거주하다 | **pièce** (f.) 방 | **salle de bain** (f.) 욕실 | **salon** (m.) 거실 | **salle de cuisine** (f.) 부엌 | **chambre** (f.) 방 | **agréable** 쾌적한 | **paysage** (m.) 풍경 | **magnifique** 멋진, 훌륭한 | **fenêtre** (f.) 창문 | **jardin** (m.) 정원 | **vieux** 낡은

Étape 2 주제에 따른 빈출 질문 형태와 답변 구성 요령을 참고하세요.

질문 형태

1	Parlez-moi de votre maison(appartement).	당신의 집(아파트)에 대해 말하세요.

답변 구성 요령

응시자가 거주하는 집 또는 아파트에 대한 묘사를 요구하는 질문이다. 방 개수, 집 안 구조와 같은 기본 사항 외에도 집에서 하는 가족 활동 등에 대해서도 답변을 준비하는 것이 필요하다.

1	J'habite dans [장소].	나는 ○○에 살고 있습니다.
2	Il y a [방].	○○이 있습니다.

Étape 3

모범 답안을 참조하여 실전처럼 연습해 보세요.

E : Examinateur 감독관 C : Candidat 응시자

모범 답안

E Parlez-moi de votre maison(appartement).
당신의 집(아파트)에 대해 말하세요.

C J'habite dans un appartement. Il y a trois pièces, une salle de bain, un salon et une salle de cuisine. Ma chambre n'est pas grande mais très agréable. Je vois un paysage magnifique par la fenêtre.
나는 아파트에 살고 있습니다. 방 3개, 욕실, 거실과 부엌이 있습니다. 내 방은 크지는 않지만 매우 안락합니다. 창문을 통해 멋진 경치가 보입니다.

J'habite dans une maison et elle a un joli jardin. Elle est vieille mais il y a un grand salon. Toute la famille regarde la télé là-bas après le dîner.
나는 주택에 살고 있고, 예쁜 정원이 있습니다. 집은 낡았지만 큰 거실이 있습니다. 모든 가족이 저녁 식사 이후에 그곳에서 텔레비전을 봅니다.

구술 평가

EXERCICE 2

ÉCHANGE D'INFORMATIONS avec préparation *2 minutes environ*

Vous tirez au sort six cartes.
Vous voulez connaître l'examinateur. Vous lui posez des questions à l'aide des mots écrits sur les cartes.
Vous ne devez pas obligatoirement utiliser le mot, vous pouvez poser une question sur le thème.
Exemple : avec la carte « Date de naissance », vous pouvez poser la question « Vous avez quel âge ? ».

정보 교환(준비 시간 포함) *약 2분*

당신은 6장의 카드를 뽑습니다.
당신은 감독관을 알고 싶습니다. 당신은 카드에 적힌 단어들을 이용해서 그에게 질문합니다.
반드시 그 단어를 사용할 필요는 없으며, 그 주제에 대해 질문할 수 있습니다.
예 : '생년월일'이라는 카드를 뽑으면 '당신은 몇 살입니까?'라고 질문할 수 있습니다.

완전 공략

1 핵심 포인트

준비실에서 책상 위에 뒤집힌 20개 남짓한 카드 중 6장의 카드를 선택한다. 시험은 카드에 적혀 있는 어휘를 보고 자신의 상황을 먼저 말한 후 감독관에게 질문하는 방식으로 진행된다. 감독관은 응시자가 단어의 의미를 제대로 이해하고 답변 및 질문하는 것인지를 평가하기 때문에 응시자는 단어와 관련하여 간결하면서도 정확하게 정보를 전달할 수 있어야 한다.

2 빈출 주제

기본적인 인적 사항에 관한 어휘, 일상생활에서 자주 접할 수 있는 활동이나 사물, 장소와 관련된 어휘들이 시험에서 자주 출제된다.

3 고득점 전략

① 문제 진행 방식을 정확하게 파악한다.

A1의 정보 교환 유형은 응시자가 단어에 대한 의미를 파악하고, 그 단어와 관련된 질문을 감독관에게 하는 방식으로 진행된다는 점을 유의해야 한다. 따라서 카드에 적힌 어휘와 관련하여 응시자가 자신의 상황에 대해 이야기를 한 후 'et vous ? 당신은요?'라는 내용을 덧붙여 감독관에게 질문하는 형태로 문장을 완성하는 것이 좋다.

② 의문사 및 선호도와 관련된 표현을 적극적으로 활용한다.

선택한 카드에 적힌 어휘를 참고해서 문장을 만들 때 응시자들이 가장 먼저 활용할 수 있는 것은 의문문의 형식이다. 의문문을 만들어서 질문을 할 때는 육하원칙에 따른 'quand 언제', 'où 어디서', 'qui 누가', 'que 무엇을', 'comment 어떻게', 'pourquoi 왜' 같은 의문사를 적극적으로 활용한다. 또한 선택지의 어휘 중에는 선호도와 연관 지어서 말할 수 있는 것들이 많기 때문에 'j'aime ~을 좋아한다', 'j'adore ~을 좋아한다', 'je préfère ~을 선호한다', 'je m'intéresse à ~에 관심이 있다'와 같은 표현을 사용하면 쉽게 문장을 만들 수 있다.

③ 선택한 단어의 의미를 모를 경우에는 기호도를 묻는 표현을 활용한다.

A1 단계의 응시자는 어휘력이 뛰어나지 않기 때문에 선택한 단어들의 의미를 모를 수도 있다. 이럴 경우 고른 단어를 그대로 사용해서 감독관에게 그것을 좋아하는지 묻는 방식을 선택하는 것도 방법이 될 수 있다. 예를 들어 'vous aimez … ~을 좋아하시나요?', 'vous vous intéressez à … ~에 관심이 있으신가요?'와 같은 표현들을 활용할 수 있으므로, 이런 표현들을 사전에 숙지하는 것이 좋다.

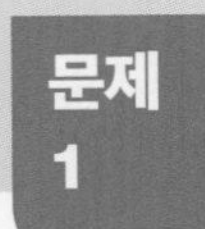

EXERCICE 2 실전 연습

출제 예상 어휘를 살펴보세요.

Âge ?	Profession ?
Cinéma ?	Télévision ?
Téléphone ?	Radio ?
Matin ?	Soir ?
Dîner ?	Sport ?
Livre ?	Saison ?

Fruits ?	Week-end ?
Café ?	Pays ?
Ville ?	Langue ?
Monnaie ?	Cuisine ?
Déjeuner ?	Internet ?

어휘 1 Âge 나이

🎧 Track 7-01 

Étape 1 **제시된 어휘와 관련된 필수 표현을 익혀 보세요.**

âge (m.) 나이 | vingt ans 20살 | vingt et un ans 21살 | vingt-deux ans 22살 | vingt-trois ans 23살

Étape 2 **질문 요령과 모범 답안을 참조하여 실전처럼 연습해 보세요.**

먼저 자신의 나이를 먼저 밝히고 감독관에게 나이를 묻는다. 이를 위해서 자신의 나이에 해당하는 숫자를 반드시 프랑스어로 알고 있어야 하며, 기초 단계라는 점을 감안하여 나이를 묻는 표현 중 문법적으로 가장 적합한 표현을 사용하는 것이 좋다.

모범 답안

C J'ai vingt-trois ans. Et vous ? Quel âge avez-vous ?
나는 23살입니다. 당신은요? 당신은 몇 살이세요?

어휘 2 Profession 직업

🎧 Track 7-02 

Étape 1 **제시된 어휘와 관련된 필수 표현을 익혀 보세요.**

profession (f.) 직업 | étudiant(e) 대학생 | salarié(e) 직장인 | employé(e) de bureau 회사원 | faire ~하다 | vie (f.) 인생

Étape 2 **질문 요령과 모범 답안을 참조하여 실전처럼 연습해 보세요.**

먼저 자신의 직업을 밝힌 후 감독관에게 직업을 물어본다. 응시자가 대학생인 경우 étudiant(e)이라고 말하고, 학생이 아닌 경우에는 본인의 직업과 관련된 어휘를 미리 암기해서 말하도록 한다.

모범 답안

C Je suis étudiant(e). Et vous ? Quelle est votre profession ?
나는 대학생입니다. 당신은요? 당신의 직업은 무엇입니까?

Je suis salarié(e). Et vous ? Qu'est-ce que vous faites dans la vie ?
나는 직장인입니다. 당신은요? 당신의 직업은 무엇입니까?

어휘 3 Cinéma 영화관

Track 7-03 

Étape 1 제시된 어휘와 관련된 필수 표현을 익혀 보세요.

cinéma (m.) 영화관 | **film** (m.) 영화 | **souvent** 자주 | **acteur(rice)** 배우 | **action** (f.) 액션 | **genre** (m.) 장르 | **aventure** (f.) 모험, 어드벤처 | **fantastique** (m.) 판타지 | **comédie** (f.) 코미디

Étape 2 질문 요령과 모범 답안을 참조하여 실전처럼 연습해 보세요.

본인이 영화를 좋아하는지, 아니면 싫어하는지를 먼저 말한 다음 영화에 대한 감독관의 기호도를 물어본다. 이어서 얼마나 영화관에 자주 가는지 또는 어떤 배우를 좋아하는지, 그 이유는 무엇인지 등을 묻는다.

모범 답안

C J'aime les films. Et vous ? Vous allez souvent au cinéma ? Avec qui ? Quel acteur aimez-vous et pourquoi ?
나는 영화를 좋아합니다. 당신은요? 당신은 영화관에 자주 가나요? 누구와 함께요? 어떤 배우를 좋아하고, 그 이유는요?

J'adore les films d'action. Et vous ? Vous aimez le cinéma ? Quel genre de films aimez-vous ?
나는 액션 영화를 좋아합니다. 당신은요? 영화를 좋아하세요? 어떤 장르의 영화를 좋아하세요?

어휘 4 Télévision 텔레비전

Track 7-04 

Étape 1 **제시된 어휘와 관련된 필수 표현을 익혀 보세요.**

télévision (f.) 텔레비전 | regarder 보다 | match de football (m.) 축구 시합 | émission (f.) 프로그램, 방송 | série (f.) 드라마

Étape 2 **질문 요령과 모범 답안을 참조하여 실전처럼 연습해 보세요.**

먼저 본인이 어떤 프로그램을 자주 보는지를 말한다. 그리고 감독관에게 어떤 프로그램을 좋아하는지, 그 이유는 무엇인지를 묻는다.

모범 답안

C Je regarde souvent le match de football à la télévision. Et vous ? Quelle est votre émission préférée et pourquoi ?
나는 텔레비전에서 축구 경기를 자주 봅니다. 당신은요? 당신이 좋아하는 프로그램은 무엇이고, 그 이유는요?

어휘 5 Téléphone 전화

Track 7-05 

Étape 1 **제시된 어휘와 관련된 필수 표현을 익혀 보세요.**

téléphone (portable) (m.) 휴대폰 | vôtre 당신의 것

Étape 2 **질문 요령과 모범 답안을 참조하여 실전처럼 연습해 보세요.**

휴대폰을 어떤 경우에 사용하는지를 먼저 말한 후 감독관에게 휴대폰으로 어떤 활동을 하는지를 묻는다.

모범 답안

C Je regarde souvent Youtube avec mon téléphone portable. Et vous ? Vous faites quoi avec le vôtre ?
나는 내 휴대폰으로 유튜브를 자주 봅니다. 당신은요? 당신은 당신의 것(휴대폰)으로 무엇을 하나요?

어휘 6 Radio 라디오

Étape 1 **제시된 어휘와 관련된 필수 표현을 익혀 보세요.**

radio (f.) 라디오 | écouter 듣다 | bulletin météo (m.) 일기예보 | sortir 나가다, 외출하다

Étape 2 **질문 요령과 모범 답안을 참조하여 실전처럼 연습해 보세요.**

먼저 라디오에서 무엇을 듣는지에 대해 말하는데, 라디오에서 주로 듣는 일기예보나 음악 같은 것을 예로 들어 말한다. 그리고 나서 감독관에게 라디오를 언제, 얼마나 자주 듣는지를 물어본다.

모범 답안

C J'écoute le bulletin météo à la radio avant de sortir. Et vous ? Vous écoutez souvent la radio ?
나는 외출하기 전에 라디오를 통해 일기예보를 듣습니다. 당신은요? 당신은 라디오를 자주 듣나요?

J'écoute de la musique à la radio avant de sortir. Et vous ? Quand écoutez-vous la radio ?
나는 외출하기 전에 라디오를 통해 음악을 듣습니다. 당신은요? 당신은 언제 라디오를 듣나요?

어휘 7 Matin 아침

Track 7-07 

Étape 1 **제시된 어휘와 관련된 필수 표현을 익혀 보세요.**

matin (m.) 아침 | faire du jogging 조깅하다 | jouer au tennis 테니스를 치다 | se promener 산책하다 | chien (m.) 개

Étape 2 **질문 요령과 모범 답안을 참조하여 실전처럼 연습해 보세요.**

먼저 아침마다 규칙적으로 하는 활동에 대해 언급하고 난 후 감독관에게 무엇을 하는지 질문한다. A1 수준을 고려하여 아침마다 하는 활동은 산책이나 조깅 등으로 말한다.

모범 답안

C Je fais du jogging (joue au tennis) tous les matins. Et vous ? Qu'est-ce que vous faites le matin ?
나는 매일 아침마다 조깅을 합니다(테니스를 칩니다). 당신은요? 아침에 뭐 하세요?

Je me promène le matin au parc avec mon chien. Et vous ? Qu'est-ce que vous faites le matin ?
나는 아침마다 개를 데리고 공원을 산책합니다. 당신은요? 아침에 뭐 하세요?

어휘 8 Soir 저녁

Track 7-08 

Étape 1 **제시된 어휘와 관련된 필수 표현을 익혀 보세요.**

soir (m.) 저녁 | prendre un verre 술 한잔하다 | surfer sur Internet 인터넷 서핑을 하다

Étape 2

질문 요령과 모범 답안을 참조하여 실전처럼 연습해 보세요.

먼저 저녁에 자주 하는 활동에 대해 말하고 난 후 감독관에게 무엇을 하는지 질문하는데, 학생의 경우는 인터넷 서핑, 직장인의 경우는 동료들이나 친구들과 술 한잔한다는 말을 하는 것이 좋다.

모범 답안

C Je prends souvent un verre avec mes amis le soir. Et vous ? Qu'est-ce que vous faites le soir ?
나는 저녁에 자주 친구들과 술 한잔합니다. 당신은요? 당신은 저녁에 뭐 하세요?

Je surfe sur Internet le soir. Et vous ? Qu'est-ce que vous faites le soir ?
나는 저녁에 인터넷 서핑을 합니다. 당신은요? 당신은 저녁에 뭐 하세요?

어휘 9 Dîner 저녁 식사

Track 7-09

Étape 1

제시된 어휘와 관련된 필수 표현을 익혀 보세요.

dîner 저녁 식사를 하다 (m.) 저녁 식사 | rentrer 돌아오다 | famille (f.) 가족 | manger 먹다 | comme ~로(서)

Étape 2

질문 요령과 모범 답안을 참조하여 실전처럼 연습해 보세요.

평소 저녁 식사를 언제, 어디에서 하는지 또는 저녁 식사 메뉴로 무엇을 먹는지를 말한 후 감독관에게 저녁 식사는 누구랑 하는지, 무엇을 먹는지 등을 묻는다.

모범 답안

C Je rentre à la maison à 18 h pour dîner avec ma famille. Et vous ? Quand et avec qui dînez-vous ? Qu'est-ce que vous mangez comme dîner ?
나는 가족과 저녁 식사를 하기 위해 18시에 귀가합니다. 당신은요? 당신은 언제 누구와 저녁 식사를 하나요? 저녁 식사로 무엇을 먹나요?

Je dîne souvent au restaurant. Et vous ? Où dînez-vous ? Qu'est-ce que vous mangez pour le dîner ?
나는 자주 식당에서 저녁을 먹습니다. 당신은요? 어디서 저녁을 먹나요? 저녁 식사로 무엇을 먹나요?

어휘 10 Sport 운동

Track 7-10 

Étape 1 **제시된 어휘와 관련된 필수 표현을 익혀 보세요.**

sport (m.) 스포츠 | faire du yoga 요가를 하다 | santé (f.) 건강

Étape 2 **질문 요령과 모범 답안을 참조하여 실전처럼 연습해 보세요.**

어떤 운동을 하는지, 그 이유는 무엇인지를 먼저 말한 후에 감독관에게 운동 종류와 함께 왜 그 운동을 좋아하는지를 묻는다.

모범 답안

C Je fais du yoga pour la santé. Et vous ? Quel sport aimez-vous et pourquoi ?
나는 건강을 위해 요가를 합니다. 당신은요? 어떤 운동을 좋아하며, 그 이유는요?

어휘 11 Livre 책

Track 7-11 

Étape 1 **제시된 어휘와 관련된 필수 표현을 익혀 보세요.**

livre (m.) 책 | acheter 사다 | au moins 적어도

Étape 2 **질문 요령과 모범 답안을 참조하여 실전처럼 연습해 보세요.**

책과 관련하여 독서에 대한 기호도를 말하고, 책을 얼마나 많이 읽는지에 대해 언급한다. 그리고 나서 감독관에게 독서에 관한 기호도를 묻고, 어떤 종류의 책을 좋아하는지와 그 이유를 묻는다.

모범 답안

C J'adore lire et j'achète au moins trois livres par mois. Et vous ? Vous aimez lire ? Quel est votre livre préféré et pourquoi ?
나는 독서를 좋아해서 적어도 한 달에 3권의 책을 삽니다. 당신은요? 당신은 독서를 좋아하나요? 당신이 좋아하는 책은 무엇이고, 그 이유는요?

어휘 12 Saison 계절

Track 7-12 

Étape 1 제시된 어휘와 관련된 필수 표현을 익혀 보세요.

saison (f.) 계절 | **printemps** (m.) 봄 | **été** (m.) 여름 | **automne** (m.) 가을 | **hiver** (m.) 겨울 | **bonhomme de neige** (m.) 눈사람 | **nager** 수영하다 | **fleur** (f.) 꽃 | **bain de soleil** (m.) 일광욕 | **plage** (f.) 해변 | **beau** 아름다운, (날씨가) 좋은 | **neige** (f.) 눈

Étape 2 질문 요령과 모범 답안을 참조하여 실전처럼 연습해 보세요.

먼저 응시자가 좋아하는 계절과 그 이유를 밝히고 나서 감독관에게 어떤 계절을 좋아하며, 그 이유는 무엇인지에 대해 묻는다.

모범 답안

C J'aime l'hiver parce que je peux faire un bonhomme de neige. Et vous ? Quelle saison aimez-vous et pourquoi ?
나는 겨울을 좋아하는데, 왜냐하면 눈사람을 만들 수 있기 때문입니다. 당신은요? 어떤 계절을 좋아하고 그 이유는요?

J'aime l'été parce que je peux nager. Et vous ? Quelle saison aimez-vous et pourquoi ?
나는 여름을 좋아하는데, 왜냐하면 수영할 수 있기 때문입니다. 당신은요? 어떤 계절을 좋아하고 그 이유는요?

어휘 13 Fruits 과일들

Track 7-13 

Étape 1

제시된 어휘와 관련된 필수 표현을 익혀 보세요.

fruit (m.) 과일 | pomme (f.) 사과 | banane (f.) 바나나 | raisin (m.) 포도 | poire (f.) 배 | fraise (f.) 딸기

Étape 2

질문 요령과 모범 답안을 참조하여 실전처럼 연습해 보세요.

과일과 관련된 질문을 할 때는 우선 어떤 과일을 좋아하는지를 먼저 말한다. 그리고 감독관에게 물을 때는 대화의 시간을 끌기 위해 어떤 과일을 왜 좋아하는지 이유를 묻는 것이 효율적이다.

모범 답안

C Je mange souvent des fruits et j'aime surtout la pomme. Et vous ? Quel fruit aimez-vous et pourquoi ?
나는 과일을 자주 먹는데, 특히 사과를 좋아합니다. 당신은요? 어떤 과일을 좋아하고, 그 이유는요?

어휘 14 Week-end 주말

Track 7-14 

Étape 1

제시된 어휘와 관련된 필수 표현을 익혀 보세요.

week-end (m.) 주말 | jouer au basket 농구를 하다 | parents 부모 | campagne (f.) 시골 | passer (시간을) 보내다 | faire du sport 운동하다 | voir des amis 친구들을 만나다 | regarder la télé 텔레비전을 보다 | voyager 여행하다

Étape 2

질문 요령과 모범 답안을 참조하여 실전처럼 연습해 보세요.

주말에 할 수 있는 활동을 이야기하거나, 아니면 특정 지역을 간다는 내용을 먼저 말하고 감독관에게 어떤 활동을 하는지 묻는다.

모범 답안

C Je joue au basket avec mes amis le week-end. Et vous ? Qu'est-ce que vous faites le week-end ?
나는 주말에 친구와 농구를 합니다. 당신은요? 당신은 주말에 무엇을 하시나요?

Mes parents habitent à la campagne et je vais chez eux pour passer le week-end avec eux. Et vous ? Qu'est-ce que vous faites le week-end ?
내 부모님이 시골에 살고 계셔서 나는 그들과 주말을 보내기 위해 그들의 집에 갑니다. 당신은요? 당신은 주말에 무엇을 하시나요?

어휘 15 Café 카페

Track 7-15 

Étape 1 제시된 어휘와 관련된 필수 표현을 익혀 보세요.

café (m.) 카페, 커피 | **bavarder** 수다를 떨다 | **cours** (m.) 수업 | **prendre du café** 커피를 마시다

Étape 2 질문 요령과 모범 답안을 참조하여 실전처럼 연습해 보세요.

café는 카페라는 장소를 나타낼 수도 있고, 마시는 커피를 의미할 수도 있다. 만약 장소로 이야기하고 싶다면 카페에서 무엇을 하는지를 말한 후, 감독관에게 카페에 자주 가는지 등을 물어본다. 또 마시는 커피에 대해 이야기하는 경우라면 하루에 커피를 몇 잔 마시는지를 말한 후에 감독관에게 커피를 좋아하는지, 얼마나 마시는지 등을 질문한다.

모범 답안

C Je bavarde avec mes amis au café après les cours. Et vous ? Vous allez souvent au café ? Avec qui ?
나는 방과 후에 카페에서 친구들과 수다를 떱니다. 당신은요? 카페에 자주 가나요? 누구와 함께 가나요?

J'aime beaucoup le café et j'en prends quatre par jour. Et vous ? Vous aimez prendre du café ?
나는 커피를 아주 좋아해서 하루에 4잔을 마십니다. 당신은요? 당신은 커피 마시는 것을 좋아하나요?

어휘 16 Pays 나라

Track 7-16

Étape 1 **제시된 어휘와 관련된 필수 표현을 익혀 보세요.**

pays (m.) 나라, 국가 | visiter 방문하다 | s'intéresser à ~에 관심있다 | monument historique (m.) 역사적 기념물, 문화재

Étape 2 **질문 요령과 모범 답안을 참조하여 실전처럼 연습해 보세요.**

특정 국가를 정해서 그 나라를 가고 싶다고 말하는데, 이때 중요한 것은 왜 가고 싶은지에 대한 이유를 밝히는 것이다. 그리고 감독관에게 어떤 나라를 좋아하고, 그 이유가 무엇인지를 묻는다.

모범 답안

C Je voudrais visiter la France un jour parce que je m'intéresse beaucoup aux monuments historiques. Et vous ? Quel pays voulez-vous visiter et pourquoi ?
나는 언젠가 프랑스를 방문하고 싶은데, 왜냐하면 역사적인 기념물들에 관심이 많기 때문입니다. 당신은요? 어떤 나라에 가고 싶고, 그 이유는요?

어휘 17 Ville 도시

Track 7-17

Étape 1 **제시된 어휘와 관련된 필수 표현을 익혀 보세요.**

ville (f.) 도시 | habiter 살다 | grande ville (f.) 대도시 | vivre 살다 | avantage (m.) 장점 | désavantage (m.) 단점

Étape 2 **질문 요령과 모범 답안을 참조하여 실전처럼 연습해 보세요.**

자신이 거주하고 있는 지역의 이름을 대고 지역의 규모를 밝힌 후, 감독관에게 도시와 시골 중 거주하고 싶은 장소 및 그 이유를 묻는다. 또는 감독관이 생각하는 도시의 장점 또는 단점에 대해 물을 수도 있다.

모범 답안

C J'habite à Séoul et c'est une grande ville. Et vous ? Vous aimez vivre en ville ou à la campagne ? À votre avis, quels sont les avantages ou les désavantages de la ville ?
나는 서울에 살고 있고, 서울은 대도시입니다. 당신은요? 당신은 도시에서 살고 싶으세요, 아니면 시골에서 살고 싶으세요? 당신이 생각하기에 도시의 장점들 또는 단점들은 무엇인가요?

어휘 18 Langue 언어

Track 7-18

Étape 1 제시된 어휘와 관련된 필수 표현을 익혀 보세요.

langue (f.) 언어 | apprendre 배우다 | depuis ~이래로 | combien 얼마나 | savoir 알다 | parler 말하다

Étape 2 질문 요령과 모범 답안을 참조하여 실전처럼 연습해 보세요.

프랑스어를 배운 기간을 말한 후, 감독관에게 어떤 언어 또는 몇 개의 언어를 말할 줄 아는지를 묻는다.

모범 답안

C J'apprends le français depuis six mois. Et vous ? Combien de langues savez-vous parler ?
나는 6개월 전부터 프랑스어를 배우고 있습니다. 당신은요? 몇 개의 언어를 할 줄 아시나요?

어휘 19 Monnaie 돈

Track 7-19

제시된 어휘와 관련된 필수 표현을 익혀 보세요.

monnaie (f.) 돈, 동전, 거스름돈, 잔돈 | collecter 수집하다 | étranger 외국의

Étape 2

질문 요령과 모범 답안을 참조하여 실전처럼 연습해 보세요.

monnaie는 '동전'을 나타낼 수도 있고 '거스름돈'이나 '잔돈'을 의미할 수도 있는데, 동전이라는 의미를 사용하는 경우 취미로 동전 수집을 한다고 말할 수 있다. 잔돈이라는 의미를 활용하는 경우 현재 잔돈을 얼마나 가지고 있는지를 말하고, 감독관에게 이와 관련한 질문을 할 수 있다.

모범 답안

C Je collecte les monnaies des pays étrangers. Et vous ? Qu'est-ce que vous collectez ?
나는 외국 동전들을 수집합니다. 당신은요? 당신은 무엇을 수집하세요?

Je n'ai pas beaucoup de monnaie. Et vous ? Avez-vous de la monnaie ? Combien en avez-vous ?
나는 잔돈을 많이 가지고 있지 않습니다. 당신은요? 당신은 잔돈을 가지고 있나요? 얼마나 가지고 있나요?

어휘 20 Cuisine 요리

Track 7-20 

Étape 1

제시된 어휘와 관련된 필수 표현을 익혀 보세요.

cuisine (f.) 요리 | italien 이탈리아의 | plat (m.) 음식 | cuisiner 요리하다

Étape 2

질문 요령과 모범 답안을 참조하여 실전처럼 연습해 보세요.

어떤 음식을 좋아하는지에 대해 밝히고, 감독관에게 좋아하는 요리가 무엇인지 또는 요리하는 것을 좋아하는지 등을 묻는다.

모범 답안

C J'aime la cuisine italienne. Et vous ? Quel est votre plat préféré ? Vous aimez cuisiner ?
나는 이탈리아 요리를 좋아합니다. 당신은요? 당신이 좋아하는 음식은 무엇이죠? 당신은 요리하는 것을 좋아하나요?

어휘 21 Déjeuner 점심 식사

Track 7-21

Étape 1 **제시된 어휘와 관련된 필수 표현을 익혀 보세요.**

déjeuner 점심 식사를 하다, (m.) 점심 식사 | cantine (f.) 구내식당

Étape 2 **질문 요령과 모범 답안을 참조하여 실전처럼 연습해 보세요.**

점심 식사로 무엇을 먹는지 밝히고, 감독관에게 어디서 점심을 먹으며, 누구와 먹는지를 묻는다.

모범 답안

C Je vais manger un hamburger au déjeuner. Et vous ? Qu'est-ce que vous allez prendre pour le déjeuner ?
저는 점심으로 햄버거를 먹을 거예요. 당신은요? 점심으로 무엇을 드실 건가요?

어휘 22 Internet 인터넷

Track 7-22

Étape 1 **제시된 어휘와 관련된 필수 표현을 익혀 보세요.**

Internet 인터넷 | vidéo (f.) 동영상

Étape 2 **질문 요령과 모범 답안을 참조하여 실전처럼 연습해 보세요.**

인터넷으로 무엇을 하는지를 먼저 밝히고 난 후, 감독관에게 인터넷으로 무엇을 하는지에 대해 묻는다.

모범 답안

C Quand je suis libre, j'aime bien surfer sur Internet pour regarder des vidéos. Et vous ? Que faites-vous sur Internet ?
내가 한가할 때 나는 영상을 보기 위해 인터넷 서핑하는 것을 아주 좋아합니다. 당신은요? 당신은 인터넷으로 무엇을 하나요?

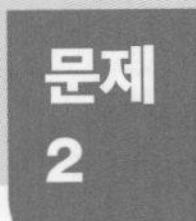

EXERCICE 2 실전 연습

출제 예상 어휘를 살펴보세요.

Prénom ?	Travail ?
Voiture ?	Ordinateur portable ?
Famille ?	Bureau ?
Adresse ?	Heure ?
Appartement ?	Professeur ?
Nationalité ?	Animal ?
Train ?	École ?

Bibliothèque ?	Piscine ?
Banque ?	Parc ?
Sortie ?	Stylo ?
Restaurant ?	Vêtement ?

어휘 1 Prénom 이름

Track 8-01 

Étape 1 **제시된 어휘와 관련된 필수 표현을 익혀 보세요.**

prénom (m.) 이름 | s'appeler ~라고 불리다

Étape 2 **질문 요령과 모범 답안을 참조하여 실전처럼 연습해 보세요.**

자신의 이름을 밝히고 난 후, 감독관에게 이름을 묻는다.

모범 답안

C Je m'appelle OOO. Et vous ? Comment vous appelez-vous ?
내 이름은 OOO입니다. 당신은요? 당신의 이름은 무엇입니까?

Je suis OOO. Et vous ? Quel est votre prénom ?
나는 OOO입니다. 당신은요? 당신의 이름은 무엇입니까?

어휘 2 Travail 일, 학업

Track 8-02 

Étape 1 **제시된 어휘와 관련된 필수 표현을 익혀 보세요.**

travail (m.) 일, 학업 | étudier 공부하다 | université (f.) 대학교 | entreprise (f.) 기업

Étape 2 **질문 요령과 모범 답안을 참조하여 실전처럼 연습해 보세요.**

응시자가 학생이라면 공부와 관련하여 대학에서 무엇을 배우는지를 말하고, 직장인이라면 어디에서 근무하는지를 말한 후, 감독관에게 어디에서 일하는지를 묻는다.

모범 답안

C J'étudie le français à l'université. Et vous ? Qu'est-ce que vous étudiez ?
나는 대학교에서 프랑스어를 공부합니다. 당신은요? 무엇을 공부하세요?

Je travaille dans une entreprise. Et vous ? Où travaillez-vous ?
나는 기업에서 일합니다. 당신은요? 어디에서 일하세요?

어휘 3 Voiture 자동차

Track 8-03 

Étape 1 제시된 어휘와 관련된 필수 표현을 익혀 보세요.

voiture (f.) 자동차 | métro (m.) 지하철

Étape 2 질문 요령과 모범 답안을 참조하여 실전처럼 연습해 보세요.

대중교통을 주로 이용한다는 말과 함께 감독관에게 자동차가 있는지, 만약 있다면 얼마나 자주 이용하는지 등을 묻는다.

모범 답안

C Je n'ai pas de voiture et je prends souvent le métro ou le bus. Et vous ? Vous avez une voiture ? Si oui, prenez-vous souvent votre voiture ? (Vous la prenez souvent ?)
나는 자동차가 없어서 지하철 또는 버스를 자주 탑니다. 당신은요? 자동차가 있나요? 만일 그렇다면 그것을 자주 타나요?

어휘 4 Ordinateur portable 노트북

Track 8-04 

Étape 1 **제시된 어휘와 관련된 필수 표현을 익혀 보세요.**

ordinateur portable (m.) 노트북 | n'importe où 어디서나 | grâce à ~ 덕분에

Étape 2 **질문 요령과 모범 답안을 참조하여 실전처럼 연습해 보세요.**

노트북과 관련하여 장소를 가리지 않고 일할 수 있다는 점을 밝히고 난 후, 감독관에게 노트북으로 무엇을 하는지를 묻는다.

모범 답안

C On peut travailler n'importe où grâce à l'ordinateur portable. Et vous ? Qu'est-ce que vous faites avec lui ?
우리는 노트북 덕분에 어디서나 일(공부)할 수 있습니다. 당신은요? 노트북을 가지고 무엇을 하나요?

어휘 5 Famille 가족

Track 8-05 

Étape 1 **제시된 어휘와 관련된 필수 표현을 익혀 보세요.**

famille (f.) 가족 | se promener 산책하다 | parc (m.) 공원 | s'entendre avec qn ~와 사이가 좋다

Étape 2 **질문 요령과 모범 답안을 참조하여 실전처럼 연습해 보세요.**

가족과 함께 살고 있으며 어떤 활동을 하는지를 밝힌다. 그리고 감독관에게 가족 구성원이 몇 명인지, 가족과 어떤 활동을 같이하는지를 질문한다.

모범 답안

C J'habite avec ma famille et on se promène souvent au parc. Et vous ? Vous êtes combien dans votre famille ? Vous vous entendez bien avec votre famille ? Qu'est-ce que vous faites en famille ?
나는 가족과 함께 살고 있고, 우리는 자주 공원에서 산책합니다. 당신은요? 가족이 몇 명인가요? 당신은 당신의 가족과 사이가 좋나요? 가족과 모여서 무엇을 하나요?

어휘 6 Bureau 책상, 사무실

Track 8-06 

Étape 1 제시된 어휘와 관련된 필수 표현을 익혀 보세요.

bureau (m.) 책상, 사무실 | collègue (m.) 동료

Étape 2 질문 요령과 모범 답안을 참조하여 실전처럼 연습해 보세요.

bureau는 책상과 사무실 두 가지 뜻으로 쓰이는데, 책상이라는 의미로 사용하는 경우 책상 위에 무엇을 놓았는지, 감독관의 책상에는 무엇이 있는지를 묻는다. 만일 사무실이라는 의미로 사용할 때는 사무실 동료들에 대해 언급하고, 감독관의 사무실에 인원이 몇 명 있는지를 묻는다.

모범 답안

C Je mets mon ordinateur sur le bureau. Et vous ? Qu'est-ce qu'il y a sur votre bureau ?
나는 컴퓨터를 책상 위에 놓습니다. 당신은요? 당신의 책상 위에는 무엇이 있나요?

Je travaille avec mes collègues au bureau. Combien de personnes y a-t-il dans votre bureau ?
나는 사무실에서 동료들과 함께 일합니다. 당신의 사무실에는 몇 명이 있나요?

어휘 7 Adresse 주소

Track 8-07 

Étape 1 **제시된 어휘와 관련된 필수 표현을 익혀 보세요.**

adresse (f.) 주소 | **déménager** 이사하다

Étape 2 **질문 요령과 모범 답안을 참조하여 실전처럼 연습해 보세요.**

이사를 해서 새로운 주소가 생겼다고 먼저 말한 후, 감독관의 주소를 묻는다.

모범 답안

C J'ai une nouvelle adresse car nous avons déménagé. Quelle est votre adresse ?
저는 새 주소가 생겼습니다. 왜냐하면 저희는 이사를 했거든요. 당신의 주소는 어떻게 되세요?

어휘 8 Heure 시간

Track 8-08 

Étape 1 **제시된 어휘와 관련된 필수 표현을 익혀 보세요.**

heure (f.) 시간 | **être en retard** ~에 늦다 | **rendez-vous** (m.) 약속 | **exact** 정확한, (시간을) 엄수하는 | **en général** 일반적으로

Étape 2 **질문 요령과 모범 답안을 참조하여 실전처럼 연습해 보세요.**

약속 시간에 대해 언급하고, 시간을 잘 지키는지에 대해 감독관에게 물어본다. 또는 특정 시간에 응시자가 하는 행위를 말하고, 감독관에게 어떤 활동을 몇 시에 하는지를 물을 수도 있다.

모범 답안

C Je suis souvent en retard au rendez-vous. Et vous ? Vous êtes exact(e) à l'heure au rendez-vous ?
나는 자주 약속 시간에 늦습니다. 당신은요? 당신은 약속 시간을 잘 지키나요?

C Je me lève à 7 heures. Et vous ? À quelle heure vous levez-vous en général ?
나는 7시에 일어납니다. 당신은요? 당신은 보통 몇 시에 일어나죠?

어휘 9 Appartement 아파트

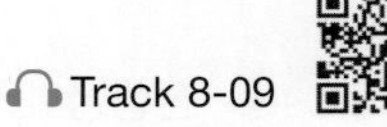

제시된 어휘와 관련된 필수 표현을 익혀 보세요.

appartement (m.) 아파트 | grand immeuble (m.) 고층 건물 | haut 높은

Étape 2 질문 요령과 모범 답안을 참조하여 실전처럼 연습해 보세요.

먼저 응시자는 아파트에 대한 기호도를 말하고 그 이유를 밝힌다. 그리고 감독관에게 아파트와 주택 중 어느 곳에 사는 것을 선호하는지를 묻는다.

모범 답안

C Je n'aime pas habiter dans un grand immeuble car c'est trop haut. Et vous ? Vous préférez vivre en appartement ou en maison ?
나는 고층 건물에 사는 것을 좋아하지 않는데, 왜냐하면 너무 높기 때문입니다. 당신은요? 당신은 아파트에 사는 것과 주택에 사는 것 중 무엇을 선호하시나요?

어휘 10 Professeur 선생님

Track 8-10 

Étape 1 **제시된 어휘와 관련된 필수 표현을 익혀 보세요.**

professeur 선생님 | métier (m.) 직업 | important 중요한 | éducation (f.) 교육

Étape 2 **질문 요령과 모범 답안을 참조하여 실전처럼 연습해 보세요.**

선생님이라는 직업에 대한 자신의 의견을 간략하게 말하고, 감독관의 생각을 묻는다.

모범 답안

C Je pense que le professeur est un métier très important pour l'éducation. Et vous ? Qu'est-ce que vous en pensez ?
나는 선생님이 교육에 있어 매우 중요한 직업이라고 생각합니다. 당신은요? 당신은 어떻게 생각하십니까?

어휘 11 Nationalité 국적

Track 8-11 

Étape 1 **제시된 어휘와 관련된 필수 표현을 익혀 보세요.**

nationalité (f.) 국적 | coréen(ne) 한국인

Étape 2 **질문 요령과 모범 답안을 참조하여 실전처럼 연습해 보세요.**

응시자는 자신의 국적을 말한 후, 감독관에게 국적에 대해 묻는다.

모범 답안

C Je suis coréen(ne). Et vous ? Quelle est votre nationalité ?
나는 한국인입니다. 당신은요? 당신의 국적은 무엇입니까?

어휘 12 Animal 동물

Track 8-12

Étape 1 **제시된 어휘와 관련된 필수 표현을 익혀 보세요.**

animal (m.) 동물 | chien (m.) 개 | chat (m.) 고양이

Étape 2 **질문 요령과 모범 답안을 참조하여 실전처럼 연습해 보세요.**

동물들을 좋아하거나 싫어한다는 말을 한 후, 감독관에게 어떤 동물을 좋아하는지 묻는다. 그렇지 않으면 개 또는 고양이를 키운다고 말한 후에 감독관에게 반려동물을 키우고 있는지를 묻는다.

모범 답안

C J'aime les animaux. Et vous ? Quel animal aimez-vous et pourquoi ?
나는 동물들을 좋아합니다. 당신은요? 어떤 동물을 좋아하고, 이유는 뭐죠?

J'ai un chien. Et vous ? Avez-vous un chien ou un chat ?
나는 강아지 한 마리를 키웁니다. 당신은요? 개나 고양이를 키우시나요?

어휘 13 Train 기차

Track 8-13

Étape 1 **제시된 어휘와 관련된 필수 표현을 익혀 보세요.**

train (m.) 기차 | rapide 빠른 | moins 형용사 que ~보다 덜 ~하다 | cher 비싼 | avion (m.) 비행기

Étape 2 **질문 요령과 모범 답안을 참조하여 실전처럼 연습해 보세요.**

기차와 비행기를 비교하여 기차의 장점을 이야기하고 감독관에게 여행할 때 어떤 교통수단을 이용하는지를 묻는다.

모범 답안

C J'aime le train parce qu'il est rapide et il est moins cher que l'avion. Et vous ? Qu'est-ce que vous prenez quand vous voyagez ?
나는 기차를 좋아하는데, 왜냐하면 빠르고 비행기보다 덜 비싸기 때문입니다. 당신은요? 당신은 여행할 때 무엇을 탑니까?

어휘 14 École 학교

Track 8-14 

Étape 1 제시된 어휘와 관련된 필수 표현을 익혀 보세요.

école (f.) 학교 | **apprendre** 배우다

Étape 2 질문 요령과 모범 답안을 참조하여 실전처럼 연습해 보세요.

응시자가 학생일 경우 학교에서 배우는 과목을, 직장인일 경우 학교에서 배웠던 과목을 언급하고 감독관에게도 질문한다. 이때 감독관들은 학교를 이미 졸업한 사람들이므로 복합 과거를 사용한다는 것에 유의한다.

모범 답안

C J'ai appris (j'apprends) le français à l'école. Et vous ? Qu'est-ce que vous avez appris à l'école ?
나는 프랑스어를 학교에서 배웠습(배웁)니다. 당신은요? 당신은 학교에서 무엇을 배웠나요?

어휘 15 Bibliothèque 도서관

Track 8-15 

Étape 1 제시된 어휘와 관련된 필수 표현을 익혀 보세요.

bibliothèque (f.) 도서관 | **emprunter** 빌리다

Étape 2

질문 요령과 모범 답안을 참조하여 실전처럼 연습해 보세요.

도서관에 가서 자주 책을 빌린다고 말한 후, 감독관에게는 도서관에 가는 횟수에 대해 질문한다.

모범 답안

C J'emprunte souvent des livres à la bibliothèque. Et vous ? Combien de fois par mois allez-vous à la bibliothèque ?
나는 도서관에서 자주 책들을 빌립니다. 당신은요? 한 달에 몇 번 도서관에 가나요?

어휘 16 **Piscine 수영장**

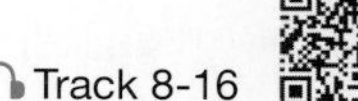

Étape 1

제시된 어휘와 관련된 필수 표현을 익혀 보세요.

piscine (f.) 수영장 | avoir peur de ~을 두려워하다 | eau (f.) 물

Étape 2

질문 요령과 모범 답안을 참조하여 실전처럼 연습해 보세요.

물이나 수영과 관련된 이야기를 하는 것이 좋다. 그리고 감독관에게 수영장에 자주 가는지를 묻는다.

모범 답안

C Je ne vais jamais à la piscine parce que j'ai peur de l'eau. Et vous ? Vous allez souvent à la piscine ?
나는 결코 수영장에 가지 않는데, 왜냐하면 물을 무서워하기 때문입니다. 당신은요? 당신은 수영장에 자주 가나요?

어휘 17 Banque 은행

Track 8-17 

Étape 1 **제시된 어휘와 관련된 필수 표현을 익혀 보세요.**

banque (f.) 은행 | envoyer 보내다 | en ligne 온라인으로

Étape 2 **질문 요령과 모범 답안을 참조하여 실전처럼 연습해 보세요.**

은행과 관련된 업무를 언급하는 것이 좋은데, 예를 들어 송금이나 입출금에 대해 말한다. 그리고 감독관에게 은행에 자주 가는지 묻는다.

모범 답안

C On ne va plus à la banque pour envoyer de l'argent et on le fait en ligne. Et vous ? Est-ce que vous y allez souvent ?
사람들은 더 이상 송금하기 위해 은행에 가지 않고 그것을 온라인으로 합니다. 당신은요? 당신은 은행에 자주 가나요?

어휘 18 Parc 공원

Track 8-18 

Étape 1 **제시된 어휘와 관련된 필수 표현을 익혀 보세요.**

parc (m.) 공원 | là-bas 그곳에(서)

Étape 2 **질문 요령과 모범 답안을 참조하여 실전처럼 연습해 보세요.**

공원에서 주로 하는 활동(산책, 운동)에 대해 말하고, 감독관에게 공원에 자주 가는지, 무엇을 하는지를 묻는다.

모범 답안

C Je me promène souvent au parc avec mon chien. Et vous ? Vous allez souvent au parc ? Qu'est-ce que vous faites là-bas ?
나는 개를 데리고 자주 공원에서 산책합니다. 당신은요? 당신은 공원에 자주 가나요? 거기에서 뭐 하나요?

어휘 19 Sortie 외출

Étape 1 제시된 어휘와 관련된 필수 표현을 익혀 보세요.

sortie (f.) 외출 | presque 거의

Étape 2 질문 요령과 모범 답안을 참조하여 실전처럼 연습해 보세요.

주말에 주로 외출해서 하는 활동들(친구 만나기, 영화 보기, 여행 가기, 미술관 관람 등)에 대해 말하고, 감독관에게 자주 외출하는지, 무엇을 하는지에 대해 묻는다.

모범 답안

C Je sors presque tous les week-ends pour voir mes amis. Et vous ? Vous sortez souvent ? Qu'est-ce que vous faites ?
나는 친구들을 만나기 위해 거의 주말마다 외출합니다. 당신은요? 당신은 외출을 자주 하나요? 무엇을 하세요?

어휘 20 Stylo 펜

Track 8-20 

Étape 1 **제시된 어휘와 관련된 필수 표현을 익혀 보세요.**

stylo (m.) 펜 | noter 메모하다 | libre 자유로운, 한가로운 | crayon (m.) 연필

Étape 2 **질문 요령과 모범 답안을 참조하여 실전처럼 연습해 보세요.**

펜으로 무엇을 하는지를 말하고, 감독관에게는 펜과 연필 중에 어떤 것을 더 선호하는지를 묻는다.

모범 답안

C J'aime noter des choses avec un stylo quand j'ai du temps libre. Et vous ? Qu'est-ce que vous préférez ? Le stylo ou le crayon ?
나는 시간이 있을 때 펜으로 무엇인가를 적는 것을 좋아합니다. 당신은요? 당신은 무엇을 선호하나요? 펜인가요, 아니면 연필인가요?

어휘 21 Restaurant 식당

Track 8-21 

Étape 1 **제시된 어휘와 관련된 필수 표현을 익혀 보세요.**

restaurant (m.) 식당 | fêter 축하하다 | anniversaire (m.) 생일, 기념일

Étape 2 **질문 요령과 모범 답안을 참조하여 실전처럼 연습해 보세요.**

어떤 경우에 식당에서 식사를 하는지를 말하고, 감독관에게 식당에 가는 날과 이유를 묻는다.

모범 답안

C En général, je dîne au restaurant avec mes amis pour fêter mon anniversaire. Et vous ? Aimez-vous manger au restaurant ? Vous y allez quand et pourquoi ?
일반적으로 나는 내 생일을 축하하기 위해 친구들과 함께 식당에서 저녁을 먹습니다. 당신은요? 당신은 식당에서 식사하는 것을 좋아하시나요? 그곳에 언제, 왜 가시나요?

어휘 22 Vêtement 의류

Track 8-22 

Étape 1 제시된 어휘와 관련된 필수 표현을 익혀 보세요.

vêtement (m.) 의류 | **grand magasin** (m.) 백화점 | **pantalon** (m.) 바지 | **jupe** (f.) 치마 | **chemise** (f.) 셔츠 | **robe** (f.) 원피스

Étape 2 질문 요령과 모범 답안을 참조하여 실전처럼 연습해 보세요.

어휘의 뜻을 정확히 이해하고 있다는 느낌을 주어야 하기 때문에 의류와 관련된 어휘들을 활용해서 감독관에게 질문해야 한다.

모범 답안

C Je vais au grand magasin pour acheter mes vêtements. Et vous ? Où achetez-vous vos pantalons ?
나는 내 옷들을 사기 위해 백화점에 갑니다. 당신은요? 당신의 바지를 어디에서 사나요?

구술 평가

EXERCICE 3

Dialogue simulé ou jeu de rôle avec préparation *2 minutes environ*

Vous tirez au sort deux sujets. Vous en choisissez un. Vous jouez la situation proposée.
Vous vous informez sur le prix des produits que vous voulez acheter ou commander. Vous demandez les quantités souhaitées. Pour payer, vous disposez de photos de pièces de monnaie et de billets. N'oubliez pas de saluer et d'utiliser des formules de politesse.

역할 분담(준비 시간 포함) *약 2분*

당신은 두 가지 주제를 뽑고 그 중 하나를 선택합니다. 제시된 상황에 대한 역할극을 합니다.
당신은 사고 싶거나 주문하고 싶은 물건의 가격에 대해 알아봅니다. 당신은 원하는 수량을 요청합니다. 지불하기 위해 당신은 동전과 지폐 사진을 가지고 있습니다. 인사하는 것과 정중한 표현을 사용하는 것을 잊지 마세요.

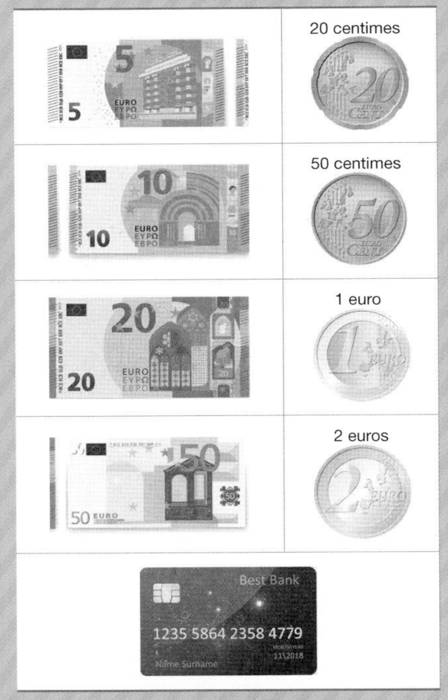

Le candidat tire au sort deux sujets et il en choisit un.
응시자는 두 가지 주제를 뽑고 그중 하나를 고릅니다.

완전 공략

1 핵심 포인트

2개의 카드 중 최종적으로 하나를 선택하여 주어진 상황에 따라 감독관과 대화를 진행하는 방식이다. 카드에는 대화를 진행해야 하는 특정 주제나 상황이 제시되어 있는데, 응시자는 대화를 진행하기에 앞서 먼저 자신의 역할이 무엇인지를 정확히 파악해야 한다. 그렇지 않으면 감점을 당하기 때문에 카드 맨 밑에 적혀 있는 감독관의 역할을 확인하는 것이 무엇보다 중요하다. 그리고 응시자에게 제공되는 카드에는 물건의 명칭이나 가격 등이 직접적으로 적혀 있지 않으므로, 카드에 제시되는 정보들을 참고하여 감독관이 언급하는 내용을 주의 깊게 들어야 한다.

2 빈출 주제

주로 특정 장소에서 물건을 구입하는 상황이 제시되므로, 응시자는 기본적으로 상점에서 사용할 수 있는 표현과 가격을 나타내는 표현들을 정확하게 숙지해야 한다. 특히 앞에 놓여 있는 가짜 지폐나 동전을 활용하여 해당되는 물건값만큼 감독관에게 지불하는 상황이 전개되므로, 가격을 정확하게 구사할 수 있는 숫자 훈련이 요구된다.

3 고득점 전략

① 대화를 시작하는 문장을 암기한다.

물건 구입과 관련하여 응시자는 거의 물건을 사는 고객의 입장을 취하게 된다. 따라서 처음 대화를 시작할 때 '~을 사고 싶다'는 표현을 반드시 숙지해야 한다.

② 질문의 내용을 정확히 이해해야 한다.

상대 역할을 하는 감독관의 말을 못 알아들었을 때는 다시 한번 말해 달라고 해서 대화를 정확한 방향으로 이끌어야 한다.

③ 숫자에 대한 정확한 이해가 필요하다.

감독관이 가격을 말해 주면 그에 해당하는 금액을 골라 감독관에게 줘야 하는데, 금액을 정확히 이해하지 못해서 실제 금액보다 큰 지폐를 주는 것은 좋은 방법이 아니다. 일반적으로 구입하는 물건 가격의 합은 십 단위의 유로들이므로 최소한 이 단위의 숫자들을 익혀야 한다.

④ 구입하는 물건에 대한 기본 어휘를 숙지해야 한다.

고객 역할을 하는 응시자는 특정 가게에서 파는 물건들에 대한 기본적인 단어들을 익히고 있어야 한다.

문제 1

EXERCICE 3 실전 연습

Track 9-01

Étape 1

문제를 읽은 후, 감독관의 예상 답변을 떠올리며 대화를 만들어 보세요.

Le genre masculin est utilisé pour alléger le texte. Vous pouvez naturellement adapter la situation en adoptant le genre féminin.

SUJET 1 DANS UN MAGASIN DE VÊTEMENTS

Vous êtes en France. Vous voulez acheter des vêtements pour vos enfants. Vous allez dans un magasin, vous posez des questions sur les prix, les tailles ou les couleurs et vous achetez deux ou trois articles.

L'examinateur joue le rôle du vendeur.

SUJET 1 DANS UN MAGASIN DE VÊTEMENTS

Documents pour l'examinateur

Jupe	Pantalon	Chaussures	Chemise
20 €	30 €	40 €	25 €

Étape 2

문제의 해석을 확인한 후, 필수 어휘를 익혀 보세요.

남성형은 텍스트의 분량을 줄이기 위해 사용되었습니다. 당신은 상황에 따라서 자연스럽게 여성형을 사용할 수 있습니다.

주제 1 옷가게에서

당신은 프랑스에 있습니다. 당신은 당신의 자녀들을 위해 옷을 사기를 원합니다. 당신은 상점에 갑니다. 당신은 가격, 치수 또는 색깔에 대해 질문하고, 2개 또는 3개의 상품을 삽니다.

감독관은 판매원 역할을 합니다.

주제 1 옷가게에서

감독관을 위한 자료들

치마	바지	신발	셔츠
20유로	30유로	40유로	25유로

필수 어휘

genre masculin (m.) 남성형 | alléger 부담을 덜다 | naturellement 자연스럽게 | adapter 맞추다, 적응시키다 | situation (f.) 상황 | adopter 채택하다 | genre féminin (m.) 여성형 | magasin (m.) 상점 | vêtement (m.) 의류 | prix (m.) 가격 | taille (f.) 치수 | couleur (f.) 색깔 | article (m.) 상품, 물건 | rôle (m.) 역할 | vendeur 판매원 | jupe (f.) 치마 | pantalon (m.) 바지 | chaussures (f.pl.) 신발 | chemise (f.) 셔츠 | aider 돕다 | chercher 찾다 | fils (m.) 아들 | avoir besoin de ~이 필요하다 | autre chose 다른 것 | blanc 흰색의 | fille (f.) 딸 | en solde 할인 중인 | usé 낡은, 헤진 | chausser du + 숫자 크기가 ~인 신발을 신다 | dommage (m.) 유감스러운 일 | semaine dernière (f.) 지난주

Étape 3

대화 구성 요령에 따른 모범 답안을 확인하고 실전 훈련하세요.

대화 구성 요령

지시 사항에 따라 응시자는 옷가게에서 물건을 사는 고객의 입장이 된다. 따라서 의류와 관련 있는 어휘들을 숙지하고 있어야 한다. 대화 진행 방식은 먼저 인사말과 함께 물건을 사러 왔다고 말하고, 사이즈, 색깔, 가격 등에 대해 물어본다. 대화를 보다 자연스럽게 이끌어 가기 위해서는 물건을 사는 이유들을 간단히 설명하는 것이 바람직하다. 물건을 2~3개 정도 고르고 감독관이 말하는 가격에 해당하는 돈을 지불한 뒤 대화를 마무리한다.

E : Examinateur 감독관 C : Candidat 응시자

모범 답안

E Bonjour. Je peux vous aider ?
안녕하세요. 제가 당신을 도와드릴까요?

C Bonjour. Je voudrais acheter des choses pour mes enfants. D'abord, je cherche un pantalon pour mon fils.
안녕하세요. 내 아이들을 위해 무엇인가를 사고 싶은데요. 우선 내 아들을 위한 바지를 찾고 있어요.

E Quelle taille fait-il ?
치수가 어떻게 되나요?

C Il fait du M.
M 사이즈를 입습니다.

E Et la couleur ?
색깔은요?

C Il aime le bleu.
파란색을 좋아합니다.

E En voici un ! Vous avez besoin d'autre chose ?
여기 있습니다! 그리고 다른 것이 필요하신가요?

C Oui. Je voudrais aussi une jupe blanche pour ma fille.
예. 딸을 위한 흰 치마도 원합니다.

E En voici une ! Vous n'avez pas besoin de chaussures ? Elles sont en solde !
여기 있어요! 신발은 필요하지 않으세요? 할인 중입니다.

C Ah bon ? Ça tombe bien parce que celles de mon fils sont usées. Il chausse du quarante.
아 그래요? 잘됐네요. 왜냐하면 내 아들의 신발이 낡았거든요. 신발 사이즈는 40이에요.

E Et les chemises ?
셔츠는요?

C Non, merci. Mes enfants les ont achetées la semaine dernière. Ça fait combien ?
고맙지만 괜찮습니다. 아이들이 지난주에 셔츠들을 샀거든요. 다 하면 얼마죠?

E Ça fait 90 euros.
90유로입니다.

C Voici !
여기 있습니다!

E Merci.
고맙습니다.

C Merci et au revoir !
고맙습니다, 안녕히 계세요!

문제 2

EXERCICE 3 실전 연습

Track 9-02

Étape 1

문제를 읽은 후, 감독관의 예상 답변을 떠올리며 대화를 만들어 보세요.

Le genre masculin est utilisé pour alléger le texte. Vous pouvez naturellement adapter la situation en adoptant le genre féminin.

SUJET 2 AU MARCHÉ

Vous habitez en France et vous allez au marché pour faire les courses. Vous allez acheter des fruits et des légumes. Vous posez des questions sur les prix. Vous choisissez des fruits et des légumes et vous payez.

L'examinateur joue le rôle du vendeur.

SUJET 2 AU MARCHÉ

Documents pour l'examinateur

pommes	bananes	tomates	carottes
3 € le kg	2 € le kg	1,5 € le kg	1 € le kg

Étape 2

문제의 해석을 확인한 후, 필수 어휘를 익혀 보세요.

남성형은 텍스트의 분량을 줄이기 위해 사용되었습니다. 당신은 상황에 따라서 자연스럽게 여성형을 사용할 수 있습니다.

주제 2 시장에서

당신은 프랑스에 살고 있고 장을 보기 위해 시장에 갑니다. 당신은 과일들과 채소들을 삽니다. 가격들에 대해 질문합니다. 과일들과 채소들을 고르고, 돈을 지불합니다.

감독관은 판매원 역할을 합니다.

주제 2 시장에서

감독관을 위한 자료들

사과	바나나	토마토	당근
킬로당 3유로	킬로당 2유로	킬로당 1.5유로	킬로당 1유로

필수 어휘

marché (m.) 시장 | **faire les courses** 장을 보다 | **fruit** (m.) 과일 | **légume** (m.) 채소 | **pomme** (f.) 사과 | **banane** (f.) 바나나 | **tomate** (f.) 토마토 | **carotte** (f.) 당근 | **sucré** 단 | **goûter** 맛보다 | **avoir raison** 옳다 | **frais** 신선한 | **monnaie** (f.) 잔돈, 거스름돈

Étape 3

대화 구성 요령에 따른 모범 답안을 확인하고 실전 훈련하세요.

대화 구성 요령

지시 사항에 따라 응시자는 시장에서 과일과 채소를 구입하는 고객의 입장이 된다. 따라서 과일과 채소에 대한 어휘들을 숙지하고 있어야 하며, 'un kilo de ~ 1킬로'와 같이 무게를 나타내는 표현도 알고 있어야 한다. 이때 대화를 보다 자연스럽게 이끌어 가기 위해서는 상품의 신선도, 맛 등에 대해 질문하는 것이 효율적이다. 이어서 필요한 물건을 다 고른 후 가격을 묻고 돈을 지불하면서 대화를 마무리한다.

E : Examinateur 감독관 C : Candidat 응시자

모범 답안

E Bonjour. Qu'est-ce que vous voulez ?
안녕하세요. 무엇을 원하세요?

C Bonjour, je voudrais deux kilos de pommes, s'il vous plaît !
안녕하세요. 사과 2킬로 주세요!

E Voici ! Et avec ça ?
여기 있습니다! 그리고 또요?

C Et la banane ? Elle est bonne ?
바나나는요? 그것은 맛있나요?

E Bien sûr. C'est très sucré. Vous voulez la goûter ?
물론이죠. 아주 답니다. 맛보시겠어요?

C Merci. (...) Vous avez raison et elle est très bonne. J'en prends un kilo.
고맙습니다. (...) 당신이 옳아요, 아주 맛있네요. 1킬로 살게요.

E Vous n'avez pas besoin de légumes ? Ils sont vraiment frais.
채소는 필요하지 않으세요? 정말 신선해요.

C Si, je voudrais aussi un kilo de carottes.
필요해요, 당근도 1킬로 주세요.

E Ce sera tout ?
이게 전부인가요?

C Oui. Ça fait combien ?
예. 전부 얼마죠?

E Ça fait 9 euros.
전부 해서 9유로예요.

C En voilà 10.
10유로 여기 있어요.

E Merci et voici votre monnaie.
고맙습니다, 여기 거스름돈입니다.

C Merci et au revoir !
고맙습니다, 안녕히 계세요!

EXERCICE 3 실전 연습

Track 9-03

문제를 읽은 후, 감독관의 예상 답변을 떠올리며 대화를 만들어 보세요.

Le genre masculin est utilisé pour alléger le texte. Vous pouvez naturellement adapter la situation en adoptant le genre féminin.

SUJET 3 DANS UN CAFÉ

Vous voyagez en France et vous allez au café pour vous reposer. Vous posez des questions sur les prix des boissons et du goûter. Vous choisissez des boissons et du goûter et vous payez.

L'examinateur joue le rôle du serveur.

SUJET 3 DANS UN CAFÉ

Documents pour l'examinateur

café	sandwich	jus d'orange	hot-dog
2 €	7 €	4 €	5 €

Étape 2

문제의 해석을 확인한 후, 필수 어휘를 익혀 보세요.

남성형은 텍스트의 분량을 줄이기 위해 사용되었습니다. 당신은 상황에 따라서 자연스럽게 여성형을 사용할 수 있습니다.

주제 3 카페에서

당신은 프랑스를 여행하던 중 휴식을 취하기 위해 카페에 갑니다. 당신은 음료수와 간식의 가격들에 대해 질문합니다. 음료수와 간식을 고르고 돈을 지불합니다.

감독관은 종업원 역할을 합니다.

주제 3 카페에서

감독관을 위한 자료들

커피	샌드위치	오렌지주스	핫도그
2유로	7유로	4유로	5유로

필수 어휘

voyager 여행하다 | **café** (m.) 카페 | **se reposer** 휴식을 취하다 | **boisson** (f.) 음료 | **goûter** (m.) 간식 | **sandwich** (m.) 샌드위치 | **jus d'orange** (m.) 오렌지주스 | **hot-dog** (m.) 핫도그 | **fast-food** (m.) 패스트푸드 | **garder** 보관하다, 간수하다

Étape 3

대화 구성 요령에 따른 모범 답안을 확인하고 실전 훈련하세요.

대화 구성 요령

지시 사항에 따라 응시자는 카페에서 음료수와 간식을 주문하는 고객의 입장이 된다. 카페에서는 음료뿐만 아니라 간단한 먹을거리와 베이커리류도 함께 파는 경우가 많으므로, 대화를 보다 자연스럽게 진행하는 동시에 주어진 시간을 채우기 위해서 음료 외에 다른 품목을 함께 주문하는 것이 좋다. 또한 카페라는 장소를 감안하여 값을 지불할 때 팁을 주는 상황을 설정할 수 있다.

E : Examinateur 감독관 C : Candidat 응시자

모범 답안

E Bonjour. Qu'est-ce que vous voulez ?
안녕하세요. 무엇을 드시겠어요?

C Bonjour. Qu'est-ce que vous avez comme fast-food ?
패스트푸드로 무엇이 있죠?

E Nous avons des sandwichs et des hot-dogs.
샌드위치와 핫도그가 있습니다.

C Alors, je vais prendre un sandwich.
그러면 샌드위치 하나 주세요.

E Voici ! Et qu'est-ce que vous voulez comme boisson ?
여기 있습니다! 음료수는 무엇을 드시겠어요?

C Un café, s'il vous plaît !
커피 한 잔 주세요!

E Ce sera tout ?
이게 전부인가요?

C Oui. Ça fait combien en tout ?
예. 전부 해서 얼마죠?

E Ça fait 9 euros.
전부 9유로입니다.

C Voilà 10 euros et gardez la monnaie !
여기 10유로고 잔돈은 가지세요!

E Merci.
고맙습니다.

C Merci et au revoir !
고맙습니다, 안녕히 계세요!

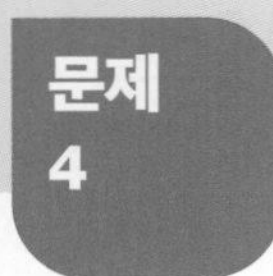

EXERCICE 3 실전 연습

Track 9-04

문제를 읽은 후, 감독관의 예상 답변을 떠올리며 대화를 만들어 보세요.

Le genre masculin est utilisé pour alléger le texte. Vous pouvez naturellement adapter la situation en adoptant le genre féminin.

SUJET 4 DANS UNE PAPETERIE

C'est bientôt la rentrée scolaire et vous allez dans une papeterie. Vous posez des questions sur les articles, vous choisissez et vous payez.

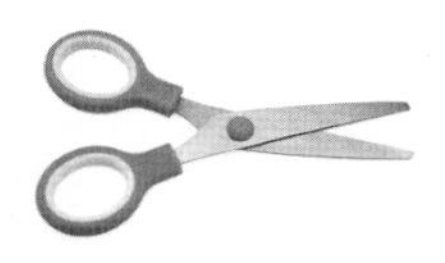

L'examinateur joue le rôle du vendeur.

SUJET 4 DANS UNE PAPETERIE

Documents pour l'examinateur.

Cahier	Stylo	Classeur	Ciseaux
1 € (4 € les 5 cahiers)	2 € (9 € les 5 stylos)	3 € (14 € les 5 classeurs)	5 €

Étape 2

문제의 해석을 확인한 후, 필수 어휘를 익혀 보세요.

남성형은 텍스트의 분량을 줄이기 위해 사용되었습니다. 당신은 상황에 따라서 자연스럽게 여성형을 사용할 수 있습니다.

주제 4　문구점에서

곧 개학이어서 당신은 문구점에 갑니다. 당신은 물건들에 대해 질문들을 하고, 고르고 돈을 지불하세요.

감독관은 판매원 역할을 합니다.

주제 4　문구점에서

감독관을 위한 자료들

공책	볼펜	서류 정리함	가위
1유로 (공책 5권에 4유로)	2유로 (볼펜 5개에 9유로)	3유로 (서류 정리함 5개에 14유로)	5유로

필수 어휘

rentrée scolaire (f.) 개학 | **papeterie** (f.) 문구점 | **cahier** (m.) 공책 | **stylo** (m.) 펜 | **classeur** (m.) 바인더 | **ciseaux** (m.pl.) 가위 | **promotion** (f.) 프로모션, 할인 | **pièce** (f.) 낱개, 한 개

Étape 3

대화 구성 요령에 따른 모범 답안을 확인하고 실전 훈련하세요.

대화 구성 요령

지시 사항에 따라 응시자는 상점에서 학용품을 사는 고객의 입장이 된다. 먼저 학용품과 관련된 어휘들을 숙지해야 하며, 가격을 묻는 표현을 숙지해야 한다. 각 물건마다 단품에 대한 가격만 물어보면 주어진 시간을 채우지 못할 수도 있기 때문에 여러 개를 사는 경우 할인이 적용되는 상황을 가정하여 대화를 이끄는 것이 효과적이다. A1이 초보자들을 위한 단계라는 점을 감안하여 감독관이 이런 대화 흐름을 유도할 수도 있는데, 이럴 경우 응시자는 감독관이 제안하는 방식에 따라 여러 개의 물건을 사겠다는 식으로 긍정의 표현만 하면 된다.

E : Examinateur 감독관　C : Candidat 응시자

모범 답안

E Bonjour. Vous cherchez quelque chose ?
안녕하세요. 찾으시는 것이 있나요?

C Bonjour, je voudrais acheter des cahiers. Ils sont à combien ?
안녕하세요. 공책들을 사고 싶은데요. 얼마죠?

E Un euro mais quatre euros pour les cinq cahiers.
1유로지만 5권에는 4유로예요.

C Alors, j'en prends cinq. Et le stylo ?
그러면 5권을 살게요. 그리고 볼펜은요?

E Ils sont en promotion. Cinq pour neuf euros.
할인 중이에요. 그래서 5개에 9유로입니다.

C Bon, j'en prends cinq. Et puis, j'ai aussi besoin de classeurs. Ils coûtent combien par pièce ?
좋아요, 5개 살게요. 그리고 바인더도 필요해요. 개당 얼마죠?

E Trois euros.
3유로예요.

C Alors, j'en prends trois.
그러면 3개 살게요.

E Vous n'avez pas besoin de ciseaux ?
가위는 필요 없나요?

C Non, j'en ai déjà un. Ça fait combien en tout ?
아니요, 이미 하나 있어요. 전부 얼마죠?

E Ça fait vingt-deux euros.
22유로예요.

C Voilà. Merci !
여기 있습니다. 고맙습니다!

E Je vous en prie !
천만에요!

EXERCICE 3 실전 연습

Track 9-05

문제를 읽은 후, 감독관의 예상 답변을 떠올리며 대화를 만들어 보세요.

Le genre masculin est utilisé pour alléger le texte. Vous pouvez naturellement adapter la situation en adoptant le genre féminin.

SUJET 5 DANS UNE BOULANGERIE

Votre ami vous invite chez lui pour fêter son anniversaire. Vous allez à la boulangerie. Vous faites des achats et vous payez.

L'examinateur joue le rôle du vendeur.

SUJET 5 DANS UNE BOULANGERIE

Documents pour l'examinateur.

croissant	gâteau d'anniversaire	macaron	pain au chocolat
4 €	20,10 €	9,50 €	6 €

Étape 2

문제의 해석을 확인한 후, 필수 어휘를 익혀 보세요.

남성형은 텍스트의 분량을 줄이기 위해 사용되었습니다. 당신은 상황에 따라서 자연스럽게 여성형을 사용할 수 있습니다.

주제 5 빵집에서

당신의 친구는 자신의 생일을 축하하기 위해 본인의 집에 당신을 초대합니다. 당신은 빵집에 갑니다. 당신은 구매를 하고 돈을 지불합니다.

감독관은 판매원 역할을 합니다.

주제 5 빵집에서

감독관을 위한 자료들

크루아상	생일 케이크	마카롱	초콜릿 빵
4유로	20유로 10센트	9유로 50센트	6유로

필수 어휘

boulangerie (f.) 빵집 | **inviter** 초대하다 | **fêter** 축하하다 | **anniversaire** (m.) 생일, 기념일 | **achat** (m.) 구매 | **croissant** (m.) 크루아상 | **gâteau d'anniversaire** (m.) 생일 케이크 | **macaron** (m.) 마카롱 | **pain au chocolat** (m.) 초콜릿 빵 (팽 오 쇼콜라) | **délicieux** 맛있는 | **sucré** 단, 달콤한 | **instant** 순간, 잠시 | **compter** 세다 | **centime** (m.) 센트

Étape 3

대화 구성 요령에 따른 모범 답안을 확인하고 실전 훈련하세요.

대화 구성 요령

지시 사항에 따라 응시자는 빵집에서 생일 파티를 위한 빵을 구입하는 고객의 입장이 된다. 생일을 맞은 친구를 위해 생일 케이크를 사는 상황을 대화 속에 포함시켜야 하는데, 생일 케이크에는 생일을 맞은 사람의 이름을 적는 것이 일반적이므로, 대화를 자연스럽게 이끌어 가기 위해서 이와 관련된 사항들을 언급하는 것이 좋다. 마지막으로 구입한 물건에 대한 가격을 묻고 돈을 지불하면서 대화를 마무리한다.

E : Examinateur 감독관　C : Candidat 응시자

모범 답안

E Bonjour. Vous cherchez quelque chose ?
안녕하세요. 찾으시는 것이 있나요?

C Bonjour. C'est l'anniversaire de mon ami et je voudrais acheter un gâteau d'anniversaire.
안녕하세요. 제 친구 생일이라서 생일 케이크를 사고 싶습니다.

E Vous voulez mettre le nom sur le gâteau d'anniversaire ?
생일 케이크에 이름을 넣기를 원하십니까?

C Oui. C'est Fabien. F A B I E N. Et puis, je voudrais cinq croissants.
예. Fabien이요. F A B I E N. 그리고 크루아상 5개 주세요.

E Vous ne voulez pas ces pains au chocolat ? Ils sont vraiment délicieux.
이 초콜릿 빵은 원하지 않으세요? 정말 맛있어요.

C Ah bon ? Alors, je voudrais aussi deux pains au chocolat, s'il vous plaît !
아 그래요? 그러면 초콜릿 빵도 2개 주세요!

E Voici ! Ce sera tout ? Nous avons aussi des macarons.
여기 있어요! 이게 다인가요? 우리는 마카롱도 있습니다.

C Non merci. Ils sont trop sucrés.
아니요, 괜찮습니다. 너무 달아서요.

E D'accord. Vous voulez autre chose ?
알았어요. 다른 것을 원하시나요?

C Non, ce sera tout. Ça fait combien ?
아뇨, 이게 다예요. 전부 얼마죠?

E Un instant, je compte... Ça fait 52 euros 10 centimes en tout.
잠깐만요, 계산해 볼게요... 전부 다 해서 52유로 10센트예요.

C Voici !
여기 있습니다!

E Merci.
고맙습니다.

EXERCICE 3 실전 연습

Track 9-06

문제를 읽은 후, 감독관의 예상 답변을 떠올리며 대화를 만들어 보세요.

Le genre masculin est utilisé pour alléger le texte. Vous pouvez naturellement adapter la situation en adoptant le genre féminin.

SUJET 6 À LA LIBRAIRIE

Vous voyagez en France et vous voulez acheter des livres pour vos amis. Vous allez à la librairie, vous vous renseignez, vous choisissez et vous payez.

L'examinateur joue le rôle du vendeur.

SUJET 6 À LA LIBRAIRIE

Documents pour l'examinateur.

Le grand livre des animaux	Le livre à fleurs	L'histoire de France	300 recettes faciles
10 €	15 €	20 €	12 €

Étape 2 **문제의 해석을 확인한 후, 필수 어휘를 익혀 보세요.**

남성형은 텍스트의 분량을 줄이기 위해 사용되었습니다. 당신은 상황에 따라서 자연스럽게 여성형을 사용할 수 있습니다.

주제 6 서점에서

당신은 프랑스를 여행 중이고 친구들을 위한 책을 사기를 원합니다. 당신은 서점에 가서 문의를 하고, (책을) 고르고 돈을 지불합니다.

감독관은 판매원 역할을 합니다.

주제 6 서점에서

감독관을 위한 자료들

동물 대백과	꽃에 대한 책	프랑스 역사	300가지 쉬운 요리법
10유로	15유로	20유로	12유로

librairie (f.) 서점 | **livre** (m.) 책 | **se renseigner** 문의하다 | **animal** (m.) 동물 | **fleur** (f.) 꽃 | **histoire** (f.) 역사 | **recette** (f.) 요리법 | **facile** 쉬운 | **aider** 돕다 | **conseiller** 권하다 | **recommander** 권하다, 추천하다 | **sauvage** 야생의 | **plaire à 사람** ~의 마음에 들다 | **venir de 동사원형** 막 ~하다 | **publier** 출판하다 | **titre** (m.) 제목 | **proposer** 제안하다 | **meilleur** 더 좋은, 가장 좋은 | **raconter** 이야기하다, 묘사하다 | **devoir à qn** ~에게 지불해야(갚아야) 하다 | **somme** (f.) 합계, 금액 | **total** 전체의

Étape 3

대화 구성 요령에 따른 모범 답안을 확인하고 실전 훈련하세요.

대화 구성 요령

지시 사항에 따라 응시자는 친구들에게 책을 선물하기 위해 서점에 방문한 고객의 입장이 된다. 여기서 중요한 것은 응시자가 책의 제목들을 알 수 없다는 것인데, 왜냐하면 이 자료는 감독관이 가지고 있기 때문이다. 따라서 원활한 대화를 진행하기 위해서는 원하는 책 종류를 말하고, 감독관에게 책을 추천해 달라는 방식을 선택하면 된다. 특히 어떤 친구가 어떤 책을 선호하는지를 밝히면서 의사소통을 하는 것이 효율적이다. 응시자는 감독관이 말하는 책들을 구입하겠다는 긍정적인 의사를 밝히고, 마지막에 감독관이 제시하는 금액을 지불하면 된다.

E : Examinateur 감독관 C : Candidat 응시자

모범 답안

E Bonjour. Quel livre cherchez-vous ?
안녕하세요. 어떤 책을 찾으세요?

C Bonjour. Voilà, je voudrais acheter des livres pour mes amis, mais je ne peux pas choisir. Vous pouvez m'aider ?
안녕하세요. 다름이 아니라, 제가 친구들을 위해 책들을 사고 싶은데, 고를 수가 없습니다. 저를 도와줄 수 있나요?

E Bien sûr. Je suis là pour vous aider.
물론이죠. 나는 당신을 돕기 위해 여기에 있는 거예요.

C Merci. Mon ami adore les animaux. Quel livre pouvez-vous me conseiller ?
고맙습니다. 제 친구가 동물들을 아주 좋아하는데, 제게 어떤 책을 권해 주실래요?

E Je vous recommande « Le grand livre des animaux ». Il parle de la vie des animaux sauvages et il va plaire à votre ami.
'동물 대백과'를 당신에게 추천합니다. 이 책은 야생 동물들의 삶에 대해 말하고 있는데, 당신 친구 마음에 들 거예요.

C Merci. Je prends ce livre. Et puis, ma copine s'intéresse beaucoup aux fleurs.
고맙습니다. 이 책을 살게요. 그리고 제 여자 친구는 꽃에 관심이 많습니다.

E Un bon livre vient d'être publié. Son titre est « Le livre à fleurs » et on peut apprendre beaucoup de choses sur les fleurs grâce à lui.
좋은 책이 막 출간됐어요. 제목이 '꽃에 대한 책'인데, 이 책 덕분에 꽃들에 대해 많은 것들을 배울 수 있습니다.

C Alors, je le prends. Et mon meilleur ami aime beaucoup l'histoire. Qu'est-ce que je peux acheter pour lui ?
그러면 그것을 살게요. 그리고 저의 제일 친한 친구가 역사를 아주 좋아합니다. 제가 그를 위해 무엇을 살 수 있을까요?

E Je vous propose ce livre : « L'histoire de France ». C'est l'un des meilleurs livres qui racontent l'histoire française.
당신에게 '프랑스 역사'라는 이 책을 추천합니다. 이것은 프랑스 역사를 묘사하는 최고의 책들 중 하나입니다.

C Ah bon ? Ce sera un bon cadeau pour lui. Je l'achète. Je vous dois combien ?
아 그래요? 그를 위해 좋은 선물이 될 거예요. 그것을 살게요. 얼마를 드려야 하죠?

E La somme totale est de 45 euros.
총액이 45유로입니다.

C Voici 45 euros (50 euros).
여기 45(50)유로요.

E Merci. (Je vous rends 5 euros.)
고맙습니다. (5유로를 돌려 드릴게요.)

C Au revoir !
안녕히 계세요!

E Au revoir !
안녕히 가세요!

EXERCICE 3 실전 연습

Track 9-07

문제를 읽은 후, 감독관의 예상 답변을 떠올리며 대화를 만들어 보세요.

Le genre masculin est utilisé pour alléger le texte. Vous pouvez naturellement adapter la situation en adoptant le genre féminin.

SUJET 7 DANS UN MAGASIN DE SPORTS

Vous voulez acheter des articles de sport. Vous allez dans un magasin de sport. Vous vous renseignez sur les prix, vous demandez plusieurs produits et vous payez.

L'examinateur joue le rôle du vendeur.

SUJET 7 DANS UN MAGASIN DE SPORTS

Documents pour l'examinateur.

ballon de foot	t-shirt	chaussures de foot	short
20 €	10 €	50 €	7,40 €

Étape 2

문제의 해석을 확인한 후, 필수 어휘를 익혀 보세요.

남성형은 텍스트의 분량을 줄이기 위해 사용되었습니다. 당신은 상황에 따라서 자연스럽게 여성형을 사용할 수 있습니다.

주제 7 스포츠 용품점에서

당신은 스포츠 용품들을 사기를 원합니다. 당신은 스포츠 용품점에 갑니다. 가격에 대해 문의를 하고, 여러 개의 물건들을 주문하고 돈을 지불합니다.

감독관은 판매원 역할을 합니다.

주제 7 스포츠 용품점에서

감독관을 위한 자료들

축구공	티셔츠	축구화	반바지
20유로	10유로	50유로	7유로 40센트

필수 어휘

plusieurs 몇몇의, 여러 | produit (m.) 제품 | ballon de foot (m.) 축구공 | t-shirt (m.) 티셔츠 | chaussures de foot (f.pl.) 축구화 | short (m.) 반바지 | pratiquer (활동을) 하다 | s'inscrire 등록하다, 가입하다 | équipe (f.) 팀 | absolument 절대적으로 | terrain de football (m.) 축구장 | au moins 적어도 | choix (m.) 선택, 선택의 여지

Étape 3

대화 구성 요령에 따른 모범 답안을 확인하고 실전 훈련하세요.

대화 구성 요령

지시 사항에 따라 응시자는 스포츠 용품점에서 물건을 사는 고객의 입장이 된다. 따라서 스포츠 용품과 관련된 어휘들을 숙지하고 있어야 한다. 그리고 지시 사항에 따라 여러 물건들에 대한 가격을 문의해야 하는데, 구매하려는 물건의 가격이 비싸다고 말하는 방향으로 대화를 이끌어 나갈 수도 있다. 이 경우 판매원 역할을 하는 감독관이 값이 비싼 이유에 관하여 설명을 해 줄 것이다. 이어서 필요한 물건을 다 고른 후, 가격을 묻고 돈을 지불하면서 대화를 마무리한다.

E : Examinateur 감독관 C : Candidat 응시자

모범 답안

E Bonjour. Qu'est-ce que vous cherchez ?
안녕하세요. 무엇을 찾으세요?

C Bonjour. Je voudrais acheter des articles de sport.
안녕하세요. 스포츠 용품들을 사고 싶습니다.

E Quel sport pratiquez-vous ?
어떤 운동을 하세요?

C Je me suis inscrit à l'équipe de football alors ...
내가 축구팀에 가입했거든요 그래서...

E Ah, vous allez jouer au foot. C'est un bon sport.
아, 축구를 하실 거군요. 좋은 운동이죠.

C D'abord, j'ai besoin d'un ballon de foot. C'est combien ?
우선 축구공이 필요합니다. 얼마죠?

E 20 euros.
20유로입니다.

C Et le t-shirt ? Ça coûte combien ?
그리고 티셔츠는요? 얼마죠?

E 10 euros.
10유로입니다.

C Et puis, je pense que j'ai absolument besoin de chaussures de foot.
그리고 축구화가 절대적으로 필요하다고 생각해요.

E Vous avez raison. Elles sont nécessaires pour jouer sur le terrain de football.
당신이 맞아요. 축구장에서 경기를 하기 위해서는 필수죠.

C C'est vrai. Alors, c'est combien ?
사실이에요. 그러면 얼마죠?

E 50 euros.
50유로예요.

C C'est très cher.
매우 비싸군요.

E Mais vous allez les mettre au moins 3 ans donc il faut bien choisir.
그렇지만 적어도 그것을 3년은 신을 것이니까 잘 선택해야 해요.

C Bon, je n'ai pas le choix et je les achète. Ça fait combien en tout ?
뭐, 선택의 여지가 없으니 그것을 사겠어요. 전부 해서 얼마죠?

E 80 euros.
80유로입니다.

C Voilà !
여기 있습니다!

E Merci et au revoir !
고맙습니다, 안녕히 가세요!

EXERCICE 3 실전 연습

Track 9-08

문제를 읽은 후, 감독관의 예상 답변을 떠올리며 대화를 만들어 보세요.

Le genre masculin est utilisé pour alléger le texte. Vous pouvez naturellement adapter la situation en adoptant le genre féminin.

SUJET 8 AU RESTAURANT

Vous arrivez au restaurant et vous demandez la carte au serveur. Vous commandez le repas, vous demandez le prix et vous payez.

L'examinateur joue le rôle du serveur.

SUJET 8 AU RESTAURANT

Documents pour l'examinateur.

poulet rôti	salade	gâteau au chocolat	café
30 €	15 €	5 €	3 €

Étape 2

문제의 해석을 확인한 후, 필수 어휘를 익혀 보세요.

남성형은 텍스트의 분량을 줄이기 위해 사용되었습니다. 당신은 상황에 따라서 자연스럽게 여성형을 사용할 수 있습니다.

주제 8 식당에서

당신은 식당에 도착하고, 종업원에게 메뉴판을 요청합니다. 식사를 주문하고 가격을 묻고 돈을 지불합니다.

감독관은 판매원 역할을 합니다.

주제 8 식당에서

감독관을 위한 자료들

구운 닭고기	샐러드	초콜릿 케이크	커피
30유로	15유로	5유로	3유로

필수 어휘

restaurant (m.) 식당 | arriver 도착하다 | carte (f.) 메뉴판 | serveur 종업원 | commander 주문하다 | repas (m.) 식사 | poulet rôti (m.) 구운 닭고기 | salade (f.) 샐러드 | gâteau au chocolat (m.) 초콜릿 케이크 | café (m.) 커피 | s'asseoir 앉다 | entrée (f.) 전식 | plat du jour (m.) 오늘의 추천 요리 | saumon (m.) 연어 | fumé 훈제된 | poisson (m.) 생선 | recommender 추천하다 | autre 다른 | dessert (m.) 디저트 | maintenant 지금 | savoir 알다

Étape 3

대화 구성 요령에 따른 모범 답안을 확인하고 실전 훈련하세요.

대화 구성 요령

지시 사항에 따라 응시자는 식당에서 음식을 주문하는 고객의 입장이 된다. 먼저 전식(entrée), 본식(plat principal), 후식(dessert)에 해당하는 요리들을 숙지하는 것이 이상적이지만 사실 초보 단계에서 프랑스 음식 이름을 아는 것이 쉽지는 않다. 따라서 전식의 경우는 샐러드, 본식의 경우는 오늘의 추천 요리(plat du jour)를 물어보고 감독관이 설명하면 그것을 주문하는 것이 효율적이다. 만약 감독관이 설명하는 요리가 생소하다면, 추천 요리 외에 다른 음식은 무엇이 있는지 물어본다. 어떤 메뉴가 있는지 잘 모르겠다면, 'Qu'est-ce que vous avez comme (entrée / plat / dessert) ?'와 같이 질문하고, 감독관이 나열하는 메뉴 중 마음에 드는 것으로 선택하겠다고 할 수도 있다. 또한 식당이라는 장소를 감안하여 값을 지불할 때 팁을 주는 상황을 설정할 수도 있다.

E : Examinateur 감독관 C : Candidat 응시자

모범 답안

E Bonjour. Asseyez-vous ici !
안녕하세요. 여기에 앉으세요!

C Merci. La carte, s'il vous plaît !
고맙습니다. 메뉴판 좀 주세요!

E La voici !
여기에 있습니다!

C Merci. D'abord, je prends la salade comme entrée.
고맙습니다. 우선 전식으로 샐러드를 먹을게요.

E D'accord.
알았습니다.

C Et puis, quel est le plat du jour ?
그리고 오늘의 추천 요리는 뭔가요?

E Le saumon fumé.
연어 훈제 요리입니다.

C Mais je n'aime pas le plat de poisson. Pouvez-vous me recommander un autre menu ?
그렇지만 나는 생선 요리를 좋아하지 않아요. 다른 메뉴를 추천해 주실 수 있나요?

E Alors, je vous recommande le poulet rôti.
그러면 구운 닭고기를 추천해요.

C C'est bon. Je le prends.
좋아요, 그걸로 주세요.

E D'accord. Qu'est-ce que vous voulez comme dessert ?
알았습니다. 후식으로는 무엇을 원하세요?

C Un gâteau au chocolat, s'il vous plaît !
초콜릿 케이크 주세요!

E Et la boisson ?
음료수는요?

C Un café, s'il vous plaît. Et comme je veux payer maintenant, je voudrais savoir le prix !
커피로 부탁드릴게요. 그리고 지금 지불하고 싶은데, 가격을 알고 싶습니다!

E 53 euros, monsieur (madame) !
53유로입니다!

C Voici 55 euros et gardez la monnaie !
여기 55유로이고, 잔돈은 안 주셔도 됩니다!

E Merci !
고맙습니다!

EXERCICE 3 실전 연습

Track 9-09

문제를 읽은 후, 감독관의 예상 답변을 떠올리며 대화를 만들어 보세요.

Le genre masculin est utilisé pour alléger le texte. Vous pouvez naturellement adapter la situation en adoptant le genre féminin.

SUJET 9 RÉSERVATION D'HÔTEL

Vous voyagez en France. Vous allez dans un hôtel et vous demandez des renseignements (nombre de lits, animaux, connexion wifi, parking). Vous réservez et vous payez.

L'examinateur joue le rôle de l'employé de l'hôtel.

SUJET 9 RÉSERVATION D'HÔTEL

Documents pour l'examinateur.

	Tarif classique / nuit	Chambre + animal	Chambre + animal + Internet	Chambre + animal + Internet + Parking
1 personne	80 €	100 €	110 €	115 €
2 personnes	90 €	110 €	120 €	125 €

Étape 2

문제의 해석을 확인한 후, 필수 어휘를 익혀 보세요.

남성형은 텍스트의 분량을 줄이기 위해 사용되었습니다. 당신은 상황에 따라서 자연스럽게 여성형을 사용할 수 있습니다.

주제 9 호텔 예약

당신은 프랑스를 여행합니다. 당신은 호텔에 가서 정보들(침대 수, 동물, 와이파이 연결, 주차)을 문의합니다. 예약을 하고 돈을 지불합니다.

감독관은 호텔 직원 역할을 합니다.

주제 9 호텔 예약

감독관을 위한 자료들

	일반 요금/1박	방 + 동물	방 + 동물 + 인터넷	방 + 동물 + 인터넷 + 주차
1인	80유로	100유로	110유로	115유로
2인	90유로	110유로	120유로	125유로

필수 어휘

réservation (f.) 예약 | hôtel (m.) 호텔 | renseignement (m.) 정보 | nombre (m.) 숫자, 수 | lit (m.) 침대 | connexion (f.) 연결, 접속 | parking (m.) 주차(장) | réserver 예약하다 | tarif (m.) 요금 | chambre (f.) 방 | compris 포함된

Étape 3

대화 구성 요령에 따른 모범 답안을 확인하고 실전 훈련하세요.

대화 구성 요령

지시 사항에 따라 응시자는 호텔에서 방을 예약하는 고객의 입장이 된다. 지시 사항에서 '침대, 동물, 와이파이 연결, 주차'에 대해 문의하라고 했으므로, 지시 사항에 나온 그림 순서대로 차분하게 대화를 이끌어 나가면 된다. 마지막으로 가격을 묻고 돈을 지불하면서 대화를 마무리한다.

E : Examinateur 감독관 C : Candidat 응시자

모범 답안

E Bonjour. Bienvenue à l'hôtel Paradie !
안녕하세요. Paradie 호텔에 오신 것을 환영합니다!

C Bonjour. Je voudrais réserver une chambre pour deux nuits.
안녕하세요. 2박으로 방을 예약하고 싶은데요.

E Vous êtes combien de personnes ?
몇 분이세요?

C On est deux. Mais on a un chien et on a besoin d'une chambre pour lui.
두 사람입니다. 그런데 우리가 개가 있어서 개를 위한 (반려동물 동반이 가능한) 방이 필요합니다.

E D'accord.
알겠습니다.

C Et puis, Internet est nécessaire parce que je dois travailler avec mon ordinateur portable.
그리고 인터넷이 필요한데, 왜냐하면 노트북으로 일을 해야 하기 때문입니다.

E Bien entendu.
잘 알겠습니다.

C Vous avez un parking ? J'ai une voiture.
주차장이 있나요? 제가 차가 있거든요.

E Bien sûr. Il y a un parking juste devant l'hôtel.
물론이죠. 호텔 바로 앞에 주차장이 있습니다.

C Et le petit-déjeuner est compris ?
그리고 조식이 포함되나요?

E Oui. Vous pouvez prendre votre petit-déjeuner à partir de 8 heures au restaurant de l'hôtel.
예. 호텔 식당에서 8시부터 아침 식사를 할 수 있습니다.

C D'accord. Alors, ça coûte combien ?
알았습니다. 그러면 비용이 얼마인가요?

E 125 euros, monsieur (madame).
125유로입니다.

C Les voici !
여기 있습니다!

E Merci ! Bonne journée !
고맙습니다! 좋은 하루 보내세요!

EXERCICE 3 실전 연습

Track 9-10

문제를 읽은 후, 감독관의 예상 답변을 떠올리며 대화를 만들어 보세요.

Le genre masculin est utilisé pour alléger le texte. Vous pouvez naturellement adapter la situation en adoptant le genre féminin.

SUJET 10 DANS UN CLUB DE LOISIRS

Vous allez dans un club de loisirs pour vous inscrire et vous posez des questions sur les tarifs et les activités proposées.

L'examinateur joue le rôle de l'employé.

SUJET 10 DANS UN CLUB DE LOISIRS

Documents pour l'examinateur.

Restaurant	Cinéma	Tennis	Camping
12 € / jour 80 € pour 7 jours	5 € le film	4 € de l'heure	20 € par nuit

Étape 2

문제의 해석을 확인한 후, 필수 어휘를 익혀 보세요.

남성형은 텍스트의 분량을 줄이기 위해 사용되었습니다. 당신은 상황에 따라서 자연스럽게 여성형을 사용할 수 있습니다.

주제 10 여가 활동 클럽에서

당신은 등록을 하기 위해 여가 활동 클럽에 갑니다. 당신은 가격과 제공되는 활동들에 대해 질문을 합니다.

감독관은 직원 역할을 합니다.

주제 10 여가 활동 클럽에서

감독관을 위한 자료들

식당	영화관	테니스	캠핑
12유로 / 하루 7일에 80유로	영화당 5유로	시간당 4유로	1박에 20유로

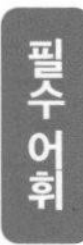

필수 어휘

loisirs (m.pl.) 여가 활동, 취미 | **s'inscrire** 등록하다 | **activité** (f.) 활동 | **camping** (m.) 캠핑 | **cuisinier** 요리사 | **terrain de tennis** (m.) 테니스장 | **frais d'inscription** (m.pl.) 등록비

Étape 3

대화 구성 요령에 따른 모범 답안을 확인하고 실전 훈련하세요.

대화 구성 요령

지시 사항에 따라 응시자는 여가 활동 클럽 가입을 문의하는 고객의 입장이 된다. 지시 사항에서 '가격, 제공되는 활동'에 대해 문의하라고 했으므로, 대화에서 관련 내용을 언급해야 한다. 이때 부대 시설을 이용하는 이유에 대해 간략하게 설명을 덧붙이는 것이 좋다. 그리고 가격을 묻는 경우 각 시설이나 활동의 이용 금액이 1시간 또는 1일 동안 얼마인지를 정확하게 묻고 답해야 한다. 마지막으로 원하는 활동을 등록하고, 가격을 지불하면서 대화를 마무리한다.

E : Examinateur 감독관 C : Candidat 응시자

모범 답안

E Bonjour. Bienvenue au club Rêve !
안녕하세요. Rêve 클럽에 오신 것을 환영합니다!

C Bonjour. Voilà, j'aimerais m'inscrire à votre club, et je peux vous demander des renseignements ?
안녕하세요. 다름이 아니라 당신의 클럽에 등록하고 싶은데, 몇 가지 문의를 해도 될까요?

E Bien sûr. Je suis là pour ça. Alors, qu'est-ce que vous voulez savoir ?
물론이죠. 그래서 제가 여기에 있는걸요. 그러면 무엇을 알고 싶으세요?

C D'abord, est-ce que je peux prendre un repas dans votre restaurant ?
우선, 제가 이곳 식당에서 식사를 할 수 있나요?

E Oui. On a un restaurant et les cuisiniers sont excellents.
네. 우리는 식당이 있고 요리사들이 훌륭합니다.

C C'est bien. C'est combien ?
좋네요. 얼마죠?

E 12 euros par jour et 80 euros pour 7 jours.
하루에 12유로이고 일주일에 80유로입니다.

C Dans ce cas-là, je préfère les repas pour 7 jours. Et puis, on peut voir des films ? Si oui, c'est combien ?
그렇다면 저는 일주일 식사가 좋아요. 그리고 영화를 볼 수 있나요? 볼 수 있다면 얼마인가요?

E Oui. Il y a une salle de cinéma et ça coûte 5 euros le film.
네, 영화관이 있는데, 영화당 5유로입니다.

C Je vais regarder 3 films. Et le sport ? Je peux jouer au tennis ?
저는 영화 3편을 볼게요. 그럼 운동은요? 제가 테니스를 칠 수 있나요?

E Pas de problème. Il y a des terrains de tennis où vous pouvez jouer quand vous voulez.
문제없습니다. 당신이 원할 때 테니스를 칠 수 있는 테니스장이 있습니다.

C Quel est le tarif ?
가격이 얼마죠?

E 4 euros de l'heure, monsieur (madame).
시간당 4유로입니다.

C C'est parfait. Je vais jouer au tennis pendant 3 heures. Alors, quels sont les frais d'inscription en tout ?

완벽하네요. 저는 3시간 동안 테니스를 칠게요. 그러면 전부 해서 등록비가 얼마죠?

E 107 euros.

107유로입니다.

C Les voici !

여기 있습니다!

E Merci et bonne journée !

고맙습니다, 좋은 하루 보내세요!

MEMO

MEMO

MEMO